Crenças extraordinárias

FUNDAÇÃO EDITORA DA UNESP

Presidente do Conselho Curador
Mário Sérgio Vasconcelos

Diretor-Presidente
Jézio Hernani Bomfim Gutierre

Superintendente Administrativo e Financeiro
William de Souza Agostinho

Conselho Editorial Acadêmico
Carlos Magno Castelo Branco Fortaleza
Henrique Nunes de Oliveira
João Francisco Galera Monico
João Luís Cardoso Tápias Ceccantini
José Leonardo do Nascimento
Lourenço Chacon Jurado Filho
Paula da Cruz Landim
Rogério Rosenfeld
Rosa Maria Feiteiro Cavalari

Editores-Assistentes
Anderson Nobara
Leandro Rodrigues

PETER LAMONT

Crenças extraordinárias
Uma abordagem histórica de um problema psicológico

Tradução
Alzira Allegro

© Peter Lamont 2013
© 2017 Editora Unesp

Publicado por acordo com a Cambridge University Press

Título original: *Extraordinary Beliefs: A Historical Approach to a Psychological Problem*

Direitos de publicação reservados à:
Fundação Editora da Unesp (FEU)
Praça da Sé, 108
01001-900 – São Paulo – SP
Tel.: (0xx11) 3242-7171
Fax: (0xx11) 3242-7172
www.editoraunesp.com.br
www.livrariaunesp.com.br
feu@editora.unesp.br

CIP – Brasil. Catalogação na publicação
Sindicato Nacional dos Editores de Livros, RJ

L232c
Lamont, Peter
 Crenças extraordinárias: uma abordagem histórica de um problema psicológico / Peter Lamont; tradução Alzira Allegro. – 1.ed. – São Paulo: Editora Unesp, 2017.

 Tradução de: *Extraordinary Beliefs: A Historical Approach to a Psychological Problem*
 ISBN: 978-85-393-0661-9

 1. Sociologia. 2. Racionalismo. I. Allegro, Alzira. II. Título.
17-40183
CDD: 301
CDU: 316

Editora afiliada:

Asociación de Editoriales Universitarias
de América Latina y el Caribe

Associação Brasileira de
Editoras Universitárias

Para a Sra. McTavish, uma mulher extraordinária

Sumário

Um breve prefácio à guisa de reflexão . *11*
Agradecimentos . *13*

1 Introdução . *17*
   Observações acerca de um feito extraordinário . *17*
   Algumas crenças extraordinárias – do passado e do presente . *27*
   Compreendendo crenças no paranormal . *35*
   Por que história da Psicologia? . *44*

2 A construção do extraordinário . *65*
   A apresentação da mágica: como ela é feita . *67*
   A recepção da mágica: como ela é vista . *78*
   Enquadramento de um feito extraordinário
   (em apresentação e recepção) . *87*
   Crenças e discurso . *93*

3 A criação de fenômenos mesméricos . *107*
   Enquadrando fenômenos mesméricos (em apresentação) . *114*
   Enquadrando demonstrações de mesmerismo (em relatos):
   relatando os fatos . *130*

A construção de uma nova fronteira entre o comum e o fora do comum . *153*
Enquadrando uma demonstração malsucedida de clarividência mesmérica . *159*
Enquadrando uma demonstração bem-sucedida . *164*
Enquadrando uma exibição de mesmerismo . *171*
Construindo uma psicologia do erro . *180*
O mesmerismo e os poderes construtivos do conhecimento psicológico . *186*
Discussão . *191*

4 A construção de fenômenos espiritualistas . *203*
Enquadrando fenômenos de sessões espíritas (em apresentação) . *214*
Enquadrando fenômenos de sessões espíritas (a recepção): relatando os fatos . *222*
Enquadrando fenômenos de sessões espíritas como não reais . *240*
O enquadramento de fracassos, reproduções e desmascaramentos . *252*
Discussão . *261*

5 A construção de fenômenos psíquicos . *267*
O nascimento dos fenômenos psíquicos . *267*
Os problemas do enquadramento da telepatia: o caso de Washington Irving Bishop . *276*
A psicologia científica e a psicologia do erro . *290*
Discussão . *310*

6 A construção de fenômenos paranormais . *315*
A construção da parapsicologia . *319*
A construção da telepatia, *c*. 1900-1970 . *339*

A construção da crença no paranormal . 365
A construção do cético moderno . 372
Discussão . 380

7 A construção de crenças extraordinárias . 385
A particularidade de crenças extraordinárias . 386
Crenças extraordinárias e os *experts* no assunto . 390
Sobre outras crenças extraordinárias . 393
Compreendendo crenças extraordinárias . 400

Referências bibliográficas . 409
Índice remissivo . 445

Um breve prefácio à guisa de reflexão

Há muitos anos venho estudando a história e a psicologia do ilusionismo e do paranormal. Durante esse tempo, certas perguntas têm sido dirigidas a mim, e duas em especial. A primeira é: você já se deparou com alguma coisa que não conseguiu explicar? A resposta concisa é "não"; mas é preciso levar em consideração, por questões que logo se tornarão evidentes, que qualquer um pode dar uma explicação para eventos aparentemente inexplicáveis. Se a explicação é adequada ou não, contudo, é sempre matéria de discussão. Quando respondo a essa pergunta com um "não", a questão fica sem resolução e uma visão é manifestada: eu não acredito no paranormal.

E isso me leva à segunda pergunta que sempre me fazem: por que as pessoas acreditam no paranormal? A resposta concisa é que elas *encontram* coisas que não podem explicar de outra maneira. Porém, para aqueles que acreditam que tais coisas não são reais, essa não é uma explicação adequada. Nós, os céticos, convencidos de que eles estão errados, queremos saber por que chegam à conclusão errada. Dizemos que é porque eles não são muito sensatos ou porque desejam acreditar em tais coisas.

Durante muitos anos, eu disse isso a mim mesmo, até que compreendi que isso também simplesmente não era adequado. Tenho encontrado muita gente que crê para pensar que suas crenças são puramente produto de ignorância e "doce ilusão". E conheço muita gente cética para achar que nossas crenças são impermeáveis a tais fraquezas humanas. Ao mesmo tempo, eu não acredito no paranormal. Este livro tenta oferecer uma abordagem alternativa ao problema.

Um dos argumentos comuns feitos por aqueles que estudam crenças no paranormal é afirmar que o assunto merece ser estudado porque podemos colocar a primeira pergunta entre parênteses e nos concentrar na segunda. Resumindo: mesmo que os fenômenos não existam, muitas pessoas acreditam em tais coisas; portanto, devemos tentar explicar isso por seu próprio mérito. Porém, apesar da enorme quantidade de estudos acerca dessa questão, acho que é justo dizer que, até hoje, não temos uma resposta especialmente clara. Acredito haver razões para isso e acredito também que, para que possamos compreender tais crenças, precisamos igualmente colocar a segunda pergunta entre parênteses. Precisamos retroceder um pouquinho mais e considerar a questão em si mesma: quais são essas crenças que desejamos explicar e por que tentamos explicá-las há tanto tempo? Fazer isso demanda uma perspectiva histórica – e esse é o objetivo deste livro: fornecer uma abordagem histórica de um problema psicológico, examinando os fenômenos nos quais as pessoas acreditam, as crenças que têm sido manifestadas em relação a esses eventos e as tentativas de compreender tais crenças. Ao fazê-lo, podemos perceber que existem outras razões pelas quais as crenças no que é extraordinário estão por aí há tanto tempo.

Agradecimentos

Este livro é, acima de tudo, uma abordagem histórica de um tópico psicológico e parte de um argumento mais amplo sobre a necessidade de compreensão histórica dentro da Psicologia. Portanto, desejo iniciar agradecendo àqueles com quem tive o privilégio de discutir esse assunto tão importante quanto complicado. Em especial, Alan Collins, incansável na ajuda que me ofereceu; Graham Richards e Roger Smith, que já haviam auxiliado nas partes difíceis; e meus colegas da BPS [British Psychological Society] Geoff Bunn e Peter Hegarty, da Seção de História e Filosofia da Psicologia. Pelas suas ideias anotadas em rascunhos anteriores, meus agradecimentos a Alan, Graham e Roger, e também a Barry Barnes. Desnecessário dizer que o fato de eles terem fornecido comentários úteis não deve ser confundido com aquiescência. Eles são sensatos demais para se responsabilizarem por qualquer um dos defeitos neste livro.

No universo da parapsicologia eu me beneficiei muito com os conhecimentos dos que estavam de um e de outro lado da grande fronteira. Mais do que qualquer outro, o recém-falecido Bob Morris, cuja definição abrangente de parapsicologia conseguiu abarcar as minhas preferências. Por causa disso, tenho tido, ao longo dos anos, muitas discussões esclarecedoras com gente da parapsicologia, com meus colegas da KPU [Koestler Parapsychology Unit, da Universidade de Edimburgo] e de outros que vivem mais longe, os quais me fizeram pensar de maneiras que, de outra forma, eu não teria pensado. Em especial, porém, desejo agradecer a Eberhard Bauer, ao falecido John Beloff, Alan Gauld, George Hansen, ao também falecido Marcello Truzzi, a Caroline Watt, Richard Wiseman e Rob Wooffitt.

No universo da mágica, recebi ajuda em palavras e atos, em longas conversas sobre história e teoria, e no suprimento de fontes esotéricas. Meus agradecimentos especiais, por várias razões, a David Britland, Derren Brown, Eddie Dawes, Thomas Fraps, Paul Harris, Guy Hollingworth, Ricky Jay, Bill Kalush, Gary Kurtz, Peter Lane, Brian Lead, Max Maven, Stephen Minch, Jim Steinmeyer, Juan Tamariz, Barry Wiley e o falecido Tommy Wonder. O fato simples e incontestável (o único fato incontestável no livro) de que essas pessoas sabem significativamente mais a respeito de ilusionismo do que qualquer acadêmico que tenha escrito sobre o assunto é um lembrete de que o conhecimento acadêmico não deve ser levado tão a sério.

Em nível local, estou na margem, primeiro como ilusionista em uma unidade de parapsicologia, e depois como historiador em um departamento de Psicologia. Porém, Edimburgo é um bom local para se ficar na margem, graças a Andy McKinlay e Sue Widdicombe, que me ajudaram a me "encaixar", pois eu os fiz parecerem convencionais; e Sergio Della Sala, porque eu o fiz parecer bem-vestido. E há muitos outros que eu poderia mencionar, mas, para ser honesto, ninguém lê essas coisas — a menos, é claro, que você espere ser mencionado, em cujo caso você está prestes a se decepcionar. Peço perdão, mas vocês sabem, lá no fundo do coração, o quanto lhes sou grato pelo que fizeram, e nomeá-los agora seria me permitir o tipo de adulação crua de que gente menor (como o grupo anterior) precisa para fazê-la se sentir importante.

Entretanto, preciso, sem dúvida, agradecer a várias instituições, e isso significa toda a gente que trabalha nelas e cujos nomes individuais não sei. Pelo fornecimento do que nós, profissionais, nos referimos como "a evidência": à British Library, à Edinburgh University Library, à Harry Price Library, ao Magic Circle, à National Library of Medicine (EUA), à National Library of Scotland e à Society for Psychical Research. E, por fornecer, em momentos importantes, aquilo que nós, profissionais, chamamos de "dinheiro": ao Arts and Humanities Research Council, que me concedeu uma bolsa no Creative and Performing Arts, sem a qual eu não teria chegado aqui; ao Institut für Grenzgebiete der Psychologie und Psychohygiene, sem o qual eu não teria chegado lá; e, mais uma vez, à Society for Psychical Research, que me forneceu a muito necessária ponte entre os dois.

E, por último, agradeço a Hetty, Carrie, Belle, Ekta e ao outro pessoal da Cambridge University Press, que, até agora, foram maravilhosos. Quando vocês lerem isso, é claro, qualquer coisa pode ter acontecido...

... Ah, e eu mencionei a Claudia?

1
Introdução

Observações acerca de um feito extraordinário

Aconteceu algo extraordinário... diante de uma multidão de estranhos, um homem pediu a uma mulher que pensasse em uma palavra. Pediu a ela que se concentrasse na palavra e, em seguida, olhou dentro de seus olhos. Após um minuto ou dois, ele começou a falar: era uma palavra com aproximadamente dez ou onze letras, um nome, não, um objeto, e havia um R no meio, não, havia dois. Havia dois 'r' no meio. Ela confirmou com um aceno de cabeça. Não acene com a cabeça, não me dê nenhum *feedback*, apenas se concentre. É uma coisa pequena, não tão pequena, mas pequena em certo sentido. Tem vida, é um animal, é um animal de estimação e é muito bonitinho. Você está pensando em um cachorrinho! Ela olhou espantada para o homem. Os estranhos, que tinham o olhar fixo nele, voltaram-se e olharam para ela. Pela expressão que viram no rosto dela, eles simplesmente perceberam que o homem havia lido a sua mente.

Talvez tenha sido um truque mágico, embora seja difícil imaginar como poderia ter sido feito. A mulher fora convidada a pensar em qualquer palavra que quisesse, e nada fora dito ou escrito. De qualquer forma, um mágico estava presente, e ele disse que não poderia explicar como era feito o truque. Alguns acharam que fosse resultado de técnicas psicológicas inteligentes, de leitura de sutis indícios faciais. Afinal de contas, qualquer um poderia perceber na expressão facial da mulher que o homem havia lido sua mente; então, será que ele conseguiu apreender informações mais sutis? Entretanto, uma psicóloga também estava presente, e ela tinha certeza de que técnicas psicológicas não poderiam explicar a demonstração. Se não foi nem embuste, nem psicologia, então, sem dúvida – como outros pensaram na ocasião –, essa fora uma genuína demonstração do paranormal? É claro que você não estava lá, e é perfeitamente compreensível que seja cético em relação à questão. Não obstante, a descrição é exata, pois eu estava lá em carne e osso, e vi isso (com meus próprios olhos, como deve fazer todo observador competente). Dou minha palavra.[1]

Em certos aspectos, isso é bastante típico de casos de fenômenos fora do comum (por exemplo, paranormais) no decorrer da história. Começa com o relato da observação de alguma coisa para a qual não parece haver qualquer explicação comum (por exemplo, normal). Diante de uma anomalia, somos forçados a considerar se ela é real ou não. Se, no início, somos céticos, como todo mundo afirma ser, então primeiro consideramos possíveis explicações normais para o fenômeno.

---

1 Esta é uma memória pessoal de uma apresentação testemunhada em Edimburgo, durante o Edinburgh Festival Fringe internacional, há aproximadamente oito anos. Entretanto, trata-se de algo relativamente característico de um efeito específico que tem se tornado bastante comum na última década.

Elas podem ser tomadas em profundidade, ou podem ser breves demais, e algumas podem nem mesmo ser levadas em conta. Não obstante, quaisquer que sejam as explicações comuns que venham à mente, elas precisam ser rejeitadas antes que se chegue a uma conclusão extraordinária – fora do comum. Isso, afinal de contas, é o que extraordinário (ou paranormal) significa: além do ordinário (ou normal). Em outras palavras, crença em alguma coisa extraordinária depende da exclusão de explicações ordinárias.

Outros, é claro, não acreditam, e essa é sempre uma opção. Sempre podemos rejeitar um testemunho como não confiável, como invenção ou exagero a respeito de algo menos surpreendente, pois a observação e a memória humanas são notoriamente traiçoeiras. Alternativamente, podemos supor que, embora o que tenha acontecido fosse altamente improvável, foi, no entanto, uma coincidência. Afinal de contas, ganhar na loteria é altamente improvável e, no entanto, toda semana alguém tem essa sorte. Por outro lado, podemos supor que tenha sido fraude, apesar de mágicos e psicólogos não conseguirem explicar o que estava acontecendo. Afinal, mágicos e psicólogos são apenas humanos, limitados em conhecimento e passíveis de serem enganados. Ao escolher uma dessas opções, poderíamos admitir que não temos uma explicação adequada, mas podemos, mesmo assim, acreditar que existe uma. Em outras palavras, sempre podemos supor que, embora o evento não tenha sido explicado, ele não é inexplicável.

Temos, portanto, escolha entre uma crença e outra. Podemos acreditar que o evento não tenha uma explicação comum, ou podemos acreditar que tenha. E os problemas de testemunho, do acaso e da fraude sempre fazem da última uma opção disponível. Então, por que alguém acreditaria em fenômenos extraordinários? Essa é a questão que há muito tempo os psicólogos veem como um interesse fundamental em termos de crenças no extraordinário. E, ainda assim, ela tem sido respondida regularmente, na verdade, desde antes de os psicólogos começarem a fazer a pergunta, ou seja: as pessoas acreditam porque elas não consideram as explicações comuns suficientes para o evento em questão. Afinal de contas, como no caso anterior, elas mal podem ser vistas como explicação, pois carecem não apenas de detalhes, mas também de evidência que as sustente. Trata-se de uma questão que aqueles que acreditam vêm levantando há muito tempo, ou seja, algumas vezes, explicações comuns são insuficientes e, por isso, uma explicação extraordinária é, de tempos em tempos, necessária. Não há necessidade de concordar, é claro, e há muito tempo tem havido divergências, mas, com otimismo, isso indica que não acreditar não é uma posição evidente. Portanto, em vez de conjecturarmos acerca de por que as pessoas acreditam, talvez fosse mais útil considerarmos como as pessoas chegam às suas conclusões.

Em parte, trata-se de uma questão de diferenças individuais, como muitos psicólogos vêm enfatizando há muito tempo, pois há obviamente indivíduos que acreditam e indivíduos que não acreditam. Entretanto, antes de considerarmos diferenças individuais, precisamos lembrar que crenças são também produto do contexto social, já que em determinadas épocas e em determinados lugares quase todo mundo aceita a realidade de certos fenômenos fora do comum. Na verdade, o que é considerado comum varia significativamente em diferentes épocas e locais. Tomando um exemplo bastante óbvio, os telefones celulares teriam sido considerados extraordinários por alguém de um século atrás. Poucos de nós, sem dúvida, compreendemos verdadeiramente como tais coisas funcionam, mas aceitamos a ideia de que eles são comuns o bastante, porque estamos acostumados a eles, porque presumimos que há outros que sabem como eles funcionam e que, se necessário, poderiam explicar tudo a respeito deles. Em outras palavras, as pessoas acreditam conforme um contexto mais amplo de plausibilidade, com base no que elas consideram normal, e conforme sua confiança de que aqueles que consideram *experts* na área (mágicos, psicólogos, engenheiros de telefonia) possam explicar as coisas.

Há também a questão do evento específico em pauta: o que está ocorrendo *aqui*? Independentemente de quaisquer fatores individuais ou sociais mais amplos, aquilo em que alguém acredita depende de eventos específicos. É difícil encontrar alguém – no passado ou no presente – que não tenha se recusado a acreditar em alguns fenômenos. Portanto, se alguém acredita ou não depende do evento em questão, e isso vale não apenas para aqueles que acreditam, mas também para aqueles que não acreditam. Afinal de contas, qualquer cético que tenha amor-próprio teria que admitir que aceitaria a realidade de certos fenômenos, desde que houvesse evidência suficiente para convencê-lo. De fato, há incontáveis relatos daqueles que começaram como céticos e passaram a acreditar como resultado de fenômenos específicos que eles não conseguiam explicar. Pelo menos isso é o que eles nos dizem, embora a confiabilidade do testemunho seja parte do problema. Ao mesmo tempo – colocando de outra forma, que é a maneira como invariavelmente colocam tanto aqueles que creem quanto aqueles que não creem – tudo depende de evidência, e o que conta como evidência adequada sempre acabará se reduzindo a considerações sobre eventos específicos. Crenças sempre se baseiam em eventos específicos, já que acreditar em fenômenos extraordinários é acreditar que certos eventos são extraordinários.

Dentro de determinados contextos sociais e com relação a eventos especiais, haverá também diferenças entre indivíduos – alguns acreditarão, outros não –, e a questão de por que alguns acreditam é, sem dúvida, uma questão interessante, mas é apenas uma dentre várias. Se pretendemos compreender a crença em fenômenos extraordinários, precisamos considerar tanto a crença quanto a descrença, já que a última não é a ausência de crença, mas, em vez disso, a crença de que tais fenômenos são o resultado de processos comuns. Precisamos também considerar o contexto social dentro do qual tais eventos aconteceram, pois o que se faz de um fenômeno fora do comum depende do que se considera comum. E precisamos considerar ainda os detalhes dos eventos que se acredita serem reais, pois aqueles que acreditam não acreditam em simplesmente qualquer coisa.

No caso da demonstração anterior, por exemplo, há vários detalhes que o tornaram convincente. A palavra foi escolhida livremente dentre milhões de palavras possíveis. Não foi, digamos, uma carta de baralho que poderia ter sido "forçada" e da qual há apenas 52. E a palavra foi apenas pensada, não escrita; portanto, é difícil imaginar de que maneira o homem poderia ter conhecimento de qual fora a palavra escolhida. Além disso, ele poderia não tê-la adivinhado lendo pistas faciais sutis, já que o melhor que isso pode fornecer é uma resposta a um estímulo. Por exemplo, se a mulher tivesse pensado em uma letra e o homem tivesse recitado o alfabeto, a mulher poderia ter reagido quando o ouvisse dizer a letra que ela havia escolhido, assim informando a ele a palavra em que estava pensando. Em teoria, uma palavra inteira poderia ser descoberta dessa maneira, letra a letra, mas esse seria um processo longo e entediante. De qualquer forma, não foi isso o que aconteceu. Ademais, estavam presentes uma psicóloga, que eliminou o uso de técnicas psicológicas, e um ilusionista, que também viu o truque e disse que não conseguiria explicá-lo. Se a escolha da palavra tivesse se restringido ou se tivesse sido escrita, ou se nem mágicos nem psicólogos estivessem presentes (ou, alternativamente, se eles tivessem afirmado que sabiam como o truque fora feito), então a proeza teria sido menos convincente e menos pessoas (se é que houve) teriam acreditado ter sido algo paranormal.

Invariavelmente, os detalhes do evento e a autoridade de *experts* no assunto são cruciais na exclusão de explicações normais e têm sido, de maneira geral, utilizados como razões por que os indivíduos acreditam em fenômenos extraordinários. Na verdade, quando examinamos determinados eventos fora do comum e o que as pessoas acham deles, imediatamente encontramos razões para crença e não crença porque, surgindo a oportunidade, elas nos contam. Um dos temas constantes na história de crenças extraordinárias tem sido o de que as pessoas explicam por que acreditam naquilo em que acreditam. Crenças comuns poderiam ser mantidas sem pensar duas vezes, e podem ser manifestadas sem justificativa; porém, crenças extraordinárias exigem razões, e a manifestação de tais crenças exige que razões sejam fornecidas.

Sem dúvida, pode-se dizer que essas não são as razões verdadeiras para se acreditar, que há razões subjacentes (não proferidas) das quais aqueles que acreditam não têm consciência, tais como credulidade ou "doce ilusão", as quais ninguém jamais admite. Isso é bem possível, mas não precisamos levar as razões declaradas ao pé da letra para que elas sejam elucidativas. Podemos reconsiderar as perguntas que fazemos e as suposições que temos quando tentamos respondê-las, inclusive a ideia de que o que as pessoas dizem é uma rota confiável para a crença. Como veremos, ao fazer isso, as razões que as pessoas fornecem para suas crenças (o que, na verdade, inclui referências à credulidade e doce ilusão) podem nos ajudar a compreender por que crenças no que foge do comum foram – e continuam a ser – tão comuns.

Entretanto, há várias outras questões a serem consideradas, não apenas aquelas descritas antes, mas também aquelas que têm a ver com a natureza do conhecimento psicológico e com as maneiras como o debate em torno de fenômenos extraordinários tem moldado a forma como pensamos e nos comportamos. Essas questões requerem uma abordagem histórica, porque não se pode compreendê-las sem uma perspectiva histórica. A história permite que uma ampla gama de fenômenos extraordinários seja considerada, fenômenos que foram objeto tanto de crença quanto de descrença e que ocorreram em diferentes contextos sociais, em épocas quando o que se acreditava ser normal ou plausível era bem diferente do que é hoje. A história nos permite considerar fenômenos extraordinários semelhantes sob certos aspectos, porém identificados com nomes diferentes que carregavam significados diferentes, provocando, assim, tipos diferentes de crenças e descrenças. Afinal de contas, se quisermos compreender uma crença em algo fora do comum, precisamos então considerar não apenas os eventos que são objeto de crença, como também o que

Crenças extraordinárias

se acredita a respeito deles. Além disso, embora psicólogos estejam interessados principalmente em entender por que as pessoas acreditam em fenômenos extraordinários, isso tem, em si mesmo, uma história. Com um olhar de retrospecto, podemos entender não apenas por que as pessoas acreditam, mas também por que essa se tornou a pergunta-chave feita por psicólogos.

Há, evidentemente, outra pergunta óbvia, uma pergunta que quase todo mundo faz a si mesmo sobre um fenômeno extraordinário, tal como o descrito: foi mesmo "real"? Nesse caso, pelo menos, a resposta é simples: foi um truque testemunhado pelo autor, realizado por um colega ilusionista. Os detalhes podem ser imperfeitos, uma vez que a memória é imperfeita, mas, se você estivesse lá, você teria visto algo muito próximo do que fora descrito. A psicóloga não conseguiu explicá-lo porque o truque não dependia de técnicas psicológicas, e o mágico que disse que não conseguiria explicá-lo, disse isso apenas por delicadeza. Esse é um estratagema comum utilizado por ilusionistas quando indagados a respeito de uma apresentação feita por algum colega. O resultado é que esse feito em particular permanece sem explicação, mas ele não é inexplicável (embora, como leitor, você tenha que confiar em mim quanto a isso, já que não estou prestes a revelar o segredo).

Há outro ponto que merece ser levantado agora, relativo à distinção entre crença e falta de crença, cujo rudimentarismo se revelará mais tarde como problemático em vários sentidos. Ao mesmo tempo, entretanto, seria possível perguntar: e aqueles que não têm qualquer crença em particular sobre fenômenos extraordinários? Depois de muitos anos discutindo tais questões, jamais encontrei alguém que não tivesse nenhuma opinião a respeito do assunto. Não há dúvida de que essas pessoas existem, mas falta de crença é falta de pensamento, e isso só poderia ser encontrado em um indivíduo que não tivesse verdadeiramente considerado essa questão. E se tal criatura existe de fato, não saberíamos, a menos que perguntássemos, e nesse ponto ela teria que refletir sobre o assunto. Depois de considerar isso, há alguns que manifestam a opinião de que não têm uma crença em especial sobre fenômenos extraordinários. Se tomarmos a manifestação ao pé da letra (isto é, o que eles realmente pensam), ela é, claramente, um ponto de vista. Poderíamos chamar essa posição de agnóstica, até mesmo neutra, mas não é falta de crença, já que qualquer posição precisa ser adotada – e adotada em relação a outras opções. Rejeitar tanto a crença de que tais fenômenos são reais quanto a crença de que não são é rejeitar essas crenças em favor de uma alternativa (isto é, que elas podem ser ou não reais). Ser agnóstico ou ostensivamente neutro significa meramente considerar duas posições e depois cair em algum lugar no entremeio. Se tratamos tais manifestações de neutralidade como representações de uma posição neutra, então elas se baseiam em uma combinação de pelo menos alguns dos argumentos pró e alguns contra, os quais examinaremos. Por outro lado, declarações de neutralidade não são apenas representações de estados mentais internos, mas podem servir a certas funções sociais. Como veremos, podem ser utilizadas para que alguém se apresente como um comentarista equilibrado, como alguém que não tem nenhum interesse pessoal a respeito, mesmo quando manifesta e justifica posições nada neutras.

Por enquanto, contudo, afirma-se que crenças em fenômenos extraordinários dependem da exclusão de explicações comuns, e que falta de crença são simplesmente crenças de que algum tipo de explicação comum seja suficiente. Assim, precisamos considerar tanto crenças como falta de crença, isto é, crenças *sobre* fenômenos fora do comum, as quais se baseiam em eventos específicos (os objetos da crença) e são moldadas pelo contexto social no qual ocorrem, o que fornece uma lista de explicações plausíveis (o que se poderia acreditar sobre eles). Isso torna-se claro quando tomamos uma perspectiva histórica, como até mesmo os mais breves relances no passado irão mostrar.

Algumas crenças extraordinárias – do passado e do presente

O termo "extraordinário" foi escolhido porque estamos discutindo eventos que estão – e consistentemente têm ficado – além da experiência comum dos humanos. Ninguém se pergunta por que as pessoas acreditam na gravidade (ou na eficácia do telefone celular). Não obstante, até mesmo espiritualistas e pesquisadores de fenômenos psíquicos, que afirmam terem testemunhado muitos fenômenos psíquicos, e cristãos ortodoxos, que acreditam na realidade de milagres bíblicos, aceitam que tais coisas sejam extraordinárias; na verdade, é precisamente por essa razão que tais eventos são importantes para espiritualistas, pesquisadores de fenômenos psíquicos e cristãos.

Há muito tempo existem relatos de fenômenos extraordinários, mas os termos que têm sido utilizados para descrevê-los mudaram. Sob certos aspectos, os eventos em questão são semelhantes, porém compreendidos de maneiras diferentes.

Pode-se encontrar continuidade nas formas dos fenômenos que têm sido descritos de várias maneiras. Durante séculos, coisas têm aparecido misteriosamente (pragas de gafanhotos, peixes e pães, espíritos dos mortos), se transformado de uma coisa em outra (água em vinho, bruxas em gatos, colheres retas em colheres tortas) e flutuado no ar (santos medievais, cabos de vassoura, mesas em salas de estar vitorianas). Sempre houve, ou pelo menos é o que parece, curas mágicas e miraculosas, demonstrações de clarividência e previsões acerca do futuro.

No decorrer dos dois últimos séculos – o período em que estou interessado –, tanto aqueles que acreditam quanto os que não acreditam têm normalmente comparado fenômenos mágicos e miraculosos anteriores a fenômenos associados a mesmerismo e espiritualismo, e, posteriormente, a fenômenos psíquicos e paranormais. Que essas várias formas de fenômenos extraordinários guardavam alguma semelhança entre si é fato reconhecido por cada geração, quando eles são comparados e contrastados por aqueles que os acham igualmente reais ou igualmente falsos, ou os diferenciam entre o real e o falso. Ao fazê-lo, entretanto, as categorias utilizadas e os significados associados a eles foram discutidos e mudaram de forma relevante.

É nessas reconhecidas similaridades, diferenças controversas e entendimentos diferentes que crenças a respeito de fenômenos extraordinários podem ser compreendidas de uma forma que vai além de algumas de nossas suposições atuais a respeito do que é paranormal. O termo "paranormal" refere-se a eventos que são anômalos em termos do conhecimento científico corrente. Por definição, isso coloca os tais fenômenos fora da ciência ortodoxa. Pode parecer uma suposição bastante óbvia, mas há implicações práticas disso para que se possa atualmente compreender crenças no paranormal, o que será discutido em breve. Por enquanto, contudo, a questão simplesmente é que, se tais fenômenos são considerados normais ou incompatíveis com o conhecimento científico atual, isso depende dos fenômenos em questão e do contexto histórico em que eles supostamente ocorrem. Nem sempre é óbvio que seja esse o caso hoje em dia, pois muitas vezes escapa-nos aquilo que temos por certo; daí a necessidade de uma perspectiva histórica para nos lembrar que esse sempre foi o caso.

Na Grã-Bretanha do século XVII, por exemplo, era normal acreditar em milagres, bruxaria, fantasmas e outros fenômenos fora do comum. A crença em fantasmas havia sobrevivido à Reforma, quando a exclusão do Purgatório deixara-os desamparados, mas suas óbvias ligações com a existência da alma os havia tornado indispensáveis.[2] A crença em bruxaria e no ocultismo era igualmente comum, e os milagres cristãos eram tidos como indiscutíveis. Até mesmo heróis da revolução científica, como Isaac Newton e Robert Boyle, estudaram alquimia, investigaram a questão da segunda vista e acreditaram nos milagres da Bíblia e na verdade da história da Criação, contada no Gênesis.

É fácil simplesmente ignorar tais crenças como produto de uma época mais primitiva, uma época em que os povos modernos não tinham capacidade para discriminar entre a verdade e a falsidade de mágicas e milagres, mas essa não é a questão. Muitos tomavam os milagres da Bíblia como algo natural, embora rejeitassem outros, mais claramente aqueles associados com o catolicismo romano, pois era amplamente

---

2 Davies, *The Haunted*, p.40; McCorristine, *Spectres of the Self*, p.27-8.

aceita (pela maioria protestante) a ideia de que a era dos milagres havia terminado. Vários fenômenos extraordinários foram contestados em termos de sua realidade e sua condição de coisa extraordinária, como parte de um discurso acerca de fatos, que se desenrolava dentro da filosofia natural.[3] Em suma, as crenças baseavam-se em evidência, mas o que contava como evidência – como evidência adequada então e lá – baseava-se em suposições diferentes das de hoje. Ao mesmo tempo, todo mundo – da realeza às classes menores – podia observar proezas extraordinárias de prestidigitadores (termo usado na época em referência aos artistas que faziam apresentações de ilusionismo) sem confundi-las com outros tipos de proezas ou bruxaria.[4] É claro que pode ter havido pessoas que acreditavam que tais truques eram verdadeiros, mas isso sempre foi assim, e, como veremos, continua assim até hoje.

Em outras palavras, até mesmo o mais ligeiro olhar no período anterior àquele que nos interessa aqui revela que as crenças baseavam-se em fenômenos específicos (certos mila-

---

[3] Daston, Marvelous facts and miraculous evidence in early modern Europe, *Critical Inquiry*; Dear, Miracles, experiments and the ordinary course of nature, *Isis*; Serjeantson, Testimony and proof in early modern England, *Studies in History and Philosophy of Science*. Sobre debates na Royal Society no início do século XVIII a respeito de objetos extraordinários, ver Fontes Da Costa, The making of extraordinary facts, *Studies of History and Philosophy of Science*.

[4] Apesar das histórias posteriores a respeito de prestidigitadores modernos que foram acusados de bruxaria, é muito difícil encontrar evidências de que alguém tenha levado isso a sério (Lamont, Spiritualism and a mid-Victorian crisis of evidence, *Historical Journal*, p.906). Ressalva semelhante foi feita mais recentemente por Mangan, *Performing Dark Arts*, p.39.

gres, certas afirmações extraordinárias, certas proezas mágicas, mas não outras) e eram moldados por um contexto social que proporcionava um sentido do que se considerava comum (por exemplo, em relação à ciência, à religião ou ao entretenimento, contemporâneos da época).

Quando voltamos para o período com o qual estamos envolvidos, começando no início do século XIX, vemos um contexto diferente de plausibilidade, dentro do qual diferentes suposições e distinções foram feitas em relação ao extraordinário. Crenças em bruxaria, outrora comuns, eram agora raras, exceto em certas regiões rurais. Para os bem informados e esclarecidos, já havia teorias sobre alucinações que permitiam que se acreditasse em experiências com fantasmas, se não nos próprios fantasmas.[5] Quase todo mundo ainda tomava os milagres da Bíblia como certos, embora os acadêmicos já estivessem questionando a validade de alguns desses milagres.[6] E quando alguém via um ilusionista – o termo que então havia substituído "prestidigitador"– realizando ostensivamente proezas mágicas, ficava mais claro do que nunca que suas proezas eram meramente trapaças.[7] Para a maioria dos modernos, a bruxaria, os fantasmas e outras superstições haviam sido relegados ao passado, e as crenças depositadas nesses fenômenos ficaram associadas a ideias primitivas. Entretanto, acreditava-se nos

---

5 Por exemplo, Ferriar, *An Essay Towards a Theory of Apparitions*; Hibbert, *Sketches of the Philosophy of Apparitions*.

6 Cannon, The problem of miracles in the 1830's, *Victorian Studies*; Burns, *The Great Debate on Miracles*.

7 Cook, *The Arts of Deception*, p.163-213; During, *Modern Enchantments*; Lamont, Spiritualism and a mid-Victorian crisis of evidence, *Historical Journal*, p.903-6.

milagres da Bíblia sem vê-los, e via-se os feitos extraordinários de ilusionistas sem acreditar neles.

A despeito de toda a discussão acerca da ascensão da ciência e do pensamento racional, e de caracterizações posteriores do mundo moderno como "desencantado", as coisas nunca foram tão simples assim.[8] Na medida em que o mundo moderno foi acompanhado de novos padrões de descrenças, isso aconteceu apenas em relação a certos tipos de fenômenos extraordinários. Como a magia e a bruxaria ficaram relegadas ao passado primitivo, ou a regiões do mundo contemporâneo consideradas primitivas, e como se construiu uma condição especial para os milagres da Bíblia, novos tipos de eventos fora do comum começaram a surgir. Os fenômenos associados a mesmerismo e espiritualismo eram observáveis por qualquer um que se dispusesse a olhar, e os fenômenos que ficaram conhecidos como "psíquicos" e "paranormais" ainda estão conosco como objetos de crença e descrença, e são levados a sério por muita gente instruída e gente bem informada do mundo científico. E, como as pessoas continuam a acreditar em fenômenos extraordinários, mesmo que se presuma que elas tenham discernimento suficiente para pensar de outra forma, também historiadores e psicólogos têm oferecido explicações para isso.

Os historiadores mostraram tendência por compreender tais crenças em termos de questões religiosas, científicas e sociais mais amplas. Por exemplo, o espiritualismo foi visto como uma resposta a dúvidas crescentes acerca da fé cristã

---

8 Weber, *The Protestant Ethic and the Spirit of Capitalism*; Bauman, *Intimations of Postmodernity*, p.X- XVI. Para uma revisão recente da literatura, ver Saler, Modernity and enchantment, *American Historical Review*.

Crenças extraordinárias

em decorrência do emergente conhecimento científico, e as pesquisas científicas de fenômenos psíquicos, como uma fé sucedânea que satisfazia necessidades espirituais, filosóficas e empíricas.[9] O interesse dos cientistas em tais fenômenos era compreendido em termos de outro discurso científico contemporâneo e práticas, em que cientistas individuais consideravam tais fenômenos compatíveis com fenômenos naturais afins e, portanto, não tão extraordinários afinal.[10] Mais amplamente, eles os entendiam, em níveis variados e de todas as maneiras, em termos de radicais mudanças sociais e culturais que caracterizaram o surgimento da moderna Grã-Bretanha industrial, quando indivíduos e grupos negociaram *status* e autoridade, e como parte integrante de deslocamentos culturais mais amplos, no sentido de como os modernos viam o seu mundo e a si mesmos.[11]

Compreensivelmente, o foco básico de tais estudos tem recaído sobre a relação do interesse em tais fenômenos com

---

9 Por exemplo, Cerullo, *The Secularization of the Soul*; Gauld, *The Founders of Psychical Research*; Turner, *Between Science and Religion*; Oppenheim, *The Other World*.

10 Por exemplo, Wilson, The thought of late Victorian physicists, *Victorian Studies*; Noakes, Telegraphy is an occult art, *British Journal for the History of Science*; Id., The bridge which is between physical and psychical research, *History of Science*; Id., The world of the infinitely little, *Studies in the History and Philosophy of Science*; Thurschwell, *Literature, Technology and Magical Thinking 1880-1920*.

11 A esse respeito, há uma literatura rica, diversificada e crescente. Além dos textos já mencionados, pode-se citar os seguintes entre os mais importantes: Barrow, *Independent Spirits*; Cottom, *The Abyss of Reason*; Owen, *The Darkened Room*; Owen, *The Place of Enchantment*; Luckhurst, *The Invention of Telepathy*; Wallis (Org.), *On the Margins of Science*; Winter, *Mesmerized*.

vários tópicos intelectuais, sociais, culturais e científicos – desde a fé e o secularismo até classe e gênero, literatura, tecnologia e *expertise*. Porém, à medida que sugerem explicações para crenças, eles geralmente o fazem em termos do desejo que os indivíduos têm de acreditarem, da função social de práticas relacionadas com as crenças e da compatibilidade entre tais crenças e visões culturais e conhecimento científico mais amplos. Todas essas são razões relevantes, sem dúvida, mas não necessariamente razões de importância fundamental para aqueles que expressavam crenças sobre tais fenômenos. Na verdade, quando examinamos como as pessoas manifestavam suas crenças, concluímos que há uma impressionante ênfase na primazia da evidência; resumindo, explicações menos extraordinárias eram simplesmente insuficientes para explicar o que havia sido observado. Os fenômenos extraordinários associados (que, na verdade, lhes forneciam a própria base) a mesmerismo, espiritualismo, pesquisa científica de fenômenos psíquicos e parapsicologia sempre foram defendidos e contestados dessa maneira.

Na maioria das vezes, a questão da evidência tem sido evitada por historiadores acadêmicos que estão mais interessados em compreender por que tais fenômenos eram do interesse das pessoas à época, mais do que simplesmente descartá-los como exemplos de pensamento pseudocientífico, como alguns historiadores anteriores se inclinavam a pensar.[12] Contudo, se quisermos compreender tais crenças, então precisamos considerar mais detalhadamente as visões dos que acreditam e dos

---

12 Por exemplo, Sedgwick; Tyler, *A Short History of Science*; Hearnshaw, *A Short History of British Psychology*.

que não acreditam, e isso significa examinar os eventos sobre os quais se mantêm crenças, bem como o que se acredita acerca deles. Os historiadores não fazem isso em profundidade porque estão interessados, sobretudo, em questões que vão além da crença em si, tais como debates teóricos mais amplos sobre ciência ou modernidade. Os psicólogos, no entanto, mostram-se diretamente interessados em tentar explicar essas crenças. De fato, a psicologia da crença foi, ela própria, produto das controvérsias do século XIX acerca de fenômenos extraordinários, e sua configuração atual emergiu de debates mais recentes sobre o paranormal. Sua própria existência e forma têm uma história e, como veremos, uma perspectiva histórica revela que o modo de investigação e o objeto de investigação estão inextricavelmente ligados.

Entretanto, essa investigação não é apenas histórica; ela é também uma investigação psicológica que busca não apenas explicar por que examinamos crenças da maneira como o fazemos, mas também oferecer um modo alternativo de compreendermos as próprias crenças extraordinárias. Para fazê-lo, precisamos considerar os limites dos métodos psicológicos atuais e, em especial, o fato de que eles não consideram adequadamente nem os objetos de crença nem o que se acredita a respeito deles.

Compreendendo crenças no paranormal

De maneira geral, compreende-se crenças como atitudes proposicionais. Tomando um exemplo clássico, a crença de que está chovendo é uma atitude (crença) em relação a uma proposição (está chovendo). Pode-se acreditar que está chovendo ou acreditar que não está, mas ninguém fala a respeito de crença em chuva. A expressão "crença em" é reservada para coisas cuja existência é um pouco dúbia. Pode-se acreditar em unicórnios, mas não em cavalos; acredita-se em bruxas, mas não em relógios de pulso. É claro que "crença na" existência de algo é "crença de que" a coisa existe, mas algumas crenças são menos óbvias do que outras. Assim, implicitamente e sem muita reflexão consciente, seria possível acreditar que existem relógios de pulso, mas acreditar que existem bruxas requer (em nossa época e lugar) alguma reflexão. Em outras palavras, seja qual for a natureza de certas crenças implícitas, crenças no extraordinário são o que Daniel Dennett chama de "opiniões" – dependem de língua e de algum tipo de decisão a respeito da verdade de sentenças.[13]

Como atitude proposicional, a crença no paranormal é a crença de que fenômenos paranormais existem, sendo essa a proposição ("fenômenos paranormais existem") em relação à qual uma atitude é tomada. Uma vantagem em traduzir "crença no paranormal" para "crença de que fenômenos paranormais existem" é que isso nos lembra que estamos falando sobre crenças relacionadas a certos fenômenos que são classificados como paranormais. Isso, porém, não chega ao âmago da questão, a menos que consideremos os fenômenos em questão e o que significa "paranormal", não apenas de acordo com psicólogos, mas também de acordo com aqueles cujas crenças buscamos compreender. Afinal de contas, se aqueles que acreditam não acreditam no que achamos que eles acreditam, então não estamos conseguindo compreender suas crenças.

---

13 Dennett, Two contrasts. In: Greenwood (Org.), *The Future of Folk Psychology*.

Em psicologia, a medida mais comumente utilizada de crença no paranormal é a Escala de Crenças no Paranormal [Paranormal Belief Scale (PBS)]; a maioria dos estudos sobre crenças no paranormal baseia-se em uma versão dessa escala.[14] A PBS pede respostas a afirmações sobre coisas como a existência de bruxas, a possibilidade de se ler a mente e a capacidade de prever o futuro com precisão. Concordar com a afirmação "bruxas, de fato, existem", por exemplo, é sinal de crença em bruxaria. Trata-se, é claro, de uma afirmação bastante tosca, já que, sem dúvida, bruxas, de fato, existem – eu já as vi (com meus próprios olhos), e conversei com elas sobre bandas góticas pós-punk – embora, obviamente, se elas têm de fato quaisquer poderes mágicos seja outro assunto. Da mesma forma, é possível ler a mente das pessoas, pois podemos saber o que os outros estão pensando (com frequência, é possível perceber quando os outros estão mentindo ou mostrando algum interesse romântico por nós, ou querendo tomar alguma coisa emprestada). E muitas pessoas podem predizer o futuro com precisão (como os que apresentam o tempo, os economistas, ou aqueles que programam os horários de trens), embora (assim como astrólogos e clarividentes) muitas vezes estejam errados.

Em outras palavras, pode-se acreditar na existência dessas coisas sem que se acredite no paranormal, e isso vale também para a lista a seguir, que, de acordo com a PBS, também indica crença no paranormal: magia negra (praticada por pessoas

---

14 Tobacyk; Milford, Belief in paranormal phenomena, *Journal of Personality and Social Psychology*; Tobacyk, A revised Paranormal Belief Scale (tese não publicada, Louisiana Tech University, 1988).

reais), casos de bruxaria (relatados nas notícias), vida em outros planetas (no que muitos cientistas agora acreditam), o Abominável Homem das Neves, o Monstro do Lago Ness (mesmo que se acredite que ambos sejam, respectivamente, uma forma de primata ou um peixe, não tão diferentes de criaturas que conhecemos no presente). É possível também lançar feitiços, ler a mente das pessoas ou predizer o futuro, sem que quaisquer processos paranormais estejam envolvidos.[15] Em resumo, acreditar na existência ou ocorrência dessas coisas não significa necessariamente acreditar que sejam paranormais.

Trata-se, sobretudo, de um problema envolvendo clareza, mas ele aponta para um aspecto mais básico. Crenças em bruxaria, telepatia, previsão do futuro ou existência de criaturas criptozoológicas só são significativas para a crença no paranormal quando se referem a coisas que não se alinham com o conhecimento científico ortodoxo. Conforme observado antes, é isso o que significa "paranormal" nos círculos acadêmicos; refere-se a fenômenos que são definidos como exteriores à ciência convencional atual (anômalos, nos termos desta última; contrários a ela e não compreendidos por ela). A crença de que fenômenos paranormais existem é, por definição, crença em fenômenos que estão fora do conhecimento científico corrente. No entanto, não é necessariamente esse o significado para aqueles cujas crenças buscamos compreender.

---

15 Tal questão não passou despercebida (por exemplo, Lawrence, How many factors of paranormal belief are there? *Journal of Parapsychology*), embora sua relevância possa ter sido subestimada, já que seria possível relacioná-la a 10 dos 26 itens da PBS (3, 6, 7, 10, 13, 14, 21, 23, 24, 26).

Crenças extraordinárias

Afinal, sempre há cientistas que afirmam que tais fenômenos são reais e compatíveis com o conhecimento científico. Newton e Boyle acreditavam em milagres; desde então figuras respeitadas da *Royal Society* e até mesmo recentes ganhadores do Prêmio Nobel afirmam que tais fenômenos são reais e compatíveis com o conhecimento científico.[16] Nos últimos tempos, pelo menos, essas autoridades científicas têm sido uma minoria, e suas ideias não são consideradas parte da ciência tradicional; não obstante, com suas credenciais científicas, elas têm exercido influência na oscilação de opinião. Tomando apenas o exemplo mais recente (no tempo desta escrita), um psicólogo respeitado internacionalmente havia acabado de publicar, em um importante periódico de psicologia revisado por colegas, evidência experimental da existência de percepção extrassensorial (PES), e isso, sem dúvida, foi relatado mais amplamente na imprensa popular.[17] Qualquer um que tenha lido ou ouvido a respeito disso poderia, de maneira razoável, acreditar que PES faz parte do conhecimento científico atual.

Além de cientistas "apropriados" em periódicos científicos "apropriados", incontáveis outros apelam para credenciais científicas, competência especializada e conhecimento que muitos cientistas poderiam considerar suspeitos, mas que o público poderia não perceber que, afinal de contas, não são nada "apropriados" (embora, evidentemente, o que é apropriado ou não tenha sido há muito tempo matéria de debate, o que será discutido posteriormente). Com frequência, a mídia

---

16 Por exemplo, William Crookes, Alfred Russel Wallace ou, mais recentemente, Brian Josephson.

17 Bem, Feeling the future, *Journal of Personality and Social Psychology*.

relata que há evidência a favor de tais coisas, e que elas são compatíveis com o conhecimento científico, e muitas vezes a ciência tem demonstrado que coisas excepcionais são, no entanto, verdadeiras. Em outras palavras, é muito difícil para aqueles que não têm conhecimento especializado (as pessoas cujas crenças são de seu interesse) saber o que é compatível com o conhecimento científico convencional. Do seu ponto de vista, crença em tais coisas não é necessariamente crença em coisas contrárias ao conhecimento científico.[18]

Se estamos interessados naquilo em que eles de fato acreditam, mais do que simplesmente em suas crenças, então precisamos entrar em maiores detalhes. De fato, mesmo que seja apenas a crença na existência ou ocorrência de coisas de interesse, independentemente do que se acredita a respeito delas, então mais pormenores são necessários, porque isso pressupõe a questão: crença em que coisas? Quando se compara diferentes escalas de crença, imediatamente se percebe que o que conta como paranormal varia radicalmente entre elas. Nesse sentido, diferentes medidas de crença estão literalmente medindo crença em coisas diferentes.[19] Entretanto, mesmo que, por enquanto, fiquemos com a PBS e consideremos apenas a percepção extrassensorial e a psicocinese, as quais todas as escalas tentam mensurar, vemos que os objetos de crença são gerais em vez de específicos, e referem-se à "telepatia" ou ao "movimento de

---

18 De fato, ainda que o questionário definisse explicitamente tais eventos como contrários ao conhecimento científico, estaria ele medindo a crença no paranormal ou a fé na autoridade científica?

19 Isso não passou despercebido por aqueles que utilizam tais questionários (por exemplo, Goulding; Parker, Finding psi in the paranormal, *European Journal of Parapsychology*, p.74).

objetos por intermédio de poderes psíquicos". Portanto, qual é o objeto de crença para o participante (isto é, em que eles estão pensando quando respondem a tais afirmações)?[20]

Ao responder a uma afirmação sobre "leitura da mente", por exemplo, poderíamos pensar em uma demonstração como a apresentada no início deste capítulo. Afinal de contas, nos últimos anos, demonstrações semelhantes têm sido feitas ao vivo e na televisão em inúmeras ocasiões. Se alguém acredita que se trata de uma proeza psicológica (por exemplo, que os pensamentos podem ser lidos através da leitura de uma sutil linguagem corporal), então, presumivelmente, essa pessoa não é, com base nisso, alguém que acredita no paranormal, mas paira no ar a pergunta: e se essa crença se relaciona com uma proeza que não pode ser realizada através da leitura de uma sutil linguagem corporal (como aquela do início deste capítulo)? Tal proeza está muito além dos limites de tal técnica e, se for real, teria que ser considerada um exemplo de PES. As pessoas acreditam que tais eventos são reais, mas não que eles são paranormais, embora *experts* dissessem que, se fossem reais, então seriam paranormais. Sendo assim, essas pessoas acreditam ou não no paranormal?

A questão é que não se pode começar a responder a essa pergunta sem levar em consideração o que se pretende dizer com os termos utilizados para descrever tais coisas; e não se pode presumir que elas signifiquem a mesma coisa tanto para aqueles que mantêm crenças da maneira como o fazem, quanto para aqueles que as estudam. Estamos lidando com crenças sobre fenômenos que estão, por definição, à margem do conhe-

---

20 Potter; Wetherell, *Discourse and Social Psychology*, p.43 et seq.

cimento comum, e a ambiguidade é não apenas compreensível como também esperada. Sem entendermos o que os termos relevantes significam para aqueles cujas crenças estamos estudando, não podemos saber em que eles acreditam. E, a menos que saibamos quais eventos são objetos de crença, não sabemos em que essas pessoas acreditam.

Ao responder a uma afirmação sobre o "movimento de objetos através de poderes psíquicos", por exemplo, seria possível pensar, durante uma rodada de golfe, em alguém que desejasse que a bola entrasse no buraco – e ela entrou. Ou seria possível pensar em um ilusionista no palco levitando uma assistente. Ou, sabendo alguma coisa sobre o assunto, alguém poderia pensar nos famosos experimentos de William Crookes, o primeiro a descrever o deslocamento de objetos por meio de poderes "psíquicos", os quais, até hoje, nunca foram plenamente esclarecidos.[21] Em outras palavras, seria possível expressar crença (ou falta de crença) no mais banal ou tolo dos exemplos, ou na evidência mais criteriosamente examinada, e a escala não faz qualquer distinção entre as duas. Seria possível acreditar (ou não acreditar) com base em uma prolongada averiguação racional ou, alternativamente, com base em total ignorância a respeito do assunto, e essas duas situações seriam consideradas crenças idênticas.

Se desejamos compreender crenças no extraordinário, então precisamos considerar os objetos de crença e o que se acredita

---

21 O episódio é mencionado em todos os livros introdutórios à parapsicologia. Por exemplo, Beloff, *Parapsychology*, p.47-8; Broughton, *Parapsychology*, p.62-3; Irwin; Watt, *An Introduction to Parapsychology*, p.22-3.

a respeito deles; isso significa entrar em maiores detalhes com relação aos fenômenos sobre os quais se manifestam crenças, as causas às quais elas são atribuídas e o que os termos relevantes significam para aqueles cujas crenças buscamos compreender. A boa notícia é que já existem dados consideráveis com os quais podemos trabalhar, pois crenças extraordinárias vêm sendo manifestadas há muito tempo. No processo, tanto os que creem quanto os que não creem esclarecem acerca daquilo que acreditam e em que base o fazem. E, como veremos, a relação entre crenças extraordinárias e as fronteiras do conhecimento científico têm sido outro tema recorrente. Em outras palavras, podemos chegar às próprias questões que atualmente não estão sendo percebidas.

Sem dúvida, o que as pessoas dizem e no que elas acreditam não são necessariamente a mesma coisa; e esse é um problema inerente também a questionários.[22] Aceitar que qualquer manifestação de crença produzida em um contexto particular representa um estado mental interior contínuo é uma suposição relevante, mas é uma suposição que será evitada aqui. Uma abordagem alternativa para se compreender crenças será delineada no próximo capítulo – uma alternativa que permite uma investigação histórica relativa a crenças acerca de vários tipos de fenômenos extraordinários em diferentes épocas e lugares. Ela examinará como as crenças se tornaram convincentes por parte daqueles que as demonstraram e daqueles que as relataram, como os que creem e os que não creem construíram e mantiveram suas opiniões, e como crenças vieram a ser entendidas por psicólogos das maneiras como são entendidas

---

22 Potter; Wetherell, op. cit.

atualmente. Trata-se, para usar a distinção feita por Graham Richards, de uma história da psicologia (o tópico) e da Psicologia (a disciplina), de crenças extraordinárias e de como psicólogos as têm entendido, porque as duas coisas estão inextricavelmente ligadas. Como tal, tudo é parte de um argumento mais amplo sobre a necessidade da história para a compreensão psicológica, um argumento que será considerado agora.

Por que história da Psicologia?

A história da Psicologia é relevante para uma ampla gama de disciplinas, mas o argumento principal para a necessidade de estudos históricos dentro da Psicologia baseia-se na natureza reflexiva do conhecimento psicológico; em suma, ele é tanto construído quanto construtivo. O conhecimento psicológico não é apenas o estudo do pensamento e do comportamento, mas também produto do pensamento e do comportamento: ele é produzido por pessoas específicas (isto é, psicólogos) como resultado do pensamento e de atos que elas praticam de maneiras específicas (isto é, praticando Psicologia). Ele é não apenas construído como também construtivo, no sentido de que o conhecimento produzido pode afetar seu próprio assunto. Por exemplo, ele define as pessoas de maneiras especiais e modifica pensamentos, sentimentos e comportamento através de disseminação e aplicação. Tudo isso acontece com o passar do tempo, e a maneira como acontece depende da época e do local em que o conhecimento psicológico é produzido, disseminado e utilizado. Somente a história pode fornecer a perspectiva necessária para compreendermos como produzimos os entendimentos específicos que construímos a respeito de como pensamos e nos comportamos, e como isso, por sua vez, afeta as formas como pensamos e nos comportamos.[23]

O conhecimento psicológico como uma construção

O conhecimento psicológico é construído por uma questão de necessidade. Matéria invisível, intangível – como pensamentos e sentimentos, crenças e desejos, inteligência e personalidade –, não pode ser observada diretamente; também não é possível apontá-la, apresentá-la, exibi-la (como uma pedra ou um *hamster*) se quisermos mostrá-la a mais alguém. Isso está longe de ser um problema específico das ciências, mas talvez seja um problema mais óbvio na Psicologia, onde se pode esquadrinhar cérebros, mas não se pode ver mentes. Matéria mental pode ser redutível ao físico, embora haja, é claro, discussão a respeito disso, mas, contanto que falemos sobre processos mentais, seja em termos de funcionalidade, seja como qualquer outra coisa, não conseguiremos vê-los. Obviamente, dependeremos de linguagem, uma linguagem que reflete o mundo físico observável no qual vivemos.

---

23 A afirmação é uma reformulação de argumentos que já foram apresentados por outros autores, como Kurt Danziger, Ken Gergen, Ian Hacking, Graham Richards e Roger Smith. Ver, por exemplo: Danziger, *Constructing the Subject*; Danziger, *Naming the Mind*; Gergen, Social psychology as history, *Journal of Personality and Social Psychology*; Graumann; Gergen, *Historical Dimensions of Psychological Discourse*; Hacking, Making up people. In: Heller; Sosna; Wellbery (Orgs.), *Reconstructing Individualism*; Richards, *Putting Psychology in its Place*; Smith, *Being Human*.

O mundo interior é normalmente entendido por meio de metáforas que comparam o psicológico com o físico.[24] Nossos pensamentos são como a visão (podemos ver o que os outros querem dizer, mas temos nossa própria visão, conforme a maneira como olhamos para as coisas) e nossa memória é como um contêiner (dentro do qual mantemos um pensamento, conservando-o na mente). Nossas peculiaridades e estados mentais são compreendidos por metáforas físicas porque, sejamos brilhantes ou opacos, extrovertidos ou deprimidos, ou se temos a mente aberta ou fechada, equilibrada ou perturbada, lutamos para nos vermos sem utilizar assistência externa.

A psicologia científica busca ir além dessas compreensões de senso comum; entretanto, por mais rigorosa que seja a metodologia, o problema não desaparece. Observação e medição nunca são questões evidentes, mas quando se lida com o que não se pode ver, elas se tornam muito mais problemáticas. O que alguém vê? Como se vê o que se vê, como se conta seus componentes ou se mede seu tamanho? A substância básica da investigação psicológica precisa, primeiramente, ser identificada como uma coisa ou outra, e as categorias que usamos carregam significados que são parte integrante de nossa época e lugar. Por exemplo, emoções, atitudes e personalidade são agora termos psicológicos básicos, mas, não muito tempo atrás, as pessoas falavam de paixões, sentimentos ou afeições (não emoções), atitudes eram físicas (não psicológicas) e os indivíduos tinham caráter (não personalidade).[25] As palavras

---

24 Ver também Richards, *On Psychological Language and the Basis of Human Nature*; Leary, *Metaphors in the History of Psychology*.
25 Danziger, *Naming the Mind*.

eram diferentes, como também o eram seus significados, quando as pessoas entendiam o que era ser humano de maneiras muito diferentes daquilo que entendemos hoje.

Talvez tenhamos agora mais sabedoria e experiência, mas mesmo que seja assim, não obstante, nós nos vemos de uma maneira particular, moldados pelo mundo em que vivemos, mais visivelmente hoje por meio da metáfora da mente como computador. A nova tecnologia forneceu não apenas novas metáforas (como a capacidade de informação da memória), como também novos métodos (como monitoramento ocular, testes de QI, escalas de atitudes), que reduzem a matéria psicológica a coisas contáveis, prontas para análise estatística. Isso possibilita uma disciplina científica, embora seu *status* como ciência seja uma questão delicada, e a tentativa de nos vermos cientificamente tem, de maneira contínua, determinado a direção da disciplina, o que ela estuda, como e por quê. Assim, a psicologia científica tem sido definida de muitas maneiras em diferentes épocas e em diferentes lugares ao mesmo tempo.

As origens da psicologia científica são, talvez, um exemplo lógico de onde podemos começar. Ela oferece uma definição, já que histórias sobre origens são sempre formas de definição: dizer que a psicologia científica começou com X é definir X como psicologia científica. Mas a história mostra que é apenas uma de muitas definições diferentes, e cada uma, por sua vez, tem produzido tipos de conhecimento psicológico radicalmente diferentes.

De acordo com a versão costumeira da história, as origens da psicologia científica encontram-se no estabelecimento do laboratório de pesquisa de Wilhelm Wundt, em Leipzig, em 1879. As noções anteriores de filósofos como Descartes, Locke,

Hume e Kant são invariavelmente mencionadas, mas não como trabalho científico, enquanto a obra anterior de fisiologistas como Bell, Muller, Helmholtz e Weber é, em geral, citada como científica, mas não como Psicologia propriamente dita. Assim, na maioria das vezes, considera-se Wilhelm Wundt o pai fundador da Psicologia, embora outros candidatos estejam disponíveis, é claro, e, com mais obviedade, Gustav Fechner, fundador da psicofísica. Não obstante, foi Wundt quem estabeleceu o primeiro laboratório de pesquisa, fundou um periódico onde se pudesse publicar pesquisas, ensinou estudantes como realizar pesquisa experimental. Foi também ele quem, posteriormente, estabeleceu a Psicologia como uma disciplina acadêmica. No que diz respeito aos candidatos à paternidade da disciplina, Wundt permanece a escolha mais popular (apesar de suas dúvidas quanto à independência da Psicologia como disciplina e de seu ceticismo acerca do papel de experimentos no estudo de funções mentais superiores, como pensamento e linguagem).

Todavia, como Danziger apontou em *Constructing the Subject* [Construindo o sujeito] (1990), a psicologia de Wundt não foi a única pesquisa em psicologia realizada nessa época, e a forma que ela tomou refletiu o contexto social em que ocorreu. Foi um estudo do conteúdo da consciência, sobretudo das sensações, com base no método de introspecção experimental. Isso ocorreu em um laboratório universitário e foi realizado por colegas que desempenharam os respectivos papéis de pesquisador e sujeito. Esses papéis eram intercambiáveis, já que os dados fornecidos pela fonte (sujeito) eram considerados representativos da mente humana. Enquanto isso, Francis Galton realizava uma forma muito diferente de pesquisa psicológica em seu laboratório de antropometria em Londres.

Esse não era um contexto acadêmico, mas sim um contexto comercial, em que ele coletava dados de membros do público que pagavam para saber mais a respeito deles próprios. A relação entre pesquisador e sujeito era a de prestador de serviço/consumidor, e os dados fornecidos por essas fontes, longe de serem representativos da mente humana, eram considerados representativos de habilidades individuais, com o propósito expresso de comparação. Ao mesmo tempo, em um hospital francês (isto é, em um contexto que não era nem acadêmico, nem comercial, mas médico), Jean-Martin Charcot estudava a histeria, e seu conhecimento foi produto de uma interação entre médico e paciente. Os dados fornecidos por seus pacientes (que não eram nem colegas de profissão, nem clientes) não representavam a mente humana normal, tampouco um indivíduo em particular, mas sim uma condição patológica. Dessa maneira, ao mesmo tempo, porém em contextos diferentes, e como resultado de diferentes tipos de interação entre diferentes tipos de pessoas, estavam sendo produzidos tipos fundamentalmente diferentes de conhecimento psicológico.

Quando consideramos mudanças no decorrer do tempo, a ilimitada variedade de psicologias científicas torna-se ainda mais aparente. Por exemplo, quando, logo depois, a disciplina Psicologia emergiu nos Estados Unidos, ela veio a focalizar a função (mais do que o conteúdo) da consciência, inclusive das funções superiores (o que Wundt não havia pensado que fosse passível de investigação experimental), e fez uso de uma gama mais ampla de métodos (que ele não teria usado). No decorrer de tudo isso, os psicólogos argumentavam que o que eles faziam era científico, até que a próxima geração, liderada por J. B. Watson, os informou que não era. O behaviorismo foi, sem dúvida, uma rejeição do estudo de matéria mental não observável em benefício da investigação científica propriamente dita (ou o que era assim considerado naquele momento), mas seu predomínio foi, sobretudo, uma questão americana. Nesse ínterim, um tipo radicalmente diferente de psicologia científica dominava na Alemanha, um tipo que continuou a focalizar a experiência e era, em total contraste com o behaviorismo, nativista e antirreducionista.[26]

Desde então, houve a chamada revolução cognitiva, contanto que se utilize o termo de forma bastante livre, e podemos estar no meio de uma "revolução biológica", em que cérebros podem ser rastreados. E quando ziguezagueamos da mente para o cérebro, conforme a maneira como falamos e aquilo que fazemos, outros tópicos, questões e métodos gradativamente chamam menos atenção. O contexto social maior continua a guiar a direção da disciplina, à medida que as exigências da ciência, do governo e dos negócios moldam o tipo de conhecimento psicológico que se considera útil (por exemplo, merecedor de uma subvenção), e atitudes contemporâneas sobre como somos (por exemplo, em termos de gênero, raça ou sexualidade) e como devemos ser (por exemplo, em termos de doença mental ou criminalidade) levam a perguntas que não foram feitas antes (e outras que não se fazem mais), porque o que é normal ou considerado parte natural da vida é diferente do que era antes. Elas se fundamentam em categorias psicológicas que agora consideramos básicas, utilizando métodos que não estavam disponíveis no passado (mas não aqueles agora

---

26 Richards, *Putting Psychology in its Place*; Smith, *The Fontana History of the Human Sciences*.

tidos como antiéticos), de acordo com paradigmas e programas de pesquisa que agora consideramos os mais apropriados.

O conhecimento psicológico continua a ser produto de psicólogos que pensam, agem e interagem com outros, e de maneiras específicas que não podem ser isoladas do contexto social mais amplo que molda a maneira como as pessoas pensam e agem, porque os psicólogos também são gente. As categorias que utilizamos determinam o objeto de investigação (sobre o que fazemos perguntas), e as abordagens que adotamos determinam a linha de investigação (as perguntas que desejamos fazer). A investigação é limitada pela ética (o que podemos perguntar, como podemos responder) e pelo que é simplesmente tomado como ponto pacífico (as perguntas que não nos preocupamos em fazer), embora os métodos que escolhemos determinem a forma dos resultados (os tipos de resposta que obtemos). Em suma, o contexto em que se faz Psicologia molda, de maneiras infinitamente diversas, o que ela estuda, como e por quê. O conhecimento psicológico é necessariamente construído, porém de maneiras que não são necessariamente óbvias para aqueles que o produzem, muito menos para aqueles que o consomem. O que a história proporciona é a perspectiva necessária para se ver não apenas como isso acontece, mas também com quais consequências *psicológicas*.

O conhecimento psicológico é construtivo

As consequências psicológicas mais óbvias vêm do fato de que o conhecimento psicológico é não apenas construído, mas também construtivo de seu próprio tema; resumindo, ele pode mudar a maneira como as pessoas pensam, sentem e se comportam. Ele é, afinal de contas, o propósito explícito de muita psicologia aplicada, um propósito definido por pessoas de acordo com um contexto social em particular, para mudar as pessoas, alterando seu conhecimento e a compreensão que elas têm de si mesmas. Isso levou a mudanças no raciocínio, sentimentos e comportamento de crianças na escola, de empregados no trabalho, de soldados na guerra e daqueles considerados anormais de um modo específico, em relação a normas específicas. A própria maneira como o conhecimento psicológico é "aplicado" mudou significativamente com o passar do tempo, transformando a própria compreensão e a prática dos psicólogos (que, por sua vez, modificaram a maneira como seus pacientes ou clientes foram mudados como resultado de tais práticas). Portanto, de formas bastante diretas, as mudanças no conhecimento psicológico, moldadas por contextos históricos específicos, produziram mudanças na realidade psicológica.

A disseminação do conhecimento psicológico, sua linguagem e suas teorias têm tido um impacto maior sobre como vemos a nós mesmos (perguntamo-nos se nosso hemisfério cerebral dominante é o esquerdo ou o direito, se somos extrovertidos ou introvertidos, se nos recusamos, como defesa, a admitir uma situação desfavorável, se somos tolerantes à ambuiguidade ou se sofremos de depressão) e como vemos os outros (se mais ou menos inteligentes, normais ou anormais, loucos ou perversos, necessitando de tratamento ou trancafiamento). A maneira como pensamos, sentimos e agimos em relação às pessoas depende do que achamos a respeito delas — se são responsáveis ou vítimas (por exemplo, crianças muito impacientes, empregados que faltam ao trabalho, pessoas que transgridem regras que não transgredimos), ou se elas podem ou merecem ser ajudadas (educação especial, licença remunerada, punição ou reabilitação). Nossos pensamentos, sentimentos e comportamento, em relação a sermos nós mesmos e em relação aos outros, são moldados de todas as maneiras possíveis pela linguagem e teorias psicológicas.

Entretanto, o conhecimento psicológico também desempenha uma função mais fundamental na construção de assuntos psicológicos. A psicologia, afinal de contas, define sua matéria. Os psicólogos decidem o que é de interesse, identificando categorias psicológicas relevantes e modos de estudá-las, e, ao fazê-lo, moldam como compreendemos a nós mesmos no nível mais básico. Assim, por exemplo, quando Watson definiu a Psicologia como o estudo do comportamento, ele forneceu um modo radicalmente diferente daquele fornecido por meio de métodos introspectivos de compreendermos o que somos. Esse não era meramente um método alternativo; era uma redefinição do assunto. Posteriormente, argumentou-se, é claro, que essa interpretação era estreita demais e que nós somos, na verdade, mais do que organismos que respondem a estímulos, e o sucesso dos opositores levou a uma mudança significativa na maneira como a pesquisa psicológica era realizada. As novas formas de conhecimento psicológico que se seguiram, orientadas para um assunto muito diferente, nos definiram de maneira completamente diferente (isto é, como seres predominantemente cognitivos, com mentes que se assemelham a computadores).

Não se trata simplesmente de uma questão envolvendo o estudo de diferentes aspectos de nós mesmos. Ao decidirem o que conta como conhecimento psicológico, os psicólogos não apenas definem seu assunto, mas também, ao fazê-lo, definem o que somos como seres psicológicos. A linguagem psicológica, as categorias, as teorias e as metáforas que os psicólogos empregam definem aquilo de que consistimos e colocam os vários componentes em uma relação específica. Falar de emoções em vez de paixões (ou de personalidade em vez de caráter) é definir nossos sentimentos (ou nosso "eu") de uma maneira e não de outra. E, embora possamos desejar distinguir entre descrições e realidade, não podemos fazê-lo sem recorrermos a descrições. Considerando que a linguagem é elemento necessário para a compreensão das coisas, como, na verdade, o é qualquer experiência significativa, fica, na prática, impossível distinguir entre realidade psicológica e descrições particulares dela. Isso não significa que não há qualquer matéria psicológica para além da linguagem; pelo contrário, significa que, seja lá o que possa haver, não podemos dizer nada a respeito dela (ou vivenciá-la significativamente) sem empregarmos uma linguagem psicológica específica.[27] Em resumo, o modo como nos definimos é, por definição, aquilo que somos.

Uma das conclusões disso é que, usando os termos de Ian Hacking, novos "tipos de pessoas" foram criados como resultado das novas classificações que definem as pessoas como de um tipo específico.[28] A criação de novas categorias psicológicas (como o transtorno dissociativo de identidade ou transtorno de estresse pós-traumático) resultou em novas maneiras de ser

---

27 Leary, op. cit.; Richards, *Putting Psychology in its Place*; Smith, *Being Human*.
28 Hacking, Making up people. In: Heller; Sosna; Wellbery (Orgs.), *Reconstructing Individualism*.

para aqueles classificados como tal.[29] Diferentemente de tipos de pedra ou de um *hamster*, o humano classificado interage com a classificação, seja diretamente, seja por meio das práticas de outros, não apenas por ser tratado de acordo com a classificação, mas também por adotá-la ou ativamente buscá-la (por exemplo, para ganhar acesso a um tratamento especial), ou talvez por resistir a ela (por exemplo, rejeitando a classificação como transtorno mental).

O conhecimento psicológico tem a capacidade de mudar a maneira como pensamos, sentimos e nos comportamos através da aplicação, disseminação e definição do que somos. Ao conferir significados específicos à nossa experiência, ele a define. Como isso é feito depende da forma específica do conhecimento psicológico em questão e de sua relação com a compreensão mais ampla em determinada época e lugar. Isso não é óbvio para cientistas da psicologia de lá e então (ou daqui e agora), porque eles também são parte desse contexto e compartilham o que outros na época tomam por normal, consideram apropriado, válido ou útil. Portanto, para compreendermos como tem sido esse o caso, uma perspectiva histórica é necessária.

Esse poderia ser visto como o principal argumento para o papel da história dentro da Psicologia, ou seja, ela é necessária para uma compreensão psicológica adequada por causa da natureza do conhecimento psicológico. O fato de que o conhecimento psicológico é construído e construtivo não necessariamente significa que ele seja inválido, ou que não haja nenhuma

---

29 Ver, respectivamente, Hacking, *Rewriting the Soul*; Young, *The Harmony of Illusions*.

melhoria no conhecimento científico com o passar dos anos, ou que não haja quaisquer fenômenos psicológicos independentemente de tal conhecimento. Na verdade, ele poderia beneficiar a psicologia científica, pois, como Danziger apontou, somente uma psicologia histórica pode mostrar como a investigação psicológica tem sido direcionada por suposições tidas como normais sobre os objetos e métodos de investigação.[30] Os detalhes do argumento naturalmente dependem do tópico em questão, e, nesse caso, estamos interessados em crenças sobre fenômenos que há muito tempo têm sido vistos (pela maioria) como contrários ao conhecimento científico. Isso requer que consideremos grandes porções de conhecimento dentro dos quais tais fenômenos poderiam ser compreendidos, mas que vieram a ser rejeitados pela psicologia prevalente. A relevância do conhecimento que foi rejeitado pode não ser imediatamente óbvia para os psicólogos, mas há, não obstante, lições a serem extraídas a partir de um exame histórico de áreas do conhecimento psicológico que foram rejeitadas.

Uma história da Psicologia não convencional

Para que a disciplina Psicologia possa existir, é essencial que ela seja reconhecida como a fonte mais confiável de conhecimento psicológico. Ela precisa ser vista como superior às afirmações de outros que professam competência em questões psicológicas, e superior ao entendimento do público mais amplo, que também tende a ter noções a respeito de tais

---

30 Danziger, Prospects of a historical psychology, *History and Philosophy of Psychology Bulletin.*

coisas. Assim, discute-se invariavelmente (por exemplo, em compêndios e palestras sobre psicologia introdutória) que a Psicologia é uma ciência e, portanto, mais confiável do que teorias e senso comum não científicos. Porém, se a filosofia da ciência nos mostrou alguma coisa, foi que "ciência" é uma categoria sem fronteiras evidentes, e, como o breve olhar sobre a história da Psicologia descrito anteriormente mostrou, o que conta como psicologia científica varia de maneira significativa em diferentes épocas e lugares. Em suma, o que conta como psicologia científica e o que não conta precisam ser construídos como tal.

A maneira como as fronteiras entre o conhecimento científico e o conhecimento especializado são negociadas tem sido um tema significativo na história da Psicologia.[31] Isso não deve ser surpresa, pois é uma questão de fundamental importância para se compreender não apenas a história, mas também a forma atual da disciplina. A Psicologia é precisamente o que é porque resulta da demarcação dessas fronteiras. E embora possa ser tentador achar que é assim simplesmente porque identificamos o que é certo e o que é errado, a história mostra que essa é uma explicação inadequada. Como isso se relaciona com a psicologia da crença será tema constante deste livro, mas,

---

[31] Por exemplo, Bunn; Lovie, Richards, *Psychology in Britain*; Coon, Testing the limits of sense and science, *American Psychologist*; Derksen, Are we not experimenting then?, *Theory and Psychology*; Gieryn, Boundary-work and the demarcation of science from non-science, *American Sociological Review*; Lamont, Discourse analysis as method in the history of psychology, *History and Philosophy of Psychology*; Wolffram, Parapsychology on the couch, *Journal of the History of the Behavioral Sciences*.

por enquanto, vale a pena considerarmos o caso da frenologia, pois esse é um exemplo útil de conhecimento psicológico, que é construído e construtivo, e dos tipos de trabalhos de demarcação de fronteira que podem ocorrer.

Quando o eminente fisiologista francês François Magendie cunhou pela primeira vez o termo "pseudociência", em 1843, ele estava se referindo à frenologia.[32] A pseudociência original tornou-se uma espécie de modelo exemplar para aqueles que veem indiferença dela à evidência como diretamente contrária à essência da ciência, à refutabilidade. Porém, a frenologia teve opositores antes de Magendie (e muito antes de Karl Popper), e quando consideramos o que se dizia na época, imediatamente percebemos que essa não fora simplesmente uma batalha entre a ciência e a pseudociência ou, na verdade, entre o verdadeiro e o falso. Por exemplo, detratores, como o igualmente respeitado fisiologista Pierre Flourens, eram categóricos em afirmar que a frenologia era falsa porque, em sua opinião, a mente era indivisível e independente do cérebro; de fato, ele realizou experimentos para demonstrar a indivisibilidade da mente e dedicou seu trabalho a Descartes.[33] Ainda assim, a maioria dos psicólogos e neurocientistas apoiava os frenologistas nessa questão. Pode-se dizer a mesma coisa a respeito da crítica mais comum naquela época em relação à frenologia, ou seja, de que ela sugeria materialismo – uma crítica que pouquíssimos cientistas fariam hoje. Na verdade, a frenologia pode facilmente ser considerada não apenas a raiz da ideia de localização de funções

---

32 Magendie, *An Elementary Treatise on Human Physiology*, p.150.
33 Flourens, *Phrenology Examined*. A última questão é discutida por Cooter, *The Cultural Meaning of Popular Science*, p.310.

do cérebro, como também uma psicologia secular pioneira e a original psicologia de diferenças individuais.[34]

Entretanto, à medida em que a frenologia era equivocada, seus equívocos não eram evidentes naquela época. Quando a *Edinburgh Review* publicou uma resenha mordaz (escrita pelo anatomista John Gordon) do livro inspirador e original de Johann Spurzheim sobre frenologia, *The Physiognomical System of Drs. Gall and Spurzheim* [O sistema fisionômico dos drs. Gall e Spurzheim], Spurzheim viajou a Edimburgo para dar uma palestra a anatomistas na Universidade de Edimburgo e, aparentemente, convenceu a maioria.[35] Na ocasião, não estavam claramente corretas certas críticas específicas, tais como críticas à suposição de que o cérebro e o crânio eram paralelos, o que formava a base em relação à qual era possível ler mentes quando se apalpava o crânio. Os detratores apontavam para os seios frontais como lacunas significativas entre o cérebro e o crânio; afirmavam que eram comuns, geralmente grandes, e recobriam até um terço dos órgãos frenológicos. Os proponentes da teoria, por outro lado, afirmavam que os seios frontais eram mais raros, geralmente pequenos, e recobriam (provavelmente) dois órgãos. Quando um painel de *experts* foi constituído para examinar crânios e chegar a uma conclusão, houve divergência quanto à questão.[36] Em outras palavras, nem mesmo observações feitas na época conseguiram determinar quem estava certo

---

34 Young, *Mind, Brain and Adaptation in the Nineteenth Century*; Richards, *Mental Machinery*.
35 Kaufman, Phrenology – confrontation between Gordon and Spurzheim – 1816, *Proceedings of the Royal College of Physicians of Edinburgh*.
36 Shapin, The politics of observation. In: Wallis (Org.), *On the Margins of Science*.

e quem estava errado. Houve também acusações de preconceito e renitência em relação aos proponentes da frenologia; mas também houve acusações semelhantes feitas por frenologistas em relação aos críticos, à medida que ambos os lados, durante o processo, apelavam continuamente aos fatos.[37]

Os críticos não apenas manifestavam suas ideias como também agiam com o propósito de traçar as fronteiras da ciência de maneira a manter a frenologia fora dela. Quando se procurava garantir uma seção frenológica na Associação Britânica para o Avanço da Ciência, ela era recusada. Quando os frenologistas propunham artigos à *Royal Society*, eles eram recusados. E quando George Combe, o advogado de Edimburgo que se tornou o maior defensor da frenologia, pediu permissão para dar uma palestra na Universidade de Edimburgo, ela foi negada.[38] Ironicamente, foi uma doação de Combe que, subsequentemente, pagou o primeiro palestrante de psicologia em Edimburgo, e seu retrato agora espia os estudantes de psicologia que continuam alheios e indiferentes às ideias que ele defendeu.

Tudo isso refletia preocupações religiosas, filosóficas e políticas, interesses de grupos (dualistas, anatomistas, conservadores) e indivíduos (autoridade pessoal, oportunidades de carreira).[39] É isso o que, de muitas maneiras, a frenologia mostra: como e por que o conhecimento psicológico foi construído; mesmo porque sua retidão e seu *status* científico não eram evidentes e, portanto, tiveram que ser construídos atra-

---

37 Van Wyhe, *Phrenology and the Origins of Victorian Naturalism*.
38 Gieryn, op. cit., p.789.
39 Interesses sociais foram enfatizados por Shapin, The politics of observation. In: Wallis (Org.), *On the Margins of Science*; interesses individuais, por Van Wyhe, op. cit.

Crenças extraordinárias

vés de demarcação de fronteiras discursivas e institucionais. Ambos os lados da controvérsia, em palavras e atos, refletiram interesses sociais de grupos e indivíduos.

No decorrer do processo, eles moldaram os pensamentos, os sentimentos e o comportamento dos outros como parte – e, de fato, por causa – do potencial construtivo da frenologia. Para seus proponentes, a frenologia tinha potencial para reformar a sociedade através da educação dos pobres, reabilitação de criminosos, tratamento mais humano dos doentes mentais, de fato, através da melhoria de cada indivíduo. Em consultas privadas, palestras e livretos, os frenologistas ofereciam conselhos sobre aperfeiçoamento pessoal em cada área da vida. A aplicabilidade do conhecimento frenológico facilitou sua disseminação, é claro, como também o fez sua franca acessibilidade e sua relevância em qualquer conversa sobre a natureza humana. Para aqueles que eram fiéis à doutrina original, ela definia indivíduos como inatos, porém mutáveis, produto do formato de um cérebro material. Não era necessário ser materialista para se sentir atraído à frenologia, mas o desafio potencial à autoridade religiosa, política e filosófica levou muitos a manifestar pensamentos e sentimentos negativos e a adotar posturas bastante críticas.

Tudo isso é uma questão de história, mas também alcança questões psicológicas. Com efeito, basta observar as categorias escolhidas pelos frenologistas para descrever as funções básicas do cérebro para que se possa perceber a influência de suposições culturais sobre a investigação psicológica empírica.[40] Sem dúvida, podemos dizer que a frenologia estava equivocada,

---

40 Young, *Mind, Brain and Adaptation in the Nineteenth Century*.

mas se estava equivocada ou se era pseudocientífica, isso não era evidente àquela época; mesmo se a julgarmos com base em padrões atuais, ela não estava inteiramente equivocada, embora seus detratores frequentemente levantassem hipóteses agora consideradas anticientíficas. Descartá-la como equivocada ou pseudocientífica é ignorar o fato de que o que conta como "certo" ou "científico" precisa ser interpretado como tal através de palavras e fatos, e que isso não reflete simplesmente a descoberta da realidade psicológica. Por mais confiável que o conhecimento psicológico possa ser, ele se constrói de acordo com certas hipóteses e se alinha com certos problemas mais amplos, e a história da psicologia mostra que essas hipóteses e problemas variam significativamente. No processo, surgiram formas específicas de conhecimento psicológico, as quais, por sua vez, exerceram impacto sobre o pensamento e o comportamento humanos. Os detalhes, sem dúvida, dependem do tópico específico em questão, e aqui estamos interessados em crenças no que é extraordinário.

Afirma-se que, se pretendemos compreendê-las, é necessário que haja mais clareza em relação àquilo em que se acredita, e que isso requer uma consideração mais profunda dos objetos de crença e do que se acredita em relação a eles. Tendo em vista que crenças extraordinárias dependem da exclusão de explicações normais em relação a eventos específicos, e que falta de crença é crença de que explicações comuns são suficientes, precisamos considerar os eventos em questão e as explicações comuns que estão disponíveis em determinada época. Esses eventos e as explicações relevantes disponíveis mudaram com o passar do tempo; não obstante, há uma continuidade na maneira como eles têm sido descritos, contestados e defendidos por aqueles que expressam crenças a respeito deles. Na verdade, foi a partir dessa controvérsia contínua que emergiu a psicologia da crença, o que, no fim das contas, levou à abordagem atual, para a compreensão da crença no paranormal. O que a história proporciona é a perspectiva necessária para se compreender a relação reflexiva entre a psicologia da crença e a matéria de que ela se constitui. Em resumo, ela mostra como a psicologia da crença foi moldada pelas próprias crenças que busca explicar – e, por sua vez, moldou-as.

De fato, a própria frenologia é exemplo menor disso, pois, tivesse ela uma influência maior, os psicólogos interessados em estudar crenças em superstições incluiriam um item a respeito dela em seus questionários. E essa não é uma questão hipotética, mas sim uma questão histórica, já que a crença na frenologia costumava ser incluída como um item em tais questionários.[41] A frenologia é um exemplo de como aquilo que conta como crença em superstições depende daquilo que os psicólogos acreditam ser objetos relevantes de crença em uma época específica. Entretanto, a frenologia não é nossa principal preocupação, e o significado mais amplo dessa questão para a atual investigação psicológica será discutido adiante em maiores detalhes.

Temos interesse em discutir crenças sobre fenômenos extraordinários porque eles provocaram controvérsias de uma

---

41 Por exemplo, Nixon, Popular answers to some psychological questions, *American Journal of Psychology*; Gilliland, A study of the superstitions of college students, *Journal of Abnormal and Social Psychology*; Emme, Modification and origin of certain beliefs in superstition among 96 college students, *Journal of Psychology*, 10 (1940); Scheidt, Belief in supernatural phenomena and locus of control, *Psychological Reports*.

forma que a frenologia não provocou. Diferentemente da frenologia, esses fenômenos eram comprovadamente fora do comum, e isso os tornava muito mais convincentes. Quando a frenologia veio a se fundir com o mesmerismo, por exemplo, demonstrações de freno-mesmerismo convenciam mais sobre a verdade da frenologia do que o fazia qualquer palestra sobre frenologia.[42] Se as pessoas acreditavam ou não dependia dos objetos de crença e, em vez de serem fragmentos de conhecimento abstrato, eram demonstrações que podiam ser observadas por qualquer um. Foram observações de eventos específicos que converteram tantos a uma atitude de crença, e esse é um lembrete de que a recepção de fenômenos extraordinários não pode ser isolada de sua produção. Se pretendemos compreender crenças no extraordinário, então precisamos de uma abordagem que inclua um exame do que tornou tais eventos tão convincentes. Afinal de contas, conforme já discutido acima, aqueles que acreditam não acreditam simplesmente em qualquer coisa. O próximo capítulo, portanto, delineia uma estrutura teórica básica que permite que a crença em fenômenos extraordinários seja entendida em termos daquilo que os tornou convincentes, assim como daquilo que se fez deles. Recorrendo a teorias do ilusionismo, à análise do enquadramento e à análise do discurso, podemos ver como tais fenômenos se tornaram convincentes por aqueles que os demonstraram e aqueles que os relataram, e como diferentes posições de crença se formaram e se mantiveram.

---

42 Como observou John Elliotson à época, "enquanto outrora *uma* pessoa era convertida à verdade da frenologia, agora, *cem* pessoas são convertidas através do mesmerismo". Apud Cooter, *The Cultural Meaning of Popular Science*, p.150.

2
A construção do extraordinário

Derren Brown olhou dentro dos olhos do famoso *chef* Michel Roux. Era o ano de 2004 e Brown já era o mais conhecido leitor de mentes da Grã-Bretanha. Ele pediu a Roux que relembrasse alguma coisa de seu passado distante e depois disse ao *chef* que olhasse para ele diretamente nos olhos. Passados alguns momentos, Brown anunciou o nome do cãozinho de infância de Roux.[1] Brown já havia feito tal proeza em um popular programa diurno de televisão, como parte de uma demonstração aparentemente genuína de sua habilidade de ler movimentos oculares involuntários. Olhando dentro dos olhos do apresentador do programa, Phillip Schofield, Brown conseguiu descobrir que Schofield estava pensando na morte

---

1 *Trick of the Mind* [Truque da mente] (canal 4 de televisão, 2004, série 1, episódio 5). No episódio seguinte, Brown fez um jogo de associação de palavras com um psiquiatra, adivinhando as palavras que o psiquiatra diria em resposta às ditas por ele. Ao final, o psiquiatra concluiu que Brown era bom em leitura de mentes e em influenciar escolhas (*Trick of the Mind*, canal 4 de televisão, 2004, série 1, episódio 6).

de seu *hamster* de estimação na infância.[2] Essas foram apresentadas como proezas psicológicas e, como em qualquer truque de mágica, havia um elemento de psicologia envolvido lá. No entanto, eram truques de mágica que dependiam de técnicas das quais os espectadores (e, presumivelmente, aqueles que tiveram animais de estimação) não tinham consciência.

Brown é apenas um dos incontáveis artistas a demonstrar tais feitos extraordinários, que parecem ser resultado de habilidades psicológicas fora do comum, mas que não são o que parecem ser. De acordo com o que hoje compreendemos acerca da mente, tais habilidades de leitura de pensamento estão muito além do que qualquer um possa fazer. Portanto, se são reais, elas deveriam ser chamadas de paranormais. Entretanto, são apresentadas não como paranormais, mas, em vez disso, como psicológicas, e muitas pessoas acreditam que, como tal, elas são reais.[3] Essas pessoas, por conseguinte, acreditam no paranormal, embora, se indagadas, provavelmente negariam isso. Por outro lado, se essas façanhas tivessem sido apresentadas explicitamente como ilusionismo, poucas pessoas teriam acreditado que eram genuínas (na verdade, para início de conversa, menos pessoas ainda estariam interessadas). Aqueles que fazem demonstrações de fenômenos extraordinários fazem-no de maneiras específicas, que influenciam diretamente no que as pessoas acham delas. Para que possamos compreender sua recepção, precisamos então compreender sua produção. Por isso, como fizeram tantos desses artistas, iniciaremos com o ilusionismo.

---

2 Singh, *Spectacular Psychology or Silly Psycho-Babble?*
3 Singh, op. cit.; Hill, *Paranormal Media*, p.134-49.

Crenças extraordinárias

A apresentação da mágica: como ela é feita

Como se produz um fenômeno extraordinário? Alguns buscam ajuda dos espíritos, outros apelam para suas próprias habilidades extraordinárias; não obstante, a história mostra, como veremos adiante, que essas habilidades nem sempre se revelaram confiáveis. Os métodos utilizados pelos ilusionistas, por outro lado, são planejados para uso em cada apresentação. Se alguém deseja demonstrar um feito extraordinário, as técnicas de ilusionismo são o meio mais confiável; na verdade, muitos médiuns e clarividentes recorrem a truques quando os espíritos, ou seus poderes, deixam de se materializar. As maneiras como proezas de ilusionismo se tornam convincentes são, sem dúvida, uma questão de *performance*, mas elas também revelam muito sobre como tais façanhas são vistas pelo público espectador Assim, para compreender o que as pessoas acham de fenômenos extraordinários (sejam eles verdadeiros ou não), podemos começar examinando como eles são feitos para parecerem reais (mesmo que não o sejam).

Efeitos, métodos e despiste:
o que você vê e o que você não vê

Tipicamente, os mágicos entendem o ilusionismo em termos de efeitos e métodos. O efeito é a questão fundamental da mágica, um efeito de que alguma coisa que não pode acontecer acontece. Objetos aparecem ou desaparecem, ou se transformam em outros objetos. Eles desaparecem de um lugar e aparecem em outro, ou são destruídos e depois devolvidos à sua condição original. Objetos atravessam matéria sólida ou flutuam no ar, ou se movem sozinhos. Mentes são lidas, o futuro é previsto, e há cada vez mais novas proezas psicológicas que têm a ver com a capacidade de influenciar o comportamento ou de ler linguagem corporal sutil.[4] Todos esses feitos fora do comum são realizados por mágicos e a maioria deles também é demonstrada por hipnotizadores, médiuns e leitores de mentes que afirmam que, nesses casos, eles não foram resultado de trapaça.

Aqueles que não podem fazer isso realmente, entretanto, precisam depender de embustes; daí, a necessidade de métodos: os segredos invisíveis por trás dos efeitos. Os métodos utilizados por ilusionistas são inúmeros e surpreendentemente variados, desde fumaça e espelhos, mangas de camisa e alçapões até material mais esotérico que não conseguimos penetrar. Todavia, há estratégias e artifícios comuns utilizados de maneiras infinitamente específicas: muitas vezes coisas são escondidas da visão, ou simuladas (como se estivessem lá quando não estão), objetos são reproduzidos, disfarçados de alguma outra coisa, substituídos por alguma outra coisa, deslocados furtivamente de um lugar para outro.[5] Essas estratégias e arti-

---

[4] Efeitos e métodos no ilusionismo são categorizados de vários modos, e há uma grande e diversificada literatura sobre a teoria do ilusionismo, escrita por e para mágicos. Não se trata, como alguns cientistas tendem a pensar, de definições definitivas sobre o que de fato acontece, mas sim de um meio de compreensão a fim de aprimorar o desempenho. Minha própria abordagem do assunto pode ser encontrada em Lamont; Wiseman, *Magic in Theory*, que foi escrito para não mágicos e inclui uma ampla bibliografia para leituras complementares. Para maiores detalhes sobre listas de efeitos, ver o Capítulo I.

[5] Lamont; Wiseman, *Magic in Theory*, p.7-27, p.169-75.

fícios metodológicos são empregados de maneiras específicas nas mais variadas formas, individualmente ou em conjunto, e podem ser usadas na produção de qualquer efeito. Assim, uma bola de papel pode ser escondida antes de surgir, ou depois de desaparecer, ou durante um efeito de "papel rasgado e reconstituído" (que depende de um pedaço idêntico de papel), ou como parte de um efeito de telepatia (ou previsão) em que o pensamento (ou previsão) foi anotado em papel. Pode ser escondido na palma da mão, dentro da manga da camisa, ou em vários lugares ocultos menos óbvios, e de tal maneira que absolutamente nada parece estar escondido.

Embora possa haver um número limitado de estratégias gerais, é difícil transmitir a gama completa e a diversidade de métodos específicos utilizados no ilusionismo. E, por mais longa que seja a lista, ela continua a crescer, à medida que os mágicos continuamente inventam novos métodos e, com frequência, no processo, conseguem enganar uns aos outros. No entanto, o foco em "segredos" no mundo do ilusionismo pode criar a ilusão de que a mágica é simples: que há um truque, que é um segredo, que quando você souber qual é o segredo, você pode fazer o truque. Na verdade, isso não está totalmente incorreto, já que muitos truques são inventados, os quais são "auto-operacionais" (não há necessidade de nenhum truque de prestidigitação, nem de talento, nem de experiência). É verdade que tais truques podem ser realizados por qualquer um que esteja de posse de um segredo, exatamente da mesma maneira como algumas coisas podem ser pintadas por qualquer um que esteja de posse de um pincel (uma cerca, talvez, ou o quarto das crianças). Entretanto, na produção de qualquer coisa extraordinária, a mera posse não é suficiente.

Portanto, ao contrário da impressão passada por aqueles que expõem publicamente os "segredos" da mágica, os verdadeiros segredos da mágica têm pouco a ver com um acessório falso, uma caixa de truques, uma troca de carta, um sumiço de objetos, algo que desaparece na palma da mão ou que é misteriosamente entortado. O verdadeiro segredo da mágica não é o método em si, mas como o artista produz o efeito sem revelar o método. E essa não é simplesmente uma questão de evitar que os espectadores vejam como ela é feita; trata-se de evitar até mesmo a suspeita quanto ao método que está sendo utilizado. Há pouco mistério e, portanto, pouco sentido em realizar um efeito em que alguma coisa desaparece e a plateia acha que foi parar dentro da manga da camisa, mas, na verdade, não a viu indo para lá.[6] A maneira como o efeito é demonstrado, clara e convincentemente enquanto se evita até mesmo a suspeita sobre o método, é um processo complexo de interação entre o artista e o público espectador. Contudo, isso pode ser considerado de maneira breve sob o termo "despiste".

Despiste é o termo utilizado por ilusionistas para cobrir uma enorme gama de técnicas, todas elas podendo ser vistas como maneiras de direcionar a plateia para o efeito e para longe do método.[7] Existem as técnicas de desvio físico, que direcionam a atenção dos espectadores. Por exemplo, como o ator, o mágico pode usar os olhos, as palavras e a linguagem

---

[6] Como qualquer generalização em termos de mágica, isso não é totalmente verdadeiro, já que se pode fazer uma moeda desaparecer da mão e reproduzi-la de dentro da luva. Entretanto, esse efeito só funciona se a plateia não puder imaginar como aquilo pôde ser feito em tais circunstâncias.

[7] Lamont; Wiseman, *Magic in Theory*, p.28-81.

Crenças extraordinárias

corporal para dirigir a atenção para determinado local em vez de outro. Ele pode também explorar o que é intrinsecamente interessante, como novidade (por exemplo, uma pomba que surge e...) ou movimento (... voa para o alto), para criar áreas dentro do campo visual que são naturalmente interessantes para se observar (e, no processo, criar outras áreas para onde ninguém está olhando). Ele pode direcionar não apenas para onde a plateia olha, como também quando prestar atenção. Por exemplo, ele pode explorar níveis de atenção com a maneira de andar e com o ritmo, ou fazer coisas sub-reptícias quando a plateia está relaxada (quando as pessoas riem, talvez, ou quando elas aplaudem o que acreditam ser o final do truque).

Além de comandar a atenção dos espectadores, o mágico pode também comandar a desconfiança deles. Ações que parecem desnecessárias à trama, ou que são inconsistentes em relação a ações anteriores, imediatamente levantam suspeita. Esta pode ser minimizada, mas na ausência de poderes mágicos genuínos, certas ações são necessárias para que o método seja executado. E, a menos que pareçam necessárias para o efeito, elas podem levantar suspeita. Por exemplo, se o mágico coloca a mão no bolso (para se livrar de um objeto escondido na mão), isso obviamente irá provocar desconfiança. Entretanto, se ele retirar um objeto diferente enquanto faz isso (uma varinha mágica, talvez), ele estará fornecendo um motivo para ir ao bolso, que é parte do efeito e torna a ação menos suspeita. As suspeitas nunca podem ser eliminadas, é claro, já que os espectadores sabem que estão sendo iludidos, mas é possível distraí-los. O mágico pode fazer isso, enganando a plateia quanto ao efeito. Por exemplo, se eles acham que uma moeda vai desaparecer da mão, eles desconfiarão menos de uma moeda extra que, furtivamente, vai para a mão. A plateia pode também ser enganada quanto ao método. Por exemplo, se o mágico mantém a mão de uma maneira desajeitada (como se escondesse uma moeda), as suspeitas dos espectadores podem ser desviadas para aquela mão e para longe do método real. Mais tarde, evidentemente, o mágico pode mostrar a mão vazia, removendo, assim, a pseudoexplicação, mas agora o truque já foi feito.

Essas são apenas algumas maneiras como o ilusionista direciona o olhar dos espectadores e o que eles estão pensando em relação àquilo que estão vendo. O fato de que os ilusionistas podem usar tais estratégias para enganar com sucesso uns aos outros deve servir ao argumento de que há infinitas aplicações possíveis, mas é suficiente para nos permitir considerar a relação entre a apresentação e a crença. Conclui-se que tais estratégias poderiam ser usadas para convencer os outros de que tais proezas são reais. Na verdade, os mágicos tendem a fazer uma distinção básica entre o mágico e o pseudomédium, que pode empregar métodos e estratégias semelhantes, mas que faz afirmações radicalmente diferentes; o mágico é apresentado como o "impostor honesto", o pseudomédium como alguém que mente a respeito do uso que faz da trapaça. Entretanto, essa simples dicotomia deixa escapar uma parte importante da maneira como a mágica é frequentemente realizada, e o que, por sua vez, é fundamental para o modo como se vê a mágica.

A distinção entre as afirmações do pseudomédium e do mágico, entre o que se supõe que seja real e o que não o é, não é tão clara quanto pode parecer. Afinal, há incontáveis maneiras como o mágico pode tornar o efeito convincente, mas o que significa uma demonstração convincente? O que, no que se refere aos espectadores, está realmente acontecendo? Conforme mencionado antes, o despiste psicológico pode envolver a apresentação falsa do método: ao sugerir que o truque é feito de determinada maneira, a plateia pode ser despistada para não suspeitar, enquanto ele é feito de outra maneira. E, algumas vezes, como no exemplo anterior, o pseudométodo revela-se inválido antes do final do embuste, depois de ter servido a seu propósito, e deixa os espectadores sem qualquer explicação. Porém, os ilusionistas também utilizam instrumentos comuns para suas apresentações, e, como tal, eles desempenham um papel relevante no modo como os espectadores veem o efeito.

O papel de pseudoexplicações no ilusionismo

Um meio comum de desviar a atenção dos espectadores em relação ao método que está sendo utilizado é dar-lhes uma pseudoexplicação. Segundo Robert-Houdin, que, frequentemente, é considerado o pai da mágica moderna, o ilusionista deve "induzir os espectadores a atribuir o efeito produzido a qualquer causa em vez de atribuí-lo à causa real".[8] Em uma de suas mais famosas proezas, por exemplo, ele suspendeu seu filho no ar e disse à plateia que isso se devia aos misteriosos poderes do éter.[9] Isso – é preciso que se diga – foi na década de 1840, quando o éter era considerado por todos uma substância dotada de propriedades bastante misteriosas. Em outras palavras, não era muito improvável então, mas seja lá o que for que os espectadores tenham pensado sobre o éter, isso os levou a não pensarem, pelo menos temporariamente, em fios e outros meios de suporte ocultos.

---

8 Robert-Houdin, *Secrets of Conjuring and Magic*, p.34.
9 Dawes, *The Great Illusionists*, p.81.

Quase sempre os ilusionistas empregam alguma forma de pseudoexplicação, mesmo que ela esteja apenas implícita na apresentação. Um estalar de dedos, um gesto com a mão, dizer as palavras mágicas em voz alta – essas são (no contexto da apresentação) as causas sugeridas dos efeitos que vêm na sequência. Pseudoexplicações, no entanto, são geralmente narrativas utilizadas para enquadrar a execução do efeito, e tais efeitos podem servir como explicações plausíveis, mesmo depois de concluída a apresentação. Afirma-se, por exemplo, que as plateias de Robert-Houdin acreditavam de fato na sua explicação a respeito do éter.[10] Se isso é verdadeiro ou não, e independentemente de essa ter sido a intenção de Robert-Houdin, a pseudoexplicação é fundamental para o modo como os espectadores veem a proeza, com certeza enquanto a observam e, possivelmente, depois também. Para fornecer um exemplo relevante que não incorrerá na cólera de outros colegas ilusionistas, consideremos um truque que utiliza um método que não é (tanto quanto é de meu conhecimento) utilizado por ninguém.

Imagine um truque com cartas de baralho, em que você escolhe uma carta, coloca-a no bolso e o mágico diz o nome da carta. Esse é o efeito, e não é nenhuma novidade: de alguma forma, o mágico sabe qual carta você escolheu. Há inúmeros métodos possíveis, mas suponhamos que ele utilize um baralho especial em que todas as cartas são dez de paus. A vantagem desse método é que ela permite uma escolha inteiramente livre de qualquer uma das 52 cartas, mas a desvantagem óbvia é que ele não pode mostrar a você as faces das cartas. Isso, é claro, torna o método bem pouco convincente. Portanto, para

---

10 Frost, *The Lives of the Conjurors*, p.286.

torná-lo mais convincente, suponhamos que ele comece com um baralho normal (menos o dez de paus) e permita que você examine essas cartas e as embaralhe (ninguém irá notar que falta um dez de paus). Então, antes que você entenda que o truque começou de fato, ele troca secretamente aquele baralho pelo baralho em que todas as cartas são de dez de paus. Em seguida, você escolhe qualquer carta, coloca-a no bolso, e ele anuncia, depois de um pouco de tagarelice e teatralidade, que é um dez de paus. Quando você retira a carta do bolso para confirmar isso (isto é, enquanto sua atenção está em outro lugar), ele, secretamente, troca o baralho novamente, e deixa o baralho original sobre a mesa, caso você queira examiná-lo.

Do ponto de vista da plateia, o que acabou de acontecer? Um baralho foi examinado e embaralhado (aparentemente eliminando um baralho-truque). Foi feita uma escolha completamente livre de uma carta (aparentemente excluindo qualquer tipo de "força") e a carta foi guardada dentro de um bolso, ficando, então, invisível. No final do truque, as outras 51 cartas estão sobre a mesa e não dão qualquer pista em relação a como isso pôde ser feito, nem mesmo para o "detetive" cético. Esta é a ocupação básica do mágico: realizar um feito fora do comum para o qual os espectadores não têm qualquer explicação. Mas, repetindo, do ponto de vista da plateia, o que acabou de acontecer?

Os mágicos raramente apresentam tais truques sem alguma forma de pseudoexplicação. Em parte isso ocorre porque, por razões já discutidas, eles servem como despiste e também porque efeitos "crus" (por exemplo, eu escolhi uma carta, depois ele me disse qual carta escolhi) carecem de clareza e de drama. Nesse caso, há várias escolhas. O artista pode afirmar que adivinhou qual carta está escondida no seu bolso (clarividência), ler a sua mente (telepatia), ou pode preparar uma previsão ("Você irá escolher o dez de paus") e colocá-la sobre a mesa antes de começar o truque (precognição); ou então, como é cada vez mais frequente hoje em dia, ele pode apresentar a proeza como uma proeza psicológica. Ele pode pedir a você que responda a algumas perguntas ("É vermelha?", "É um número par?"), mentindo ou dizendo a verdade, e depois fingir que sabe quando você está mentindo, através da leitura que faz de suas expressões faciais. Alternativamente, ele pode afirmar que se trata de uma proeza de supermemória, olhar de relance para as cartas que tem nas mãos e, em seguida, anunciar que a carta que está faltando é o dez de paus. Essas pseudoexplicações não apenas desviam a atenção e a suspeita em relação ao método que está sendo utilizado, como também fornecem uma narração para a *performance*. Não se trata mais de um truque de cartas, mas de uma demonstração de habilidade humana fora do comum, alguma coisa mais significativa para a plateia; mas, sem dúvida, isso é meramente espetáculo; ainda assim, é apenas um truque, não é?

É nesse ponto que a pseudoexplicação fornecida pelo mágico é crucial para a questão da crença: resumindo, e se os espectadores o levarem a sério? E se eles acharem que é PES [percepção extrassensorial] verdadeira ou uma demonstração de genuína habilidade psicológica? Na verdade, faz parte da experiência da maior parte dos mágicos profissionais que se alguém realiza um truque como esse, alguns, pelo menos, acreditarão que não é um truque. E por que eles não acreditariam, diante da ausência de uma explicação alternativa? Pode parecer um truque mágico, por causa do material de apoio acessório (cartas são coisas que os mágicos utilizam para fazer truques), ou da maneira como age o artista (ele estava nos divertindo), ou do contexto em que o truque ocorreu (era um show, compramos ingressos; foi em uma casa de espetáculos). Não obstante, alguns acreditarão, e – perguntamos novamente – se tivessem sido cartas de tarô ou cartas utilizadas em PES, se a maneira como ele conduziu o truque tivesse sido diferente e o contexto mais sério?

Tudo isso é, sem dúvida, uma questão de crença, mas crença em quê? Muitos que não acreditam em PES acham técnicas psicológicas esotéricas muito mais plausíveis. Afinal de contas, de maneira geral, sempre podemos saber o que as pessoas estão pensando com base na sua expressão facial, e podemos detectar uma mentira tão bem como a maioria, mas talvez não tão bem como aqueles que estudam a ciência da comunicação não verbal. E não existem *experts* em memória que conseguem memorizar rapidamente as cartas de um baralho? Portanto, poderíamos acreditar que não se trata de uma proeza psíquica, mas uma proeza psicológica genuína, especialmente se o artista salientou como os crédulos são enganados e levados a confundir essas coisas com demonstrações de fenômenos paranormais. E estaríamos equivocados, e não menos crédulos; ainda assim, nos orgulhamos de não sê-lo.

Nas mãos de um profissional, o efeito de uma mágica é especificamente planejado para deixar os espectadores sem qualquer explicação de como ela pôde ser executada. No processo, entretanto, o ilusionista geralmente oferece uma explicação, seja de modo sério ou de modo irônico, e, na ausência de uma alternativa, essa *pode* permanecer sendo a explicação mais plausível para alguns observadores. De fato, muitos mágicos, conscientes dessa questão, são bastante explícitos quanto ao uso que fazem dos ardis. Contudo, aqueles que fazem referência a processos psíquicos ou pseudopsicológicos diferem dos pseudovidentes apenas em nível (isto é, o nível ao qual eles pretendem induzir a falsa crença de que o que estão fazendo é genuíno). E, independentemente do que o mágico possa afirmar, a sua conduta ou o contexto em que ele atua, há invariavelmente alguns observadores que, não obstante, veem tais feitos como genuínos.[11] Apesar da suposição geral de que os mágicos simplesmente fazem truques (que não são "reais"), a apresentação da mágica envolve com frequência uma afirmação (por mais séria que se pretenda) de que o efeito se deve a algum tipo de processo que poderia ser considerado "real". Essa pseudoexplicação orienta a visão da plateia quanto ao que está realmente acontecendo, embora se isso é aceito como real ou não depende, no fim das contas, dos espectadores. O que as pessoas acham de truques de ilusionismo é, portanto, um assunto ideal em que se pode explorar as distinções imprecisas entre o acreditar e o não acreditar.

A recepção da mágica: como ela é vista

Para compreender como a mágica é vista, precisamos começar entendendo o que é mágica: a essência da mágica é o efeito.

---

11 De acordo com a encantadora teoria do mentalismo de Max Maven: se um palhaço – em trajes completos, com nariz vermelho, sapatos gigantescos, entre línguas de sogra e balões – faz um truque simples de cartas em que revela a carta escolhida, ao menos um membro da plateia irá mais tarde perguntar se o palhaço faz adivinhações privadas (Maven, I'll build a stairway to a paradox, *Magic*).

Ele pode ser acompanhado de uma narração interessante, uma história mítica ou uma série de chistes; vestimentas e cenários elaborados podem ser utilizados, papéis desempenhados e música tocada. Porém, o que torna tudo isso mais impressionante do que uma narrativa, uma comédia ou um teatro é que há, de fato, um efeito de algo mágico acontecendo. Cantores podem dançar, contar histórias, usar fantasias, mas o cantar é a canção, e a mágica é o efeito. Então qual, mais precisamente, é o efeito mágico?

Efeitos podem ser vistos como eventos extraordinários, eventos que não podem acontecer e, no entanto, acontecem. Em termos de representação, exemplos são fornecidos, objetos desaparecem, transformam-se e assim por diante. Em termos de recepção, entretanto, o efeito não acontece no palco, mas na mente dos espectadores. Trata-se de um estado mental, gerado por um dilema, baseado em uma contradição – X não pode acontecer, X aconteceu. Quanto mais convencida estiver a plateia de que o efeito não pode acontecer e, ainda assim, acontece, mais poderoso ele será. Assim, uma boa teoria e a prática do ilusionismo buscam excluir todo e qualquer método possível de como um efeito poderia ter sido criado a fim de criar um efeito que, da perspectiva do público, simplesmente não tem qualquer explicação.[12] E, embora nem todos os mágicos se ocupem com essas considerações teóricas, a questão básica é entendida mais amplamente. Há, por exemplo, um truque popular recente, "NFW!",* que recebeu esse nome a partir da

---

12 Uma discussão exemplar a esse respeito pode ser encontrada em Tamariz, *The Magic Way*.

* "*No fucking way*", que significa, em linguagem mais cortês, "mas não é possível!". (N. T.)

resposta que se espera da plateia. Então, geralmente os mágicos entendem que a força dos efeitos é diretamente proporcional à convicção dos espectadores de que o que eles estão observando simplesmente não pode acontecer.

Se definimos mágica em termos do efeito, e o efeito como um evento que não pode acontecer e, não obstante, acontece, então não faz sentido falar em suspensão voluntária da descrença. Depois de Coleridge, que tinha poesia na mente, vários acadêmicos (e até mesmo alguns mágicos) têm falado de ilusionismo como se ele envolvesse uma suspensão voluntária da descrença.[13] Claramente, suspende-se de forma voluntária uma descrença para apreciar uma obra literária, um filme ou uma peça de teatro, mas não para apreciar uma apresentação de mágica. Tomemos um exemplo simples: se você vai ao teatro para ver Peter Pan, e, quando ele voa acima do palco, você ignora os fios, então isso é uma suspensão voluntária de descrença. Mas se você for ver David Copperfield e o vê voar sobre o palco, você não ignora os fios. Você procura os fios. Você não os vê. Isso é mágica.

Se você procura pelos fios e os vê, então a mágica não foi eficaz. Se você não procura por eles porque a possibilidade de existirem fios não passou pela sua mente, então você não precisa de mágica porque você precisa viver em um mundo de maravilhas sem fim. Se, por outro lado, a possibilidade de existirem fios de fato lhe ocorrer, e você decide não procurar por eles, então isso é uma suspensão voluntária da descrença. Mas não é mágica.

---

13 Por exemplo, During, *Modern Enchantments*; Mangan, *Performing Dark Arts*.

Não estamos envolvidos aqui com a mágica do teatro ou a mágica da literatura, prosa ou poesia, mas com os efeitos do ilusionismo, os eventos aparentemente impossíveis que dependem dos métodos enigmáticos do mágico. A mágica não é nem teatro nem ficção no sentido de que, sejam quais forem os elementos teatrais ou ficcionais que possam estar envolvidos, a essência dela é que alguma coisa impossível parece acontecer em tempo e espaço reais. Para vivenciar de fato um evento impossível, é preciso que você observe um que realmente acredita ser impossível. Uma suspensão voluntária da descrença só pode tornar essa experiência menos intensa.

Outro exemplo: talvez um objeto desapareça ou se transforme em alguma outra coisa. Isso requer que a plateia observe que ele estava lá, mas não está mais, ou que era uma coisa, mas agora é outra. Isso não envolve qualquer suspensão da descrença. Pelo contrário, requer crença genuína de que o que você está vendo antes do efeito mágico realmente está acontecendo (que o objeto de fato está lá, que ele é, de fato, o que parece ser), caso contrário o efeito (que o objeto não está mais lá, que é outra coisa) pode não funcionar. Essa crença não é descrença suspensa voluntariamente; é crença baseada em evidência observável. Quanto mais convincente é essa evidência (por exemplo, quanto mais convencidos estiverem os espectadores de que o objeto está realmente lá), mais forte será o efeito da mágica (por exemplo, quando os espectadores veem que o objeto não está lá). A força do efeito é diretamente proporcional à crença (não descrença voluntariamente suspensa, mas convicção genuína em tempo real) de que ele estava, de fato, onde se supunha que estivesse. Este é o objetivo básico da mágica como parte das artes cênicas: a criação de um dilema entre a convicção de que alguma coisa não pode acontecer e a observação de que acontece. Isso requer descrença (não pode acontecer) baseada em convicção de tempo real (nessas condições, é impossível) para que o efeito (acontece) produza a experiência. Em resumo, se você suspende a descrença, voluntariamente ou de outra forma, a mágica desaparece.[14]

No que diz respeito a um truque de mágica estereotípico, a suspensão voluntária da descrença é antagônica ao efeito. É verdade que os ilusionistas invariavelmente utilizam narrações com o objetivo de enquadrar um efeito, e histórias são alvos naturais para uma suspensão voluntária da descrença. Entretanto, a história não é o efeito; ela é parte da apresentação; sem o efeito ela é meramente uma história. A história pode incluir uma pseudoexplicação, por exemplo, sobre PES ou processos psicológicos, e algumas pessoas podem achar que essa é uma explicação plausível para o que está realmente acontecendo; mas mesmo que achem, isso também não é uma suspensão voluntária da descrença; é atribuir algo ao que foi visto, o que será considerado dentro em breve.

O truque de mágica estereotípico, contudo, é um efeito para o qual os espectadores não têm qualquer explicação. Eles podem concluir que é um embuste, mas chamá-lo de embuste é dar-lhe um nome, não uma explicação. Eles precisam acreditar que aquilo realmente acontece (X está realmente lá, X realmente desapareceu) e que é impossível, para ficarem com

---

14 Essa ideia está em Lamont, Magic and the willing suspension of disbelief. In: Allen; O'Reilly (Orgs.), *Magic Show*. Entretanto, o argumento já havia aparecido antes, e o exemplo de Peter Pan fora então usado para ilustrá-lo (por exemplo, Ortiz, *Strong Magic*, p.25-6; Swiss, *Shattering Illusions*, p.21).

um mistério do qual "embuste" é apenas um rótulo. Esse é o objetivo, e nem sempre ele é alcançado, mas isso é geralmente uma questão de competência. Se ficar aquém, então, é porque a plateia faz algum sentido de como o truque poderia ter sido feito. Porém, quando ele é bem-sucedido, os espectadores testemunham um evento que simplesmente não conseguem explicar, que eles acreditam *realmente* que não podia ter acontecido. De jeito nenhum.

Esse é o objetivo básico do ilusionista, mas aquilo em que o público acredita é outra questão. Mais do que suspender a descrença, os espectadores estão sendo convidados a acreditar que o efeito, de fato, acontece, e que, de fato, não acontece. Diante dessa linha borrada entre realidade e ilusão, em que o púbico deve acreditar?

Acreditando na mágica

Se o objetivo principal do mágico é provocar um efeito na mente dos espectadores, esse objetivo geralmente é uma experiência que tem vida curta. Isso não é necessariamente um problema, e alguns teóricos do ilusionismo argumentam que essa experiência momentânea de espanto é o que interessa.[15] Outros estão mais interessados no processo de reconstrução: a tentativa subsequente por parte dos espectadores de entender o que acabou de acontecer.[16] Porém, seja lá o que for que se faça para dirigir o processo, é impossível impedir que os espectadores pensem a respeito do que viram. E, diante desse

---

15 Por exemplo, Harris, *The Art of Astonishment*, I, p.5-8.
16 Por exemplo, Tamariz, op. cit.

dilema de um efeito que não pode acontecer e, ainda assim, aconteceu, há uma escolha óbvia a ser feita. A primeira opção é concluir que tais coisas não podem acontecer, portanto, não aconteceram de fato; foi uma ilusão, baseada em um método envolvendo prestidigitação, acessórios especiais ou alguma outra forma de trapaça. Quanto maior for a incapacidade de imaginar o método, mais forte será o efeito, mas ele continua a ser uma ilusão, um engano dos sentidos. Isso poderia ser visto como uma resposta estereotípica a um truque de mágica.

A alternativa, no entanto, é concluir que ele foi real, e isso, então, implica uma pergunta: o que, mais precisamente, foi real? É aqui que a pseudoexplicação pode ser aceita como a explicação real para o efeito. Tradicionalmente, esse é o mundo do pseudovidente que afirma ser paranormal, mas depende de truques. Entretanto, há muitos exemplos de pseudoexplicações que nada têm a ver com o paranormal. Conforme já mencionado, o efeito pode ser uma demonstração de habilidades psicológicas notáveis, tais como supermemória ou detecção de mentira, mas é um efeito que, na verdade, depende de trapaça; ou o efeito pode ser uma demonstração de técnicas de jogos de azar, mas uma demonstração que é realmente uma pseudo-demonstração, em que o ilusionista depende de um baralho (preordenado) empilhado e alguns truques de prestidigitação para dar a ilusão de que ele tem habilidades surpreendentes. Na verdade, pode até mesmo ser um efeito de mágica convencional, apresentada como produto de um tipo de método, mas que, de fato, usa outro. Todas as apresentações têm sido utilizadas por mágicos (inclusive pelo autor) e são extraordinariamente eficazes, porque a pseudoexplicação é uma explicação plausível. Em outras palavras, há muitas maneiras em que o mágico pode

Crenças extraordinárias

fornecer uma falsa explicação que a plateia pode aceitar como explicação genuína.

Pois bem, é claro que isso não é a mesma coisa que arrogar-se habilidades paranormais, mas essas são, não obstante, explicações falsas que algumas pessoas acreditam ser verdadeiras, e tais faculdades são usadas para demonstrar habilidades extraordinárias que o artista não tem (e, em muitos casos, ninguém tem). Esse não é um argumento moral, nem tem a pretensão de ser uma crítica – muitos dos melhores artistas brincam com as fronteiras entre ilusão e realidade –, mas, com sorte, mostra que dicotomias simples deixam de perceber a complexidade do que está ocorrendo. Pode ser difícil falar de tais assuntos sem distinguir entre crença e falta de crença, ou realidade e ilusão, mas não faz sentido fazê-lo enquanto não tivermos certeza a respeito daquilo em que acreditamos, e o que, mais precisamente, significa "real". Por exemplo, se o mágico afirma estar usando habilidades que estão além de seu alcance (ou, na verdade, além do alcance de qualquer outra pessoa) e se a plateia acredita que isso é real, então temos que nos perguntar: em que sentido isso é diferente de acreditar no paranormal?

A fronteira entre "truque" e "real" é, portanto, mais nebulosa do que inicialmente poderia parecer, e isso importa porque os fenômenos extraordinários a serem discutidos estão, e sempre estiveram, na fronteira do que se considera possível. Entretanto, o que se considera possível varia de maneira significativa em épocas diferentes, em locais diferentes e entre pessoas diferentes na mesma época e lugar. Se a indistinção da fronteira entre realidade e ilusão (na apresentação do mágico) pode levar a uma recepção distorcida, as fronteiras controversas entre o que é possível e o que não é (no mundo real) complicam ainda mais as coisas.

Para uma plateia da década de 1840, quais eram os limites das misteriosas propriedades do éter (se ele podia eliminar dor, então o que mais ele poderia fazer)? Quão plausível era a comunicação com o outro mundo para os vitorianos, os quais, em sua grande maioria, acreditavam em vida pós-morte e testemunhavam àquela época novas formas de comunicação com outros que não podiam ver – em outras partes do mundo? Onde, mais precisamente, em uma sociedade agora obcecada por questões psicológicas, estão os limites de nossas habilidades mentais? Com que rapidez alguém pode detectar uma carta que está faltando, com que exatidão alguém pode detectar mentiras? Até certo ponto, todos nós podemos ler a mente dos outros, mas até que ponto?

É por isso que precisamos considerar o evento em questão e o contexto em que ele ocorreu, mas é também por isso que precisamos considerar sua produção bem como sua recepção. Não há ninguém que acredite em tudo, porque nem todo evento desse tipo é igualmente convincente, da mesma forma como nem toda explicação é igualmente plausível. É invariavelmente parte da demonstração de um truque de mágica – como é no caso de qualquer feito fora do comum – excluir várias explicações e, no processo, sugerir uma em especial. Algumas são, obviamente, mais convincentes do que outras, e há razões para isso, e essas não são explicações simplesmente "convincentes", mas exemplos convincentes de coisas específicas. Então, se as pessoas acreditam ou não depende em parte de quão convincentemente a demonstração exclui explicações alternativas e de quão plausível elas acham a que está sendo oferecida... Ele disse que levantaria o filho no ar, usando o poder do éter; então, ele suspendeu o filho no ar... ela pediu que os espíritos movessem a mesa; então, a mesa se moveu... ele disse que poderia dizer quando eu estava mentindo lendo minha linguagem corporal; então, ele conseguiu detectar quando eu estava mentindo... na ausência de explicações alternativas, tais apresentações definirão não apenas se as pessoas acreditam ou não, mas também em que elas acreditam. Se quisermos entender tudo isso, precisamos, então, de uma abordagem teórica que possa acomodar tanto a apresentação quanto a recepção de feitos extraordinários.

Enquadramento de um feito extraordinário (em apresentação e recepção)

Quer dependa ou não de trapaça, um feito extraordinário é sempre apresentado como se dependesse de algo mais. Como já vimos, a simples dicotomia entre "truque" e "real" não é, no final contas, tão simples. Tendo em vista que a maneira como um feito extraordinário é apresentado definirá a forma como ele é visto, precisamos considerar a apresentação como parte do processo através do qual os observadores escolhem se acreditam e em que eles acreditam. Uma abordagem teórica útil que abrange tanto a apresentação quanto a recepção de tais feitos é a abordagem do enquadramento e, já que mais adiante falaremos disso, um breve esboço a respeito poderá ser útil.

O conceito do enquadramento lida com a definição e a organização da experiência e descreve, por exemplo, porque ações são reconhecidas como "sérias" ou "de brincadeira".[17] Segundo

---

17 Goffman, *Frame Analysis*.

Erving Goffman, o enquadramento pode ser visto como uma resposta à pergunta "o que está acontecendo aqui?". Em um dado momento, podemos considerar o que está acontecendo, e a resposta que produzimos define nossa experiência. Em resposta a essa questão, de acordo com Goffman, percebemos os eventos em relação às "estruturas primárias" que dão significado à nossa experiência. Por exemplo, alguém poderia ver duas crianças rolando no assoalho, agitando os braços e as pernas, e se perguntar "o que está acontecendo aqui?". Alguém poderia responder a essa pergunta (enquadrar o evento) com "elas estão brigando". Tais estruturas são chamadas de "primárias", porque não dependem de interpretação prévia, mas podem ser transformadas de maneiras variadas. Por exemplo, podemos olhar novamente para essas duas crianças lutando e concluir que elas não estão realmente lutando, mas simplesmente brincando de lutar. Talvez haja alguma coisa nas ações delas, um soco leve ou um sorriso mais relaxado, que nos sugira que elas estão apenas brincando. Assim, a estrutura primária "elas estão lutando" transforma-se em "elas estão brincando (de lutar)". A tais transformações, Goffman dá o nome de tonalização, e elas podem assumir várias formas, tais como prática ou demonstração. Por exemplo, seria possível praticar tocar piano ou demonstrar tocar piano, ambos sendo tonalizações da estrutura primária "tocar piano", mas cada um tem um significado diferente.

Além das tonalizações, as estruturas primárias podem se transformar através da maquinação. Goffman define maquinação como "o esforço intencional de um ou mais indivíduos de controlar uma atividade de modo que um participante ou um grupo sejam induzidos a ter uma falsa crença a respeito do que está acontecendo".[18] Maquinações de estruturas primárias incluem logro, mentiras e caçoadas. Por exemplo, duas crianças podem fingir que estão lutando, ou alguém pode expressar por mímica que está tocando piano ao som da melodia, com o intuito de convencer um observador de que esses eventos são reais. O enquadramento, então, refere-se às maneiras como ações podem ser demonstradas a outros (como reais ou não, como uma coisa ou outra), mas isso também pode ser visto em termos de crença – como resposta à pergunta: "o que está acontecendo aqui?". Responder a essa pergunta com "elas estão lutando" (ou "ela está tocando piano") é expressar a crença de que elas estão lutando (ou que ela está tocando piano). Em outras palavras, qualquer estrutura primária pode ser transformada pelo artista apresentador (por exemplo, como demonstração, ou como maquinação) e estruturada pelos espectadores em termos do que eles acham que está acontecendo.

O enquadramento tem uma relevância muito clara em apresentações de ilusionismo e na fraude mediúnica, já que um truque de mágica pode facilmente ser estruturado como um genuíno evento mediúnico, e tanto a mágica quanto a fraude psíquica são formas particularmente complexas de maquinação.[19] Na verdade, muitas vezes, a mágica e a fraude psíquica têm sido consideradas formas de atividade semelhantes.[20] No entanto, um enquadramento da mágica e da fraude psíquica

---

18 Ibid., p.83.
19 Nardi, Toward a social psychology of entertainment magic, *Symbolic Interaction*.
20 Por exemplo, Randi, The role of conjurers in psi research. In: Kurtz, *A Skeptic's Handbook of Parapsychology*; Morris, What psi is not. In: Edge (Orgs.), *Foundations of Parapsychology*.

realmente esclarece as diferenças fundamentais entre as duas formas de maquinação mais do que as semelhanças superficiais. O ilusionismo claramente envolve maquinação, pois há um esforço intencional de induzir o espectador a uma falsa crença sobre o que está acontecendo, mas esse é, tipicamente, o caso apenas dentro do quadro do truque de mágica em si mesmo. Indagado sobre o que está acontecendo, por exemplo, um observador poderia afirmar que há uma moeda na mão do mágico (quando, na verdade, ela está na manga da camisa), ou que uma caixa está vazia (quando ela, secretamente, tem um coelho). Não obstante, fora do enquadramento do truque, não há maquinação, já que, nessas alturas, o observador sabe o que está acontecendo (que se trata de um truque de mágica). Portanto, em termos de enquadramento, um truque de mágica típico pode ser visto como uma demonstração (tonalização) de uma ilusão (maquinação) de mágica real (a estrutura primária).

Isso é bem diferente no caso de fraude psíquica, em que a intenção é induzir a uma falsa crença não apenas quanto aos detalhes do evento como também quanto à sua causa. O pseudovidente afirma estar demonstrando fenômenos mágicos, paranormais ou sobrenaturais genuínos e busca induzir em outros uma falsa crença de que esse é realmente o caso. Portanto, em termos de enquadramento e em total contraste com um típico truque de mágica, um feito pseudopsíquico pode ser visto como a maquinação de uma demonstração (tonalização) de mágica verdadeira (a estrutura primária).[21]

Conforme comentado antes, a diferença entre mágica e fraude psíquica é mais nebulosa do que geralmente se supõe, e uma

---

21 Lamont, Magician as conjuror, *Early Popular Visual Culture*.

coisa que a noção do enquadramento proporciona é uma distinção mais adequada. Ao diferenciar entre demonstrações e maquinações, podemos ver que a maioria dos truques de mágica são demonstrações de maquinações (exibição de trapaça), mas alguns são maquinações de demonstrações (exibições falsas de habilidade psicológica ou física). Por exemplo, um ilusionista que afirma ler mentes através da leitura de sutilezas na linguagem corporal confia na trapaça para forjar tal habilidade. A diferença entre isso e a fraude psíquica é no sentido de que a estrutura primária é forjada: no primeiro caso, a estrutura primária é habilidade psicológica; no caso da fraude psíquica, é uma habilidade psíquica. E, como já discutido, a distinção entre tal habilidade psicológica (que, na verdade, está além do conhecimento científico) e habilidades paranormais (que, por definição, estão além do conhecimento científico) nem sempre está clara para o público.

Para vermos por que isso interessa em termos de crença, tomemos um exemplo recente: o caso de Derren Brown, o ilusionista que atingiu a fama com suas apresentações de proezas psicológicas. Nos anos seguintes, ele foi se tornando cada vez mais aberto em relação ao uso que faz do embuste, mas iniciou sua carreira afirmando explicitamente que o que fazia era "controle da mente", não "truques de mágica".[22] Com relação ao enquadramento da apresentação, e diferentemente de truques de mágica típicos (que são demonstrações de maquinações), tratava-se de maquinações de demonstrações (de habilidade psicológica). Quando consideramos a estrutura

---

22 A afirmação aparece na introdução ao primeiro episódio de *Mind Control* (canal 4 de televisão, 2000).

primária (habilidade psicológica) em termos de conhecimento científico, percebemos que os feitos de Brown vão muito além do que se sabe sobre os limites de tais processos psicológicos. Sem dúvida, até certo ponto, é possível influenciar as escolhas dos outros, ou dizer o que os outros estão pensando, mas não é possível fazê-lo da maneira como Brown tem frequentemente sugerido. Nesse sentido, ele tem demonstrado habilidades parapsicológicas, mesmo que não tenha afirmado possuir poderes paranormais.

Quando passamos da apresentação para a recepção, notamos que a maneira como ele enquadrou suas proezas influencia a maneira como elas são enquadradas pelos espectadores. Há pouca dúvida de que muitos (talvez a maioria) dos espectadores enquadraram as proezas como resultado de extraordinárias habilidades psicológicas. Não há dúvida de que alguns as atribuíram a poderes paranormais, mas o próprio Brown tem persistentemente procurado negar a existência de tais poderes. Ao fazê-lo, ele tem sido com frequência elogiado pelos detratores de fenômenos paranormais. Não obstante, aqueles que enquadraram suas façanhas como reais (psicologia) mais do que não reais (trapaça) estavam, conforme a ciência, manifestando crença em habilidades paranormais. E, ainda assim, se lhes perguntassem se acreditavam que essas proezas eram paranormais, eles teriam dito que não eram.

Como veremos, não há nada de novo em relação a isso, mas trata-se de um exemplo recente que mostra como as formas de enquadramento de fenômenos extraordinários em uma apresentação são relevantes para a maneira como eles, por sua vez, são enquadrados pelo público, e mostra também que as maneiras como eles são enquadrados não podem ser entendidas adequadamente sem que se considere o que significam os termos relevantes, tanto de acordo com a ciência quanto de acordo com aqueles cujas crenças buscamos compreender. O enquadramento, portanto, ajuda-nos a esclarecer grande parte da imprecisão que envolve a produção de fenômenos extraordinários e também oferece um modo de discutir crença que evita alguns dos problemas tratados até agora. Ao perguntarmos "o que está acontecendo aqui?" em vez de "você acredita [que existe uma categoria paranormal]?", dirigimos nossa investigação para eventos específicos (os objetos de crença) e o que se acredita a respeito deles (as formas de crença).

Há, entretanto, outra vantagem em falar sobre enquadramento. Afirmar que um evento é paranormal é definir o que está acontecendo. É enquadrar o evento dentro da paranormalidade, mas não se trata de crença no paranormal. Pode, é claro, ser considerado um indicador de crença, mas a vantagem de falar sobre enquadramento é que podemos falar de como as pessoas enquadram as coisas sem presumir que esse seja um indicador confiável de um contínuo estado mental interno. Resumindo: o enquadramento permite que a discussão seja fundamentada no discurso, mais do que na cognição, e o primeiro, diferentemente da segunda, está diretamente acessível ao analista. Mudar o foco da cognição para o discurso já é uma área significativa da investigação psicológica e sua relevância para essa investigação em particular será agora considerada.

Crenças e discurso

Invariavelmente, os psicólogos dependem de manifestações de crença para terem acesso a crenças reais. Falar de crença no paranormal é fazer referência a um estado mental, uma atitude em relação a uma proposição acerca de uma categoria abstrata ("paranormal"), e para acessar uma crença presume-se que manifestações de crença sejam indicadores confiáveis de tais estados mentais. Essa, evidentemente, é uma suposição básica de estudos fundamentados em questionários, mas alguns psicólogos identificaram vários problemas com tal suposição. Um desses problemas já foi discutido no capítulo anterior, ou seja, as categorias utilizadas em questionários podem não refletir adequadamente o que os respondentes de fato têm em mente. Há também o problema da variabilidade; as pessoas geralmente expressam diferentes crenças em diferentes contextos. Entretanto, o maior problema que nos interessa aqui é o da representação, isto é, o que as pessoas dizem não é necessariamente o que elas pensam.[23]

Para tomarmos um exemplo bastante recente e relevante, é muitíssimo comum que as pessoas incluam uma afirmação de ceticismo (por exemplo, "eu era cético...") como parte da descrição de um evento que eles definem como paranormal (por exemplo, "... até que uma médium me disse coisas que não era possível que ela soubesse").[24] Se tomarmos tais manifestações de crença como indicativas de crenças verdadeiras, então podemos entender que tal afirmação pode representar uma conversão de não crença para crença. Esse pode ser o caso, e se for, então ele vai contra muito do que os psicólogos têm afirmado. Afinal de contas, crença no paranormal tem sido as-

---

23 Potter; Wetherell, *Discourse and Social Psychology*, p.45.
24 Lamont, Paranormal belief and the avowal of prior scepticism, *Theory and Psychology*.

sociada com baixo nível de inteligência, falta de conhecimento científico, *status social* inferior e certos tipos de personalidade (para não dizer, de maneira mais geral, associada com credulidade e "doce ilusão").[25] Como, então, explicamos todas essas pessoas que eram céticas e passaram a acreditar: elas sofreram uma diminuição de seu QI, conhecimento científico ou *status social*? A sua personalidade mudou? Elas se tornaram mais crédulas? Como isso se ajusta à afirmação habitual de que os que acreditam têm mais probabilidade do que os que não acreditam de interpretar de forma equivocada eventos normais e vê-los como paranormais, e até mesmo que crenças *provocam* tais interpretações equivocadas?[26]

Seria possível argumentar, é claro, que tais pessoas não deixaram de acreditar verdadeiramente, porém que, enrustidos, acalentavam crenças que estavam dormentes, até que surgiu a chance de interpretar equivocadamente uma experiência normal. Isso abordaria o problema em termos de tais teorias, mas não em termos dos métodos sobre os quais repousa a pesquisa, já que um questionário não pode diferenciar um cético genuíno de um aspirante a crente. Por outro lado, seria possível simplesmente rejeitar tais admissões de crença prévia, considerando-as não confiáveis, mas, nesse caso, coloca-se a

---

25 Irwin, Belief in the paranormal, *Journal of the American Society for Psychical Research*.
26 Como veremos, trata-se de um argumento antigo, e alguns até afirmaram que foi demonstrado por experimentos (por exemplo, Hergovich, The effect of pseudo-psychic demonstrations as dependent on belief in paranormal phenomena and suggestibility, *Personality and Individual Differences*).

pergunta: como se pode distinguir declarações de crença que são confiáveis daquelas que não o são?

Problemas desse tipo refletem uma insatisfação mais geral em relação a questionários e têm levado muitos psicólogos a mudar seu foco de pesquisa, deixando de lado a cognição (conforme representado na manifestação) para focalizarem a forma e a função do próprio discurso.[27] Nesse caso em particular, ao examinar confissões de ceticismo anterior em termos de função retórica, podemos ver como elas retratam o falante na ocasião do evento como um observador desinteressado (em oposição a um daqueles ingênuos e crédulos) e apresentam os fatos sobre o evento em questão como convincentes (o bastante para superar seu ceticismo inicial).[28] No processo, a crença atual não é apenas descrita, mas também justificada. Como veremos, manifestações de crença do mundo real em relação a fenômenos extraordinários invariavelmente incluem formas de justificativa. Ao examinarmos a forma e a função do discurso, podemos ver diretamente como relatos de fenômenos fora do comum se tornam convincentes.

Os pioneiros da análise do discurso identificaram vários temas comuns na forma e função de descrições tanto de eventos fora do comum quanto de eventos comuns. Por exemplo, Rob Wooffitt mostrou como relatos de fenômenos paranor-

---

27 Segundo Gilbert e Mulkay, em *Opening Pandora's Box*, vários textos-chave estabeleceram uma nova abordagem sobre o discurso na psicologia; por exemplo, Potter; Wetherell, op. cit.; Billig, *Arguing and Thinking*; Edwards; Potter, *Discursive Psychology*; Potter, *Representing Reality*; Edwards, *Discourse and Cognition*.

28 Lamont, Paranormal belief and the avowal of prior skepticism, *Theory and Psychology*; cf. Potter, op. cit., p.126.

mais são concebidos de forma a apresentar o falante como normal e competente, e os fatos como reais.[29] Com efeito, uma das áreas centrais da psicologia discursiva tem sido a da construção de fatos, as maneiras de se fazer descrições factuais (já que fatos, na verdade, não falam por si mesmos). Como no caso de admissão de ceticismo anterior, os falantes frequentemente se apresentam como quem não tem qualquer interesse no que está sendo descrito. Certas categorias de pessoas também são usadas em descrições para garantir os fatos, pois categorias específicas (como médicos) são vistas como categorias que têm direito a conhecimentos específicos. Daí o anúncio da década de 1940 "Camel é a marca de cigarro preferida dos médicos" em vez de "Camel é a marca de cigarro preferida dos encanadores", mesmo que o último possa ter sido uma descrição igualmente precisa dos fatos. Foram identificados vários dispositivos retóricos que são normalmente utilizados com o intuito de apresentar os fatos como se ocorressem "lá fora", independentemente de quem fala. Por exemplo, ao atribuir um agente aos fatos ("os fatos mostram", "os dados sugerem"), eles são apresentados como independentes da pessoa que está mostrando os fatos, ou sugerindo o que os dados significam.[30] Esse tipo de linguagem, sem dúvida, é típico do discurso científico, em que os cientistas são apresentados como possuidores desinteressados de conhecimento especializado e descritores objetivos dos fatos. Em resumo, isso é parte integrante do processo através do qual as fronteiras da ciência e da não ciência são traçadas.

---

29 Wooffitt, *Telling Tales of the Unexpected*.
30 Potter, op. cit.

Isso tem importância na questão de crenças no extraordinário, porque os fenômenos relevantes são invariavelmente controversos em termos de conhecimento científico, como aqueles que enquadram tais eventos como reais ou não, ou como uma coisa ou outra, sempre garantem suas posições apelando para a *expertise* científica e para o que se considera ciência propriamente dita. Mesmo quando não se referem à ciência, eles se referem a questões de participação e interesse, competência e objetividade dos fatos. Eles enquadram tais eventos como uma coisa ou outra, apelando para falta de interesse pessoal, para competência na observação e para a realidade dos fatos independentemente de quão extraordinários eles possam parecer. Ao fazê-lo, como veremos adiante, eles relatam fenômenos extraordinários com a intenção de torná-los factuais. Da mesma forma como as demonstrações se tornam convincentes na sua apresentação, relatos a respeito delas se tornam convincentes no discurso e são parte essencial para que possamos compreender crenças sobre fenômenos fora do comum. Ademais, no desenrolar desses relatos, e em cada controvérsia sobre fenômenos extraordinários, os eventos em questão são enquadrados de formas especiais e discutidos de uma maneira que garanta essa visão específica sobre o que estava ocorrendo. Podemos, portanto, perceber diretamente como crenças sobre fenômenos extraordinários se manifestam e se justificam.

No entanto, podemos também estabelecer um argumento sobre as crenças em si, dependendo de como entendemos a relação entre crenças e discurso. Por exemplo, poderíamos argumentar que o discurso sobre fenômenos extraordinários reflete crenças que temos dentro da mente, embora não da maneira simplista que os questionários presumem. Como afirma Billig, em *Argumentando e pensando* (1987), a respeito de posições em termos mais gerais, tais crenças são inerentemente argumentativas, pois expressam uma posição em detrimento de outra. Acreditar em fenômenos fora do comum, excluir explicações comuns, requer a percepção de um ponto de vista alternativo (como ocorre, é claro, com uma atitude de descrença). Enquadrar um evento ostensivamente extraordinário como real ou não, ou como uma coisa em vez de outra, requer algum tipo de argumento interno (sob a forma de pensamento silencioso) que presumivelmente se assemelha de alguma maneira a uma controvérsia externa sobre o evento em questão. Não precisamos supor, como fazem os questionários, que um indivíduo que expressa determinada crença esteja manifestando um estado mental contínuo. Precisamos apenas dizer que crenças extraordinárias são inerentemente argumentativas, formadas e mantidas diante de oposição, e que o que acontece na mente é como uma discussão com outra pessoa: consideramos as opiniões e chegamos a uma conclusão, independentemente das razões. Poucos indivíduos considerarão a questão no mesmo âmbito de uma controvérsia pública contínua, é claro, mas esta última poderia ser considerada o território retórico dentro do qual os indivíduos poderiam se situar, sujeitos a interesse e inclinação. Nesse sentido, percepções individuais poderiam ser consideradas subconjuntos do debate mais amplo: o discurso público contém os argumentos disponíveis e as posições individuais refletem alguns deles.

Outra opção, se quisermos oferecer um argumento a respeito de crenças baseadas no discurso, é definir crenças como coisas que não estão apenas dentro de nossa mente. Afinal, atitudes já foram definidas como posturas corporais e, como tal, puderam ser observadas diretamente. Mais tarde, há aproximadamente um século, atitudes passaram a ser entendidas como fenômenos mentais e, dessa forma, percebê-las era muito mais difícil. Quando os psicólogos começaram a estudar atitudes, de acordo com essa definição, eles tiveram que confiar em autorrelatos e considerar tais manifestações de atitudes como indicação de (o que agora se considerava ser o caso) atitudes *reais*.[31] Entretanto, da mesma forma como atitudes eram realocadas conforme uma mudança de significado, crenças também poderiam ser transferidas para outro lugar de forma a nos permitir vê-las mais diretamente. De fato, todo tipo de processo psicológico pode ser visto como além da caixa craniana. Os filósofos argumentam que um endereço em um caderno é uma forma de memória, que o anotar um pensamento é uma forma de pensar, que uma expressão facial ou gesto corporal é parte integrante de uma emoção.[32] Assim, seria possível afirmar que expressões de crença, mais do que serem indicativas de alguma coisa mais (isto é, crenças *reais*), são parte do que significa acreditar. Nesse sentido, crenças sobre fenômenos extraordinários podem ser consideradas necessariamente sociais e interacionais, em vez de meramente individuais e internas. Seja lá o que for que esteja ocorrendo na mente individual, tais crenças são expressas e garantidas em um contexto social que fornece a controvérsia mais ampla dentro da qual posições individuais podem ser adotadas (*em relação a* essa controvérsia mais ampla). Elas são necessariamente acompanhadas de razões que

---

31 Danziger, *Naming the Mind*, p.134-56.
32 Por exemplo, Clark, *Supersizing the Mind*; Carruthers, *Language, Thought and Consciousness*; Harre; Gillett, *The Discursive Mind*.

justificam a posição assumida, não apenas em relação à própria pessoa, como também em relação aos outros, com base em noções mais amplas a respeito do que conta como uma razão aceitável. Desse modo, seria possível dizer que crenças no que é fora do comum são construídas e mantidas em uma forma discursiva que pode ser percebida diretamente na arena pública.

Se vemos ou não manifestações de crença como indicativas de crença ou como parte das próprias crenças depende de como definimos crenças, como ocorre com qualquer categoria psicológica. Considerando que minha própria visão, acompanhando Billig, é a de que crenças no fora do comum são necessariamente sociais e interacionais, construídas e mantidas no discurso público, e que o discurso público se assemelha, grosso modo, à soma de visões particulares sobre a questão, é tentador falar do discurso como parte integrante do que significa acreditar. No entanto, o termo "crença" está tão fortemente associado à matéria mental interna que definir tal discurso como crença *verdadeira*, mais do que como expressivo dela, pode não ser muito útil nessa fase. Ao mesmo tempo, não importa como definimos crença, precisamos nos envolver com suas manifestações. Afinal de contas, mesmo aqueles que exploram as bases neurais de crença no paranormal dependem de expressões de crença por meio de questionários de pesquisa.[33]

Diante disso, os capítulos seguintes considerarão o discurso relativo a fenômenos extraordinários a fim de examinar

---

33 Por exemplo: Brugger et al., "Meaningful" patterns in visual noise, *Psychopathology*; Brugger, Functional hemispheric asymmetry and belief in ESP, *Perceptual and Motor Skills*; Persinger; Richards, Tobacyk's paranormal belief scale and temporal lobe signs, *Perceptual and Motor Skills*.

em detalhes como crenças foram manifestadas (exprimidas, construídas em argumento) e sustentadas (defendidas diante de oposições), independentemente do que acontecia na mente das pessoas. A vantagem de se falar de enquadramento é que ele é uma manifestação de fé acerca do que está ocorrendo, e aquilo com que estamos lidando em termos de evidência é uma forma de manifestação. Podemos ver diretamente como as pessoas enquadram as coisas em termos de linguagem (o que elas dizem que está ocorrendo), mas não aquilo em que elas acreditam (dentro da mente). Por isso, nos capítulos a seguir discutiremos a respeito de como as pessoas enquadram eventos específicos ou manifestam e justificam crenças a respeito deles, porque se trata uma reflexão mais direta da evidência disponível, baseada em significados entendidos de forma geral. Ocasionalmente, no interesse da concisão, farei referência aos crentes e aos descrentes, mas apenas enquanto termos para aqueles que manifestam crença ou descrença nos fenômenos sob discussão.

Entretanto, no frigir dos ovos, estamos interessados em crenças como coisas que são conjeturadas bem como exprimidas. Os problemas identificados nos questionários são considerados suficientes para gerar dúvidas quanto a se uma manifestação específica acerca de uma categoria abstrata (cujo significado não é considerado), dada uma ocasião especial (em um contexto um pouco anormal), representa um estado mental interno contínuo de um indivíduo. Porém, ao examinar o discurso no decorrer do tempo, podemos identificar padrões de como crenças (a respeito dos eventos relevantes) são manifestadas e justificadas (nos termos utilizados pelas pessoas pertinentes) em muitos contextos diferentes (aqueles nos quais as crenças surgiram). Estamos interessados, então, não em estados mentais individuais, mas, pelo contrário, nas várias maneiras em que fenômenos extraordinários têm sido enquadrados, na forma como as crenças são exprimidas e justificadas em resposta a certos eventos observados e relatados, debatidos e defendidos. A relevância de tudo isso em relação a crenças como estados mentais, ou, na verdade, como atividade neural, será discutida novamente no capítulo final, após a apresentação de uma série de argumentos, com base em quase dois séculos de evidência.

Há, sem dúvida, incontáveis eventos que poderiam ser classificados como paranormais, mas os capítulos a seguir focalizarão aqueles que foram demonstrados por mesmeristas, médiuns e leitores de mente, e que formaram a base do mesmerismo, do espiritualismo, da pesquisa científica de fenômenos psíquicos e da parapsicologia. Há outros tipos de fenômenos, sem dúvida, sobretudo de experiências individuais e privadas, tais como aparições, experiências fora do corpo e coincidências significativas. Outros têm concentrado a atenção nesses eventos, algumas vezes como modelos de crença no paranormal. Entretanto, uma das vantagens de se analisar experiências compartilhadas, em vez de particulares, é que podemos ver como o mesmo evento pode ser enquadrado de maneiras diferentes por observadores distintos. Há também a questão prática de se situar o discurso do mundo real, e demonstrações públicas são matéria de debate público em um nível que experiências particulares não permitem. Contudo, a relação desses fenômenos com outros tipos de eventos extraordinários será discutida de forma breve no último capítulo.

Ao mesmo tempo, crenças no extraordinário (por exemplo, no paranormal) dependem da exclusão de explicações comuns (por exemplo, normais) para certos eventos. Para entendermos tais crenças, precisamos considerar os eventos a respeito dos quais são mantidas crenças e o que se acreditava sobre eles. Para entendermos esses eventos, precisamos considerar como eles se tornam convincentes em demonstração e em relatos, já que aqueles que demonstram e relatam tais eventos fazem--no de maneira planejada para que eles sejam convincentes. Acreditar ou não e em que acreditar é, em última análise, uma questão de recepção, e é por isso que precisamos considerar como tais eventos são enquadrados por aqueles que veem, leem e discutem a evidência. Ao descrever e debater tais eventos (enquadrando-os como uma coisa ou outra), crenças a respeito deles são manifestadas e justificadas. Como veremos, isso inclui apelar para uma gama de questões contemporâneas à época, tais como as condições em que o evento ocorreu, a competência dos que o observaram e a adequação das explicações na ocasião, acima de tudo em termos do conhecimento científico contemporâneo. Através do exame de como fenômenos fora do comum foram enquadrados por aqueles que os demonstram, relatam ou discutem, podemos ver como crenças (sob a forma de opiniões manifestadas) assumem formas especiais e são mantidas (sob a forma de opiniões justificáveis), a despeito de posições contrárias.

Tal abordagem, evidentemente, não requer, por si mesma, um estudo histórico, mas o que a história oferece é uma perspectiva que nos permite considerar uma variedade de contextos diferentes, em que o que foi considerado comum ou plausível difere de maneira expressiva. E, apesar desses contextos diferentes, o que a história mostra é um significativo grau de continuidade; em suma, como qualquer um familiarizado com a história da parapsicologia sabe, há muito tempo, vimos tendo tipos semelhantes de argumentos acerca de fenômenos fora do comum.[34] Conforme veremos, isso proporciona uma maneira de compreender crenças no extraordinário, não apenas do passado, mas também do presente. Além disso, revela como o estudo de tais crenças por psicólogos está inextricavelmente associado com o objeto de estudo. Como tal, ele fornece um exemplo de como o conhecimento psicológico, ao mesmo tempo, constrói e é construído pelo assunto que busca explicar.

Cada um dos capítulos a seguir considera os fenômenos extraordinários que têm sido associados, respectivamente, com mesmerismo, espiritualismo, pesquisa científica de fenômenos psíquicos e parapsicologia. Há uma ordem cronológica óbvia em relação a eles, embora haja sobreposições relevantes em termos de tempo, de pessoas e, é claro, dos próprios fenômenos. Entretanto, considerar fenômenos específicos (em determinado momento e local) em relação aos debates mais amplos sobre o mesmerismo, o espiritualismo, a pesquisa científica de fenômenos psíquicos e a parapsicologia é um meio útil de compreendermos como crenças acerca deles têm se manifestado e justificado. O propósito não é tentar uma pesquisa histórica

---

34 As similaridades entre os argumentos têm sido notadas há tempos. Ver, por exemplo: Prince, *The Enchanted Boundary*; Ransom, Recent criticisms of parapsychology, *Journal of the American Society of Psychical Research*; Collins; Pinch, The construction of the paranormal. In: Wallis (Org.), *On the Margins of Science*; McLenon, *Deviant Science*, p.79-103; Bauer, Criticism and controversy in parapsychology, *European Journal of Parapsychology*; Hess, *Science in the New Age*; Zingrone, From text to self the interplay of criticism and response in the history of parapsychology.

abrangente, mas, em vez disso, considerar certos elementos de continuidade e mudança no decorrer do tempo para que possamos compreender melhor as crenças sobre tais fenômenos. Esta é, antes de mais nada, uma investigação psicológica que busca usar evidência histórica com o intuito de levantar uma série de pontos a respeito de crenças acerca de fenômenos fora do comum e acerca da psicologia de tais crenças. A psicologia científica busca a respeito dos humanos uma forma de conhecimento que é independente de tempo e local; a historia é, por necessidade, cronologicamente – e geograficamente – específica. Porém, a história é sobre continuidade bem como sobre mudança, e o foco em épocas e locais específicos e em estudos de casos específicos objetiva apresentar um argumento mais geral que, suspeito, é relevante para além das fontes britânicas e americanas às quais tenho me restringido por questões de tempo, de monolinguismo e da crença de que isso será suficiente. Começo com o mesmerismo, ou melhor, com demonstrações, relatos e debates sobre os fenômenos do mesmerismo, em um período e local particularmente relevantes, nos quais continuidade e mudança na forma de crenças no extraordinário e implicações psicológicas mais amplas podem ser consideradas.

3
A criação de fenômenos mesméricos

Em janeiro de 1844, William John Vernon fez em Greenwich uma palestra que provocou um "alvoroço extraordinário".[1] Ele colocou uma jovem em estado de transe mesmérico, e os médicos não conseguiram despertá-la. Ela não estava morta, mas em coma mesmérico, e aparentemente sem a menor consciência da forte amônia que eles agitavam sob suas narinas. Vernon, então, levantou o braço da mulher até que ele ficasse horizontal em relação ao assoalho, e ele permaneceu nessa posição, em estado de catalepsia. Ele planejava exibir proezas maiores do que essas – demonstrações de freno-mesmerismo, insensibilidade à dor, e até mesmo clarividência –, mas foi então que o "alvoroço extraordinário" começou, e todos tiveram que ir para casa cedo. Trata-se de um episódio menor na história de fenômenos extraordinários, mas ele merece um exame mais detalhado, porque pode nos dizer muito sobre o panorama maior. Afinal, o panorama maior é meramente a

---

[1] Lecture on mesmerism: extraordinary uproar and disgraceful attack on one of the patients, *Morning Herald*, 5 jan. 1844.

soma de todos os pequenos episódios, e estamos interessados no que eles têm em comum. Como veremos, o que aconteceu em Greenwich foi relativamente típico (sob certos aspectos importantes) de como os fenômenos do mesmerismo eram demonstrados e relatados.

A forma como isso foi feito interessa-nos, porque crenças a respeito do mesmerismo eram respostas a demonstrações de fenômenos mesméricos. Se quisermos compreender tais crenças, precisamos, então, considerar os eventos relatados, aos quais as pessoas reagiam. As próprias demonstrações já se foram há muito tempo, é claro; portanto, nosso único acesso a elas é por meio de relatos, e tais relatos não apenas descrevem os eventos, como os descrevem de um modo especial. Examinando-os, formar uma ideia geral do que acontecia nas demonstrações e ver em detalhes como elas foram enquadradas por aqueles que as relataram ao público mais amplo. Ao fazê-lo, podemos perceber como a apresentação e o relato de fenômenos mesméricos eram fundamentais para crenças acerca deles, e podemos começar a identificar vários padrões que, desde então, têm sido parte integrante de crenças no extraordinário.

Na Grã-Bretanha, os anos iniciais da década de 1840 foram os anos em que os fios principais foram desemaranhados, fornecendo, assim, a "janela" doméstica mais útil para uma controvérsia consideravelmente mais longa e mais disseminada.[2] Tal

---

[2] A história do mesmerismo e da hipnose é tratada de forma magistral por Crabtree em *From Mesmer to Freud* e Gauld, *A History of Hypnotism*. Sobre o contexto britânico da época, ver Winter, *Mesmerized*. Sobre alguns dos fenômenos mais extraordinários de mesmerismo na Grã-Bretanha e nos Estados Unidos, ver Dingwall (Org.), *Abnormal Hypnotic Phenomena*.

controvérsia originou-se, é claro, na França do final do século XVIII, quando Mesmer e seus seguidores provocaram grande querela em relação ao magnetismo animal. De acordo com Mesmer, todos os corpos vivos continham um fluido magnético, cujo realinhamento poderia curar uma variedade de doenças. Em Paris, ele ganhou fama por suas curas milagrosas e por uma longa lista de pacientes que estremeciam e desmaiavam em sua presença, e depois diziam que se sentiam muito melhor. Desnecessário dizer que ele dividiu opiniões. Em 1784, formou-se, em Paris, uma famosa Comissão Real (Royal Commission), presidida por Benjamin Franklin e que incluía luminares como Antoine Lavoisier. O objetivo da investigação havia sido testar a existência do fluido magnético: a conclusão fora que ele não existia e que os fenômenos eram produto da imaginação e de fraude. Esse relatório continuou a ser citado regularmente por céticos como evidência de que o mesmerismo era fraude, apesar do fato de que muitos dos fenômenos haviam sido descritos como se fossem reais (provocados pela imaginação dos sujeitos). Além disso, uma segunda comissão, que publicou um relatório em 1831, chegou à conclusão de que a maioria dos fenômenos do mesmerismo, inclusive do sonambulismo lúcido (clarividência), eram genuínos.[3]

Os fenômenos mesméricos haviam chegado à Grã-Bretanha graças a professores e conferencistas franceses viajantes, como o extravagante Barão Dupotet, que não apenas fizera palestras públicas e demonstrações, como também despertara o interesse de John Elliotson. Elliotson, conhecido professor de medicina na University College, em Londres, havia iniciado

---

3 Colquhoun, *Reports of the Experiments on Animal Magnetism*.

seus próprios estudos a respeito do mesmerismo. Ele havia realizado testes com diferentes metais e chegara à conclusão de que o magnetismo animal poderia estar armazenado em alguns metais, como o níquel, mas não em outros, como o chumbo; havia também feito demonstrações de mesmerismo, primeiro nas alas do hospital para seus alunos, depois no auditório para um público maior. Seu assunto mais bem-sucedido foi o caso de duas jovens serviçais irlandesas, Elizabeth e Jane O'Key, que entraram em transe mesmérico e se comportaram de maneiras que não convinham com suas condições de serviçais, como flertar com o professor e fazer demonstrações de clarividência. Tudo isso, evidentemente, atraiu a atenção do público e foi relatado, entre outras publicações, no periódico de medicina *The Lancet*.[4]

No início, Thomas Wakley, editor fundador do *The Lancet*, havia oferecido apoio, mas acabou mudando de opinião. Em um famoso caso de desmistificação, ele convidara Elliotson e as irmãs O'Key para irem até sua casa, e, na companhia de outros clínicos, enganou uma das irmãs fazendo-a achar que estava sendo mesmerizada. De acordo com os experimentos de Elliotson, um fragmento de níquel mesmerizado poderia ser usado para magnetizar um sujeito, mas um fragmento de chumbo não poderia. Wakley apanhara um fragmento de chumbo, sem dizer de que metal se tratava e o aplicara em Elizabeth O'Key; nesse ínterim, um assistente sussurrou de modo audível para que ele não aplicasse o níquel com muita força. Imediatamente,

---

4 Animal magnetism, *Lancet*, 30 (1838), p.282-8; Animal magnetism: conclusion of second report of facts and experiments, *Lancet*, 30 (1838), p.401-3.

Elizabeth ficou intensamente vermelha, semicerrou os olhos e caiu para trás na cadeira. De nosso ponto de vista, ela estava respondendo a uma sugestão, e a Comissão Real de Paris (Paris Royal Commisssion) de 1784 havia atribuído à imaginação semelhante comportamento. Wakley, entretanto, concluíra que se tratava de fraude e publicou uma série de cartas virulentas que apareceram no *The Lancet* nos anos subsequentes.[5]

Na década de 1840, então, foi possível apelar para a Comissão Real Francesa (French Royal Commission) com o intuito de endossar a noção de que os fenômenos de mesmerismo eram reais, ou de que eles não eram, ou de que eles eram reais, mas a teoria estava errada. Os testes de Wakley podiam ser tratados como evidência de fraude, ou como evidência do poder da imaginação, ou mesmo como evidência de nada mais do que o fato de que alguns metais eram inconsistentes na condutância de magnetismo animal. Em resumo, era possível acreditar ou não no mesmerismo, quer isso significasse a teoria do magnetismo animal ou, alternativamente, alguns (ou todos, ou nenhum) dos fenômenos, e qualquer uma dessas crenças podia basear-se na evidência científica disponível. No entanto, foi durante a década de 1840 que a controvérsia a respeito desse fenômeno mais se disseminou, pois havia evidências relevantes mais amplamente disponíveis e mais pessoas discutiam o que ele significava.

---

5 Animal magnetism, or mesmerism, *Lancet*, 30 (1838), p.805-13; The Lancet. Londres, sábado, 15 set. 1838, *Lancet*, 30 (1838), p.873-7; Experiments performed on Elizabeth and Jane O'Key at the house of Mr. Wakley, *Lancet*, 36 (1841), p.694-9.

Uma razão para isso foi o surgimento de revistas especializadas (em especial, o *The Zoist*, de Elliotson), que descreviam muitos e diferentes fenômenos, os quais, por sua vez, eram relatados em outras publicações. Outra razão foi a crescente conscientização da relevância potencial do mesmerismo para a medicina, uma vez que surgiam relatos de operações indolores e curas bem-sucedidas através dele. Em 1842, foi relatada a primeira cirurgia indolor da Grã-Bretanha, feita em um paciente mesmerizado que teve a perna amputada. Numerosos outros casos foram publicados por Elliotson em 1843, e as operações indolores amplamente noticiadas por James Esdaile na Índia começaram em 1845. A essa altura, a conhecida escritora Harriet Martineau havia afirmado publicamente que o mesmerismo a tinha curado de uma longa e torturante doença uterina e, das curas através dele que foram relatadas, essa foi apenas a mais famosa.[6]

Como Alison Winter mostrou, a resposta dos clínicos mais velhos à alegada eficácia do mesmerismo na medicina foi hostil. Dizia-se que, já que Martineau não havia recebido formação médica, ela não tinha condições de saber se estava curada ou não. Na verdade, Darwin sugerira que sua cura aparente era um sintoma de loucura, e comentara que uma "tendência para enganar é típica de mulheres perturbadas".[7] Da mesma forma, a amputação indolor da perna de um paciente foi recebida com profundo ceticismo por clínicos mais velhos, quando eminentes cirurgiões afirmaram que o paciente estava mentindo a respeito da ausência de dor. Quando o éter surgiu como um

---

6 Gauld, *A History of Hypnotism*, p.205-57.
7 Winter, op. cit., p.226.

anestésico químico em 1847, ele foi, de imediato, proposto como alternativa para o mesmerismo, apesar de haver inicialmente maior risco para o paciente. Thomas Wakley esperava que o éter destruísse "um membro da fraude do mesmerismo", e Robert Liston, o mais famoso cirurgião da época, afirmou com muito entusiasmo que o éter havia feito isso.[8]

Não podemos entender o que as pessoas achavam do mesmerismo naquela época, a menos que consideremos esse contexto de controvérsia a respeito do seu papel potencial na medicina: por um lado, havia um número crescente de relatórios de analgesia e curas através do mesmerismo; por outro, figuras médicas seniores afirmavam que nada disso era verdadeiro. É claro que havia outras questões relevantes, por exemplo, as maneiras como noções de classe e gênero naquela época se refletiam em demonstrações de mesmerismo, quem contava como sujeito ideal, ou as afirmações de certos clérigos de que tais fenômenos eram, na verdade, obra de Satanás. Em outras palavras, o que contemporâneos notáveis achavam dos fenômenos do mesmerismo, ou de explicações específicas para eles, teria sido moldado por visões mais gerais sobre o que se considerava comum ou plausível na época. Entretanto, se eles eram ou não reais, e o que isso significava, era consistentemente debatido em termos de quem tinha condições de fazer uma avaliação confiável, e o conhecimento especializado da medicina nunca ficou longe da discussão.

A década de 1840 viu o surgimento de um número maior de palestrantes populares; o resultado disso foi que demonstrações de mesmerismo se tornaram mais amplamente acessíveis e

---
8 Ibid., p.181.

mais amplamente relatadas.⁹ Esses tipos de demonstrações tiveram um impacto não apenas no público em geral e em leitores de jornais, como também em figuras científicas importantes, cujo interesse foi estimulado por tais demonstrações. Esse foi o caso de Elliotson, e foi uma demonstração em 1841 que provocou o interesse de James Braid, o cirurgião de Manchester cuja teoria do hipnotismo redesenhou as fronteiras do que era real e comum em relação ao mesmerismo. Ao considerar várias demonstrações, como elas eram relatadas e subsequentemente discutidas, podemos identificar diversos temas que, desde então, se tornaram lugar-comum no enquadramento de fenômenos extraordinários.

Enquadrando fenômenos mesméricos (em apresentação)

Iniciaremos considerando as próprias demonstrações e, ao fazê-lo, focalizaremos, em primeiro lugar, um dos principais demonstradores daquela época. W. J. Vernon foi um dos mais proeminentes palestrantes da Inglaterra na década de 1840; suas palestras e demonstrações eram discutidas em toda parte, e ele sempre prestou atenção às controvérsias geradas por elas. Vernon é, portanto, um guia introdutório ideal para mostrar como os vários fenômenos extraordinários do mesmerismo eram apresentados, relatados e debatidos, justamente quando as fronteiras do que era normal estavam sendo redesenhadas.

Seu *background* merece um exame, pois, à semelhança de muitos mesmeristas, Vernon se interessara inicialmente pela

---

9 Parsinnen, Mesmeric performers, *Victorian Studies*.

frenologia, e ele não era do tipo que fugia do escrutínio público. Ouvimos falar dela pela primeira vez em 1840, quando ele fez palestras e demonstrações de frenologia no sudoeste da Inglaterra. Na época, ele trabalhava com um colega, e a dupla se apresentava como "professores W. J. Vernon e Adolphe Kiste", embora alguns achassem que o uso do título de "professor" "lançava ao redor dos procedimentos um ar de charlatanismo".[10] Não obstante, em Exeter, suas palestras-curso eram "assistidas e respeitadas por muitos", e isso levou à fundação da Sociedade Frenológica de Exeter (Exeter Phrenological Society). Em novembro, eles relataram com muito orgulho que uma visita ao asilo de surdos-mudos havia impressionado muito os garotos, apesar da presença do diretor, sr. Gordon, que eles descreveram como um "opositor hereditário, parente próximo do falecido e famoso anatomista, John Gordon, de Edimburgo, um dos primeiros e mais célebres adversários da frenologia neste país".[11] Nos meses que se seguiram, Vernon continuou a relatar o entusiasmado interesse resultante de suas palestras em Torquay, "assistidas por uma plateia numerosa e elegante", e um residente de Dartmouth chegou até a escrever ao *Phrenological Journal* fazendo uma "avaliação lisonjeira da habilidade desse 'cavalheiro muitíssimo talentoso' como palestrante e manipulador"; lamentavelmente, o periódico se recusou a publicar a carta, alegando que o autor era um certo "W. J. Smith, advogado" que, "como a caligrafia claramente indica, *não é ninguém mais, ninguém menos do que o próprio sr. Vernon*".[12] Referências

---

10 Exeter, *Phrenological Journal*, 14 (1841), p.102-3.
11 Vernon; Kiste, Phrenological visit to the Exeter Deaf and Dumb Asylum, *Phrenological Journal*, p.80.
12 Intelligence, *Phrenological Journal*, 14 (1841), p.197-8, 287, 290.

subsequentes a Vernon no periódico foram tratadas com certo grau de cecitismo.[13]

Em 1843, talvez necessitando de um canal alternativo, Vernon foi editor do *People's Phrenological Journal*, mais popular do que o periódico rival, por inclinação, não por circulação, e passou a se interessar pelo mesmerismo e freno-mesmerismo.[14] A partir de, aproximadamente, 1841, os freno-mesmeristas haviam usado a influência magnética para estimular os órgãos frenológicos, fazendo objetos se comportarem de acordo com a faculdade correspondente. Em tais apresentações, uma jovem (invariavelmente era sempre uma jovem) era mesmerizada, depois o mesmerista exercia influência sobre um dos órgãos frenológicos. Se, por exemplo, fosse o órgão da Veneração, ela

---

13 Intelligence, *Phrenological Journal*, 17 (1844), p.307.

14 Na verdade, alguns meses mais tarde, um artigo nesse jornal relatou seu envolvimento em um caso raro de "trans-mesmerismo", em que ele se envolveu em algo parecido com uma batalha de vontades com seu próprio sujeito. De acordo com uma testemunha, uma jovem de "temperamento altamente irritável" havia sido mesmerizada por Vernon, de tal forma que ela "obedecia aos seus comandos, que eram expressados apenas mentalmente, e também parecia penetrar em todos os seus pensamentos". Em seguida, ela propôs "magnetizar o sr. Vernon e imediatamente começou a fazê-lo [...], para grande diversão dos presentes. Durante cerca de um minuto, o sr. V. sentou-se passivamente, submetendo-se às manipulações dela". Em determinado momento, entretanto, ele se vingou, "lançando sobre ela sua própria influência", e o resultado foi que "a jovem ficou quase instantaneamente subjugada por ele e caiu de volta na cadeira em estado de coma". Nos cinco dias seguintes, somos informados, ela continuou em "um estado de delírio e necessitou de assistência constante" (Holmes, Case of cross-mesmerism, *People's Phrenological Journal*, p.138-40). Essa bizarrice refletia a natureza teatral de muitas exibições de fenômenos mesméricos.

poderia cair de joelhos e levantar as palmas das mãos como se estivesse fazendo uma prece. Tais apresentações tinham o poder de parecer que demonstravam a verdade da frenologia bem como do mesmerismo. Em vez de ser informada de que a frenologia era válida – um ponto debatido por críticos com regularidade –, a plateia era suprida com evidência observável direta de que partes distintas do cérebro representavam diferentes aspectos da personalidade. Como John Elliotson observou na época, "onde anteriormente *uma pessoa* havia sido convertida para a verdade da frenologia, agora, através do mesmerismo, *cem pessoas* eram convertidas".[15]

Todavia, Vernon ganhou a atenção do público quando concordou em fazer uma palestra sobre mesmerismo em Greenwich, uma palestra que é um excelente primeiro estudo de caso a respeito de debates envolvendo fenômenos extraordinários. A palestra inspirou-se no que ficou mais tarde conhecido como caso Deptford. Em dezembro de 1843, surgiram relatos na imprensa sobre um caso em que um certo William G. Smith, de Deptford, havia mesmerizado seu criado, James Cook, e que este último havia dado mostras de capacidade de clarividência. A controvérsia foi estimulada ao ser denunciada como "alucinação" por um certo sr. Hope, cirurgião do navio-hospital Dreadnought, nas proximidades de Greenwich. Segundo o *People's Phrenological Journal*, o caso "provocou muito interesse e comentários, passando de jornal a jornal e [...] circularam muitos relatos incorretos".[16]

---

15 Cooter, *The Cultural Meaning of Popular Science*, p.150.
16 Mesmeric case at Deptford, *People's Phrenological Journal*, 2 (1844), p.137.

Em meio à controvérsia, Vernon foi visitar o jovem Cook e marcou um encontro com o sr. Hope e "vários médicos importantes de Greenwich e Deptford". Hope não apareceu na data marcada, mas os que estavam presentes viram o garoto ser submetido ao coma mesmérico e mostrar rigidez muscular, e afirmaram que "qualquer questão de conluio ou fraude nessa ocasião estava fora de cogitação". A conclusão a que chegaram foi que "o assunto parecia merecer investigação mais profunda". Vernon descreveu esses eventos em uma carta ao *Medical Times*, anunciando que seria organizada uma palestra em Greenwich para esclarecer os fenômenos, e convidava Hope a comparecer para que pudesse "admitir publicamente o erro que havia cometido ao fazer asserções sobre assuntos que ele evidentemente desconhecia".[17]

A palestra ocorreu no Instituto Literário e Científico de Greenwich (Greenwich Literary and Scientific Institution), no dia 4 de janeiro de 1844, atraindo um público enorme, diverso e empolgado. O anúncio prometia "exemplos impressionantes do Coma Mesmérico — atração vital em estado de vigília —, afinidade de preferências e sentimentos — Catalepsia, e estimulação dos Órgãos Frenológicos" e "solicitava sinceramente" a presença de "Cavalheiros Profissionais que desejassem averiguar a verdade ou a falácia da presente Teoria Mesmérica".[18] De acordo com o *Morning Herald*, o saguão, que podia acomodar "mais de mil pessoas, estava muito lotado; entre os presentes havia grande número de damas, vários magistrados do país,

---

17 Ibid., p.137-8.
18 Lecture hall, Greenwich, cartaz de divulgação da palestra de Vernon, 4 jan. 1844 (Purland Papers).

membros da pequena nobreza e cidadãos de várias profissões e do mundo científico".[19] Na galeria, havia "vários estudantes de medicina provenientes dos hospitais de Londres". Vários médicos, inclusive um certo dr. Oak e um certo sr. Sherwin, estavam na plataforma com Vernon, com três pacientes (o garoto Cook, um rapaz e uma jovem).

Vernon começou com um discurso que mostra a retórica tipicamente usada por apresentadores de tais fenômenos controversos. Ele declarou que

> não tinha dúvida de que devia mostrar efeitos que convenceriam qualquer mente imparcial de que o mesmerismo não era uma ilusão e merecia ser classificado entre as ciências [...], que era o resultado e a lei da Natureza [...]. Ele deveria apenas mostrar que essa lei, de fato, existia e deixar que a profissão médica examinasse cuidadosamente como ela surgiu e como poderia ser aplicada em benefício da espécie humana.

Vernon queixou-se daqueles que evitavam os fatos "porque iria desordenar opiniões anteriores", "que, decididamente, apoiavam a teoria em oposição aos fatos", e sugeriu uma comparação entre a influência do mesmerismo e os fenômenos científicos menos controversos (era "tão difícil de explicar quanto era explicar som, movimento e luz", "era como as leis da gravitação, do movimento e do calor; apenas se sabia que existiam"). Em

---

19 Lecture on mesmerism. Trata-se de um recorte não identificado dos Purland Papers, mas sua origem no *Morning Herald* (5 jan. 1844) é confirmada em outra fonte (The People, *People's Phrenological Journal*, 2, 1844, p.171).

resumo, os fatos eram demonstráveis, e explicá-los era questão secundária; rejeitar fatos não esclarecidos revelava atitude de preconceito (e em desacordo com o pensamento científico), e os fatos do mesmerismo não eram apenas reais; eram também benéficos para a humanidade. Ao longo do caminho, ele também salientou que a influência do fenômeno mesmérico não "era obra de Satanás"; pelo contrário, era um "dom de Deus", e concluiu com uma declaração de que seu único propósito era descobrir a verdade e "segui-la aonde quer que ela levasse" (isso recebeu "aplauso geral").

Em seguida, ele passou para as demonstrações, cujos detalhes (se, por enquanto e de maneira geral, os aceitarmos como exatos) dão uma ideia da atmosfera. A jovem foi sentada diante do público – o dr. Oak, o sr. Sherwin e outros cavalheiros da medicina ficaram por perto. Entretanto, antes que Vernon começasse, um dos estudantes de medicina o desafiou a mesmerizá-lo e, "sob ruidosos aplausos, sentou-se em uma cadeira". Vernon fez objeção; isso não era parte do arranjo e ele acusou o jovem de "estar fazendo palhaçada, algo próximo de charlatanice". Quando um membro da plateia gritou "nada de subterfúgios!", Vernon afirmou que isso "provava que ele não conseguia abordar o assunto como uma questão da ciência" e se o cidadão estava se dirigindo a ele "era porque, no fundo, ele sabia como tratá-lo". Quando Sherwin queixou-se de que ele e seus colegas tinham vindo "a convite do erudito professor", Vernon respondeu: "Não me chame de erudito professor", provocando um grito de "cale-se, não discuta; quem consegue dormir com tanto barulho [risadas]?", seguido de mais discussão entre as partes principais e "vaias e muita confusão" entre os espectadores.

Crenças extraordinárias

Depois que a calma foi restabelecida, Vernon fez os passes usuais sobre a jovem e proclamou um estado de coma mesmérico. Sherwin aproximou uma garrafa de amônia forte em suas narinas e boca durante vários minutos; ainda assim, "a paciente mostrou apenas sinais muito discretos de aflição". Em seguida, ele "descerrou suas pálpebras e introduziu os dedos dentro de sua boca sem qualquer efeito visível". Quando "foi intimado em voz muito alta a dar sua opinião" quanto a se ela estava em transe mesmérico, Sherwin deu algumas "respostas ambíguas" e insinuou que ela estava dormindo. Vernon afirmou que o teste da amônia provava que ela não poderia estar dormindo, em cujo momento o dr. Oak argumentou que "era evidente que ela era um caso de histeria"; seguiu-se outra discussão acalorada, levando a um "grande alvoroço". Vernon queixou-se de que tal "conduta tumultuosa [...] mais parecia o comportamento de gente em uma galeria de teatro do que de pessoas reunidas para satisfazer a necessidade de conhecimento científico [...], elas não tinham condições de avaliar qualquer explicação científica". Prontamente, ele acompanhou a jovem para fora do palco em meio a um misto de aplausos, chacota e interpelações embaraçosas.

Para surpresa do público, entretanto, ele retornou e a ordem foi novamente restabelecida, depois que o presidente anunciou que Vernon estava lá por amor à verdade e que não receberia "um único centavo" da taxa de admissão. Vernon prosseguiu, agora com o jovem rapaz, que foi posto em estado de coma e teve o braço esquerdo colocado em estado de catalepsia, de forma a "parecer tão imóvel quanto uma estátua". Nesse momento, um certo sr. Harris, marceneiro de Greenwich, súbita e inesperadamente "usando um bastão, agrediu o paciente com um tremendo golpe na mão, e o golpe soou mais alto do que todo o burburinho e ruídos da plateia". Isso provocou indignação geral; houve gritos de "Tirem-no daqui! Polícia! Que vergonha! Que vergonha! etc, e ele foi tratado com muita grosseria, e durante alguns minutos a confusão foi inenarrável". Depois que Harris foi detido pela polícia, Vernon explicou que era impossível continuar a palestra com "toda essa agitação" e enfatizou a necessidade de um estudo investigativo apropriado.

Entrementes, apesar dos argumentos e contra-argumentos, além do pandemônio geral, os que estavam presentes e os leitores do *Morning Herald* e dos vários jornais do interior que copiaram a história, foram, no entanto, supridos com evidência de que o mesmerismo, de fato, existia.[20] Afinal, relatou-se que a mulher não reagira ao teste da amônia, as explicações dos clínicos foram muito pouco conclusivas, e quanto ao jovem que foi agredido com um bastão, relatou-se: "estranho dizer que o jovem em nenhum momento se esquivou do golpe, nem sua mão mostrou qualquer marca".[21] Se isso foi percebido em meio à balbúrdia ou não é, evidentemente, outra questão, mas o fato é que Vernon estava longe de se sentir arruinado em Greenwich. Ele organizou imediatamente outra palestra para

---

20 A história parece ter circulado pela imprensa provinciana (por exemplo, Extraordinary uproar, *Northern Star and Leeds Advertiser*, 13 jan. 1844, p.2).

21 Isso também foi notado pelo *People's Phrenological Journal*, que observou: "o Grande Sábio do Norte ficaria intrigado em receber tal golpe e mostrar a mão sem uma marca" (The People, *People's Phrenological Journal*, p.172). O "Grande Sábio" em questão era John Henry Anderson, o ilusionista mais famoso da Grã-Bretanha àquela época, que, após o episódio, rapidamente se tornou o primeiro mágico a desmistificar o espiritualismo.

18 de janeiro, que acabou sendo menos concorrida, porém mais bem-sucedida.

Nessa ocasião, de acordo com o *People's Phrenological Journal*, "ninguém foi admitido, exceto sob condições e com a apresentação de bilhete. Foi imposta obediência a uma ordem rígida, foram nomeados juízes e presidente da reunião, e ninguém além deles teve permissão para se pronunciar ou mesmo fazer perguntas, exceto por intermédio do presidente". O saguão, no entanto, ficou "lotado e muitos não conseguiram permissão para entrar". Os juízes eram três doutores que se declararam hostis ao mesmerismo. Na primeira apresentação, Vernon colocou um garoto em coma mesmérico e aumentou o ritmo de seu pulso de 80 para 140 pulsações por minuto. "Esse fato não foi contestado", conforme se relatou. Vernon, então, se propôs a reduzi-lo para 12 pulsações por minuto, mas os juízes "consideraram o experimento arriscado demais. Todos eles eram contra o mesmerismo, mas a prudência que mostraram na ocasião revelou que seu ceticismo havia sido chacoalhado." Em seguida veio um teste em que uma jovem tentou "ler com os olhos fechados. Um dos juízes manteve os dedos sobre seus olhos de tal modo que ver de maneira natural era absolutamente impossível. Nessa condição, ela leu a página-título de um livro mantido a pouca distância diante dela." Esse experimento, somos informados, "foi inequívoco, incontestável e produziu – o que é bastante natural – grande efeito sobre os espectadores". Quando convidado a fazer comentários sobre o que havia testemunhado, o primeiro cidadão médico declarou que "havia vindo como um cético total, mas agora se sentia satisfeito de perceber que *havia* algo no mesmerismo". O segundo foi mais ambíguo, admitindo que ele "certamente achava que havia algo no mesmerismo, mas que não deveria se perguntar se, afinal, acabava não resultando em nada". O último médico, aparentemente, não conseguiu se expressar de modo adequado; tratou a "questão de um modo muito insatisfatório e, no fim, teve um colapso nervoso".[22]

Tal relato positivo no *People's Phrenological Journal* não representou, em si mesmo, qualquer surpresa, embora relatos de céticos afogados nos fatos tivessem sido rotina na história de tais controvérsias. Não obstante, independentemente da medida em que relatos específicos possam ter sido unilaterais, podemos perceber que as palestras de Vernon em Greenwich esclarecem vários aspectos típicos de demonstrações de fenômenos mesméricos e fenômenos fora do comum desde então.

Primeiramente – e talvez o mais importante –, tais relatos eram planejados para excluir explicações alternativas, mais obviamente, a possibilidade de que os sujeitos estivessem simulando. Nesse caso, quando Vernon colocou seu sujeito em estado de transe, vários procedimentos foram utilizados para verificar se a jovem estava fingindo ou se estava dormindo. A insensibilidade à dor foi demonstrada através de tentativas de indução à dor, e percepção demo-óptica através da aparente eliminação da visão normal. Descartar explicações comuns (nesse caso, fraude) era parte fundamental de tais demonstrações, embora como isso era feito, e se era feito de maneira adequada ou não, era, naturalmente, objeto de controvérsia. Consideraremos mais adiante o que tornava determinadas apresentações mais convincentes do que outras, mas a questão era que elas eram sempre planejadas para demonstrar a precariedade de várias explicações (comuns).

---

22 Mesmeric intelligence, *People's Phrenological Journal*, 2 (1844), p.183-5.

Em segundo lugar, elas eram acompanhadas de argumentos específicos (feitos por Vernon na ocasião e mais tarde, e por muitos outros desde então), planejados para abordar a singularidade dos fenômenos. Por exemplo: que se tratava de fatos era algo que podia ser observado por qualquer um; rejeitar os fatos porque eles não se ajustavam ao conhecimento existente era atitude de preconceito; e foram feitas comparações com outros fenômenos naturais (geralmente aceitos) que não eram ainda totalmente compreendidos. Assim, a existência de fatos que não podiam (ainda) ser explicados em termos científicos comuns era apresentada como bastante compatível com o pensamento científico. Tais argumentos, sem dúvida, eram planejados para convencer os outros de que os fenômenos eram reais, por mais extraordinários que pudessem parecer.

Em terceiro lugar, o caso dos fenômenos também dependia de outra linha de argumentação, isto é, de que, além de serem reais, eles fossem também uma coisa desejável. Quando Vernon afirmou que o mesmerismo seria benéfico para a humanidade, ele estava se referindo ao potencial que essa técnica tinha de remover a dor e curar doenças. Suas afirmações de que a técnica do hipnotismo era um "dom de Deus" e não "obra de Satanás", e de que ele empreendia uma honesta e franca busca da "verdade, aonde quer que ela possa levar", apelava para sensibilidades morais em vez de questões de fato. Independentemente do que os espectadores achavam disso, essa retórica tinha o objetivo de convencê-los de que suas demonstrações, além de serem apresentações de fatos, eram também ilustrações de algo positivo e bom.

Isso faz pleno sentido, é claro, já que as demonstrações tinham como objetivo ser bem-sucedidas em um contexto de ceticismo e indiferença. Nesse caso, parece ter havido uma tentativa deliberada e premeditada por parte de alguns de desacreditá-las. Na verdade, conforme publicou o *Morning Herald*, "afirmou-se publicamente, com base na autoridade de alguns médicos, que os estudantes [de medicina] haviam comparecido de propósito para criar confusão e interromper a palestra".[23] A hostilidade da ortodoxia científica em relação a afirmações fora do comum tem sido, claramente, outro tema consistente (embora as razões para essa hostilidade variem um pouco), mas é necessário que se lembre que plateias públicas podem ser igualmente avessas a afirmações controversas.[24] Ademais, não fora apenas hostilidade, mas também indiferença que as palestras enfrentaram. Do simples fato de que as pessoas assistiam a uma palestra – na verdade, mesmo que tivessem pagado para isso – não se pode concluir que elas tinham sério interesse no assunto. Como mostra a atmosfera teatral, suas razões para estarem lá poderiam ter a ver tanto com entretenimento quanto com interesse em conhecimento.[25] Enfrentando regularmente um público agressivo e indiferente, tais demonstrações pretendiam convencer os espectadores não apenas de que os fatos eram reais, como também de que eles eram importantes.

A forma que isso tomou certamente teve a ver com a relevância do mesmerismo para a medicina. Em 1844, quando

---

23 Lecture on mesmerism: extraordinary uproar, *Morning Herald*, 5 jan. 1844.
24 Winter, op. cit., p.125.
25 Era muito comum àquela época a combinação "instrução e diversão"; era parte fundamental de recreações racionais. Sobre as fronteiras nebulosas entre disseminação científica e entretenimento, ver Goodall, *Performance and Evolution in the Age of Darwin*.

a cirurgia sem dor não estava disponível (exceto através do mesmerismo) nem era considerada necessária (por cirurgiões), essa era, sem dúvida, uma questão importante para qualquer paciente em potencial. Quando os sujeitos de Vernon exibiam insensibilidade à dor, eles forneciam ao público evidência direta de que o mesmerismo era, de fato, um analgésico eficaz. Da mesma forma, quando ele demonstrou que os sujeitos submetidos àquele procedimento podiam ver sem utilizar a visão normal, e que seus corpos podiam ser afetados através de influência magnética, a possibilidade de diagnóstico e cura de doenças deve ter parecido muito mais plausível ainda. Na verdade, Vernon supostamente usou o mesmerismo para fazer extrações indolores de dentes, e seus anúncios ofereciam tratamentos mesméricos para "casos médicos e cirúrgicos".[26] Quando o caso de Harriet Martineau veio a público, Vernon o mencionou em suas palestras e, posteriormente, ele foi citado em uma carta publicada por Elliotson, mencionando que ele havia curado outra mulher de uma doença uterina semelhante.[27] As demonstrações de Vernon no palco, então, eram parte integrante da polêmica da época acerca da autoridade e conhecimento médicos.

Como resultado, a questão da competência médica especializada nunca esteve distante de qualquer debate, embora a maneira como era empregada na retórica não fosse tão simples quanto se podia esperar. Em Greenwich, Vernon apresentava

---

26 Extraction of teeth in the mesmeric state, *Zoist*, 3 (1845), p.214-6; anúncio em *Times*, 24 mar. 1845 (Purland Papers).
27 Elliotson, Cure of uterine disease with mesmerism, by Mr. Vernon, *Zoist*.

os fatos como observáveis por qualquer um, mas admitia que cabia à classe médica explicá-los. Em outras palestras, ele tanto desafiava a competência médica (por exemplo, quando afirmou que o mesmerismo poderia auxiliar no autodiagnóstico) quanto apelava a ela (por exemplo, quando notou a crescente aceitação do mesmerismo pela classe médica).[28] Seus cartazes de divulgação anunciavam que ele estava envolvido em um "desafio médico público" e, ainda assim, incluíam um certo dr. Owens, membro da RCS [Royal College of Surgeons], cujo nome e credenciais estavam em caracteres maiores do que os que referiam ao próprio Vernon.[29] Dessa forma, embora os mesmeristas representassem, sob muitos aspectos, um desafio para a especialidade médica ortodoxa, eles também apelavam ativamente para tal conhecimento especializado quando – para colocar de modo bem rude – lhes convinha. Essa tem sido outra linha habitual em polêmicas sobre fenômenos extraordinários, no sentido de que, ao enquadrar os fenômenos como reais, os proponentes utilizam o tópico da competência especializada da maneira mais efetiva (por exemplo, afirmando ter conhecimento especializado adequado, mencionando as credenciais daqueles que concordam, desafiando o conhecimento especializado daqueles que não o têm). Como veremos, os detratores fazem a mesma coisa, mas, em termos de demonstração de fenômenos fora do comum, o ponto básico é o seguinte: a construção de competência especializada (ou

---

[28] Lecture on mesmerism, recorte de jornal, sugere conteúdo do *Kentish Mercury*, c. mar. 1845 (Purland Papers).

[29] Public medical challenge, cartaz de divulgação da palestra de Vernon (Purland Papers).

considerada como tal) é um meio através do qual os fenômenos tornam-se convincentes.

Até agora, então, o caso de Vernon, o mesmerista, vem sendo usado para ilustrar uma série de temas típicos de apresentações de mesmerismo: a tentativa de demonstrar a inadequação de explicações comuns; a utilização de argumentos específicos com a intenção de tratar a singularidade dos fenômenos; a afirmação de que eles não eram apenas fatos, mas também algo positivo; e a construção de *expertise* adequada. Esses eram temas correntes nas palestras de Vernon (e, como veremos adiante, também nas palestras de outros mesmeristas), que forneciam evidência e argumentos a respeito dos quais os observadores podiam formar uma opinião. As apresentações tinham o propósito de serem convincentemente reais e extraordinárias, de serem fatos plausíveis não esclarecidos que se desejava que fossem verdadeiros. Era dessa maneira que eles eram enquadrados na apresentação feita por palestrantes profissionais, cujo objetivo principal era convencer os outros, e cujas carreiras dependiam de suficiente interesse por parte do público. Não podemos compreender crenças no mesmerismo sem avaliarmos de que forma as demonstrações desses fenômenos eram programadas para serem convincentes. Se, de fato, elas eram consideradas realmente convincentes ou não é, sem dúvida, outra questão, e embora não possamos saber o que as pessoas achavam, sabemos com certeza que elas escreviam reagindo a tais demonstrações. Na verdade, quando examinamos como terceiros relatavam tais fenômenos, podemos perceber como temas semelhantes estão presentes no seu enquadramento como uma coisa ou outra. Falando de outra maneira, eles foram fundamentais na maneira como crenças nos fenômenos eram manifestadas e justificadas.

Enquadrando demonstrações de mesmerismo (em relatos): relatando os fatos

Relatos de tais demonstrações, como as próprias demonstrações, eram ostensivamente apresentações dos fatos. Entretanto, quais fatos eram relatados era uma questão de escolha, pois uma palestra de duas horas poderia ser relatada em várias colunas de um jornal ou menos. E embora não possamos saber o que não era relatado, sabemos, de fato, que os relatos descreviam de que forma explicações comuns haviam sido excluídas, e repetiam os argumentos relativos à singularidade dos fenômenos, à competência especializada adequada e aos potenciais benefícios do mesmerismo. Dessa forma, os leitores de jornais, e também aqueles que assistiam às palestras, se defrontavam com a evidência de fenômenos mesméricos e com os argumentos que os acompanhavam. No processo, um público mais amplo era suprido com o caso do mesmerismo.

Isso não significa dizer que os colunistas de jornais buscavam persuadir seus leitores que o mesmerismo era verdadeiro. Pelo contrário, muitos relatos eram formulados em linguagem neutra, visto que os repórteres lidavam com a questão prática de ter que relatar eventos fora do comum. Não obstante, seja o que for que os repórteres estivessem pensando individualmente, eles descreviam fatos específicos e o faziam de maneiras específicas, e no processo enquadravam os fenômenos de uma maneira ou outra. Ademais, ao debater os fatos, a linguagem de neutralidade não vai muito além disso, pois controvérsias dificilmente são controvérsias, a menos que diferentes opiniões sejam articuladas e debatidas. Ao examinar como as demonstrações eram relatadas e debatidas, então podemos ver como elas eram um meio através do qual os fenômenos podiam ser enquadrados de uma maneira ou outra, e através do que diferentes crenças em relação ao mesmerismo podiam ser manifestadas e justificadas.

Enquadrando os fenômenos como extraordinários

Apresentações de mesmerismo eram organizadas para excluir explicações alternativas, principalmente a de que o sujeito simulava estar em estado mesmérico e forjava seu comportamento e habilidades, talvez em conluio com o mesmerista. Relatos dessas demonstrações, então, descreviam vários tipos de evidência, sugerindo que o sujeito não poderia estar enganando. O relato de uma demonstração, publicado em um jornal, registrou que, embora o sujeito da demonstração, uma jovem, estivesse em estado de transe, "uma pistola foi detonada sem seu prévio conhecimento, sob a plataforma, mas ela não se assustou, nem mostrou a menor indicação de estar consciente [...]. Um cigarro aceso foi mantido sob suas narinas, dentro das quais a fumaça entrava livremente, mas sem produzir qualquer efeito perceptível".[30] Em outros relatos, o sujeito foi descrito como insensível ao cheiro de amônia, ou à aplicação de alfinetes em diferentes partes do corpo e, ocasionalmente, lia-se a respeito de táticas de surpresa, como aquela do marceneiro de Greenwich que empunhou um bastão, e a do "ataque brutal" de um cirurgião que "agarrou violentamente o braço de um sujeito adormecido e gritou que a casa estava pegando fogo".[31]

---

30 Lecture on mesmerism, recorte de jornal, 27 dez. 1842 (Purland Papers).
31 Sandby, *Mesmerism and its Opponents with a Narrative of Cases*, p.199.

Relatar como explicações comuns eram excluídas não necessariamente envolvia manifestação de crença, mas a maneira como elas eram relatadas poderia enquadrar as coisas com bastante clareza. Por exemplo, alterações no ritmo e na potência da pulsação do sujeito eram frequentemente apresentadas por mesmeristas como prova direta de que o sono mesmérico não era uma simulação. Muitas vezes, isso era rejeitado por clínicos céticos, muitas vezes comentado em relatos, e no processo era possível perceber uma posição implícita. Assim, em certa ocasião, relatou-se que um cirurgião, participante de uma demonstração,

> argumentou que o sono era um sono natural, e que isso explicava a diferença na ação do coração, mas quando perguntado como ele poderia explicar o sono natural sendo induzido em um minuto em uma jovem camponesa, que estava de tal forma agitada que estremecera da cabeça aos pés diante de uma multidão, ele disse que era "a imaginação". A plateia, evidentemente, achou que os fatos eram fortes demais para serem explicados de maneira tão simples.[32]

Em demonstrações de freno-mesmerismo, uma das explicações óbvias era que o sujeito sabia qual de seus órgãos frenológicos seria estimulado e, então, simplesmente agia de acordo com isso. Assim, os mesmeristas amiúde deixavam que o público escolhesse o órgão que deveria ser estimulado, e de uma forma que o sujeito da demonstração não pudesse saber

---

32 Lectures on mesmerism, recorte de jornal de *Maidstone Journal and Kentish Advertiser*, 3 jan. 1843 (Purland Papers).

que órgão havia sido escolhido. Relatos de demonstrações freno-mesméricas mencionavam que isso era o que acontecia, que eles "eram escritos em um quadro negro, fora do âmbito de visão do paciente", ou que o palestrante insistia que "eles deviam ser escritos por qualquer indivíduo e entregues a ele; não deveria haver qualquer contato entre sua mão e o órgão a ser estimulado; e toda a conversa com o paciente deveria prosseguir por intermédio de um cavalheiro escolhido pelo público".[33] Da mesma forma, demonstrações de catalepsia mesmérica frequentemente incluíam pendurar uma cadeira no braço esticado de um sujeito, e membros da plateia eram convidados a verificar que o braço estava realmente rígido. Essas tentativas explícitas de excluir explicações comuns foram relatadas pela imprensa, e muitas vezes em linguagem que deixava pouco espaço para dúvida. Assim, por exemplo, um "cavalheiro caminhou até o palco e, depois de tentar dobrar o braço do sujeito, declarou, de modo inequívoco, que não podia haver qualquer fraude, que o braço estava tão rígido quanto uma barra de ferro".[34]

Ao selecionar que fatos apresentar, os relatos de tais eventos incluíam informações diretamente relevantes ao assunto à mão. Por exemplo, um jornal de Maidstone descreveu os experimentos com uma criada aposentada, "de baixa estatura e desenvolvimento muscular aparentemente muito frágil". A relevância dos detalhes físicos logo se tornou aparente, quando o relato continuou a descrever como – enquanto seus braços

---

33 Lecture on mesmerism, 27 dez. 1842 (Purland Papers); Mesmerism, recorte de jornal, maio 1843 (Purland Papers).
34 Lecture on mesmerism, *Kentish Mercury*, c. mar. 1845 (Purland Papers).

eram mantidos horizontalmente, em uma demonstração de catalepsia mesmérica –

um médico, subitamente, pendurou a barra superior de uma das cadeiras em sua mão. O braço afundou muito pouco, mas imediatamente recuperou a posição e suportou o peso da cadeira por mais três minutos [...]. Sustentar uma cadeira durante três minutos no pulso estendido mal parece possível, em estado natural, para uma mulher tão franzina.

Durante uma apresentação subsequente de freno-mesmerismo, seu órgão de Melodia foi estimulado e "ela cantou um verso de uma canção, com um tom de voz firme e claro [...] sem que o menor tremor afetasse sua voz, perante uma plateia de críticos musicais e pessoas de alta erudição, [o que é] igualmente improvável por se tratar de uma mulher na sua condição social".[35] Sem os detalhes a respeito da "condição" da mulher, a suspensão de uma cadeira durante três minutos e o cantar em público teriam parecido bem menos extraordinários.

Além da possibilidade de aqueles envolvidos nas demonstrações estarem fraudando, havia também a dúvida sobre se eles o fariam. Dessa maneira, se o sujeito era conhecido do mesmerista ou da plateia, era uma questão normal de interesse. Afinal de contas, por um lado, os mesmeristas preferiam um sujeito que eles sabiam ser suscetível; por outro lado, os espectadores poderiam suspeitar de um sujeito que parecesse fazer parte da demonstração. Era, portanto, normal que os palestrantes afirmassem – e os jornais noticiassem – o grau de relaciona-

---

[35] Lecture on mesmerism, 27 dez. 1842 (Purland Papers).

mento entre mesmerista e sujeito. Em Worcester, por exemplo, descartou-se conluio em experimentos "realizados por habitantes de Worcester, com sujeitos residentes na cidade", e em Maidstone, mencionou-se que "o sr. B [o mesmerista] não havia se encontrado com nenhuma das partes antes da hora".[36] Em Bristol, por outro lado, o mesmerista "sabia que haveria objeção a que a paciente não fosse de Bristol, e ele sabia que suspeitariam de conluio entre eles".[37]

Se os indivíduos envolvidos fossem conhecidos do repórter, entretanto, um mesmerista poderia ser descrito como um "homem de integridade incontestável", ou como um homem "cuja honra e senso de justiça o próprio dr. Riley manifestou nos mais altos termos", ou um sujeito como alguém "cujo caráter e posição social impediam pensar que ele ou ela se prestaria a uma imposição".[38] Havia referências a experimentos bem-sucedidos, conduzidos "na presença de pessoas de muito respeito", "realizados por um dos cavalheiros médicos desta cidade com um de seus próprios pacientes em sua própria casa", ou por "indivíduos que são motivados sem quaisquer fins monetários – homens de ciência e intelecto, e de posição social respeitável".[39] Muito disso baseava-se naturalmente em noções coetâneas de respeitabilidade, ou noções coetâneas de

---

36 Mesmerism, recorte de jornal, nov. 1843 (Purland Papers); Lectures on mesmerism, *Maidstone Journal and Kentish Advertiser*, 3 jan. 1843 (Purland Papers).
37 Mesmerism, maio 1843 (Purland Papers).
38 Lectures on mesmerism, *Maidstone Journal and Kentish Advertiser*, 3 jan. 1843 (Purland Papers); Mesmerism, maio 1843 (Purland Papers); Mesmerism, nov. 1843 (Purland Papers).
39 Mesmerism, recorte de jornal, 30 mar. 1843 (Purland Papers); Lectures on mesmerism, recorte de jornal, mar. 1843 (Purland

capacidade. Dessa maneira, apesar do caso recente das irmãs O'Key, que obteve publicidade positiva, uma criada da região rural poderia ser considerada disposta a enganar gente acima dela e seu *background* considerado evidência não qualificada da improbabilidade de fraude.[40]

Ao descrever várias maneiras em que os mesmeristas e seus sujeitos não poderiam simular os fenômenos – e não o fariam –, as matérias dos jornais normalmente enquadravam esses fenômenos como fora do comum. Isso não significava que os autores manifestavam crença no mesmerismo – seria possível relatar meramente "os fatos" –, mas ao apresentar fatos específicos, eles também os apresentavam de uma maneira específica. Na verdade, esse era o caso, mesmo quando havia pretensões explícitas à neutralidade. "Como diz o *The Guardian*, nosso jornal contemporâneo, nós comunicamos esses fatos e os deixamos com nossos leitores", registrou um jornal ostensivamente neutro, embora descrevesse experimentos "sob circunstâncias que pareciam excluir a própria ideia de conluio", e mostras de clarividência por parte de uma jovem, quando "ficou evidente a todos que era impossível que ela soubesse", e por alguns jovens que "não podiam ter visto".[41] Outro jornal publicou como o mesmerista "aplicou a extremidade pontiaguda de um alfinete várias vezes nas costas da mão da jovem, na fronte e no pescoço, sem que ela mostrasse o menor sinal de estar sentindo", e descreveu o próprio mesmerista como "obviamente honesto";

Papers); Mesmerism, recorte de jornal, *Kentish Independent*, 10 fev. 1844 (Purland Papers).
40 Lectures on mesmerism, *Maidstone Journal and Kentish Advertiser*, 3 jan. 1843 (Purland Papers).
41 Mesmerism, newspaper clipping, nov. 1843 (Purland Papers).

entretanto, comentou que "não nos sentimos instados a arriscar uma opinião".[42] Outro, "sem oferecer uma opinião a respeito dos méritos do sistema", concluiu que a percepção normal "deve ter sido fisicamente impossível", e não observou "qualquer tentativa de imposição ou fraude por nenhuma das partes".[43] Em outras palavras, a falta de uma conclusão sobre a realidade dos fenômenos não impedia que os jornalistas fornecessem uma versão dos eventos que fosse de fácil leitura e que levasse à interpretação de que explicações comuns tinham sido excluídas.

Além de descrever como explicações comuns eram excluídas, os relatos incluíam argumentos sobre a singularidade das apresentações. Por exemplo, havia descrições de como o ceticismo inicial fora derrotado pelo peso dos fatos. Um "cavalheiro das ciências, ele próprio um cético em relação ao mesmerismo, preconceituoso contra ele", fora, no entanto, convencido, pois um sujeito havia sido curado, embora "não acreditasse na eficácia do mesmerismo".[44] Vernon teria argumentado (com certo otimismo) que, "embora no início tivesse havido muita oposição, não havia agora ninguém que ousasse vir à frente e negar o fato de que havia verdade naquela ciência".[45] Para aqueles que testemunharam e relataram as apresentações, a excepcionalidade dos fenômenos era regularmente abordada por meio de comentários sobre ceticismo inicial, depois apelos à necessidade de se ter a mente aberta em vez de preconceito: "Com tais fatos

---

42 Mesmerism, recorte de jornal, 30 mar. 1843 (Purland Papers).
43 Lectures on mesmerism, recorte de jornal, fev. 1843 (Purland Papers).
44 Lectures on mesmerism, recorte do *Maidstone Journal and Kentish Advertiser*, 3 jan. 1843 (Purland Papers).
45 Lecture on mesmerism, recorte de jornal, *Kentish Mercury*, c. mar. 1845 (Purland Papers).

como esses diante de nossos olhos, é impossível negarmos ou questionarmos a existência de um agente ou de uma influência chamada 'Mesmerismo' e, sobre tal assunto, sentimo-nos mais felizes em sermos agrupados aos vários crédulos do que à multidão preconceituosa".[46] As matérias jornalísticas normalmente justapunham aquele que relutava em acreditar aos céticos preconceituosos que, diferentemente do "cavalheiro das ciências" anterior, se recusavam a acreditar nos fatos (eles "ainda não estavam satisfeitos", "nenhuma evidência, embora persuasiva como a Sagrada Escritura, jamais irá convencê-los").[47]

Amiúde, eles também levantavam a questão de que tal preconceito contra os fatos era anticientífico, seja pela repetição das palavras do palestrante ("Como homens de sabedoria e ciência, cabia a eles investigar o assunto — não condená-lo sem um exame cuidadoso"), ou, alternativamente, comentar as táticas dos detratores (tais como "um cavalheiro médico dessa cidade, que deu mostras não apenas de falta de cortesia como também de uma espécie ignorância e preconceito em relação ao tema da palestra totalmente em desacordo com o respeito pela ciência").[48] Ainda assim, esse preconceito era de se esperar, pois, conforme o *Kentish Independent*

> toda ciência nova (ela pode ser estabelecida por axioma) precisa competir com a oposição [...]. Dizem que a ciência do mes-

---

46 Lectures on mesmerism, recorte de jornal, mar. 1843 (Purland Papers).

47 Lectures on mesmerism, recorte, *Maidstone Journal and Kentish Advertiser*, 3 jan. 1843 (Purland Papers); Mesmerism, *Kentish Independent*, 10 fev. 1844 (Purland Papers).

48 Mesmerism, recorte de jornal, nov. 1843 (Purland Papers); Lectures on mesmerism, recorte de jornal, mar. 1843 (Purland Papers).

merismo é ridícula porque seus resultados são opostos à atual condição da ciência. Sem dúvida, eles são, e talvez o sabichão que faz essa afirmação poderá nos dizer que nova ciência o mundo já testemunhou, cujo desenvolvimento não pareceu contrário às ideias da época.[49]

Em outra parte, os nomes de Galileu e Harvey foram citados como exemplos de cientistas cujos fatos também enfrentaram hostilidade inicial, mas que, não obstante, haviam se comprovado como verdadeiros, e os fatos do mesmerismo foram comparados com os de outras áreas da ciência estabelecida que ainda não estavam totalmente esclarecidos.[50]

Em resumo, quer uma expressão explícita de crença fosse ou não incluída como parte do artigo, os relatos sobre o mesmerismo transmitiam os argumentos relativos à excepcionalidade dos fenômenos: fatos eram fatos, por mais extraordinários que fossem; pessoas que acreditavam haviam sido céticas também, mas resistir aos fatos era uma atitude preconceituosa, e fatos não explicados (diferentemente de preconceito) eram bastante compatíveis com o pensamento científico.

---

49 Mesmerism, *Kentish Independent*, 10 fev. 1844 (Purland Papers).
50 Mesmerism, recorte de jornal, 30 mar. 1843 (Purland Papers); Mesmerism, recorte de jornal, *Kentish Mercury*, 30 jan. 1844 (Purland Papers). Ver também, por exemplo, "Alguém ousa dizer que há mais improbabilidade, inconsistência ou absurdo no mesmerismo do que na ciência da eletricidade?" (Mesmerism, *Kentish Independent*, 10 fev. 1844, Purland Papers); "Acreditamos na existência do poder mesmérico, assim como acreditamos na existência do magnetismo indutivo. Os fenômenos peculiares do último vimos serem demonstrados por meio de repetidos experimentos" (Lecture on mesmerism, recorte de jornal, 27 dez. 1842, Purland Papers).

Da mesma forma como acontecia com as próprias demonstrações, eles também apelavam a diferentes versões de *expertise*. Assim como os mesmeristas afirmavam ter competência pessoal especializada, desafiavam a competência de críticos das ciências e citavam autoridades científicas simpáticas ao mesmerismo, e isso também era regularmente publicado.[51] Mesmo quando os jornalistas se prendiam à linguagem dos fatos, o relato de fatos extraordinários envolvia a descrição de como explicações comuns haviam sido excluídas, e algum tipo de avaliação era típico.[52] E, por mais extraordinários que os fatos

---

51 Brookes, por exemplo, era um "palestrante experiente" (Palestras sobre o Mesmerismo, mar. 1843, Purland Papers), um homem que "havia dedicado muito tempo a palestras sobre o mesmerismo" (Palestras sobre o Mesmerismo, fev. 1843, Purland Papers). De acordo com as reportagens publicadas na impresa – no decurso da mesma palestra –, ele tanto desafiou a *expertise* de "grandes homens da profissão médica" que se opunham ao mesmerismo, quanto recorreu à *expertise* de profissionais da medicina que defendiam o fenômeno. Por exemplo, "podíamos, sem dúvida, ser perdoados por investigar se eles conheciam alguma coisa do assunto em si, e se achássemos que eles não haviam examinado e que não investigariam o assunto, mas apenas se aventurariam a emitir opiniões, mostrando total ignorância a respeito dele, estávamos justificados em ver essas opiniões pelo que elas valem, ou seja, absolutamente nada". Na sequência, na mesma palestra, ele apelou para a *expertise* dos "homens de eminência superior na ciência", "milhares de profissionais médicos e científicos neste país e na América, que, diariamente, estavam fazendo experimentos para demonstrar a verdade do mesmerismo". (Mesmerism, recorte de jornal, 30 mar. 1843, Purland Papers).
52 Por exemplo, quando um relato concluiu "se podemos afirmar sem receio que não havia nenhum ardil ou trapaça na questão", esta era uma afirmação implícita para poder avaliar se havia fraude (Lecture on mesmerism, recorte de jornal, *Kentish Mercury*, c. mar. 1845, Purland Papers).

pudessem ser, a noção de que eram fatos era invariavelmente apresentada como uma questão de simples observação. Na verdade, mesmo quando, ao descrever os fatos, o leitor se deparava com "impossível duvidar e, no entanto, quase igualmente tão difícil de acreditar, até mesmo com a evidência de nossos próprios sentidos", concluía-se que a evidência dos sentidos era suficiente: "Que cada homem veja e julgue por si mesmo".[53]

Em muitas ocasiões, um ponto levantado era que fatos extraordinários tinham que ser vistos para serem críveis, e mesmo quando eram vistos, era difícil acreditar neles.[54] Entretanto, aqueles que viam e julgavam por si mesmos invariavelmente relatavam o que haviam observado e a conclusão a que haviam chegado. Se, ao fazê-lo, suas conclusões entravam em conflito com os *experts* da área médica, eles podiam, como os mesmeristas, desafiar tanto o conhecimento médico especializado quanto, ao mesmo tempo, apelar para ele.[55] Da mesma maneira, era possível apelar para a competência científica especializada em geral: opositores do mesmerismo podiam ser descritos como

---

53 Lecture on mesmerism, recorte de jornal, 27 dez. 1842 (Purland Papers).

54 Em uma citação mencionada com frequência sobre os fenômenos do mesmerismo, Coleridge teria ouvido do dr. Trevaranis: "Vi o que tenho certeza que não acreditaria se fosse pelo seu depoimento, e o que, portanto, suponho, você não conseguiria acreditar no meu" (Animal magnetism and homeopathy, *Monthly Review*, 2 (1838), p.171).

55 Por exemplo, ao discordar das conclusões de um "correspondente médico" e de "vários outros cidadãos da classe médica", e depois, ao listar vários "cidadãos da classe médica que participaram [...], muitos dos quais se valeram de meios realmente agressivos para se satisfazerem a si próprios quanto à genuinidade das demonstrações" (Mesmerism, *Kentish Mercury*, 30 jan. 1844, Purland Papers). Mesmerism, *Kentish Independent*, 10 fev. 1844 (Purland Papers).

"sem a mínima porção de conhecimento científico [...] sem a menor prática da ciência do raciocínio", embora, ao mesmo tempo, os fenômenos pudessem ser descritos como fenômenos que "confundiam a acuidade mental de homens da ciência", "homens da ciência e do intelecto".[56]

Relatores de tais demonstrações, à semelhança dos próprios apresentadores, identificavam-se como pessoalmente competentes (mesmo que apenas para observar os fatos), e, seja diretamente, seja indiretamente por intermédio dos argumentos dos mesmeristas, questionavam os *experts* que se opunham ao mesmerismo e citavam o conhecimento especializado daqueles que não o questionavam. E, durante o processo, eles transmitiam aos leitores os benefícios do mesmerismo, incluindo referências a casos de cirurgia indolor, ocorridos na época, à suposta cura de Harriet Martineau e descrevendo o mesmerismo como "aplicável ao importante assunto da realização de operações cirúrgicas sem dor para o paciente", e como uma ciência que podia "aliviar o sofrimento humano", que podia "amainar o sofrimento de nossos semelhantes" e que "prometia ser benéfico para humanidade".[57]

Se o propósito das demonstrações era mostrar os fatos, o propósito ostensivo das matérias jornalísticas era relatá-los. Ao descrever o que haviam visto, os repórteres também faziam julgamentos sobre o que viam, mesmo que fosse para decidir

---

56 Mesmerism, *Kentish Independent*, 10 fev. 1844 (Purland Papers).
57 Lectures on mesmerism, *Maidstone Journal and Kentish Advertiser*, 3 jan. 1843 (Purland Papers); Mesmerism, recorte de jornal, 30 mar. 1843 (Purland Papers); Literary institution, recorte de jornal, mar. 1845 (Purland Papers); Mesmerism, *Kentish Independent*, 10 fev. 1844 (Purland Papers).

que fatos relatar e como relatá-los. Independentemente do que pensassem, eles descreviam as tentativas de excluir explicações normais que haviam visto e as afirmações dos mesmeristas que haviam ouvido, e o faziam de maneira especial que, muitas vezes, conferia credibilidade tanto aos fenômenos quanto às afirmações. Aqueles que manifestavam crença em relação aos fenômenos, mesmo diante da realidade dos fatos, envolviam-se no mesmo tipo de retórica dos mesmeristas – e por que não? Aqueles cujo objetivo e sobrevivência dependiam da sua capacidade de convencer tantas pessoas quanto possível, haviam planejado argumentos convincentes – e os que assistiam às demonstrações haviam se familiarizado com eles.

Por enquanto, resumindo, ao descrever como os mesmeristas e seus sujeitos não podiam forjar os fenômenos – e eles não o fariam –, as matérias nos jornais normalmente os enquadravam como fenômenos reais. Ao fazê-lo, eles apresentavam os argumentos (seja como opinião própria, seja como opinião dos mesmeristas) de que fatos eram fatos, por mais extraordinários que fossem, de que os que acreditavam também um dia já haviam sido céticos, de que resistir aos fatos era uma atitude preconceituosa, e de que fatos não explicados (diferentemente de preconceito) eram bastante compatíveis com o pensamento científico. Como os apresentadores, eles se mostravam como observadores competentes dos fatos, questionavam o conhecimento especializado daqueles que se opunham ao mesmerismo e apelavam para o conhecimento especializado daqueles que não se opunham a ele. E, como eles, transmitiam a ideia de que se os fenômenos mesméricos fossem verdadeiros, isso seria uma coisa boa.

Esses argumentos recorrentes constituíram maneiras de tornar fenômenos mesméricos mais convincentes e, não importava em que os jornalistas realmente acreditavam, eram traços normais de seus artigos. Qualquer um que desejasse formar uma opinião sobre o que tinham visto ou lido, era suprido de uma série de argumentos planejados para influenciar essa opinião. Com relação a quem já estivesse inclinado a achar que fenômenos mesméricos eram reais, era-lhe oferecida munição com a qual essa visão poderia ser sustentada, fosse para pensar sobre ela, fosse para discuti-la com os outros. Resumindo: tais argumentos forneciam uma base sobre a qual a crença no mesmerismo poderia ser construída e mantida.

Enquadrando os fenômenos como normais

Um mês depois que o alvoroço provocado por Vernon em Greenwich havia amainado, a população local foi presenteada com outra palestra sobre o mesmerismo. Dessa vez, entretanto, ela foi feita por John Quilter Rumball, um antimesmerista. J. Q. Rumball era membro do Royal College of Surgeons, defensor da frenologia, porém crítico vigoroso do mesmerismo. Suas palestras sobre "as falácias do mesmerismo" eram planejadas como antídotos para as de Vernon e de outros. Em fevereiro de 1844, Rumball fez uma palestra em Greenwich no mesmo local em que Vernon havia se apresentado, o que foi uma tentativa explícita de desacreditar a palestra anterior. De fato, Vernon o viu como um grande aborrecimento, queixando-se mais tarde de que ele "estava continuadamente seguindo-o de um lugar para outro, onde quer que ele se apresentasse".[58]

---

58 Lecture on mesmerism, recorte de jornal, *Kentish Mercury*, c. mar. 1845 (Purland Papers).

A fala de Rumball incluiu uma série de argumentos típicos daqueles utilizados por críticos do mesmerismo. Ele afirmou que o mesmerismo era um equívoco e rejeitou os fatos como produto de ilusão e autoilusão. Ao rejeitar os fatos, entretanto, ele negou preconceito ("durante algum tempo ele havia depositado fé no mesmerismo"), mas as afirmações dos mesmeristas não estavam afinadas com a lei natural (elas "anulam as leis da natureza"). Ele desafiou a *expertise* dos mesmeristas (não apenas Vernon, mas também "cavalheiros de talento e inteligência ainda maiores"), incluindo "grandes homens do mundo científico" que haviam afirmado que o mesmerismo era verdadeiro, e os quais ele desconsiderou como "um bando de imbecis incapazes". Sua busca da verdade era uma busca desinteressada ("ele havia assumido uma posição nas fileiras dianteiras da verdade" e "havia sofrido muito na busca da verdade"), e o mesmerismo era, em sua opinião, "uma das mais grosseiras imposições já aplicadas ao público".[59]

Os argumentos dos críticos, como os dos defensores, estavam sempre abertos ao debate, é claro, e, para a infelicidade de Rumball, Brookes, o mesmerista, encontrava-se no auditório. Brookes, que era quase tão conhecido quanto Vernon, imediatamente desafiou o palestrante, afirmando que aqueles a quem ele chamava de "imbecis" tinham muito mais credibilidade científica do que ele. Isso provocou um acalorado debate, até que parte da multidão ficou inquieta e começou a gritar e pedir por "experimentos". Nesse ponto, começou uma exibição de clarividência, em que um garoto em transe mesmérico teve os

---

59 Greenwich lecture hall, recorte de jornal, 2 fev. 1844 (Purland Papers); Mesmerism, anúncio, *Glasgow Herald*, 31 maio 1844.

olhos vendados, em seguida foi instado a nomear várias cartas de baralho. Quando o garoto acertava, "o sr. Rumball dizia que tinha certeza de que alguém da plateia havia se comunicado com ele". Para excluir essa explicação comum, uma toalha de mesa foi então utilizada para impedir que o garoto visse o público. Quando ele acertou novamente, "o sr. Rumball disse que tinha certeza de que era uma trapaça e abruptamente deixou o salão".[60]

À medida que continuava seu sofrimento na busca da verdade, Rumball deve ter concluído que palavras não eram suficientes, pois logo ele passou a demonstrar seus próprios experimentos, acompanhados de explicações bem mais detalhadas de como eles eram feitos. Nesse momento, entretanto, ele fornece um exemplo inicial de como aqueles que criticavam o mesmerismo discutiam a realidade de fenômenos mesméricos, afirmavam que explicações comuns não haviam sido excluídas, mostravam seus próprios argumentos sobre a singularidade dos fenômenos (os fatos eram inadequados, a pretensão era extraordinária, eles não eram preconceituosos; apenas mostravam um ceticismo conveniente), questionavam a competência dos proponentes e assumiam, eles próprios, a superioridade moral; e se tudo o mais falhasse, eles simplesmente se retiravam de cena.

Quando afirmavam que explicações comuns não haviam sido excluídas, os críticos apelavam para todos os tipos de possibilidades. Como um detrator comentou em tom de sarcasmo – algo comum em tais controvérsias: "sabe-se muito bem que um pároco idoso, com um sermão entediante, enviava sem demora

---

60 Greenwich lecture hall, recorte de jornal, 2 fev. 1844 (Purland Papers).

seus ouvintes para um coma profundo!".[61] Para outro, não era grande surpresa que um mesmerista produzia um efeito "ao agarrar violentamente a garganta de seus pacientes e introduzir os dois polegares nas suas órbitas, amedrontando-os ao olhar atenta e seriamente para eles".[62] O próprio Rumball, quando convidado a negar que havia sido mesmerizado e "havia sentido alguns efeitos [...] não negou, mas disse que não era de admirar, quando um indivíduo introduziu os dedos em seus olhos durante quase meia hora".[63] Outros insinuaram que o sujeito do experimento estava simulando e aludiu à possibilidade de conluio. Por exemplo, notou-se que o sujeito de Vernon "não era paciente novo [mas] uma pessoa experiente, que havia ensaiado o papel repetidas vezes".[64] E sempre havia o último recurso: o que quer que estivesse acontecendo era, de alguma forma, explicável; "se real, evidentemente um tipo de atitude nervosa e ensandecida", ou "qualquer estado produzido pelo mesmerismo pode ser produzido por outros meios".[65]

No que diz respeito a proezas mais espetaculares, como demonstrações de clarividência, essas sempre podiam ser rejeitadas como fraude, como "uma sagaz mostra de trapaça", ou podiam ser feitas referências a façanhas semelhantes, que se revelavam "caso comprovado de fraude", como o caso de um

---

[61] Literary institution, recorte de jornal, mar. 1845 (Purland Papers)

[62] Um cirurgião, To the editor of the *Maidstone Journal*, *Maidstone Journal and Kentish Advertiser*, 3 jan. 1843 (Purland Papers).

[63] Greenwich lecture hall, recorte de jornal, 2 fev. 1844 (Purland Papers).

[64] Mr. Purland's letter, recorte, *Forceps*, 13 jul. 1844 (Purland Papers).

[65] Purland, Mesmerism, *Kentish Mercury*, 30 jan. 1844 (Purland Papers); Literary institution, mar. 1845 (Purland Papers).

jovem clarividente que, como acabou chegando ao conhecimento do público, "era filho de um ventríloquo e jamais emitia uma única palavra".[66] Portanto, ao refutar qualquer evento em particular, os opositores apelavam para outros casos mais dúbios de mesmerismo, nos quais, afirmava-se, havia ocorrido fraude. Que a fraude era um traço comum de demonstrações de mesmerismo "ficou provado em uma série enorme de fenômenos", e era "fato reconhecido que fraudes muito mais inteligentes haviam sido praticadas por cavalheiros da mesma profissão do sr. Brookes".[67] Para os detratores, era fato que mesmeristas e sujeitos podiam se envolver em embustes – e, realmente eles o faziam –, e qualquer caso em particular podia ser considerado mais um exemplo disso. Afinal de contas, a natureza da fraude bem-sucedida é que ela não é detectada. E, se convidado a explicar o que aconteceu em uma ocasião em particular, um crítico do mesmerismo poderia simplesmente assinalar que havia limites em relação ao período de tempo que se gastaria com a questão: como o próprio Rumball colocou, "ele não podia se comprometer a descobrir todo e qualquer caso de engodo".[68]

A excepcionalidade da pretensão relativa aos fatos e sua compatibilidade com o pensamento científico também eram objeto de discussão dos detratores. Obviamente, o preconceito diante de fatos era indesejável e não científico, mas não diante de pre-

---

66 Purland, Mesmerism, *Kentish Mercury*; Hytche, The impostors who are exhibited in public by the professors of mesmerism, *Lancet*; Literary institution, recorte de jornal, mar. 1845 (Purland Papers).
67 Um cirurgião, To the editor of the *Maidstone Journal*, *Maidstone Journal and Kentish Advertiser*.
68 Greenwich lecture hall, recorte de jornal, 2 fev. 1844 (Purland Papers).

tensões ao extraordinário sustentadas por fatos questionáveis. "Rejeitamos qualquer preconceito, exceto a favor do bom senso e contra o embuste. Provem com um conjunto de experimentos regulamentados", desafiou um periódico de medicina, "e nós estaremos entre seus mais vigorosos defensores".[69] Na ausência de fatos adequados, entretanto, tais afirmações mereciam ser tratadas com ceticismo; eram "contrárias a qualquer crença racional", "exceções à lei geral da natureza", e os críticos "tinham o direito de duvidar de tudo que fosse contrário ao curso normal da natureza".[70] [N]ão devemos rejeitar fatos por causa de nossa incapacidade de compreendê-los, e isso nem é consistente com a verdadeira ciência", concordou um cético cirurgião; entretanto, "[e]xiste, meu caro senhor, um limite para a paciência humana, mas parece que não há nenhum para a credulidade humana".[71] Dessa maneira, os críticos argumentavam que a singularidade da pretensão requeria não preconceito, mas um ceticismo conveniente, uma mente aberta, e não credulidade.[72]

---

69 Mr. Purland's letter, *Forceps*, 13 jul. 1844 (Purland Papers).
70 Purland, Mesmerism, *Kentish Mercury*; Mr. Purland's letter, *Forceps*, 13 jul. 1844 (Purland Papers); Literary institution, recorte de jornal, mar. 1845 (Purland Papers).
71 Um cirurgião, To the editor of the *Maidstone Journal*, *Maidstone Journal and Kentish Advertiser*.
72 Esse tema, é claro, continua desde então, pois os detratores têm, com frequência, afirmado que se deve ser tolerante e flexível, mas não tão tolerante e flexível a ponto de deixar o cérebro frouxo e cair. Da mesma forma, o "argumento de Galileu" (eles riram de Galileu também) foi contradito por detratores do mesmerismo (Animal magnetism, *Athenaeu*, 555 (1838), p.419), e, desde então, vem sendo contradito; como Carl Sagan disse mais recentemente: "eles também riram do palhaço Bozo" (Sagan, *Broca's Brain*, p.64).

A construção da neutralidade, parte integrante tanto das apresentações quanto dos relatos sobre fenômenos de mesmerismo, também fazia parte do discurso dos críticos e, da mesma maneira, estava atrelada à questão de *expertise*. Longe de mostrarem preconceito, afirmava-se, os cientistas já haviam examinado a questão; "seus méritos foram testados e examinados criteriosamente pelos homens das ciências [...], o caso foi ponderado na balança da investigação científica, mas, lamentavelmente, concluiu-se que ele não era aceitável".[73] Controvérsias sobre o que se considerava *expertise* científica incluíam outras questões que discutiremos posteriormente, mas um dos temas regulares era a necessidade de ausência de ideias preconcebidas. Assim, por exemplo, ao rejeitar a imputação de ignorância do assunto, um crítico da área médica afirmou: "[a]dmitimos abertamente que não temos familiaridade *prática* com a questão do mesmerismo, e consideramos que essa exata circunstância nos dá mais condições de formar uma opinião correta a respeito dos experimentos de outros". Diferentemente dos mesmeristas que estavam "ansiosos pelo sucesso de seus experimentos [...], nós, não tendo quaisquer teorias de apoio, e ansiosos apenas pela elucidação da verdade, observamos com a mais perfeita tranquilidade, se não com indiferença".[74]

Outros, é claro, estavam menos interessados em retratar uma posição neutra e descartavam os fenômenos como disparates óbvios, que não mereciam considerações mais sérias. Quando um periódico de medicina resenhou um livro de autoria de

---

73 Um cirurgião, To the editor of the *Maidstone Journal*, *Maidstone Journal and Kentish Advertiser*.
74 Mr. Purland's letter, *Forceps*, 13 jul. 1844 (Purland Papers).

um defensor do mesmerismo, ele o descreveu como "lixo", e queixou-se de "velhas histórias e casos que vêm repetidamente se revelando como inverdades e embuste".[75] O único exemplo citado pelo resenhista, entretanto, foi o caso de Deptford, no qual Vernon havia se envolvido e do qual nenhuma evidência de trapaça havia surgido. Não obstante, a falta de detalhes fornecidos pelo resenhista sugere que o caso, se não os detalhes, teria sido conhecido dos leitores e sido considerado uma trapaça óbvia. Da mesma forma, quando um jornalista da revista *Times* fez um artigo sobre uma palestra de Vernon em Londres, ele presumiu que as demonstrações eram fraude e concentrou sua atenção na falta de eloquência do palestrante. "O sr. Vernon", escreveu ele, "com aquele espírito que distingue tanto os homens de grande inteligência e as pessoas dotadas de poderes originais de pensamento, corajosamente recusou-se a se submeter àquelas regras gramaticais que estorvam homens de inteligência vulgar."[76]

Apesar de todos os apelos à necessidade de uma investigação científica imparcial, a sarcástica rejeição de fenômenos extraordinários — e aqueles que acreditam neles — é outro tema recorrente. Seu poder retórico, sem dúvida, está na sua habilidade de confirmar mais do que de converter, pois os que acatam semelhante visão podem concordar que tais coisas não devem ser levadas a sério. Em termos de crença, a rejeição dos tolos reforça a fronteira em torno do senso comum. É por isso, sem dúvida, que ela tem sido tão popular, não apenas junto aos

---

75 Mesmerism and its opponents, *Medico-Chirurgical Review and Journal of Practical Medicine*, 41 (1844), p.142.
76 Animal magnetism, *Times*, 26 jan. 1844, p.5.

críticos como também junto aos defensores, que têm utilizado táticas semelhantes quando retratam o inimigo como muito além do âmbito do senso comum (embora o público disposto a escarnecer do que é fora do comum, mais do que o que é comum, tenda a ser maior).

Todavia, na forma, se não na frequência, o debate tem sido simétrico. Da mesma maneira como os mesmeristas haviam apresentado os fenômenos como benéficos e sua missão como uma busca da verdade, também os críticos enquadravam o mesmerismo como nocivo, e sua própria resposta como uma busca da verdade. Eles estavam realizando um "dever para com o público" e combatendo "um ato de violência para com nossa capacidade de raciocínio" por parte daqueles "cujo único objetivo pode ser o de arrancar dinheiro dos bolsos dos espectadores, sob o pretexto de busca da verdade".[77]

Resumindo, então, ao enquadrar os fenômenos como resultado de explicações normais que não haviam sido excluídas, os detratores argumentavam que fenômenos mesméricos não eram reais. Longe de serem preconceituosos diante de fatos extraordinários, eles alegavam que os fatos eram insuficientes para corroborar tal pretensão ao extraordinário, uma pretensão que exigia um grau adequado de ceticismo. Eram os proponentes que eram preconceituosos, e eram os críticos que eram competentes, porque havia necessidade de uma investigação científica desinteressada. Eram os críticos que buscavam a verdade e lutavam por uma boa causa contra a trapaça, de um

---

77 Um cirurgião, To the editor of the *Maidstone Journal*, *Maidstone Journal and Kentish Advertiser*. Argumentos semelhantes foram apresentados por outros autores (por exemplo, Bennet, *The Mesmeric Mania of 1851, with a Physiological Explanation of the Phenomena Produced*).

lado, e a credulidade, do outro. Assim, qualquer evidência de fenômenos mesméricos podia ser rejeitada como insuficiente e uma atitude de descrença podia ser mantida, até mesmo diante de fenômenos não explicados.

A construção de uma nova fronteira entre o comum e o fora do comum

Todos os argumentos apresentados nessa época, quer seja por defensores ou detratores, são temas recorrentes no decurso da história de fenômenos extraordinários, mas esse período é de interesse especial, porque é quando emerge uma nova estrutura por intermédio da qual foi possível definir os fenômenos do mesmerismo. Foi em 1841 que James Braid testemunhou as demonstrações de Lafontaine e se convenceu de que os fenômenos do mesmerismo eram reais, mas, afinal, não tão extraordinários. Desde sua primeira publicação, em 1842, e no decorrer de vários escritos subsequentes, Braid traçou uma fronteira entre as pretensões ao extraordinário por parte dos mesmeristas e a rejeição cega dos críticos, oferecendo uma explicação alternativa para muitos, mas não todos os fenômenos. Ao distinguir entre fenômenos específicos e entre os fatos e a teoria do mesmerismo, ele teve que se ocupar com os argumentos tanto de defensores quanto de críticos.

Braid excluiu as explicações comuns e costumeiras. Segundo ele, os sujeitos não estavam dormindo no sentido normal; eles não estavam nem agindo nem procurando enganar, e a teoria da imaginação era bastante inadequada para explicar o que estava acontecendo. Em vez disso, o sono hipnótico era resultado de concentração intensa, mais bem induzida pela atenção fixa em um objeto. Durante a fase mais profunda do sono, a catalepsia e a insensibilidade à dor podiam, de fato, ser mostradas, e por meio de métodos hipnóticos certas doenças podiam realmente ser curadas. Porém, isso não envolvia nenhum fluido físico invisível, e os fenômenos maiores do mesmerismo não eram reais. Ao construir seu argumento, Braid traçou uma nova fronteira do lugar-comum dentro da qual, alguns, mas não todos, fenômenos podiam ser incluídos. A fronteira foi, sem dúvida, construída em discurso e apresentada tanto a colegas quanto ao público.

Sua palestra na Royal Institution foi típica de seu trabalho de demarcação de fronteiras. Em relação aos fenômenos menores, ele ecoou as opiniões de proponentes do mesmerismo. Inicialmente, ele era "bastante cético"; entretanto, achava "alguns dos fenômenos inquestionáveis", e afirmou que eles eram "conciliáveis com princípios fisiológicos e psicológicos bem estabelecidos". Braid desafiou a competência especializada daqueles que refutavam os fatos por causa da teoria, acusando-os de ignorância e interpretação equivocada. Por exemplo, referindo-se à primeira Comissão Real Francesa, ele explicou que não houvera "qualquer tentativa aqui de negar os fenômenos; pelo contrário, eles realmente confirmam sua realidade, e, ainda assim, essa é a festejada decisão à qual [os críticos] continuadamente se referem desde então como um golpe mortal no mesmerismo e em todas as suas pretensões". Quando aos experimentos de Wakley, embora bem conduzidos, eles estavam equivocados em concluir que eram trapaça, o que era "igualmente errôneo [e] muito mais cruel e indefensável".[78]

---

78 Mr. Braid at the Royal Institution, *Manchester Times and Gazette*, 27 abr. 1844, p.6.

Crenças extraordinárias

Ao atacar os detratores, ele também se posicionou no centro, diferenciando entre suas opiniões e as dos outros que acreditavam em todos os fenômenos do mesmerismo. Na verdade, ele havia introduzido o termo hipnotismo "para evitar que eu fosse confundido com aqueles que acolhem essas noções radicais", aqueles *"ultra mesmeristas* [...] com ideias radicais". E quando se tratava dos fenômenos maiores, ele ecoava as opiniões de críticos do mesmerismo: eram "feitos que transcendem em muito as leis de toda a filosofia conhecida", e, portanto, necessitam de "evidência muito mais forte e uma série mais ampla de experimentos e que devem ser submetidos a um exame mais detalhado do que o que se tem feito até agora, antes de serem acolhidos como fatos". Ele também criticou a *expertise* dos mesmeristas, apontando as fontes de falácia que os haviam induzido em erro, e as falhas de seus experimentos com clarividência. Ao estabelecer as fronteiras entre fenômenos do mesmerismo que eram comuns e aqueles que eram fora do comum, ele se posicionou entre as ideias preconcebidas daqueles que haviam lançado fora o bebê com a água do banho e a credulidade daqueles que haviam engolido tudo.

Na opinião de Braid, os fatos que eram reais tinham uma explicação que se coadunava com o conhecimento científico, enquanto o restante pudesse ser rejeitado como erro e trapaça. Também ele fora cético, mas não preconceituoso, diferentemente daqueles que acusava de incompetência, com os mesmeristas que haviam cometido seus próprios erros. À medida que fornecia explicações comuns, redefinia os limites do que era extraordinário e construía sua própria *expertise* em relação à de outros, ele também falava dos benefícios da hipnose e dos danos associados à realização de experimentos frequentes em público.[79]

Foi dessa forma que Braid procurou convencer outros de sua própria posição, o que resultou em uma nova maneira de enquadrar fenômenos de mesmerismo, apesar de ela não ser inteiramente nova.[80] Não obstante, paulatinamente, sua teoria ganhou aceitação e o trabalho de demarcação de fronteiras no qual ele se empenhou – que incluía o recurso à competência científica especializada acima do conhecimento dos palestrantes públicos e o desmascaramento vigoroso da clarividência –, sem dúvida, tornou sua posição mais palatável a muitos da área médica. De acordo com uma carta ao *Medical Times*, que louvava as credenciais científicas e a ausência de ideias preconcebidas por parte de Braid, ele havia dado mostras de que "muitas das maravilhas do mesmerismo são passíveis de explicação racional".[81] Com uma explicação comum agora disponível, era mais fácil acreditar em muitos dos fatos observáveis.

Braid também realça um tema mais profundo na história de crenças no extraordinário. Embora muitos outros tivessem testemunhado demonstrações semelhantes, o núcleo da nova teoria de Braid baseava-se em uma interpretação alternativa de um comportamento observado. Em resumo, ele via os mesmos fatos de maneira diferente. Isso é importante, porque defensores e críticos sempre debatiam a respeito de eventos diferentes. Os críticos podiam enquadrar uma demonstração como falsa

---

79 Ibid.
80 Sobre a posição de Braid em relação a outros, ver, por exemplo: Gauld, *A History of Hypnotism*, p.273 et seq.
81 "S", "Hypnotism".

Crenças extraordinárias

porque outras demonstrações eram falsas, enquanto os defensores podiam minimizar a importância de uma demonstração em particular, recorrendo a outras mais convincentes. Entretanto, era frequente as pessoas observarem a mesma demonstração e, ainda assim, chegarem a conclusões radicalmente diferentes. E, embora isso, por si mesmo, não seja grande surpresa, não se tratava simplesmente do caso de contestar os detalhes do que acontecera. Sem dúvida, havia diferenças de opinião sobre o que exatamente acontecera, mas mesmo quando havia unanimidade de opinião em relação aos fatos observados, o que eles significavam em termos de evidência podia se transformar em uma feroz controvérsia.

Com mais obviedade, esse era o caso relativo a mudanças observáveis no comportamento do sujeito, que podiam facilmente ser rejeitadas pelos críticos como imaginação ou simulacro. Demonstrações de insensibilidade à dor podiam ser refutadas como "histeria" (uma espécie de termo "guarda-chuva" no caso de sujeitos do sexo feminino), ou, alternativamente, seria possível escolher acatar a teoria de Braid. Entretanto, Braid não tinha espaço em sua teoria para a clarividência, que continuava sendo tão extraordinária quanto sempre fora. A importância do enquadramento de tais demonstrações, seja como verdadeiras, seja como fraude, continuava parte integrante da controvérsia a respeito do mesmerismo, pois a maioria dos proponentes e críticos continuava a reunir todos os fenômenos do mesmerismo em um único grupo. Ademais, a polêmica sobre os fenômenos maiores do mesmerismo era a fonte primeira de discussões sobre fenômenos psíquicos e do espiritualismo, e a forma que ela tomou revela como, desde então, crenças no extraordinário têm sido objeto de controvérsias. Ao examinar como a clarividência mesmérica era debatida, podemos ver mais claramente como crenças no extraordinário são mantidas.

Já examinamos como, ao discutir clarividência no mesmerismo, ambos os lados se descreviam como céticos, porém não sectários, e apelavam para os fatos como base para suas opiniões. Ao fazê-lo, evidentemente, eles construíam os fatos de maneiras diferentes, seja como evidência de fenômenos fora do comum, seja como exemplos de equívoco ou fraude. Entretanto, havia mais no debate do que demonstrações tais como as mencionadas antes. O que sempre se esquece é que os mesmeristas normalmente fracassavam em suas tentativas de demonstrar clarividência; outros realizavam feitos semelhantes e afirmavam que eles eram resultado de embuste, e aqueles que afirmavam ser clarividentes eram, algumas vezes, supostamente expostos como embusteiros. Tais eventos poderiam parecer tipos de evidência inequivocamente negativa e, com certeza, era assim que os críticos os tratavam. Contudo, da mesma forma como os detratores conseguiam rejeitar qualquer demonstração como resultado de alguma explicação normal, também os defensores conseguiam argumentar que fracassos, reproduções e desmascaramentos eram evidência de algo mais extraordinário. Examinando como isso era feito, podemos ver como o debate a respeito do mesmerismo não era em relação aos fatos de fenômenos observados, mas, sim em relação à maneira como qualquer demonstração podia ser enquadrada como fato de um determinado tipo em vez de outro. E podemos ver como, no processo, as crenças podiam se tornar impenetráveis a qualquer observação.

Enquadrando uma demonstração malsucedida de clarividência mesmérica

Vimos considerando reações a demonstrações de mesmerismo e como elas eram enquadradas de diferentes modos. Eventos específicos podiam ser enquadrados como produto de processos fora do comum, ou senão como resultados de processos comuns. De maneira mais geral, o mesmerismo foi debatido levando-se em conta se a evidência era suficiente ou não. Quando seus defensores recorriam à melhor evidência, os críticos argumentavam que mesmo isso não fornecia suporte suficiente para uma pretensão ao extraordinário. A controvérsia, porém, nem sempre era em relação à melhor evidência; na verdade, era muitas vezes em relação à evidência mais precária. As demonstrações fracassavam com frequência, e, quando fracassavam, elas podiam ser enquadradas não apenas como evidência contra o mesmerismo, mas também como evidência a favor dele.

Tomemos, por exemplo, o episódio menor, porém revelador, que ocorreu em 1843, quando W. H. Weekes, cirurgião de Kent, afirmou que havia encontrado um garoto que conseguia demonstrar sonambulismo lúcido. Um certo médico cético, chamado Dr. Smethurst, ouviu a respeito do caso e foi testemunhar uma demonstração em que o garoto teve os olhos vendados e em seguida tentou identificar objetos colocados diante dele. Segundo o relato de Smethurst, publicado na revista *Medical Times*, os controles contra fraude eram inadequados e o garoto conseguia enxergar por detrás da venda. Em determinado momento, recordou ele, "o embuste foi desmascarado, pois eu notei especialmente que tudo o que o garoto deveria distinguir era colocado diante da luz, exatamente sob seu nariz, de forma que, naquela posição, ele não poderia deixar de ver o objeto".[82]

Smethurst interrompeu a demonstração para sugerir um teste mais rigoroso, em cujo momento o garoto ficou ansioso e gritou, apavorado. Weeks, então, encerrou a apresentação, disse a Smethurst que, ao falar, ele havia "alarmado o garoto", o que feria as regras da sociedade, e anunciou que a reunião estava encerrada. Smethurst pediu mais um teste, e quando seus pedidos foram rejeitados, ele, "então, sem a menor hesitação, denunciou o garoto como impostor". A conclusão de Smethurst, que posteriormente foi descrita na mesma carta ao *Medical Times*, registrava que o mesmerismo, "invariavelmente, quando investigado de maneira apropriada, terminava na exposição de suas tentativas execráveis e descaradas de enganar os ignorantes". Assim, embora a teoria de Smethurst sobre como o garoto estava trapaceando não tenha passado de suspeita (de acordo com seu próprio relato), o fracasso na adoção de controles mais rigorosos foi apresentado como prova de que o mesmerismo era uma fraude.

A carta de Smethurst ao *Medical Times* provocou reação por parte de Weeks, que apresentou os eventos de maneira bastante diferente. Embora contestasse certos detalhes, ele não negou que o teste em questão havia fracassado, mas negou que isso era evidência de fraude. Pelo contrário, ele apresentou o garoto como um exemplo de "um belo e genuíno caso de clarividência ou de sonambulismo lúcido". O reenquadramento que Weekes fez do incidente como evidência da realidade da clarividência

---

82 Smethurst, Mesmerism unmasked, *Medical Times*, p.146.

envolvia dois elementos fundamentais. Primeiro, ela foi apresentada como um mero fracasso nessa ocasião, citando testes bem-sucedidos de tipo semelhante, realizados anteriormente. A validade desses testes foi, por sua vez, garantida com o recurso ao rigor das condições, à competência científica especializada de outros que os haviam testemunhado e a própria experiência de Weeks por estar "há mais de trinta anos envolvido desinteressadamente na promoção dos objetivos de investigação livre e imparcial e da verdade científica". Segundo, esse fracasso em particular, foi atribuído à intervenção de Smethurst, mencionando que ele "não permaneceu em silêncio, *em conformidade com as condições do início*", e acrescentando que, se tivesse permanecido em silêncio, ele teria visto experimentos "que, acredito, devem ter posto de lado a mais arraigada de suas dúvidas".[83] Ao descrever o incidente como um fracasso entre incontáveis tentativas bem-sucedidas, e como resultado de condições que se sabia (do conhecimento daqueles que haviam estudado o assunto) serem desfavoráveis, o relato de Weekes a respeito do mesmo incidente foi construído como evidência da realidade e natureza da clarividência.

Incidente semelhante foi relatado poucos meses mais tarde, quando Vernon fez uma palestra na Southwark Literary Institution, no sudeste de Londres, à qual vários membros da London Medical Society fizeram questão de comparecer. Quando Vernon se preparava para demonstrar uma leitura através da clarividência com várias jovens — que seriam seus sujeitos —, um cavalheiro da classe médica exibiu uma "máscara completa de um rosto", revestida de veludo preto, e "projetada de forma

---

83 Weekes, Reply to Dr. Smethurst, *Medical Times*, p.322.

a tornar a visão impossível". Vernon, "no início, fez objeção ao uso da máscara", porque ela deixaria o rosto muito quente; a fenda para a boca era muito pequena e não havia luminosidade suficiente". Entretanto, ele concordou que a tentativa fosse feita, várias jovens utilizadas como sujeitos do experimento foram testadas, mas foram "totalmente incapazes de ler". Vernon explicou o fracasso, "atribuindo-o à falta de luminosidade suficiente". Alguns dias mais tarde, o fracasso foi debatido na London Medical Society, onde um médico "considerou essas exibições como equívocos completos", e outro, que admitiu ter assistido à demonstração deliberadamente para expor a fraude, "considerou Vernon um perfeito impostor, uma pessoa que precisava ser desmascarada". Essa polêmica foi também publicada na *Medical Times* e reimpressa em outros periódicos de medicina.[84]

Como Weekes antes dele, Vernon escreveu uma carta à revista, recorrendo ao seu direito de resposta a acusações pessoais de desonestidade. Admitindo que os experimentos haviam, de fato, redundado em fracasso, ele perguntou: "há razões suficientes para que cavalheiros da classe médica imputem a mim o desejo de enganar o público? Não é fato notório que experimentos científicos, os quais se admite universalmente serem verdadeiros, muitas vezes fracassam em consequência de circunstâncias externas?".[85] Ele, então, da mesma forma como fizera Weekes, descreveu vários experimentos anteriores semelhantes, em relação aos quais ele salientou o rigor das con-

---

84 Vernon, Mr. Vernon's experiments and the Medical Society, *Western Lancet*, p.138-9.
85 Vernon, Mr. Vernon's experiments and the Medical Society, *Medical Times*, p.94.

dições e as credenciais médicas das testemunhas, de tal forma que dois senhores profissionais da medicina haviam declarado "que a clarividência é um fato que eles não mais contestam", e outro havia deixado de ser "um dos mais ferrenhos opositores" para se tornar alguém que "expressava sua firme convicção da verdade do fenômeno da clarividência". Vernon também enquadrou esse fracasso em particular como resultado de condições que ele já esperava serem desfavoráveis, assinalando que ele havia "afirmado na ocasião que a máscara poderia interferir de forma a impedir a manifestação da faculdade, mas não se objetou a que se tentasse o experimento".[86] Assim, enquanto os detratores podiam enquadrar fracassos individuais como desmascaramentos da falácia do mesmerismo como um todo, os defensores podiam reenquadrá-los como um malogro entre muitos sucessos, e como os resultados esperados de condições especiais que se supunha (por parte daqueles que possuíam *expertise* na questão) serem desfavoráveis aos fenômenos, com isso construindo um relato de fracasso como evidência da realidade e da natureza dos fenômenos.

De fato, descrever tais fenômenos como propensos ao fracasso em certas condições teria feito pleno sentido para muitos. Como o próprio Vernon afirmou, às vezes, em determinadas condições, certos experimentos fracassavam, e isso era perfeitamente compatível com o trabalho científico. Ademais, o fracasso podia, na verdade, reforçar a noção de que tais fenômenos não eram resultado de embuste. Afinal de contas, a explicação alternativa de proezas desse tipo era algum tipo de conluio entre o mesmerista e o sujeito do experimento, um

---

86 Ibid., p.95.

método que logicamente sempre funcionava. Que era esse o caso era reforçado por apresentadores daquela época, que faziam demonstrações semelhantes com sujeitos de olhos vendados, os quais dependiam de códigos para comunicarem informações e enquadravam o que faziam como entretenimento. Muitas vezes, supunha-se que esses apresentadores, que serão discutidos logo adiante, jamais fracassavam. Portanto, seja o que for que observadores possam ter sabido a respeito de como tais feitos podiam se realizar, fracasso ocasional era algo que não se ajustava com a imputação de embuste, e não se pareciam com apresentações à época que, de maneira mais geral, se presumia serem trapaças. Assim, para alguns, o fracasso podia ser visto como evidência de que o que eles observavam não era fraude. Por exemplo, quando um observador de um clarividente mesmérico relatou que, de tempos em tempos, o sujeito fracassava, ele afirmou que "[e]ssas exceções à sua precisão geral eram, contudo, para mim, evidência da ausência de qualquer conluio".[87] Tal argumento não era, de forma alguma, original e, como veremos, os defensores de fenômenos fora do comum continuavam a afirmar que os fracassos ocasionais de médiuns e videntes demonstravam que eles não estavam se valendo de trapaça.

Enquadrando uma demonstração bem-sucedida

Da mesma forma que relatos de uma demonstração frustrada podiam ser feitos como evidência a favor do mesmerismo, também demonstrações bem-sucedidas podiam ser enquadradas

---

87 Um amante da verdade, Mesmerism, *Manchester Times and Gazette*, p.2.

como evidência de que os fenômenos eram pura e simplesmente embustes. Ao mesmo tempo em que os entusiastas da clarividência mesmérica demonstravam a capacidade que tinham os sujeitos de ver de olhos vendados, outros entretinham o público com apresentações muito semelhantes.

Com efeito, já em 1831, surgira Louis M'Kean, "o fenômeno escocês da segunda vista". M'Kean era um garoto de oito anos que se apresentava com seu pai no Egyptian Hall, um popular local de entretenimento na rua Picadilly. O garoto ficava de pé no canto de uma sala, de costas para a plateia e de olhos vendados com um lenço. Seu pai recolhia objetos do público em uma chapa de ardósia e os segurava, um de cada vez, fazendo perguntas breves sobre o que poderiam ser. O garoto descrevia os objetos em detalhes, inclusive as datas e os tipos de moedas, e também discernia mensagens que a plateia escrevia na ardósia. Em seguida, ele ia até a porta ao lado, enquanto alguns dos espectadores eram convidados a sussurrar com suavidade. Quando retornava, o garoto reproduzia exatamente o que eles haviam dito.

Apresentado como um garoto das Highlands – região montanhosa ao norte da Escócia – e trajando um majestoso costume xadrez, o "fenômeno escocês da segunda vista" foi anunciado como uma criança privilegiada com algo semelhante ao dom da segunda vista. De acordo com o cartaz de divulgação, ele possuía uma capacidade que "vem desafiando a pesquisa em toda a área médica".[88] As primeiras resenhas sugerem que o fenômeno escocês da segunda vista podia ser levado a sério.

---

88 De um cartaz reproduzido em Houdini, *The Unmasking of Robert-Houdin*, p.212.

Em uma resenha sobre a apresentação, o *Morning Advertiser*, de Londres, registrou com perplexidade que "até mesmo quando foi feita uma tentativa de induzi-lo ao erro, ele imediatamente a detectou". A resenha assinalou que "ele não cometeu um único erro; não se enganou em momento algum", que ele respondeu "sem a menor hesitação", e que "seguramente não pode ter havido qualquer conluio". Como resultado, declarou o jornal, ele "provocou o mais alto grau de perplexidade".[89] Segundo o *Morning Chronicle*, as apresentações

> diferem muito de todas as tradições que têm chegado até nós com relação ao excepcional dom da segunda vista. Ele lida com coisas presentes, tanto relativas ao tempo quanto ao espaço [...]. Não pode haver qualquer dúvida de que as respostas provêm do jovem. De que maneira ele consegue responder é um mistério [...]. Se todas essas proezas forem genuínas, o jovem é igualmente um prodígio em conhecimento e discernimento [...]. Se todas essas apresentações são resultado de arte, essa arte é dominada com tal destreza que merece o apoio de todos aqueles dotados de segunda vista que têm prazer em observar mostras do talento humano.[90]

Entretanto, a natureza do mistério (se não dos detalhes) ficou mais aparente. Em dezembro, M'Kean fez uma apresentação para a Família Real, em cuja ocasião ele e seu pai podem ter sentido a necessidade de ser mais claros, indicando que se tratava de mero entretenimento. Nessa época, afinal de contas, a realeza

---

89 The double-sighted phenomenon, reimpresso em *Caledonian Mercury*.
90 The double-sighted phenomenon, reimpresso em *Derby Mercury*. Um posicionamento ambíguo similar foi mais tarde manifestado pelo *Sunday Times* em "The extraordinary Scotch boy".

se deleitara com a habilidade e o talento de Don Carlos, "o Belo Cão dotado de Segunda Vista", cujas "habilidades consistem principalmente de apresentações utilizando cartas, em que ele mostra a mais absoluta precisão. Ele também escolhe a mais bela Dama do Salão, de acordo com seu julgamento (que raramente é questionado) [...] e o Cavalheiro mais afeiçoado às Damas".[91] Don Carlos também se apresentou no Egyptian Hall, onde qualquer comparação entre um cão e um garoto, ambos dotados de segunda vista, deve ter levado muitos espectadores a concluir que nada de especialmente místico estava acontecendo.[92]

---

91 De um cartaz reproduzido em Houdini, *The Unmasking of Robert-Houdin*, p.221.

92 Eventos correlatos podem também ter levado o fenômeno do escocês que tinha o dom da segunda vista a ser considerado com menos seriedade. Em 1833, M'Kean, o pai, foi parar nos jornais e ganhou certa reputação própria. Em março, ele se embebedou, invadiu uma sala de seu senhorio e ameaçou "esmagar sua 'cabaça' (*sic*) até chegar à consistência de um belo prato de miúdos de carneiro". Quando se apresentou ao magistrado, ele admitiu que não estava devidamente sóbrio, mas afirmou que a cabeça do senhorio estava "tão protegida dele como um copo de água fria, se houvesse um copo de grogue quente ao lado" (recorte de jornal, datado de 27 de março de 1833, coletânea de Rick Jay). Entretanto, no mês seguinte, enquanto se encontrava em um "glorioso estado de embriaguez", ele atacou um membro da plateia "quebrando um violino, ao batê-lo em seu nariz". O violino – somos informados – , "que parecia ser um violino valioso, transformou-se em muitos pedaços". De volta ao tribunal, M'Kean, o pai, recebeu o veredito de culpado. Ao ouvir a sentença, "enraivecido, ele pôs o chapéu e disse que já havia privado da companhia do Rei quatro vezes e que poderia ter uma carta de referência de um Duque". Tais conexões, contudo, não serviram de desculpa para a sua quebra de protocolo, e quando ele se recusou a retirar o chapéu, "alguém o retirou por ele, levando junto a peruca,

Se a imprensa serve como um bom guia, parece que, aos poucos, a visão geral foi que a apresentação não redundara em nada mais do que uma mostra de "proezas divertidas e peculiares".[93] Em janeiro de 1832, o anteriormente perplexo *Morning Chronicle* registrou, dessa vez com mais desdém, que M'Kean havia se revelado um "entretenimento dos mais encantadores durante a semana que passou, sobretudo para a geração que surge, prestes a ingressar na escola".[94] Em maio, quando a revista *New Monthly Magazine* descreveu a "extraordinária apresentação que deixa o público absolutamente aturdido", ela recomendou aos leitores "que o vissem e tentassem descobrir seu segredo, ou melhor, o segredo de seu pai, pois ele, sem dúvida, se comunica com o filho, de alguma maneira ou outra, embora não tenhamos conseguido descobrir como".[95]

Entretanto, os feitos extraordinários continuaram sem explicação e, embora se possa ter suspeitado da existência de algum tipo de código, isso não passava de suposição. De fato, quando J. C. Colquhoun traduziu o relatório da segunda Comissão Real Francesa sobre o magnetismo animal, que havia chegado a uma conclusão a favor da clarividência no mesmerismo, ele incluiu uma referência no apêndice ao jovem M'Kean, e recomendou vigorosamente que seus poderes fossem inves-

---
 o que o deixou mais furioso do que nunca. Ele foi encaminhado à prisão" (Curious case of assault, *Morning Chronicle*, 15 abr. 1833, p.4). Esse foi o destino de M'Kean, o pai, o intenso fenômeno duplo escocês.

93 Hertford winter assizes, *Jackson's Oxford Journal*, 3 dez. 1831; Londres 28 nov., *Newcastle Courant*, 3 dez. 1831.
94 Theatrical chit-chat, *Morning Chronicle*, 23 jan. 1832.
95 The Clarence vase, *New Monthly Magazine*, 36 (1832), p.210.

tigados.[96] Alguns anos mais tarde, e ao mesmo tempo em que Vernon afirmava demonstrar clarividência genuína, uma artista conhecida como "Dama Misteriosa" apresentava efeitos semelhantes aos de M'Kean, descrevendo "minuciosamente objetos dispostos de forma a tornar absolutamente impossível que ela possa ver qualquer parte deles".[97] Alguns espectadores, pelo menos, atribuíram suas habilidades ao mesmerismo.[98]

Isso aconteceu a despeito do fato de que suas apresentações eram anunciadas na linguagem contemporânea à época, que fazia referência à recreação racional, sendo "interessante, surpreendente e instrutiva", e o show incluía "alguns truques de prestidigitação, realizados com destreza"; era o que constava na divulgação do show, feita na seção "Entretenimento" dos jornais.[99] Na verdade, algumas vezes, a divulgação de seu espetáculo mostrava concorrência direta com aqueles que afirmavam fazer demonstrações reais. Em março, quando Vernon divulgava suas demonstrações de "Mesmerismo e Clarividência", a Dama Misteriosa anunciava (na mesma primeira página do mesmo jornal) suas apresentações, o que lançou "completamente na sombra as maravilhas do Mesmerismo e da Clarividência".[100] Além disso, médicos que atacavam o mesme-

---

96 Colquhoun, *Reports of the Experiments on Animal Magnetism*, p.246.
97 Christopher, *Panorama of Magic*, p.63. Ela foi plagiada por outros, incluindo a filha de Bernardo Eagle, que era ele próprio uma fraca imitação de John Henry Anderson (Magician of the south, *Bristol Mercury*).
98 Por exemplo, Lee, *Animal Magnetism and Magnetic Lucid Somnambulism*, p.122; Paris, *Philosophy in Sport Made Science in Earnest*, p.435.
99 Christopher, *Panorama of Magic*, p.63; Mysterious Lady, *Era*, 30 mar. 1845, p.3.
100 Mysterious Lady, *Morning Chronicle*, 12 mar. 1845.

rismo encorajaram outros a testemunhar tais apresentações em virtude de elas serem tão espetaculares quanto as proezas dos clarividentes do mesmerismo.[101] Assim, embora tais demonstrações não fossem manifestamente trapaça, e pouquíssimos parecem ter sido capazes de descobrir como eram feitas, elas foram, não obstante, enquadradas, tanto por artistas quanto por profissionais da medicina que condenavam o mesmerismo, como evidência de que a coisa real não era real de forma alguma.

O que é importante aqui é que, na medida em que as demonstrações eram enquadradas como evidência de que a clarividência mesmérica era fraudulenta, isso não formava a base de evidência observável. Nem M'Kean nem a Dama Misteriosa jamais mostraram ou explicaram como podiam ver de olhos vendados, nem afirmaram explicitamente que o que faziam era trapaça. Eles podem ter enquadrado o que faziam como entretenimento, descrito tudo como superior às "maravilhas do Mesmerismo", e ter sido vistos por certos críticos do mesmerismo como prova demonstrável de que tais façanhas eram resultado de fraude, mas é evidente que pelo menos alguns observadores não tinham uma ideia clara a respeito desse ponto. Assim, demonstrações bem-sucedidas de feitos semelhantes àqueles de Vernon e de outros mesmeristas, e os quais podiam muito bem ser vistos como resultado do mesmerismo, podiam também ser estruturadas como evidência direta contra o mesmerismo.

Havia também os cursos e as demonstrações dos antimesmeristas, como J. Q. Rumball, do Royal College of Surgeons (RCS), que vinham fazendo palestras em locais anteriormente

---

101 Um pesquisador, The Mysterious Lady, *Medical Times*.

utilizados por Vernon. Depois de seu fracasso em convencer o pessoal de Greenwich, Vernon havia aprendido alguns truques do ofício e logo estava não apenas ridicularizando como também fazendo demonstrações de percepção dermo-óptica. Em Bristol, pouco depois de ter se apresentado lá, ele proporcionou ao público uma demonstração de um garoto capaz de ler com os olhos vendados, afirmando que isso era idêntico a demonstrações de clarividência mesmérica, mas que, nesse caso, era feito através de embuste. "Não estávamos presentes", publicou o *Bristol Mercury*, "mas fomos informados de que o palestrante mostrou, por meio de suas pupilas, todos os fenômenos que dizem estar ligados ao mesmerismo, e que foram declaradamente efetuados por conluio, mas cuja operação estava além da capacidade de discernimento da plateia".[102] Esperava-se que o público presente, que deixou o local sem ter recebido qualquer explicação de como as proezas haviam sido feitas, visse as demonstrações como fraudulentas, porque o apresentador dissera que elas o eram. Portanto, uma vez mais, o que foi claramente observável como uma demonstração bem-sucedida de clarividência mesmérica podia ser enquadrado como evidência de que o mesmerismo era uma falácia.

Enquadrando uma exibição de mesmerismo

Quando os críticos argumentavam que o mesmerismo havia sido desmascarado, eles normalmente se referiam a malogros ou a reproduções. Quando um sujeito mesmerizado não con-

---

102 Anti-mesmerism, *Bristol Mercury*, 25 jan. 1845; Anti-mesmerism, *Bristol Mercury*, 8 fev. 1845.

seguia fazer uma demonstração bem-sucedida em condições especiais, ou quando indivíduos como Rumball realizavam feitos semelhantes, enquanto rejeitavam poderes extraordinários, estes eram muitas vezes descritos como exibições de mesmerismo. Entretanto, até mesmo quando indivíduos eram apanhados trapaceando o público e defensores do mesmerismo concordavam que havia ocorrido fraude, isso podia ser formulado como evidência de mesmerismo.

O caso mais famoso foi o de George Goble, que anteriormente havia sido sujeito de experimentos de Vernon e Brookes, e que havia se tornado uma espécie de nome familiar por ter sido testado por John Forbes. Forbes era editor da *British and Foreign Medical Review*, o periódico de medicina mais conhecido e lido àquela época. Quando testou George Goble, Forbes já havia testado outros sujeitos, inclusive Alexis e Adolphe Didier, os famosos sonâmbulos franceses. No caso de Alexis, o periódico havia registrado que "todos aqueles que testemunharam as investigações na casa do dr. Forbes [...] consideraram [-nas] prova de total trapaça", acrescentando um pouco astutamente que, "por excesso de zelo não vamos tão longe".[103] No caso de Adolphe, que então trabalhava com Vernon, os experimentos também terminaram em fracasso. De fato, ao ler os relatórios de Forbes, é fácil ver seus experimentos como típicos de tantos que vieram em seguida: a clarividência era mostrada em condições não controladas, mas começou a desaparecer à medida que os controles se tornavam mais rígidos.[104]

---

103 Forbes, *Illustrations of Modern Mesmerism from Personal Investigation*, p.458.
104 Forbes, Notes of a few more trials with the mesmerists in a second search for clairvoyance, *Medical Gazette*, p.486-95. Vários profissionais

Crenças extraordinárias

Não se deve ignorar a importância de tal relato. Por exemplo, em um experimento anterior, Forbes parecera excluir explicações comuns. Em certa ocasião, Adolphe recebeu

> uma folha de papel dobrada (não dobrada muitas vezes, e não lacrada) [...]. Ele a retorceu, examinando-a com muita seriedade, levou-a ao peito, à boca etc., e, em seguida, embora ainda afirmasse que não conseguia ver, começou a anunciar, intermitentemente, e aparentando grande displicência, algumas das letras da palavra que havia sido lá incluída. Primeiro, ele disse que a palavra continha dois "l" (ll), depois as letras de "shall" e, em seguida, "marshall", ou algo parecido. Observei a folha enquanto estava em suas mãos e vi que ele não a havia desdobrado. A folha foi então aberta e descobriu-se que nela fora escrito "Maschalla".[105]

Ao afirmar que Adolphe não abriu a folha e ao não considerar qualquer outro método, isso poderia facilmente ser lido

---

médicos estiveram presentes nos diferentes experimentos, inclusive um certo dr. Wigan. Segundo Forbes, o dr. Wigan "enfaixou muito mal os seus olhos" e ele, imediatamente, reclamou, embora Wigan considerasse a bandagem eficaz. Em outra versão, entretanto, Wigan afirmara que "era absolutamente impossível enxergar", mas Vernon tentou desviar sua atenção de Adolphe; então ele "manteve os olhos muito fixos em Adolphe". Ao fazê-lo, ele percebeu a fraude, mas nada disse, e o resultado "pareceu dar plena satisfação ao grupo [...], era como se eu fosse o único cético lá". Na verdade, no que era, presumivelmente, uma tentativa de ganhar crédito a favor da desmistificação, Wigan nem mesmo mencionou que Forbes estava presente (Wigan, The hallucinating fraud, *Lancet*, p.136-8).

105 Forbes, Notes of a few more trials with the mesmerists in a second search for clairvoyance. *Medical Gazette*, p.487.

como prova de clarividência; porém, não tão facilmente no contexto do relato que Forbes fez de seus experimentos, que foi uma narração a respeito do uso de controles experimentais cada vez mais rigorosos, e de como a implementação de condições científicas apropriadas, pouco a pouco, mostravam a insuficiência dos fatos. Assim, na sequência da narração, Forbes explicou como, quando

> algumas dezenas de artigos foram colocados à sua frente, todos cuidadosamente preparados e todos incluindo palavras impressas (francês), de forma que era *impossível* para a visão comum chegar até elas [isto é, as mensagens estavam dentro de pequenas caixas de madeira, feixes de envelopes, ou escritas em folha que estava dobrada várias vezes e lacradas] [...] Adolphe apanhou algumas dessas, apalpou-as e as retorceu, levando-as ao peito e à boca, porém, quase imediatamente afirmou que não conseguia ver.[106]

Dessa maneira, os primeiros sucessos foram enquadrados como resultado de controles inadequados.

Quando consideramos o caso de George Goble, vemos o tema semelhante do sucesso inicial e do malogro subsequente, à medida que os estudos científicos mostravam os limites das conclusões leigas a respeito de fenômenos fora do comum. Enquanto outros afirmavam ver de olhos vendados, ou através de folhas de papel dobradas, George Goble atingiu a fama afirmando que podia ver o conteúdo de uma caixa fechada. Ele não foi o primeiro a fazê-lo, mas, para alguns, ele parecia mais proficiente. "Diferentemente de qualquer outro paciente

---

106 Ibid.

que já vimos", comentou o jornal *The Critic*, "ele não falhou uma única vez".[107] Para alguns, é claro, isso era mais do que suficiente para levantar suspeitas.

Depois de deixar o emprego com Vernon e Brookes, Goble então passou a trabalhar como assistente de um advogado. Em certa ocasião, George conseguiu convencer seu empregador de que possuía poderes de clarividência; este último escreveu a Forbes, convidando-o a submeter Goble a um teste. A técnica de Goble era, na melhor das hipóteses, idiossincrática. Ao receber uma caixa contendo uma mensagem escrita, ele deitava-se no sofá e segurava a caixa sob um travesseiro com ambas as mãos. Passados alguns minutos, ele colocava a cabeça debaixo do travesseiro. Em seguida, revelava a mensagem, colocando a caixa sob o pé de alguém e a cabeça no topo do pé dessa pessoa, e bradava a mensagem em um arroubo de entusiasmo. Ao fazer isso, ele abria a caixa, desdobrava a folha com a mensagem e a rasgava em pedacinhos.

Aparentemente, Forbes ficou perplexo, porém impressionado. De fato, William Benjamin Carpenter, o psicofisiologista e o flagelo de médiuns espiritualistas, mais tarde iria se lembrar de como Forbes havia escrito "com algum entusiasmo depois do primeiro deles [os experimentos], que finalmente ele pareceu ter conseguido compreender um caso genuíno de clarividência".[108] Entretanto, quando Forbes veio a descrever os experimentos, sua história foi de que ele não havia ficado nem um pouco impressionado, e havia simplesmente presumido que Goble havia

---

107 Forbes, Notes of yet another trial with mesmerists, *Medical Gazette*, p.670.
108 Carpenter, Mesmerism, odylism, table-turning and spiritualism, considered historically and scientifically, *Fraser's Magazine*, p.393.

aberto a caixa sob o travesseiro, a havia examinado furtivamente e depois destruíra toda e qualquer evidência de manipulação.

Se essas eram as suspeitas iniciais de Forbes, elas foram confirmadas em uma série de experimentos nos quais foram utilizadas caixas que Goble não conseguia abrir tão facilmente. Nos dois primeiros experimentos, ele simplesmente desistiu. No seguinte, ele se arriscou e disse que viu as letras "har" ou "hart", mas a mensagem verdadeira acabou ficando "insane". No quarto experimento, Goble foi bem-sucedido, mas somente depois que "ouviu-se claramente um estalo debaixo do travesseiro", e depois se percebeu que a caixa estava quebrada. E, no quinto, em uma admirável exposição de "audaciosa confiança", Goble "selecionou uma das [caixas] mais protegidas". Ele "avançou até uma escrivaninha que havia na sala, colocou a caixa dentro da escrivaninha, trancou-a e deu [a Forbes] a chave!". Depois de colocar a cabeça sobre a escrivaninha "durante algum tempo", ele fez seis marcas (para indicar seis letras), depois as letras "cas" duas vezes. Se a mensagem tivesse sido "cascas", teria sido um milagre. Para a infelicidade de George, a mensagem era "1787".[109]

Forbes ficou "plenamente satisfeito com os resultados" (isto é, satisfeito em perceber que Goble era um impostor, e não pretendia fazer qualquer outro experimento, mas o advogado, ainda convencido, o convidou novamente. Assim, Forbes mais uma vez aceitou o convite, pois estava "desejoso de prosseguir [...] e estabelecer, se possível, não apenas o fracasso de George, [...] mas o fato inegável de sua velhacaria". Então,

---

109 Forbes, Notes of yet another trial with the mesmerists, *Medical Gazette*, p.670-3.

foi preparada uma caixa, dentro da qual foram posicionados pedacinhos de cortiça, de modo que, quando ela fosse aberta, recolocá-las na mesma posição seria impossível. Durante a prova, como a cabeça de George estava sob o travesseiro com a caixa, ele foi visto "colocando apressada e repetidamente os dedos na boca", e "pequenos fragmentos [foram vistos] caindo no chão sob o sofá". Quando, sob exame, fragmentos de cortiça foram encontrados nas mãos e na boca de George, e também no chão, ele finalmente "confessou a fraude e implorou perdão".[110]

Para Forbes, isso significou o fim da questão, mas não para o ainda anônimo advogado, que escreveu novamente a Forbes, insistindo em maior averiguação. Segundo ele, George estivera em estado mesmérico durante todo o procedimento, inclusive na trapaça e na confissão. Foi somente depois que Forbes havia partido, que o advogado descobriu isso, e George acordou "em uma agonia de lágrimas, sem muita consciência do que havia acontecido". O advogado, embora admitindo que uma fraude havia, de fato, sido detectada e confessada, não obstante, insistiu que George tinha poderes genuínos. George havia assegurado a ele que, embora tivesse ludibriado antes, ele o havia feito "apenas ocasionalmente, quando lhe fugiam os poderes". Assim, sua fraude fora provocada pela falta de confiança em seus poderes mesméricos e, nesse caso, pelo menos, isso se devia ao próprio estado mesmérico. Em resumo, o desmascaramento fora enquadrado como resultado de mesmerismo, mais do que como evidência contra ele.

Independentemente até mesmo dos fatos em relação aos quais havia concordância, aqueles que desejavam fazê-lo po-

---
110 Ibid., p.673-5.

diam enquadrar qualquer evento como evidência fosse a favor, fosse contra a realidade do mesmerismo. Da mesma maneira como qualquer demonstração poderia ser enquadrada como resultado de trapaça, qualquer fracasso, imitação ou desmascaramento podia ser enquadrado como evidência a favor da natureza e realidade do mesmerismo. Isso não significa que ninguém mudava de opinião; na verdade, se tomarmos inúmeras afirmações de ceticismo anterior (ou crença anterior) em seu valor de face, então teríamos que concluir que a conversão era algo relativamente típico. Contudo, se considerarmos a forma da retórica em seus próprios termos, mais do que como um indicador confiável do que as pessoas, de fato, pensavam, então a função de uma admissão de ceticismo anterior (ou crença anterior) pode ser vista como um meio de mostrar raciocínio crítico (ou tolerância) diante de fatos extraordinários. Se tais afirmações de fato representam mudança de opinião está além de nossa capacidade de compreensão, mas pode-se perceber que a forma que elas assumiram tem uma função relevante nesse contexto. De maneira análoga, ao enquadrar fracassos, imitações e desmascaramentos como evidência a favor da realidade do mesmerismo — mais do que evidência contra ele —, aqueles que haviam manifestado crença em tais fenômenos puderam manter sua posição, até mesmo diante de evidência ostensivamente negativa.

O caso de George Goble seria posteriormente citado como exemplar da credulidade popular.[111] De fato, o reenquadra-

---

[111] Carpenter, Mesmerism, odylism, table-turning and spiritualism, considered historically and scientifically, *Fraser's Magazine*, p.394-5; Podmore, *Mesmerism and Christian Science*, p.171.

mento de um desmascaramento como evidência que sustenta uma crença pode ser facilmente ignorado, em uma tentativa desesperada de se agarrar a crenças profundamente arraigadas, embora a mesma coisa possa ser dita sobre aqueles que recusam qualquer evidência que não podem explicar. Contudo, a questão aqui levantada é bem diferente: embora ambos os lados tenham recorrido aos fatos e se declarado céticos, porém flexíveis, ninguém precisou mudar de opinião, nem mesmo com base nos fatos sobre os quais havia concordância de opinião. Sempre havia argumentos que podiam ser levantados, fosse para si mesmo ou para outros, a fim de manter uma posição em particular. Como veremos, argumentos semelhantes têm sido apresentados regularmente desde então.

Da perspectiva de um detrator, tais argumentos poderiam ser produto de credulidade e de um desejo de acreditar, mas da perspectiva do defensor, tais questões eram disfarçadas. A exclusão de explicações comuns, pelo menos no caso de tais fenômenos, a compatibilidade entre fenômenos inexplicáveis e o pensamento científico, e a adequação da *expertise* daqueles que haviam examinado a questão, tornavam tais fenômenos tão plausíveis como qualquer outro fenômeno científico que não estivesse inteiramente esclarecido. Sendo reais, os benefícios do mesmerismo validavam a investigação e podiam ser comparados aos casos anteriores de Galileu e Harvey, e de outras teorias científicas consideradas implausíveis no passado, mas haviam, desde então, se revelado tanto verdadeiras quanto úteis. O que os críticos rejeitavam como credulidade e fantasia podia ser visto como nada mais do que uma diferença entre a plausibilidade percebida e o valor do mesmerismo.

O advogado anônimo teria seu nome revelado anos mais tarde e ele iria desempenhar um papel crucial no enquadramento do espiritualismo e de fenômenos psíquicos. E, como veremos, os argumentos a respeito do espiritualismo seriam muito semelhantes àqueles a respeito do mesmerismo, e incluiriam o enquadramento de fracassos, imitações e desmascaramentos por parte dos espiritualistas como evidência a favor da realidade do espiritualismo – mais do que evidência contra. Temporariamente, entretanto, Forbes publicava seus experimentos com clarividência mesmérica, no que foi um modelo vitoriano inicial de desmistificação científica de fenômenos extraordinários. Tais relatos de desmistificação são vistos como tentativas típicas de mudar crenças, mas invariavelmente elas fazem muito mais do que isso. Ao examinar mais profundamente a forma da retórica de Forbes, podemos ver como desconstrução de fenômenos fora do comum podia, ao mesmo tempo, ser planejada para ser igualmente construtiva e destrutiva.

Construindo uma psicologia do erro

Quando Forbes publicou seus experimentos com clarividência mesmérica, eles eram mais do que uma descrição desinteressada da investigação científica. Eles foram originalmente publicados na *Medical Gazette*, mas Forbes prosseguiu e publicou um pequeno livro para o público, *Illustrations of Modern Mesmerism from Personal Investigation* (1845). Tratava-se de uma coletânea de seus artigos anteriores sobre os experimentos com Alexis e Adolphe Didier, George Goble e o caso Martineau, e o fato de que ele os tenha republicado para divulgá-los mais indica um desejo de atingir um público maior. Conforme consta do prefácio ao livro, ele concebera a coletânea de seus artigos em termos de educação pública, e sua revista, a *British and Foreign Medical Review*, embora formalmente recusasse a "oferta de qualquer opinião a respeito dos méritos desta pequena obra", publicou, não obstante, excertos do prefácio. De qualquer maneira, a configuração do prefácio merece um olhar mais detalhado, pois é um caso exemplar de trabalho de demarcação de fronteiras na retórica da desmistificação. No prefácio, ele explicou o propósito de *Illustrations*:

> Se recebidas simplesmente como modelos ou ilustrações do tipo de coisas que professores de mesmerismo diariamente proclamam ao mundo – e as quais o mundo recebe – como maravilhas da mais alta categoria e como verdades que não admitem qualquer questionamento, elas devem, sem dúvida, instigar reflexões que podem levar a alguns resultados benéficos [...]. Se os professores não condescendem em suprir o público com evidência de um tipo mais satisfatório, o público precisa deixar de se satisfazer com a evidência que eles fornecem [...]. Se eles se recusam a adotar o sistema rígido da observação que se exige nas ciências e repudiar todas as regras normais de indução e inferência racional, consideradas essenciais para se estabelecer fatos em outras áreas do conhecimento, eles não têm qualquer direito de polemizar com aqueles que insistem em não acreditar [em coisas] que, na maior parte, não têm outra evidência a seu favor além das afirmações vazias de pessoas ignorantes, com interesses pessoais e, talvez, muito inescrupulosas [...]. Espera-se também que uma leitura criteriosa das desmistificações contidas neste pequeno livro possa ensinar uma lição útil àquelas numerosas pessoas que, sem conhecimento científico, estão acostumadas a frequentar

espetáculos de mesmerismo [...]. Tais pessoas, acredita-se, devem agora estar convencidas de que não se deve confiar de forma alguma nos resultados apresentados em tais exibições como evidência da verdade e dos poderes do mesmerismo. Como esses resultados são testemunhados pelo visitante comum, é quase impossível diferenciar o verdadeiro do falso.[112]

Esses excertos do prefácio, que, ostensivamente, explicam a finalidade do livro, mostram inúmeros temas discursivos que merecem consideração, porque, desde então, passaram a fazer parte do discurso de depreciação. Primeiro, e com maior obviedade, o autor apresenta o livro como uma tentativa de mostrar que os fatos do mesmerismo são falsos: a evidência está longe de ser "satisfatória"; as regras "consideradas essenciais para o estabelecimento de fatos" foram repudiadas; e o leitor não deve depositar "qualquer confiança" nelas. Segundo, ao fazê-lo, ele apresenta os mesmeristas como carentes de *expertise* científica básica: são charlatões ("professores", o termo à época regularmente utilizado para se referir a palestrantes itinerantes sem qualquer qualificação formal); eles não usam o "sistema rígido de observação exigido nas ciências"; são desinformados ("ignorantes") e preconceituosos ("com interesses pessoais"). Terceiro, em sua rejeição tanto dos fatos do mesmerismo quanto da competência dos mesmeristas, o autor se apresenta como um perito: como alguém que pode avaliar se a evidência é "satisfatória", que pode reconhecer se foram adotados procedimentos científicos, e que pode "ensinar uma lição" a "pessoas sem conhecimento científico". Quarto, o autor apresenta sua

---

112 Forbes, *Illustrations of Modern Mesmerism from Personal Investigation*, p.VI-IX.

própria *expertise* como superior não apenas aos mesmeristas como também ao público, que recebe tais fatos "como maravilhas da mais alta categoria e como verdades que não admitem qualquer questionamento"; e que, como "pessoas comuns", não conseguem "diferenciar o verdadeiro do falso". Dessa maneira, à medida que traça fronteiras entre o verdadeiro e o falso, ele também o faz entre sua própria competência científica e a de mesmeristas, bem como do público.

É também de se notar que as falsas crenças no mesmerismo por parte do público são atribuídas não apenas aos mesmeristas, mas também aos limites do pensamento e das observações convencionais: à credulidade do mundo (que aceita maravilhas sem questionamentos) e também à observação não confiável das testemunhas "comuns". Ademais, desafiar tais crenças é apresentado como algo de valor social e moral mais amplo: elas se baseiam em evidência apresentada por aqueles que não são apenas "ignorantes" e "com interesses pessoais", mas também "talvez, muito inescrupulosas"; e uma reflexão mais crítica é descrita como "útil" e passível de produzir "resultados benéficos". Portanto, o autor rejeita os fenômenos em questão, construindo o que poderia ser chamado de "psicologia do erro" (isto é, crenças em tais fenômenos são o resultado de erros de observação e raciocínio), mostrando a superioridade de sua própria competência científica em relação à de mesmeristas e do público, e garantindo a adoção dela como necessária e valiosa.[113]

---

113 O termo "psicologia do erro" reflete de modo amplo o que David Bloor chama de "sociologia do erro", no sentido de que se refere à tentativa de explicar por que as pessoas entendem as coisas de modo equivocado.

No processo de enquadramento dos fenômenos como fraude, Forbes também fez uma comparação com os feitos dos prestidigitadores contemporâneos à época, que conseguiam enganar o observador passivo inexperiente. "Ao espectador sério e honesto, sentado a certa distância da cena onde transcorre a ação, o malabarismo mais tosco pode parecer cheio de verdades misteriosas e terríveis. Se Herr Dobler e Monsieur Phillipe [dois dos prestidigitadores mais famosos daquela época] podem desorientar e deixar perplexo um auditório inteiro, certamente George Goble pode ludibriar o erudito capitão e as seis damas nos assentos traseiros do senhor Vernon!"[114]

Esses mesmos temas de credulidade do público quando confrontado com façanhas extraordinárias, de falta de confiabilidade no testemunho (mesmo no caso de observadores honestos, respeitáveis e cultos) e da necessidade de competência científica para avaliar fenômenos que confundem pessoas sem conhecimento científico, reapareceriam com notável regularidade nos debates sobre fenômenos espiritualistas no decorrer das décadas seguintes. Haveria também incontáveis comparações entre aqueles que afirmavam poder fazê-lo de verdade e aqueles que ganhavam a vida enganando abertamente com suas apresentações. Depois de enquadrar os fenômenos como trapaça e depois de recorrer a versões particulares de *expertise* e aos respectivos benefícios e danos associados com a questão, Forbes seguiu adiante e abordou o tópico do preconceito contra fatos extraordinários: "Não neguei que sejam possíveis ou mesmo que existam de fato. Ainda declaro estar disposto a acre-

---

[114] Illustrations of modern mesmerism, *British and Foreign Medical Review*, 19 (1845), p.277-8.

ditar neles quando obtiver prova suficiente de sua veracidade". Como todo mundo, então e desde então, Forbes era cético, porém flexível, mas o que contava como "prova suficiente" permaneceria uma questão de infindáveis controvérsias.

Os testes de Forbes continuaram a ser citados por uma ampla gama de oponentes da clarividência mesmérica – de James Braid àqueles que rejeitavam qualquer tipo de fenômeno mesmérico.[115] De acordo com o *Monthly Journal of Medical Science*, tratava-se de um modelo de "verdadeira investigação científica".[116] Porém, vale a pena notar que essa não era a única maneira de interpretar os resultados de Forbes, pois tanto os detratores quanto os defensores do mesmerismo rejeitavam sua pretensão a uma investigação desapaixonada. Por um lado, alguns críticos do mesmerismo descartavam a ideia de que testar indivíduos como Goble poderia estabelecer a existência do fenômeno da clarividência. Segundo o *Athenaeum*, por exemplo, mesmo que eles tivessem tido sucesso, isso "teria provado apenas que George era um sujeito mais esperto do que o doutor supunha, e capaz de enganar um doutor e dois professores. Ora, sabemos de ilusionistas comuns que seriam páreo para todo o College of Physicians".[117] Portanto, independentemente dos resultados de seus experimentos, era sempre possível manter a falta de crença, rejeitando-os como produto de trapaça

---

115 Braid, "Letter" to *The Critic, c.* 8 jun. 1845 (Purland Papers); Books received for review, *Lancet*, 46 (1845), p.577; Sir John Forbes, *Medical Times and Gazette*, 2 (1861), p.506.

116 Dr. A. Wood on electro-biology, *Monthly Journal of Medical Science*, 3 (1851), p.409.

117 O mesmo comentário foi citado anteriormente (por exemplo, Mesmerism – clairvoyance, *Bulletin of Medical Science*, 3 (1845), p.390).

não detectada. Por outro lado, defensores do mesmerismo publicavam artigos ainda mais mordazes dos experimentos de Forbes, acusando-o de ignorância e estreiteza de visão.[118]

Portanto, a visão de Forbes não era de maneira alguma óbvia, e foi contestada tanto por críticos quanto por defensores do mesmerismo. Entretanto, ela, de fato, proporcionou meios de empreender um útil trabalho de demarcação de fronteiras, pois Forbes conseguiu construir uma psicologia do erro que colocava a *expertise* científica acima daquela dos mesmeristas e do público, e apresentar tal *expertise* como valiosa. Além disso, ao enquadrar crenças como produto de (o que hoje chamamos) déficits de cognição, ele estava fazendo muito mais do que fornecer uma explicação para crenças. Seu argumento e a ativa difusão que dele foi feita para o público foram tanto uma expressão e uma justificativa de suas próprias crenças sobre o mesmerismo, quanto uma tentativa de reduzir crenças. Em resumo, a psicologia crua de crenças que ele apresentou foi um reflexo direto dos tipos de crenças que ela se propunha a explicar – e uma tentativa deliberada de mudá-las. Como veremos adiante, a "psicologia do erro" vem sendo utilizada com regularidade, e ostensivamente desde então, para explicar crenças e também para construir *expertise*, para reduzir crenças e para garantir uma visão alternativa a respeito de fenômenos extraordinários.

O mesmerismo e os poderes construtivos do conhecimento psicológico

No Capítulo 1, este estudo situou-se dentro de um argumento muito mais amplo sobre a natureza e a relevância do co-

---

118 D.E.L.E., Dr. Forbes the real impostor, *Zoist*.

nhecimento psicológico; resumidamente, que ele é tanto construído por – e construtivo de – pessoas. O conhecimento sobre o mecanismo foi psicológico no sentido de que foi concernente a pensamentos, sentimentos e comportamento humanos, e a noção de que foi construído de várias formas deve estar clara agora. Entretanto, o conhecimento relativo ao mesmerismo foi também construtivo, pois é possível perceber que ele transformou fenômenos psicológicos de várias maneiras.

No sentido mais óbvio, a aplicação de tal conhecimento proporcionou surpreendentes explicações de quão significativas mudanças ela poderia acarretar no pensamento, nos sentimentos e nos comportamentos individuais. Ademais, tais demonstrações também afetaram as atitudes do público mais amplo. Afinal de contas, elas eram não apenas mostras de mudança psicológica, como também ilustrações de traços psicológicos considerados característicos de certos grupos sociais. Na Inglaterra, na década de 1840, por exemplo, demonstrações de poder sobre a mente de vários sujeitos podiam ser tratadas como evidência da inferioridade mental inerente às mulheres, à classe operária ou aos irlandeses.[119] De maneira mais geral, tratava-se de explicações dos poderes de mente humana, e elas mudaram o modo como as pessoas pensavam a respeito de si mesmas. A influência mais ampla do mesmerismo estava na maneira como ele moldou a visão sobre o que era a mente e o que ela podia fazer, sobretudo em relação ao seu poder de mudar as pessoas.

De fato, apesar de todas as controvérsias acerca da validade do mesmerismo, era amplamente aceito o fato de que ele

---

119 Winter, op. cit., p.4, 61-2, 140-2.

envolvia algum tipo de mudança psicológica. Por exemplo, a Comissão de Paris de 1784, ao rejeitar a teoria do magnetismo animal, havia explicado mudanças observáveis no comportamento dos sujeitos como produto de sua imaginação, e a tradução inglesa do relato havia anotado que isso reconfigurava o mesmerismo como um fenômeno mental mais do que como fenômeno físico.[120] Na verdade, as controvérsias acerca da validade de vários fenômenos mesméricos eram normalmente controvérsias acerca da condição mental dos sujeitos dos experimentos.

Afinal de contas, quando os sujeitos mostravam alterações evidentes no comportamento, os detratores com formação médica sustentavam que tais sujeitos não estavam em estado de transe. Quando os pacientes relatavam não ter sentido dor durante uma cirurgia, os críticos sustentavam que seu testemunho não era confiável e que eles realmente sentiram dor. E quando Harriet Martineau afirmou que havia sido curada com um tratamento mesmérico, os críticos a refutaram, considerando-a histérica. Essa era a realidade psicológica deles, de acordo com o conhecimento científico ortodoxo no início da Grã-Bretanha vitoriana, justamente quando Braid propunha sua teoria de neuripnologia. À medida que sua teoria ganhava aceitação, entretanto, uma visão científica alternativa veio a se estabelecer. De acordo com esse novo conhecimento científico, a condição mental dos sujeitos era bastante diferente: eles estavam, afinal de contas, em transe; pacientes de cirurgia não sentiam dor; e Harriet Martineau deixara de ser histérica.

---

120 Richards, *Mental Machinery*, p.287.

Crenças extraordinárias

Sem dúvida, tal mudança no entendimento não foi nem imediata nem universal; foi apenas uma de várias mudanças na teoria e prática daqueles que vieram depois de Mesmer. De fato, a significação histórica de Braid pode ter sido exagerada, principalmente por aqueles que o haviam apresentado como o defensor da ciência acima da pseudociência. Não obstante, a teoria de Braid e a nova terminologia que ele empregara, grande parte da qual continua a ser utilizada, foram uma tentativa explícita de distinguir entre suas ideias e ideias anteriores.[121] E está claro que muitos de seus contemporâneos reconheciam suas ideias como um distanciamento distinto tanto da visão dos mesmeristas quanto da visão dos céticos. Por um lado, ele provocou a hostilidade de John Elliotson e de Thomas Wakley.[122] Por outro lado, alguns profissionais da área médica, anteriormente céticos, começaram a diferenciar entre magnetismo animal e hipnotismo, pois considerava-se que o último fornecia uma teoria mais plausível e de acordo com o pensamento médico da época.[123]

A mudança no pensamento que representou a teoria de Braid envolveu uma reorientação não apenas na maneira como certos fenômenos psicológicos eram descritos e compreendidos, como também na experiência daqueles compreendidos dessa forma. Em certo sentido, ver esses fenômenos de acordo com a teoria de Braid era observar uma realidade psicológica bastante diferente, e observações de acordo com esse novo entendimento,

---

121 Braid, *Neurypnology, or the Rationale of Nervous Sleep Considered in Relation to Mesmerism*.
122 Gauld, *A History of Hypnotism*, p.287.
123 Por exemplo, "S", "Hypnotism".

é claro, permeariam a teoria psicológica e a prática. Isso, por sua vez, moldaria a maneira como outros pensavam, sentiam e se comportavam diferentemente. No entanto, o que a "hipnose" proporcionava não era apenas um modo de compreender fenômenos psicológicos que moldariam novas práticas, mas também um novo tipo de experiência. Afinal, sob a ótica de Braid, o estado mental de seus sujeitos não se devia nem à vontade de outro nem à própria imaginação deles, mas sim ao resultado da intensa concentração de sua atenção. Ele requeria o consentimento do sujeito; na verdade, poderia ser facilmente autoinduzido, e não requeria que a pessoa que os "colocava" naquele estado os despertasse dele.[124] A experiência hipnótica em si, portanto, dependia de o sujeito compreender o que estava ocorrendo de maneira diferente daquela de quem estava sendo mesmerizado. De fato, William Gregory diferenciava entre os dois processos em termos não apenas do processo de indução, como também das características do sono produzido e dos tipos de fenômenos que poderiam ocorrer.[125] Em suma, a experiência do sujeito hipnotizado era diferente daquela do sujeito mesmerizado. A hipnose de Braid, então, era uma nova forma de conhecimento psicológico e de prática que havia engendrado uma nova experiência, a experiência do ser hipnotizado.

Embora a experiência do hipnotismo compartilhasse certos traços com a experiência do mesmerismo, ela não era a mesma nem para o facilitador, nem para o sujeito. Poder-se-ia argumentar, então, que a hipnose equivalia a uma nova realidade

---

124 Braid, *Neurypnology, or the Rationale of Nervous Sleep Considered in Relation to Mesmerism*.
125 Gregory, *Letters to a Candid Enquire on Animal Magnetism*.

psicológica, no mesmo sentido de que o transtorno dissociativo de identidade e o transtorno de estresse pós-traumático compartilhavam certos traços com – mas não eram os mesmos que – condições psicológicas previamente compreendidas, e, por sua vez, produzia não apenas um novo entendimento, como também diferentes tipos de experiência para aqueles que eram tratados e que compreendiam suas condições, de acordo com essas categorias, mais do que com categorias acessíveis anteriormente.[126] No mesmo sentido, Richards afirmou que "ninguém antes de Freud sofria de Complexo de Édipo, que ninguém antes de Pavlov e Watson havia sido "condicionado", que ninguém antes de aproximadamente 1914 possuía "QI elevado", e que, antes de Braid, ninguém fora "hipnotizado".[127] Sem esse novo conceito psicológico, não era possível discutir, observar e nem mesmo vivenciar a "hipnose".

Discussão

Então, o que podemos dizer a respeito da crença no mesmerismo? Como Alison Winter mostrou, o mesmerismo foi um tópico que permeou o início da Grã-Bretanha vitoriana. Entre outras coisas, refletiu rivalidades acadêmicas e profissionais, poder e autoridade, e atitudes mais gerais relativas a classe, gênero e raça, além de esperanças e temores políticos. Para alguns, ele funcionou como uma metáfora da natureza do poder e da possibilidade de mudança, e como tal deve ter sido considerado por muitos não apenas plausível, mas também desejável. Em

---

126 Hacking, *Rewriting the Soul*; Young, *The Harmony of Illusions*.
127 Richards, *On Psychological Language and the Basis of Human Nature*, p.9.

suma, havia os mais variados tipos de razões contextuais que teriam moldado crenças sobre fenômenos mesméricos: o fato de que o poder era invariavelmente exercido por um homem sobre uma mulher ou uma criança (e não vice-versa); as implicações para a medicina (e o óbvio desafio à autoridade médica); e as implicações mais amplas em relação à religião e à sociedade (os milagres de Jesus poderiam ter sido mesmerismo?; se podemos mudar os indivíduos com tanta facilidade, o que dizer da sociedade como um todo?). Estas e incontáveis outras considerações específicas teriam feito fenômenos mesméricos parecer mais (ou menos) plausíveis ou desejáveis.

De maneira semelhante, embora nosso estudo se concentre na Grã-Bretanha, o mesmerismo foi, obviamente, assunto internacional. Os primeiros palestrantes e demonstradores, provenientes da França, haviam viajado para outros lugares da Europa e da América do Norte, e embora tais demonstrações fossem semelhantes, havia, sem dúvida, diferenças de contexto. Por exemplo, os historiadores têm insinuado que a atitude dos americanos em relação ao mesmerismo pode ter sido mais aberta porque a autoridade profissional, inclusive da profissão médica, era menos estabelecida do que na Grã-Bretanha, e havia maior tendência ao pensamento independente e autonomia pessoal.[128] Na França, o magnetismo animal fora publicamente debatido por mais tempo e mais detalhadamente, embora sua rejeição pelo *establishment* médico não tivesse arrefecido o entusiasmo, mesmo entre médicos (provincianos). Circunstâncias políticas e religiosas em outros países europeus teriam

---

128 Gauld, *History of Hypnotism*, p.179; Schmit, Re-visioning antebellum American psychology, *History of Psychology*, p.408.

influenciado o acesso a demonstrações e relatos, à autoridade reconhecida daqueles que ofereciam explicações antagônicas, sua desejabilidade ou não, e assim por diante. Nesse ínterim, na Índia, curas através do mesmerismo eram vistas como muito alinhadas às de métodos locais.[129] Em outras palavras, várias diferenças nas crenças a respeito de como o mundo operava e quem eram as autoridades confiáveis nessa questão seguramente moldaram níveis e formas de crenças.

Contudo, mesmo em relação ao conhecimento científico contemporâneo na Grã-Bretanha da época, as influências foram ambíguas. Por um lado, o novo conhecimento da eletricidade e da fisiologia podem ter feito a teoria de um fluido do magnetismo animal parecer cada vez mais implausível (para aqueles interessados em tais assuntos). Por outro lado, manifestações desse novo conhecimento tornaram possíveis coisas que anteriormente devem ter parecido impossíveis. Se era factível comunicar pensamentos através de forças invisíveis, como no caso do telégrafo elétrico, quão possíveis devem ter parecido as afirmações feitas pelos mesmeristas?[130] Dessa forma, com relação às novas ciência e tecnologia, os fenômenos mesméricos não necessariamente pareciam tão extraordinários para a maioria. E essa não era uma simples questão envolvendo uma compreensão equivocada acerca da verdade científica por parte daqueles que acreditavam, já que os detratores rejeitavam fatos

---

[129] Winter, op. cit., p.203-4; Ernst, Colonial psychiatry, magic and religion, *History of Psychiatry*.

[130] Questionamento similar foi feito em relação ao espiritualismo (por exemplo, Noakes, Telegraphy is an occult art, *British Journal for the History of Science*; Thurschwell, *Literature, Technology and Magical Thinking*).

que hoje seriam aceitos, e de maneiras que hoje seriam consideradas não científicas. Na verdade, da mesma forma como o mesmerismo já foi rejeitado como pseudociência, seu papel como antecessor da psicologia científica vem sendo enfatizado por historiadores mais recentes.[131] Colocando tudo de maneira mais crua, havia nele alguma coisa especial; portanto, não é surpresa que as pessoas acreditassem que certos fenômenos mesméricos eram reais.

Se quisermos compreender por que, em tempo e local específicos, as pessoas acreditavam no mesmerismo, há muitas razões entre as quais escolher, o que teria deixado alguns mais inclinados a acreditar e levado outros a serem mais relutantes a fazê-lo. Ao considerar várias questões sociais, culturais, religiosas, políticas e científicas, teria havido diferenças psicológicas individuais, embora o que essas possam ter sido não esteja de forma alguma claro. Afinal de contas, antes que pudéssemos começar a considerá-las, precisaríamos esclarecer o que queremos dizer: acreditar em quê?; acreditar que o quê? E é nesse ponto que crenças sobre fenômenos mesméricos podem, atualmente, nos ensinar sobre crenças no extraordinário, porque, apesar das muitas mudanças que ocorreram com o passar do tempo, há continuidades significativas na maneira como fenômenos extraordinários vêm sendo demonstrados, relatados e debatidos.

Vimos que as demonstrações de fenômenos mesméricos eram planejadas para convencer o público, mostrando a insuficiência das explicações comuns, fundamentando afirmações

---

131 Por exemplo, Richards, *Mental Machinery*, p.249-85; Schmit, Re--visioning antebellum American Psychology.

a respeito deles com versões especificas de *expertise*, utilizando argumentos elaborados para abordar a singularidade dos fenômenos e apontando para os seus reais benefícios. Os relatos dessas apresentações refletiam esses mesmos temas, oferecendo a uma plateia mais ampla argumentos a favor do mesmerismo e, portanto, uma base para crença nos fenômenos. Entrementes, os críticos contra-atacavam: apelavam para a possibilidade de explicações comuns; rejeitavam os fatos como sendo insuficientes em relação à singularidade da pretensão; questionavam a *expertise* pertinente; e argumentavam que tais demonstrações e crença na sua veracidade eram nocivas. Esses argumentos permitiam que qualquer evidência fosse concebida como resultado de processos normais e, portanto, forneciam uma base para descrença.

Entretanto, crença ou falta de crença em quê? Se desejarmos compreender crenças a respeito de fenômenos fora do comum, então precisamos considerar os objetos da crença e o que se acredita a respeito deles. Havia, é claro, uma enorme gama de fenômenos mesméricos, mas acreditar no mesmerismo era conceber pelos menos alguns desses fenômenos como reais (ou seja, não o produto de fraude). No entanto, isso não significava a mesma coisa que atribuir tais eventos ao magnetismo animal. Pelo contrário, aqueles que enquadravam os fenômenos como reais faziam distinções normais entre fatos e teorias. Acreditava-se em fatos quando – e de maneiras em que – não se acreditava na teoria do magnetismo animal. Se considerarmos tais manifestações como evidência de crenças (isto é, como o que as pessoas realmente pensavam), então uma crença de que certos fenômenos mesméricos eram reais não era a mesma coisa que uma crença no mesmerismo.

Outra questão era se se acreditava que os fatos ou a teoria eram compatíveis com a ciência, já que os defensores afirmavam que sim e seus detratores diziam o contrário, e mesmo que confiemos num olhar retrospectivo da atual ciência (convencional), alguns dos eventos relatados eram verdadeiros e compatíveis com a ciência e outros (diriam muitos) não eram. Isso importa para compreendermos crenças no extraordinário hoje pela simples razão de que, se determinados fenômenos paranormais fossem verdadeiros e compatíveis com a ciência, então eles não seriam classificados como paranormais e ninguém estaria se perguntando por que as pessoas acreditam neles. O significado de paranormal baseia-se na sua relação com a ciência convencional, e a menos que compreendamos crenças a respeito dessa relação, não podemos compreender crenças no paranormal.

No caso do mesmerismo, seria possível acreditar que sujeitos mesmerizados não sentiam dor e refutar a existência do magnetismo animal. Ou, alternativamente, seria possível acreditar no magnetismo animal e que ele poderia induzir à clarividência, apesar dos conflitos com o conhecimento científico. Ambos representavam crença em fenômenos mesméricos, mas tratava-se de diferentes tipos de crença; na realidade, de acordo com as definições atuais, o último contaria como crença no paranormal, mas os primeiros não. Crenças acerca da realidade dos fenômenos, o que poderia explicá-los e sua compatibilidade com a ciência eram três linhas diferentes nas controvérsias a respeito dos fenômenos do mesmerismo. Na medida em que essas linhas exprimiam o que as pessoas pensavam, elas representavam diferentes formas de crença. Como veremos, esse tem sido o caso em polêmicas sobre fenômenos extraordinários desde então, e

Crenças extraordinárias

continua essencial para a compreensão de crenças no paranormal hoje. Entretanto, a questão primeira é simplesmente esta: em resumo, a crença de que um evento é verdadeiro, que se deve a uma causa em particular e que essa causa não é compatível com a ciência não são a mesma coisa.

Segundo, independentemente do que se acreditava acerca de fenômenos mesméricos, a crença baseava-se em fenômenos específicos, não apenas diferentes tipos de fenômenos, mas também de exemplos específicos. Vale a pena ressaltar isso, porque é fácil ver a reação dos que creem diante de fracassos, reproduções e desmascaramentos como evidência de um tipo mais geral de crença, como se aqueles que creem fossem tão crédulos que simplesmente acreditam em qualquer coisa. Entretanto, tais reações servem, na verdade, para mostrar que crenças dependem de fenômenos específicos: os fracassos não desafiavam as crenças porque estas estavam fundamentadas em demonstrações bem--sucedidas; as reproduções podem ter sido semelhantes, mas não idênticas, às apresentações nas quais as crenças se baseavam; os desmascaramentos poderiam ser aceitos como evidência de fraude, mas as crenças baseavam-se em outras demonstrações consideradas reais. Crenças podiam ser mantidas diante de fracassos, reproduções e desmascaramentos exatamente porque elas se fundamentavam em eventos especiais (isto é, outros eventos). Foi porque certos eventos eram reais que os fracassos exemplificavam a falta de confiabilidade dos fenômenos, que as alegadas reproduções podiam ser, de fato, verdadeiras, e que os desmascaramentos (de alguém que já se considerava honesto) podiam ser atribuídos à natureza dos fenômenos.

Terceiro ponto: crenças em fenômenos extraordinários podem depender da exclusão de explicações comuns, mas é preciso ter competência para excluí-las. Enquadrar um evento como extraordinário, excluindo explicações normais para ele, é assumir que o observador (seja a própria pessoa ou outra) tem competência para fazê-lo. E enquadrar tais eventos como comuns, recusar-se a acreditar naqueles que excluíram tais explicações, é questionar ou a honestidade ou a competência dessas pessoas. Dissonâncias sobre a realidade desses fenômenos estão intimamente associadas a controvérsias sobre honestidade e competência, não apenas porque controvérsias, muitas vezes, envolvem acusações a respeito de tais questões, mas também porque dissonâncias quanto a se explicações comuns foram, de fato, excluídas, dependem delas. Afinal, como vimos, recorrer aos fatos não resolveu a questão; portanto, a competência para avaliá-los foi um componente necessário de qualquer posição.

Já que não é possível desacreditar tais fenômenos sem acusar outros de incompetência, e é difícil assumir tal posição sem assumir maior competência, a construção de *expertise* especial era parte inerente do processo de desconstrução. Entretanto, afirmar ser melhor do que aqueles dos quais se discorda é, por si só, assumir uma posição nada simpática. Daí decorre o fato de que, invariavelmente, os detratores apelavam para os danos causados por tais crenças e, portanto, para o valor da desmistificação e da competência que lhes dá embasamento. Construir-se a si mesmo como um *expert* adequado tem suas próprias gratificações, é óbvio, mas a questão é que isso é, em todo caso, parte essencial do processo de desmistificação. Não se pode rejeitar a exclusão de explicações convencionais feitas por outros sem recorrer à *expertise* superior em tais assuntos, e isso pode se tornar mais convincente apresentando-a como uma coisa boa.

Conforme já discutimos, o desmascaramento da clarividência mesmérica de Sir John Forbes, além de enquadrar os fenômenos como embuste, pretendeu também construir competência científica em relação à competência tanto de mesmeristas quanto do público. Isso foi feito com a utilização do que se denominou "psicologia do erro", em que a observação e o pensamento leigos foram apresentados como insuficientes, e as crenças como prejudiciais; daí a necessidade e o valor da *expertise* científica. Esse tem sido um padrão contínuo em controvérsias sobre fenômenos fora do comum, embora a construção e a negociação do que se considera *expertise* científica seja um tópico consideravelmente mais amplo. Entretanto, o que estou argumentando aqui é apenas que tais argumentos, na medida em que são utilizados em divergências sobre a realidade de fenômenos extraordinários, podem ser vistos como parte integrante de crenças sobre tais fenômenos. Seja lá o que for que estivessem fazendo, os disputantes estavam garantindo suas ideias apelando à *expertise* apropriada, e a construção e utilização de *expertise* especial foi um aspecto necessário do desmascaramento. Visões opostas não poderiam persistir sem argumentos e contra-argumentos sobre quem tinha mais qualificação para avaliar tais questões. Assim, diferentes crenças dependiam de diferentes pretensões à *expertise*.

Para concluir, a "psicologia do erro" de Forbes foi mais do que um apelo a explicações comuns baseadas na construção de sua própria competência especializada. Foi uma expressão de crença nos fenômenos e uma explicação das crenças daqueles com os quais ele não concordava. E, é claro, foi um texto desmistificador, que argumentava que tais visões não eram apenas equivocadas, mas também prejudiciais. Em resumo, ele manifestou uma crença, explicou crenças e (ao mesmo tempo) tentou mudá-las, uma combinação que continua até os dias de hoje, e que mais adiante servirá como um exemplo da natureza reflexiva do conhecimento psicológico.

Nesse ínterim, a teoria da hipnose de Braid proporciona um exemplo mais imediato. A exclusão de explicações comuns dependia não apenas de competência adequada, como também do que se considerava comum em relação a um conhecimento científico mais amplo. Ao demarcar uma nova fronteira, Braid criou outra maneira de ver alguns dos fatos como compatíveis com a ciência e, como resultado, um novo tipo de experiência. Mais tarde, o pensamento de Braid iria influenciar psicólogos em sua compreensão e tratamento dos outros, o que, por sua vez, incitaria outros a pensar, sentir e se comportar de maneiras diferentes. Visões mais abrangentes sobre o poder da mente também seriam moldadas por disseminação popular na literatura, no palco e no emergente movimento de autoajuda.

Em resumo: em determinado contexto social, crenças em fenômenos extraordinários, no sentido de que eles não são apenas reais como também extraordinários (sujeitos ao que se considera comum em qualquer época e local), dependem da exclusão de explicações convencionais em relação a eventos específicos, com base na competência daqueles que os excluíram. Isso, pelo menos, é o que se pode ver no discurso que circunda os fenômenos do mesmerismo, e veremos que temas semelhantes impregnam o discurso acerca de fenômenos extraordinários desde então. Os eventos específicos eram diferentes, é claro, se não naquilo que era observado, então na maneira como eram enquadrados, e havia explicações comuns diferentes, e diferentes versões de *expertise*, baseadas em diferentes visões sobre o que era agora considerado comum e o que agora contava como *expertise* adequada.

    Alguns dos fenômenos do mesmerismo haviam se transformado em algo menos extraordinário, mas as teorias dos fluidos físicos persistiam. Tais teorias, juntamente com os fenômenos maiores do mesmerismo, tornaram-se parte do espiritualismo moderno, que atraiu muitos defensores do mesmerismo e acirrou a animosidade de muitos de seus detratores. Embora o espiritualismo fosse um assunto radicalmente diferente, as controvérsias que vieram em seguida eram extremamente semelhantes, como de fato o eram alguns dos fenômenos. Apenas poucos anos depois que os métodos usados por clarividentes mesméricos tinham sido testados e desmascarados, foi possível encontrar médiuns espíritas realizando proezas muito semelhantes, mas agora como prova de vida depois da morte.

4
A construção de fenômenos espiritualistas

Em 1862, Charles Foster, sentado em uma sala com algumas damas e cavalheiros muito respeitáveis, demonstrou uma proeza que rapidamente se tornou sua marca registrada. Sua plateia escreveu diferentes nomes em diferentes tiras de papel, as quais, depois de amassadas, transformaram-se em bolinhas, de forma a impedir sua leitura. As bolinhas foram colocadas sobre a mesa, para que Foster não fizesse qualquer distinção entre elas. Não obstante, depois de alguns instantes, ele começou a anunciar, letra por letra, um dos nomes. Em seguida, ele apanhou uma das bolinhas; era a bolinha com o nome que ele havia anunciado.[1]

Como os sonâmbulos lúcidos de alguns anos antes, Foster demonstrou a habilidade de saber o que estava escrito em folhas de papel dobradas. Essa, no entanto, não foi uma demonstração de mesmerismo, mas sim de uma sessão espírita, em que esse feito fora do comum foi considerado prova de vida após a morte. O que poderia facilmente ser visto como uma

---

[1] Mr. C. Foster, *Spiritual Magazine*, 3 (1862), p.46.

demonstração de mesmerismo foi apresentado como exemplo de mediunidade, ou de comunicação entre espíritos. O enquadramento de tais coisas em uma demonstração foi fundamental para crenças sobre o espiritualismo, porque, na grande maioria de sessões espíritas, ninguém via, de fato, um espírito. Ouvia-se uma leve batida, uma mesa se movia, o médium transmitia determinada informação; tudo isso era tomado como evidência de comunicação entre espíritos, mas (como os movimentos da mesa) não acontecia por si mesmo. O que era verdadeiro a respeito da façanha de Foster era verdadeiro a respeito de todo e qualquer fenômeno em que os espiritualistas acreditavam: eles tinham que ser enquadrados em uma demonstração – e enquadrados de forma muito especial, porque as crenças dos espiritualistas eram crenças de que o que acontecia em sessões espíritas era obra de espíritos. Como isso era feito de maneira a se tornar objeto de crença por parte dos espiritualistas será discutido a seguir.

O fenômeno das bolinhas de papel de Foster pode ter sido semelhante às proezas dos sonâmbulos, mas foi diferente em relação ao que a maioria dos médiuns fazia àquela época. De fato, era característico do espiritualismo que novos tipos de fenômenos surgissem com regularidade, e Foster foi apenas um dentre vários pioneiros. Assim, embora não o mais famoso dos médiuns vitorianos, ele ganhou um nível de celebridade bastante significativo, não apenas com suas bem-sucedidas apresentações, mas também com seus fracassos, ambos servindo como exemplo do debate mais amplo sobre o espiritualismo. O que se dizia a respeito de Foster se dizia a respeito de vários outros médiuns e revela de que forma crenças sobre os fenômenos do espiritualismo se manifestavam e eram justificadas.

Entretanto, começar um capítulo sobre o espiritualismo na década de 1860 pode dar a entender que chegamos atrasados a uma sessão espírita, descobrindo que os espíritos chegaram mais cedo e que estamos no escuro. Há vantagens em entrar na sala nesse ponto, uma vez que os eventos já estão em pleno andamento e podemos apreciar melhor o que está acontecendo. No entanto, o que estava acontecendo agora era entendido em termos de desdobramentos recentes, que levaram a um contexto no qual os estranhos acontecimentos sob uma luz muito fraca podiam ser demonstrados, relatados, defendidos e contestados como evidência de seres espirituais. Alguns dos fenômenos podem ter sido semelhantes àqueles que haviam sido demonstrados por mesmeristas, mas as explicações disponíveis não eram as mesmas, como também não eram as crenças.

De acordo com a versão padrão, isso remontava à Nova Inglaterra de 1848. Fora lá que surgiu o Espiritualismo Moderno, anunciando sua chegada com algumas batidas à porta na companhia das jovens irmãs Fox. Tais batidas não eram novidade, mas essas em especial atraíram significativamente mais interesse do que batidas anteriores, e levaram ao surgimento de um movimento espiritualista que sobrevive até hoje. Essa história já foi contada muitas vezes, e há quem tenha percebido ligações com o mesmerismo, tanto em termos dos fenômenos quanto do pessoal envolvido e dos vários fatores contextuais que fizeram do espiritualismo um tema de interesse especial naquela época e naquele local.[2] Alguns desses fatores serão

---

2 Por exemplo, Podmore, *Modern Spiritualism*; Doyle, *The History of Spiritualism*; Moore, *In Search of White Crows*; Braude, *Radical Spirits*; Carroll, *Spiritualism in Antebellum America*.

discutidos mais adiante, porém, quaisquer que sejam os outros fatores relevantes, os princípios do espiritualismo foram os vários fenômenos que pareciam demonstrar comunicação com os mortos. No início, havia as inexplicáveis leves batidas à porta, que pareciam comunicar informações importantes dos espíritos. A crença de que tais coisas provinham de uma fonte espiritual dependia da exclusão de explicações comuns; primeiro, de que as batidas provinham de fonte mundana; segundo, de que as informações provinham do médium. Com relação a determinados eventos, a rejeição dessas opções constituiu a base da crença espiritualista.

Entretanto, não se passou muito tempo e surgiram explicações convencionais. Em 1851, uma explicação para as batidas foi apresentada por três professoras de Buffalo, que afirmaram que as irmãs Fox estavam estalando as articulações dos joelhos. Em uma demonstração pública, com as irmãs Fox no palco, elas demonstraram que esse era o caso, pelo menos para a satisfação de muitos. Dois meses mais tarde, certa parente das irmãs Fox, de nome sra. Culver, anunciou que as irmãs lhe haviam feito confidências. Ela confirmou a teoria das professoras, de que as batidas haviam sido produzidas pelas articulações dos joelhos e dos pés, e revelou como a médium conseguia obter as informações necessárias para se comunicar em nome dos espíritos. As mensagens que surgiam eram bastante simples, explicitadas por meio de letras do alfabeto, em que a letra correta era identificada por uma batida. Independentemente da informação, por mais enigmática que fosse, era inegável que alguém presente precisava saber a resposta. E contanto que a pessoa, ao apontar para as letras soubesse o que estavam procurando, era uma simples questão de "observar o semblante, movimentos e gestos da pessoa".³ Um participante impaciente, ansioso para ouvir o que eles queriam, inadvertidamente costumava fazer uma pausa nas letras corretas, induzindo dessa forma o *timing* da batida.

O Espiritualismo Moderno logo chegou à Grã-Bretanha. Em 1853, a sra. Hayden chegou dos Estados Unidos, abriu um estabelecimento comercial em Londres e conquistou alguns clientes muito importantes, tais como Robert Owen e Robert Chambers; ambos ficaram muito impressionados. Nessa época, sessões com mesas girantes estavam se tornando bastante populares, quando os participantes colocavam levemente os dedos no topo de pequenas mesas, que então se inclinavam para a frente e para trás, ou giravam, aparentemente a seu bel prazer. Para alguns, isso era evidência de força mesmérica; para outros, era obra de Satanás, mas muitos manifestavam a crença de que a mesa estava sendo movida pelos espíritos.⁴ Assim, na ausência de uma explicação comum, havia uma série de explicações fora do comum entre as quais escolher.

Todavia, mais uma vez, surgiu uma explicação normal, agora cortesia de William Benjamin Carpenter, o eminente psicofisiologista cujas várias tentativas, demonstrando seu ceticismo, significam que o encontraremos mais de uma vez. Carpenter propôs uma nova teoria do efeito "ideomotor" para explicar o movimento de mesas conforme o movimento muscular inconsciente.⁵

---

3 Podmore, *Modern Spiritualism*, I, p.184-6.
4 Por exemplo, Anon, *Table-turning by Animal Magnetism Demonstrated*; Godfrey, *Table-moving Tested, and Proved to Be the Result of Satanic Agency*; Spicer, *Facts and Fantasies*.
5 Carpenter, On the influence of suggestion in modifying and directing muscular movement, independently of volition, *Proceedings of the Royal Institution of Great Britain*.

A teoria foi testada por Michael Faraday, que colocou tábuas móveis sobre a mesa; em seguida, os participantes colocaram os dedos sobre a tábua que estava no topo, e quando a tábua se movimentou antes da mesa, isso foi considerado prova de que as pessoas, inconscientemente, a estavam empurrando. Isso foi também considerado digno de nota e, na verdade, foi amplamente divulgado.[6] Entrementes, a sra. Hayden era publicamente desmoralizada pelo filósofo George Lewes, que ficara sabendo da afirmação da sra. Culver de que as batidas haviam sido produzidas pela médium, que observava o participante, esperando pistas. O filósofo havia raciocinado que, sendo esse o caso, ele poderia induzir a médium a fornecer qualquer mensagem que ele quisesse. Então, ele foi a uma sessão da sra. Hayden e fez que os espíritos informassem que ela era uma fraude. Essa bizarra conversa entre espíritos foi então publicada na imprensa e amplamente debatida para regozijo dos céticos.[7]

Mesmo com esse brevíssimo olhar, então, deve estar claro que explicações comuns eram não apenas disponíveis, mas eram ativamente difundidas. E, ainda assim, o espiritualismo crescia, com um número cada vez maior de médiuns e com a publicação dos primeiros periódicos espiritualistas na Grã-Bretanha, a partir de 1855.[8] Parece ter havido um breve declínio, mas a década de 1860 presenciou novo impulso em publicações e

---

6 Table-turning, *Times*, 30 jun. 1853, p.8; Experimental investigation of table-moving, *Athenaeum*, 2 jul. 1853, p.801-3.

7 O episódio apareceu em *The Leader*, 12 jan. 1853 (Podmore, *Modern Spiritualism*, II, p.5), e foi descrito em Anderson, *Magic of Spirit-rapping*.

8 *The Yorkshire Spiritual Telegraph* circulou de abril de 1855 até maio de 1859, tendo seu nome alterado para *British Spiritual Telegraph* em junho de 1857.

grupos espiritualistas, e um debate muito mais amplo na imprensa de periódicos. Como, então, explicar tais crenças quando explicações comuns estavam tão livremente disponíveis?

Naquela época muitos achavam – como muitos acham atualmente – que se tratava de uma simples questão de credulidade, pois, vulneráveis, sem as necessárias faculdades críticas, os crédulos perambulavam pelas sessões espíritas. Como os céticos de hoje, eles entendiam que, no passado anterior, as pessoas eram supersticiosas, mas perderam as esperanças em relação aos seus contemporâneos modernos, culpados de tais pensamentos primitivos. Outro tema na história de crenças extraordinárias tem sido o de que cada geração se pergunta como, nos tempos atuais, tal credulidade é possível. Contudo, embora possamos achar mais fácil compreender tais crenças no passado do que no presente, sentimos, mesmo assim, a necessidade de encontrar razões para elas. Portanto, em vez de credulidade e fantasias a respeito delas, poderíamos considerar o que tornou o espiritualismo plausível ou desejável.

Alguns historiadores apontam interesses sobrepostos, como a ideia de que os espiritualistas ofereciam novas oportunidades para mulheres, ou ideias que atraíam a classe operária.[9] Considerando a escala social superior, damas respeitáveis se ofereciam como anfitriãs do médium mais conhecido da cidade, e convidados ansiosos sabiam que era preciso ter a mente aberta.[10] Ao mesmo tempo, cientistas importantes viam ligações entre os fenômenos da sala de sessão espírita e

---

9 Por exemplo, Owen, *Darkened Room*; Barrow, *Independent Spirits*.
10 O caso mais óbvio foi o de Daniel Dunglas Home, que foi cortejado por diversas anfitriãs da alta classe londrina (Lamont, *The First Psychic*, p.107-8).

novas descobertas na eletricidade e no magnetismo, enquanto qualquer outro se maravilhava com o mundo de tecnologia em rápida transformação, um mundo em que o telégrafo elétrico permitia comunicação com outros, invisíveis e distantes, e se perguntavam se qualquer coisa era possível.[11] Entrementes, o surgimento do conhecimento e autoridade científicos foi acompanhado de uma atitude mais cética, que desafiava a precisão histórica da Bíblia e ameaçava os dogmas fundamentais do Cristianismo. Diante da crítica à Bíblia, de descobertas geológicas e da teoria da evolução, quando alguns cristãos sofriam uma "crise de fé", o espiritualismo fornecia munição contra a emergente maré de materialismo e dava apoio à crença no sobrenatural.[12]

Havia, então, uma série de razões por que os indivíduos teriam achado o espiritualismo algo plausível e desejável, e muitas delas foram articuladas àquela época por espiritualistas. Entretanto, independentemente do que mais se tenha dito, crenças eram sempre manifestadas tendo em vista a evidência, porque as crenças dos espiritualistas eram crenças de que os fenômenos ocorridos nas sessões eram obra dos espíritos, com base na exclusão de explicações alternativas. Assim, os espiritualistas continuavam a acreditar, apesar da existência de explicações comuns, porque eles as consideravam insuficientes. Como as controvérsias continuavam, explicações comuns podiam ser

---

11 Por exemplo, Turner, *Between Science and Religion*; Noakes, Telegraphy is an occult art, *British Journal for the History of Science*; Noakes, The bridge which is between physical and psychical research, *History of Science*; Thurschwell, *Literature, Technology and Magical Thinking*.

12 Por exemplo, Cerullo, *The Secularization of the Soul*; Oppenheim, *The Other World*.

acessíveis, porém o aumento no número de médiuns e periódicos espiritualistas era uma questão tanto de oferta quanto de demanda. Significativamente, mais fenômenos eram então demonstrados e relatados e, dentro desse crescente corpo de evidência, boa parte disso causava mais impacto do que muitos críticos pareciam se dar conta. A própria ideia de que todas as batidas leves por parte dos espíritos eram produto do estalar de articulações, ou de que as mensagens dos espíritos eram o resultado da leitura de expressões faciais, ou de que todos os movimentos de mesas que eles haviam visto eram causados por empurrões inconscientes, foi descartada – e muitas vezes com desdém.[13] Tais explicações poderiam ser consideradas interessantes e poderiam até mesmo esclarecer alguns dos fenômenos, mas eram – argumentava-se – explicações insuficientes para tudo o que havia sido observado. Como sempre, as crenças baseavam-se em eventos específicos, associados com médiuns específicos, e a variedade de fenômenos e médiuns era considerável. Ao levar boa parte disso em conta, podemos ver razões mais diretas para várias crenças a respeito dos fenômenos espiritualistas.

Por exemplo, havia os irmãos Davenport, os médiuns públicos mais famosos na década de 1860, que vendiam ingressos para suas apresentações em salas de espetáculos de todo o país e provocavam uma espantosa gama de reações, desde crença genuína até violência física. Por outro lado, havia Daniel Home, o mais privado dos médiuns, embora ainda o mais famoso, que realizava sessões nas salas das residências de celebridades e

---

13 Por exemplo, The Westminster Review on spirits and spirit rapping by T.S., *British Spiritual Telegraph*, 2 (1858), p.79.

monarcas. Home jamais cobrava taxa, mas mesmo assim provocava todo tipo de reação, desde devoção até ameaças de morte, inclusive uma áspera repreensão por parte de Dickens, e chegou perto de sofrer uma agressão física por parte de Browning.[14] Entre esses dois polos encontravam-se outros médiuns, inclusive Charles Foster e muitos outros, a maioria dos quais eram mulheres. Porém, Home e os irmãos Davenport provocaram mais controvérsia na década de 1860 do que quaisquer outros médiuns e, portanto, servirão de exemplos úteis no momento.

Então, os espiritualistas continuaram a acreditar, apesar do surgimento de explicações convencionais, porque, de acordo com eles, as explicações eram inadequadas. Isso poderia facilmente ser rejeitado como teimosia – de fato, muitas vezes, elas têm sido descartadas como tal –, mas, se considerarmos o caso de Daniel Home, não era uma posição tão insensata. Ele chegara a Londres em 1855 e atraíra a atenção de algumas pessoas importantes. Uma delas foi David Brewster, cofundador da British Association for the Advancement of Science [Associação Britânica para o Avanço da Ciência] e autor de *Letters on Natural Magic*. Em outras palavras, era um eminente cientista e autoridade em explicações naturais para eventos aparentemente sobrenaturais. Ele participou de uma sessão espírita com Daniel Home "para ajudar a descobrir o truque" (nas palavras do próprio Brewster) e depois não conseguiu "dar qualquer explicação" (em suas próprias palavras).[15]

---

14 Lamont, *The First Psychic*, p.51.
15 Gordon, *The Home Life of Sir David Brewster*, p.257-8.

Alguns anos mais tarde, Home estava em Amsterdam a convite de um grupo de racionalistas que o haviam desafiado a produzir fenômenos diante deles, com seus olhares céticos. Segundo eles, quando conversavam à luz de velas em um salão do hotel, a mesa ao redor da qual se sentavam – uma mesa grande o suficiente para acomodar mais de uma dezena de pessoas – ergue-se no ar. Eles olharam debaixo dela e sobre ela e não encontraram nenhum dispositivo; logo em seguida, a mesa começou a descer, a despeito de todos os esforços que eles fizeram para impedir que ela o fizesse. Os racionalistas afirmaram que não conseguiam explicar o que haviam visto, e até hoje ninguém o fez.[16] Ora, seja lá o que for que se queira pensar a respeito disso, dificilmente será possível culpar alguém por excluir a ação ideomotora como explicação.

Uma questão muitas vezes levantada por espiritualistas e por aqueles que acreditam em fenômenos extraordinários desde então era que – não importa o número de casos fraudulentos – bastava apenas um caso genuíno para o espiritualismo ser verdadeiro. E apesar dos melhores esforços dos detratores, havia sempre alguma coisa que permanecia sem explicação, seguramente para a satisfação dos espiritualistas, mas também para muitos outros que não manifestavam qualquer crença nos espíritos. Essa não foi simplesmente uma controvérsia entre o racional e o crédulo, ou na medida em que o era, nem sempre estava claro quem estava de que lado do argumento. Tratava-se de uma contenda acerca do que acontecia na sessão espírita, porque os fenômenos formaram a base do Espiritualismo Mo-

---

16 Zorab, Test sittings with D. D. Home at Amsterdam, *Journal of Parapsychology*.

derno – na teoria e na prática. Esses eram os objetos de crença para os espiritualistas e de descrença para outros, e não se pode compreender crenças sem levar em consideração as coisas nas quais as pessoas acreditam. E elas não eram objetos físicos, mas eventos, demonstrações feitas por outras pessoas, com as quais o observador se sentava e interagia. Não é surpresa que a maneira como se fazia isso foi fundamental para a maneira como tais fenômenos eram enquadrados.

Enquadrando fenômenos de sessões espíritas (em apresentação)

Os fenômenos do espiritualismo, como os do mesmerismo, eram demonstrados de maneiras explicitamente planejadas para excluir explicações comuns e de formas muito mais sutis do que em geral se percebe. Se eram ou não reais não importa, mas, com o intuído de avaliá-los agora, precisamos fazer o que todo espiritualista fazia e considerar a possibilidade de fraude.

Quando Charles Foster apresentou seu fenômeno das bolinhas de papel, o efeito básico foi bastante simples: ele demonstrou, aparentemente por intermédio dos espíritos, saber o que estava escrito nas bolinhas de papel. Se considerarmos como isso pode ter sido feito, sem recurso aos espíritos, então o método básico é bastante óbvio: de alguma forma, ele sabia o que estava escrito nelas. Já que não é necessário ser mágico para considerar isso, a singularidade da demonstração dependia da exclusão dessa possibilidade. E foi precisamente isso que ele fez na apresentação, quer o feito tenha sido genuíno ou fraudulento. Aparentando não tocar nas bolinhas, permitindo aos participantes anotar os nomes reservadamente, em alguns casos antes de chegarem, Foster planejava suas demonstrações de modo a excluir a possibilidade de que pudesse saber o que estava escrito nelas.[17]

Os irmãos Davenport se apresentavam dentro de um "armário portátil", um grande guarda-roupa, dentro do qual havia um banco ao qual eles eram amarrados com cordas. Os fenômenos que se seguiam – ouvia-se instrumentos musicais, objetos eram lançados – aconteciam enquanto os jovens estavam (supostamente) amarrados. A ideia de que eles se libertavam sozinhos das cordas para produzir os fenômenos era uma possibilidade tão óbvia que eles tinham que lidar com isso diretamente. Então, o armário era inspecionado, como o eram as cordas, os nós atados por pessoas de fora, e muitas vezes por quem tinha boa experiência em fazer nós.[18] Quando, durante as sessões de Daniel Home, mesas se moviam e mãos de espíritos apareciam, ele convidava os participantes a examinar sob a mesa, mesmo enquanto os fenômenos ocorriam, exatamente com a finalidade de excluir a possibilidade de que ele era responsável pelo que estava acontecendo.[19] Não considerando se qualquer dessas coisas era real ou não, as demonstrações dos médiuns buscavam abertamente excluir a possibilidade de fraude, e o faziam lidando precisamente com os tipos de métodos relevantes ao

---

17 Por exemplo, Mr. C. Foster, op. cit., p.45-8; Mr. S. C. Hall and Mr. Foster, *Spiritual Magazine*, 3 (1862), p.89-92, A séance with Mr. Foster, *Spiritual Magazine*, 4 (1871), p.66-70.

18 Por exemplo, The Davenport brothers, *Spiritual Magazine*, 5 (1864), p.481-524; Nichols, *Supra-mundane Facts in the Life of Rev. Jesse Babcock Ferguson*, p.104.

19 Por exemplo, Wason, Letter, *Spiritual Magazine*, 1 (1860), p.525; Brancker, Letter, *Spiritual Magazine*, 2 (1861), p.431; Alexander, *Spiritualism*, p.12.

fenômeno em questão. A despeito de todo o discurso sobre a credulidade dos espiritualistas, é preciso ter em mente que as crenças baseavam-se na exclusão de tais explicações, não na decisão de não considerá-las.

Como os médiuns procuravam excluir a possibilidade de trapaça, eles também se apresentavam como o tipo de gente que não se envolveria em fraude. Médiuns americanos que chegaram à Grã-Bretanha com cartas de recomendação de honrados cavalheiros, os irmãos Davenport foram acompanhados do reverendo dr. J. B. Ferguson, um respeitado religioso, e Home, discretamente, afirmava ter parentesco com a aristocracia escocesa.[20] Médiuns que surgiram posteriormente, como Florence Cook, Mary Showers e Anna Eva Fay, podem ter desempenhado o papel de jovens frágeis e inocentes, incapazes de tal comportamento desonesto, pelo menos até que foram apanhados em uma fraude, mas puderam também apelar ao status social como indicador de inocência.[21] Assim, de várias maneiras, os médiuns tentavam excluir a possibilidade de que pudessem — ou viessem a — se envolver em fraude.

Entretanto, as demonstrações de fenômenos em sessões espíritas eram tanto em relação ao enquadramento deles como sendo espirituais quanto em relação à exclusão da possibilidade de embuste. Isso era fundamental para crenças sobre o espiritualismo porque, sem tal enquadramento, os objetos de crença extraordinária perdiam o significado. Afinal, o fenômeno das bolinhas de papel de Foster só foi considerado extraordinário

---

20 Sobre as ligações de Home com a aristocracia, ver Lamont; Murphy, The origins of the first psychic, *Journal of the Society for Psychical Research*, 70 (2006).
21 Owen, *The Darkened Room*, p.71.

porque não havia possibilidade de ele saber de antemão o que estava escrito nelas, e o dom de saber o que fora escrito e que não estava ao alcance da visão do artista apresentador havia sido mostrado por Louis M'Kean e pela Dama Misteriosa, e também por clarividentes do mesmerismo, como George Goble e os irmãos Didier. No primeiro caso, a demonstração fora, predominantemente, enquadrada como entretenimento; no último, como evidência de poderes do mesmerismo. Como veremos, a proeza foi enquadrada de várias maneiras desde então. No entanto, Foster configurou esse efeito como espiritual, fazendo seus participantes escreverem não palavras aleatórias, mas sim os nomes de amigos e parentes que já haviam morrido, e revelando as informações sob a forma de leves batidas dos espíritos. Anunciado como um médium espírita, no contexto de uma sessão privada, o mesmo efeito básico foi solidamente enquadrado como evidência de mediunidade. A exclusão de fraude poderia fazer tudo parecer real, mas foi o enquadramento da *performance* que fez tudo parecer sobrenatural.

De maneira semelhante, o armário dos irmãos Davenport poderia ter sido enquadrado de várias maneiras. Por um lado, os Davenport evitavam declarações explícitas sobre a fonte dos fenômenos, e o reverendo J. B. Ferguson fez retratação semelhante em seus comentários de abertura. Contudo, tanto os irmãos Davenport quanto Ferguson foram explícitos no sentido de que os fenômenos eram reais, negando categoricamente a acusação de fraude, e Ferguson afirmou publicamente que acreditava que os dois jovens eram médiuns.[22] Anunciada

---

22 Nichols, *Supra-mundane Facts in the Life of Rev. Jesse Babcock Ferguson*, p.104-11.

como uma sessão espírita e apresentada com uma palestra sobre o espiritualismo feita por um religioso sincero, até mesmo o disparate de instrumentos musicais tocando dentro de um guarda-roupa pôde ser enquadrado como algo que tinha implicações espirituais.

Porém, as demonstrações públicas feitas pelos irmãos Davenport não eram nada típicas da maior parte das sessões espíritas que pareciam e davam a sensação de serem bem diferentes do que se podia ver em um auditório. Realizavam-se sessões privadas tanto na propriedade dos médiuns ou na casa de algum espiritualista respeitável, e, nesse último caso, elas eram, em geral, consideradas as mais convincentes, mesmo porque o local era menos propenso a levantar suspeita. Assim, o espaço onde a maioria das sessões acontecia era radicalmente diferente daqueles associados a apresentações artísticas. Para qualquer um que comparasse os feitos de médiuns com aqueles de ilusionistas que se apresentavam em palcos – o que incluía quase todo mundo – presumia-se que a comparação não era satisfatória.

Era verdade que os ilusionistas faziam coisas semelhantes e, paulatinamente, as proezas dos médiuns tornaram-se padrão dentro do repertório dos ilusionistas. Inicialmente, entretanto, a maioria dos fenômenos das sessões espíritas era novidade em termos de efeito ou de apresentação, e mesmo depois que foram adotados por ilusionistas, a experiência das sessões era bem diferente. Os médiuns não se valiam de tagarelice para entreter e não tinham controle do que estava acontecendo. Diferentemente do ilusionista, que podia realizar seus feitos duas vezes todas as noites, os médiuns tinham que confiar nos espíritos, que nem sempre satisfaziam as solicitações. Evidência disso era fornecida pelos médiuns, que não apenas explicavam que esse era o caso, como também se comportavam de maneira apropriada, lutando para convocar seus convidados, dando mostras de enorme esforço e parecendo exaustos.[23] Os participantes tinham que esperar até que alguma coisa acontecesse e, algumas vezes, esperavam em vão, pois não era incomum que nada acontecesse.[24] No processo, os médiuns pareciam dar impressão de humildade e sinceridade, já que, se eram genuínos, tudo teria sido natural, e, se eram falsos, isso teria sido eficiente. As conversas, sem dúvida, envolviam detalhes biográficos dos médiuns que, se nos pautarmos pelo que era publicado, incluíam descrições de como eles vivenciaram pela primeira vez os fenômenos e como vieram a perceber que se tratava de obra dos espíritos.[25] Tudo isso contribuiu para dar uma aparência e sensação muito diferentes de qualquer apresentação de ilusionismo, e essas interações pessoais aparentemente eram decisivas para convencer os participantes. De fato, como veremos, elas eram regularmente mencionadas como a razão por que as pessoas se convenciam.

Da mesma maneira como ocorria em relação aos fenômenos mesméricos, as demonstrações eram também enquadradas de forma a se tornarem relevantes. Não havia nada inerentemente espiritual a respeito do ruído provocado por uma batida, por uma mesa que se movimentava ou, na verdade, por qualquer um dos fenômenos físicos do espiritualismo. Da perspectiva de uma demonstração, então, era necessário que isso fosse

---

23 Lamont, Magician as conjuror, *Early Popular Visual Culture*, 4 (2006), p.27.
24 Ibid.
25 Por exemplo, Nichols, *A Biography of the Brothers Davenport*; Home, *Incidents in My Life*.

fornecido. O enquadramento dos fenômenos como obra dos espíritos, mais do que algo mais mundano, exigia que os médiuns apresentassem não apenas os fenômenos como também a si mesmos como parte de uma busca sincera de comunicação com os mortos.

Era esse o caso, independentemente da possibilidade de os fenômenos serem genuínos ou não, mas se não o eram, tal enquadramento proporcionava vantagens especiais para o impostor – e até mesmo espiritualistas admitiam que havia alguns. Ao atribuir os fenômenos aos espíritos, o médium desviava a atenção dos que o observavam, o que lhe dava mais escopo para trapaça. De fato, na medida em que os observadores achavam que os espíritos eram uma explicação plausível para os fenômenos, eles não precisavam buscar um método alternativo para o que estava ocorrendo.[26] Nesse sentido, os espíritos atuavam como pseudoexplicação, mais ou menos como Robert-Houdin havia atribuído a suspensão de seu filho aos misteriosos poderes do éter. No entanto, ao contrário da plateia de um show de ilusionismo, sentada a certa distância da apresentação, os participantes estavam ativamente envolvidos no evento que, ostensivamente, buscava contato com os espíritos. Apresentando-se como um colega pesquisador, não no controle, mas esforçando-se para ser bem-sucedido, o médium se alinhava com a plateia e direcionava a atenção de todos de maneira apropriada. Essa aparente falta de controle sobre os eventos também permitia que o médium escolhesse seu momento. Se houvesse olhares desconfiados em sua direção, ele aguardava até que cessassem, e já que ele não estava ostensivamente no controle da situação,

---

26 Lamont; Wiseman, *Magic in Theory*, p.118.

ele podia esperar indefinidamente. Ao contrário do artista profissional, não havia obrigação de manter os níveis de atenção; assim, o tédio podia ser explorado de forma útil. E, é claro, o médium sempre tinha como opção não arriscar ser descoberto, culpando os espíritos por não terem colaborado. Nada disso era disponível ao ilusionista no palco, e quando tais técnicas eram bem-sucedidas, os fenômenos se tornavam muito mais convincentes.

Não obstante, se genuína ou não, a experiência da sessão espírita fez os fenômenos parecerem menos extraordinários, pois os participantes sentaram-se na presença de gente que acreditava com toda sinceridade, e era gente convidada pelos anfitriões a ser tolerante e imparcial. A tendência natural a ser cortês, ou a pressão social para adotar um comportamento apropriado, forçava certo grau de complacência em relação até mesmo aos observadores céticos. Convidados apenas a observar e a acreditar nos fatos, eles ouviram os pedidos aos espíritos para que movessem a mesa – e viram a mesa se mover. O ceticismo não foi facilmente superado, mas da mesma forma não foi fácil acreditar que gente aparentemente respeitável e sincera estava trapaceando. E se não havia nenhum embuste, então os fatos eram reais, e os fatos eram que os espíritos haviam sido convidados a mover a mesa, e então a mesa havia se movido.

Por mais plausível que seja a explicação espiritual, os próprios fatos eram observáveis a qualquer um, pois as demonstrações das sessões, inclusive as várias opções para verificar se havia qualquer trapaça, baseavam-se no entendimento de que os participantes eram observadores competentes. E o benefício que isso trazia por ser real tornava-se explícito nas comunicações que vinham do além, o que proporcionava não apenas mensagens pessoais, mas também a possibilidade de uma nova crença em vida após a morte. De modo semelhante às demonstrações dos mesmeristas, as dos médiuns buscavam explicitamente excluir explicações comuns, enquadrando os fenômenos como não tão extraordinários, fatos observáveis que qualquer um podia ver e que a maioria gostaria que fossem verdadeiros. Os detalhes do que era dito durante as sessões privadas podem não estar disponíveis, mas veremos a partir do debate público que esses eram temas centrais no enquadramento de fenômenos ocorridos em sessões espíritas, e tudo isso era em resposta a demonstrações feitas por médiuns que enquadravam o que faziam de maneiras muito específicas. Assim, fosse qualquer um desses fenômenos real ou não, e independentemente de como os indivíduos os viam, as crenças eram produto de complexas interações sociais na sessão. A forma como tais crenças se manifestavam e as maneiras como elas eram mantidas diante da oposição pode agora ser vista na interação social mais pública de controvérsias sobre os fenômenos do espiritualismo.

Enquadrando fenômenos de sessões espíritas (a recepção): relatando os fatos

Quando o jornalista S. C. Hall participou de uma sessão espírita com Foster, ele excluiu explicações normais da seguinte maneira: "teria sido tão absolutamente impossível para ele ter feito o que fez de forma fraudulenta, quanto converter um anel de diamante em um tinteiro".[27] Ele não estava sozinho na sua confiante rejeição de fraude como uma possibilidade na sessão

---

27 Mr. S. C. Hall and Mr. Foster, *Spiritual Magazine*, 3 (1862), p.90.

com Foster. De acordo com o ensaísta William Howitt, "conjeturo que nada sob a forma de evidência pode se fazer mais completo, nem mesmo se um anjo se apresentasse visivelmente diante de nós e fornecesse a verdade desses fatos com uma trombeta".[28] Uma comissão que investigou os irmãos Davenport "formal e unanimemente admitiu que as manifestações [...] estavam [...] isentas de qualquer suspeita de embuste".[29] Da mesma forma, as testemunhas de Home estavam "convencidas" de que não houvera nenhuma fraude, que isso teria sido "impossível"; disso estavam "certos".[30]

Um tema padrão nos relatos de fenômenos ocorridos em sessões espíritas era que os médiuns simplesmente não podiam ter trapaceado. A afirmação era geralmente justificada recorrendo-se à observação criteriosa e a condições que impedissem fraude ou, alternativamente, a condições em que ela pudesse ser detectada. Normalmente, salientava-se que uma sessão espírita ocorria na presença de pessoas que o médium não conhecia, ou na casa de uma pessoa de respeito, muitas vezes uma casa à qual o médium nunca fora antes.[31] As mesas que se movimentavam eram com frequência descritas como grandes e pesadas.[32] Os

---

28 Mr. C. H. Foster, *Spiritual Magazine*, 3 (1862), p.45.
29 The Davenport brothers, op. cit., p.470.
30 Por exemplo, J. J. S., Letter, *Spiritual Magazine*, 1 (1860), p.233; Bell, Stranger than fiction, *Spiritual Magazine*, 1 (1860), p.215; Crosland, *Apparitions*, p.23; Webster, *Scepticism and Spiritualism*, p.3.
31 Por exemplo, Farther facts by Dr. Blank, *Spiritual Magazine*, 1 (1860), p.342; The conversion of an MD to spiritualism, *Spiritual Magazine*, 2 (1867), p.412; Letter, *Human Nature*, 4 (1870), p.133; Stage imitation of spiritual phenomena, *Spiritualist*, 3 (1873), p.137.
32 Por exemplo, J. J. S., op. cit., p.233; Wason, op. cit., p.525; Brancker, op. cit., p.431.

observadores descreviam como tinham a oportunidade de verificar se não havia trapaça ou de controlar para que não houvesse fraude, como olhar debaixo da mesa ou segurar as mãos do médium.[33] De diversas maneiras mais específicas, seja com relação aos irmãos Davenport sendo amarrados, seja com relação à ausência de equipamentos que pudessem explicar uma levitação feita por Home, as testemunhas excluíam a possibilidade de fraude, recorrendo à observação crítica e à adequação das condições.[34]

Havia, sem dúvida, alguma coisa potencialmente suspeita acerca de tais coisas acontecendo no escuro, mas isso também foi abordado. Por um lado, as testemunhas invariavelmente diziam quanto de luz havia de modo a enfatizar que era adequada. Assim, por exemplo, enquanto a sala havia sido "adequadamente escurecida, uma luz fluía através da janela, proveniente de uma lâmpada a gás do lado de fora", ou "em oposição às afirmativas tão constantemente feitas de que as manifestações ocorrem sempre no escuro, todos os fenômenos dos quais falei manifestaram-se em uma sala iluminada a gás, e uma chama muito viva".[35] Por outro lado, a escuridão era descrita como condição necessária para que alguns fenômenos ocorressem; eram feitas comparações com milagres bíblicos e, na verdade,

---

33 Por exemplo, Spiritualism in Norwood, *Spiritual Magazine*, 4 (1869), p.336; Farther facts by Dr. Blank, *Spiritual Magazine*, 1 (1860), p.342; Alexander, op. cit., p.12; Guppy, Letter, *The Spiritualist*, 1 (1871), p.222.

34 Por exemplo, The Davenport brothers, op. cit., p.470; Dr. Gully's facts, *Spiritual Magazine*, 2 (1861), p.64.

35 Home, *Incidents in My Life*, p.163-4; Hutchison, Important testimony to the facts, *Spiritual Magazine*, 1 (1861), p.89-90.

com fotografia.[36] Provavelmente, ponderou um espiritualista, fotografias precisam ser reveladas sob a luz, "ou o cético rejeitará o fato de que o retrato está diante dele".[37]

A exclusão da possibilidade de fraude era acompanhada de referências a informações que davam a entender que o médium não trapaceava.[38] Com relação a motivo, a questão mais óbvia era que quase todos os médiuns trabalhavam por dinheiro. Quando não o faziam, notadamente no caso de Daniel Home, isso era mencionado como evidência de que ele estava "acima de suspeita".[39] De fato, quando Home foi acusado de receber dinheiro pelas sessões, isso foi categoricamente negado por espiritualistas, e quando ele foi a julgamento por fraude, o dr. Gully salientou que jamais soubera que Home havia aceitado dinheiro pelas suas sessões, mas soubera que ele, "repetidas vezes, recusara ofertas de até 20 guinéus por uma única sessão".[40] Quanto àqueles que recebiam dinheiro por

---

36 Howitt, Darkness as an element of power in the divine economy?, *Spiritual Magazine*, 6 (1865).

37 Coleman, The question of cui bono answered, *Spiritual Magazine*, 2 (1861), p.143; Coleman, Spiritualism in America II, *Spiritual Magazine*, 2 (1861), p.341.

38 Por exemplo, as cartas de apresentação de Foster eram consideradas evidência de que ele *não trapaceava* (Mr. C. Foster, op. cit., p.45); que Ferguson era um homem honesto e de fé como evidência da inocência dos irmãos Davenport (Nichols, *Supra-mundane Facts in the Life of Rev. Jesse Babcock Ferguson*); e o fato de Home não aceitar dinheiro servia também como evidência de que ele estava "acima de qualquer suspeita" (Coleman, The question of cui bono answered, *Spiritual Magazine*, 2 (1861), p.143).

39 Coleman, The question of cui bono answered, *Spiritual Magazine*, 2 (1861), p.143.

40 Lyon v Home, *Spiritual Magazine*, 3 (1868), p.242-5.

seu trabalho, observava-se que havia pouca diferença entre um médium e um ministro da Igreja Anglicana, que também recebia pelos serviços prestados.[41] Excluindo a presença da fraude, descrevendo as condições em que ela teria sido impossível e contrariando suspeitas acerca da disposição de um médium para enganar, as testemunhas descreviam os eventos de forma a eliminar a trapaça como explicação.

Ao contrário das apresentações públicas dos mesmeristas ou das demonstrações dos irmãos Davenport, os eventos de uma sessão espírita privada eram passíveis de outra explicação, pelo menos por parte daqueles que não a haviam assistido, ou seja, a de que tais eventos não haviam, de fato, ocorrido. Na verdade, embora o mesmerismo tivesse sido uma rota comum para o espiritualismo, ele também havia levado a uma nova conscientização do poder da experiência subjetiva e, portanto, a uma interpretação alternativa da evidência. Dessa maneira, os observadores normalmente negavam que tivessem sido mesmerizados, hipnotizados, "psicologizados" ou "biologizados". "Nunca fui biologizado", disse um cidadão, sem rodeios; "Biologizei outros. Portanto, sinto que aquilo que eu vi, eu vi, e aquilo que eu ouvi, eu ouvi, realmente e verdadeiramente; e se você diz que foi biologizado, os amigos que vejo à minha frente não existem, e a cena à minha frente é biológica".[42] "Não estávamos nem dormindo, nem bêbados, nem mesmo agitados", explicou outro; "Estávamos em pleno domínio de nossos

---

41 Paid mediums versus ministers, *Medium and Daybreak*, 2 (1871), p.139; Prof. Pepper on spiritualism, *Spiritualist*, 2 (1872), p.29.

42 *Report on Spiritualism of the Committee of the London Dialectical Society*, p.146.

sentidos".[43] Um editor de um jornal londrino relatou que o médium "não fixou sua atenção sobre nós, ou poderíamos ter nos imaginado sob influência mesmérica", acrescentando que estava sóbrio e que embora chá e café tivessem sido servidos, ele não aceitou nem sequer uma gota.[44]

Quando testemunhas rejeitavam as várias possibilidades de que aquilo que haviam relatado não tinha realmente acontecido, elas também negavam a acusação de insanidade e desonestidade. Dizia-se que a acusação de que eram "patifes ou loucos" era esperada, embora, quando um espiritualista comentou que alguns "achavam que ele era o sujeito certo para ser internado em um manicômio", isso, provavelmente, foi lido como troça.[45] No entanto, havia pouco sentido de ironia em negações de desonestidade, pois as testemunhas mencionavam que não estavam mentindo, ou empregavam pseudônimos como "*Verax*", "*Honestas*" e "amante da verdade".[46] Portanto, a exclusão de explicações comuns era não apenas para benefício próprio – afinal de contas, ninguém precisava se convencer de que estava dizendo a verdade –, mas também para se antepor a toda e qualquer acusação imaginável. Entretanto, se aceitarmos a ideia de que o que essas testemunhas relatavam era o que pensavam, então suas crenças dependiam da rejeição de fraude e de autoengano. E mesmo que continuemos agnósticos em relação ao que eles realmente pensavam, contradizendo acusações em potencial de fraude e autoengano, os relatos feitos

---

43 Dr. Gully's facts, op. cit., p.63.
44 Spiritualism in Norwood, *Spiritual Magazine*, 4 (1869), p.336.
45 Coleman, Passing events, *Spiritual Magazine*, 5 (1864), p.165.
46 Bell (Verax), op. cit.; Honestas, Letter, *Spiritual Magazine*, 2 (1868); Home, *Incidents in My Life*, p.251.

por testemunhas eram planejados para estabelecer os eventos como se eles tivessem realmente ocorrido, e o que havia ocorrido como sendo real.

Administrando o extraordinário

Depois de deixar a sessão espírita de que participou com Daniel Home em 1855, David Brewster confessou, particularmente, ser incapaz de fornecer uma explicação. Porém, em público, ele havia manifestado uma posição bem diferente, e no meio de várias tentativas de explicar o que vira, ele afirmou que a mesa "pareceu" erguer-se do chão. "Ela pareceu erguer-se do chão?", replicou um espiritualista, "Ela se ergueu? Por que criar uma questão com um fato tão simples?".[47] Segundo o reverendo dr. Maitland, Brewster (perito em ótica) havia "se colocado diante do público como uma pessoa que realmente não saberia dizer se uma mesa, sob seu nariz, se erguera ou não do chão".[48] "Se uma mesa se ergue dessa forma", afirmou outra testemunha, "é uma questão de fato a ser determinado com base em evidência."[49]

No decorrer da década de 1860, testemunhas continuamente enfatizavam que, por mais que se tentasse explicá-los, os próprios fenômenos eram fatos colhidos através de meios normais de observação, e a imprensa espiritualista levantava regularmente a mesma questão. Cada edição do jornal *Spiritualist*

---

47 Home, *Incidents in My Life*, p.250.
48 Ibid., p.255.
49 Shorter, Spiritualism and the laws of nature, *British Spiritual Telegraph*, 2 (1858), p.104.

declarava seu objetivo de fornecer fatos aos não espiritualistas. O *Spiritual Magazine* salientava os "clamores [do materialista] por fatos que seus sentidos podem notar. O espiritualismo satisfaz essa demanda da maneira mais simples e direta. Ele proporciona o tipo exato de evidência de que ele precisa – fatos simples, palpáveis e em abundância".[50] Em um debate público com o reformador extremista e ateu Charles Bradlaugh, o editor espiritualista James Burns começou seu argumento afirmando que raciocinava não como filósofo, mas como um observador de fatos, e terminou a noite insistindo que "precisamos sucumbir aos FATOS".[51] Repetidas vezes, as testemunhas, quer ou não manifestassem crença no espiritualismo, salientavam que meramente descreviam fatos, não extraindo conclusões.[52] Como afirmou uma testemunha anônima, "só posso acreditar nos fenômenos do Espiritualismo se eu tomar meus cinco sentidos como guias nessa e em outras questões [...]. Entretanto, quando passo de fatos para teorias, e me pedem para explicar esses fatos, então, eu hesito".[53] Em uma distinção explícita entre fatos e teorias, fatos extraordinários eram apresentados como reais, por mais extraordinários que pudessem parecer.

No decorrer do processo, a admissão de ceticismo anterior era surpreendentemente comum. Muitas vezes, os espiritua-

---

50 Ring out the old, ring in the new, *Spiritual Magazine*, 3 (1868), p.3.
51 Debate on modern spiritualism, *Medium and Daybreak*, 3 (1872), p.517.
52 Ver, por exemplo: Crosland, *Apparitions*, p.23; Rymer, *Spirit Manifestations*, p.39; Baker, *Fraud, Fancy, Fact*, p.3; Home, *Incidents in My Life*, p.173; Webster, op. cit., p.3; A séance with Baron and Mlle Guldenstubbe by Wm Tebb, *Spiritual Magazine*, 2 (1867), p.324; Alexander, op. cit., p.42; Home, *D. D. Home*, p.87.
53 Am I a spiritualist?, *Human Nature*, 7 (1873), p.162.

listas descreviam como haviam sido "forçados" a aceitar os fatos, e falavam de uma "mente cética, endurecida, que, sinto-me livre para admitir, até recentemente era minha própria condição".[54] Ao fazê-lo, não havia necessidade de manifestar fé no espiritualismo. "Quando fomos à residência do sr. Jones, não acreditávamos em suas afirmações de fato; vimos fenômenos que foram significativos para nos mostrar que tudo o que ele relatou podia ocorrer pelo mesmo poder, seja qual fosse esse poder."[55] Exatamente como seu ceticismo anterior havia sido derrotado pelos fatos, da mesma forma os espiritualistas criticavam aqueles que continuavam a negar os fatos, considerando-os preconceituosos. Queixas habituais eram feitas a respeito daqueles que mostravam ignorância e intolerância, que eram "cegados" por preconceitos, que "parecem determinados a negar" os fatos, que não estavam dispostos a "olhar um fato incômodo de frente".[56] Tal preconceito lembrou-me da história do Rei do Sião, que se recusava a acreditar que a água podia ficar tão dura que um elefante poderia caminhar sobre ela, porque ele jamais havia visto isso com os próprios olhos.[57]

---

54 J. J. S., Letter, *Spiritual Magazine*, 1 (1860), p.233. Ver também *Report on Spiritualism of the Committee of the London Dialectical Society*, p.129, 134, 136, 139, 142, 145, 157; Home, *Incidents in My Life*, p.173; Home, *D. D. Home*, p.87; Spiritualism in Norwood, *Spiritual Magazine*, 4 (1869), p.336; Webster, op. cit., p.3.
55 Testimony of non-spiritualists, *Spiritualist*, 1 (1869), p.2.
56 Home, *Incidents in My Life*, p.175; Letter from the late Prof. Gregory, *Spiritual Magazine*, 6 (1865), p.451; The Cornhill Magazine, and Professor Challis, of Cambridge on Spiritualism, *Spiritual Magazine*, 4 (1863), p.372.
57 Coleman, Spiritualism in America, *Spiritual Magazine*, 2 (1861), p.294.

Para Robert Chambers, outro que se autoproclamava cético e passara a acreditar, era como se "fatos, em certos casos, não são nada, e uma teoria científica é tudo".[58]

No entanto, conforme outros salientavam com regularidade, tal negação dos fatos era não científica e induzia a comparações com aqueles que haviam negado os fatos novos de Copérnico, Galileu e Harvey.[59] Nas palavras de William Gregory, professor de Química na Universidade de Edimburgo, "nosso dever é estudar a natureza conforme ela se apresenta e aceitar os fatos conforme os encontramos".[60] Quando Michael Faraday escreveu que, antes de qualquer investigação científica, "devemos começar a partir de ideias claras acerca do que é naturalmente possível e impossível", ele foi imediatamente criticado pelo matemático Augustus de Morgan: "arregalamos os olhos quando lemos isso pela primeira vez [...]. Achávamos que mentes evoluídas fossem mais propensas a acreditar que o conhecimento dos limites da possibilidade e da impossibilidade fosse apenas a miragem, que constantemente retrocede à medida que nos aproximamos dela".[61] Na verdade, as possibilidades aparentemente infinitas da ciência e da tecnologia vitorianas eram mencionadas como evidência de que, parafraseando um dito popular, havia mais coisas entre o céu e a terra do que imaginava nossa vã filosofia.

---

58 Chambers, *On Testimony*, p.18.
59 Por exemplo, Rymer, op. cit., p.5; Why Galileo was persecuted, *Spiritualist*, 1 (1869), p.2; Howitt, Correspondence, *Spiritual Magazine*, 3 (1862), p.43.
60 Letter from the late Prof. Gregory, op. cit., p.452.
61 Citado em Oppenheim, *The Other World*, p.336.

Aqueles que relatavam fenômenos de sessões espíritas, quer manifestassem crença no espiritualismo ou não, utilizavam os mesmos argumentos daqueles que haviam relatado demonstrações de mesmerismo: fatos eram fatos, por mais extraordinários que fossem; aqueles que acreditavam também haviam sido céticos antes, mas rejeitar os fatos era uma atitude de preconceito e estava fora de sintonia com o pensamento científico.

Não obstante, apesar da conversa sobre restringir-se aos fatos, a causa aparente dos fenômenos era tema regular de relatos. E, ao contrário do que ocorrera no mesmerismo, o espiritualismo carregava, por definição, um significado religioso óbvio. Assim, embora os fenômenos fossem enquadrados como compatíveis com a ciência, eles eram também enquadrados como compatíveis com o pensamento cristão convencional. Incontáveis comparações eram feitas com milagres religiosos – passados e presentes – como exemplos de como tais fatos não eram, afinal, tão extraordinários. Falando retoricamente, a comparação mais efetiva era com aqueles da Bíblia, com os quais (praticamente) todos os cristãos podiam concordar, e a autoridade bíblica era geralmente citada em apoio à possibilidade de fenômenos milagrosos.[62] Além disso, argumentavam os espiritualistas – e muitos outros tinham que concordar – que a evidência de fenômenos em sessões espíritas era bem melhor do que em milagres bíblicos, tendo sido notada por centenas de testemunhas contemporâneas à época e relatadas imediatamente após o evento. Era argumento comum que, se os milagres da Bíblia

---

62 Por exemplo, Crosland, *Apparitions*, p.6; Rymer, op. cit., p.4; Punch cartoon of the spirit hand, *Spiritual Magazine*, 1 (1860), p.245; Brevior, What is religion?, *Spiritual Magazine*, 2 (1866), p.122.

sujeitavam-se aos mesmos critérios esperados de fenômenos de sessões espíritas, eles "logo se transformariam em migalhas em nossas mãos sob a aplicação de tal teste".[63] Em resumo, rejeitar os fenômenos do espiritualismo equivalia a rejeitar os principais milagres do Cristianismo.

Havia, porém, uma grande variedade de posições manifestadas quanto à relação entre o Cristianismo e os fenômenos do espiritualismo, e havia também uma quantidade notável de testemunhas com a noção de que os fenômenos eram reais, mas não eram obra de espíritos. Essas posições diversas serão discutidas mais adiante, quando considerarmos as razões mais amplas para crença. Ao mesmo tempo, a crença em fatos, por mais extraordinários que pudessem parecer, e fosse qual fosse a teoria que os explicasse, dependia da exclusão de explicações comuns. Isso, por sua vez, exigia a crença de que aqueles que excluíam tais explicações tivessem competência para fazê-lo. Portanto, crenças eram invariavelmente manifestadas e justificadas através de referências ao que se considerava competência especializada.

Construindo e utilizando expertise

Em qualquer pretensão ao espiritualismo, era essencial que o observador fosse considerado testemunha competente.

---

63 The Saturday Review, *Spiritual Magazine*, 4 (1863), p.177. Ver também: Chambers, op. cit., p.19-23; Thackeray and Dickens on spiritualism, *Spiritual Magazine*, 1 (1860), p.391; A master of arts, *Spiritual Magazine*, 4 (1863), p.171; Sir William a Beckett the judge, *Spiritual Magazine*, 4 (1863), p.356.

Portanto, aqueles que relatavam o que viam invariavelmente o faziam de um modo planejado para se apresentarem como observadores confiáveis. Controvérsias sobre *expertise* científica faziam parte da questão, é claro, mas havia muitas outras maneiras de demonstrar competência especializada. Na verdade, uma delas era rejeitar a necessidade de toda e qualquer *expertise*. Repetidas vezes, testemunhas recorriam à evidência sensorial, geralmente salientando que "era impossível não acreditar na evidência de meus próprios sentidos".[64] Muitos rejeitavam explicitamente a necessidade de *expertise* científica em questões simples de observação e se ressentiam da ideia de que não estavam, nas frustradas palavras de Benjamin Coleman, "qualificados para julgar questões simples de fatos tornados patentes aos nossos sentidos, porque, na verdade, somos deficientes em treinamento científico! Vocês insultam nosso senso comum prático e ganham nosso desprezo por sua insensatez científica".[65] Como ocorria nas demonstrações dos mesmeristas, tais fatos podiam ser observados por qualquer um.

Ao mesmo tempo, mencionava-se competência pessoal, pois grande número de testemunhas se descrevia como observadoras excepcionalmente qualificadas.[66] Muitos apelavam para

---

64 Wilbraham, Letter, *Spiritual Magazine*, 4 (1863), p.266. Ver também: The Saturday Review, op. cit., p.177; Spiritual manifestations, *Spiritual Magazine*, 5 (1870), p.21.
65 Coleman, Letter, *The Spiritualist*, 2 (1871), p.13. Ver também: Webster, op. cit., p.37-8; Letter from the late Prof. Gregory, op. cit., p.452.
66 Por exemplo, Home, *Incidents in My Life*, p.244; Coleman, Spiritualism in America, *Spiritual Magazine*, 2 (1861), p.294; Webster, op. cit., p.6; Alexander, op. cit., p.2; Podmore, *Modern Spiritualism*, II, p.16.

o *status* social ou intelectual de testemunhas como prova de competência; como alguém afirmou, crenças em fenômenos espiritualistas não eram "incompatíveis com o mais alto calibre de intelecto e de cultura".[67] Muitas testemunhas mencionavam credenciais profissionais, fossem elas advogados, jornalistas ou médicos que, como o dr. Gully, estavam "trabalhando em ofícios nos quais questões de fato, e não de fantasia, são objeto de observação".[68] Como os observadores destacavam sua capacidade de observação, da mesma forma apresentavam-se como pessoas do tipo que não se deixaria ser enganado. "Aventuro-me a dizer", comentou S. C. Hall, no processo de exclusão da possibilidade de embuste em uma sessão de Foster, "que as pessoas presentes eram de tal forma esclarecidas que teriam detectado fraude em qualquer um que ousasse praticá-la."[69] "Aqueles que me conhecem", comentou um sujeito otimista, "podem talvez fornecer a garantia de que não sou facilmente enganado."[70]

Na exclusão da possibilidade de trapaça, citava-se frequentemente alguém com competência especializada em ilusionismo. E. L. Blanchard, dramaturgo e ilusionista amador, afirmava estar "totalmente familiarizado" com as técnicas do ilusionismo e, ainda assim, não conseguira detectar "a mais leve tentativa de fraude" por parte de Foster.[71] Ilusionistas profissionais também eram citados como observadores que não conseguiam

---

67 The medium Colchester, *Spiritual Magazine*, 6 (1865), p.466. Ver também: Rymer, op. cit., 2; Webster, op. cit., p.3; Alexander, op. cit., p.2.
68 Dr. Gully's facts, op. cit., p.63.
69 Mr. S. C. Hall and Mr. Foster, *Spiritual Magazine*, 3 (1862), p.90.
70 Mr. C. Foster, op. cit., p.46.
71 Foster, *Report on Spiritualism*, p.134-5.

detectar fraude em sessões espíritas. Dizia-se que os ilusionistas não conseguiam recriar as proezas dos irmãos Davenport, e que Daniel Home havia sido examinado minuciosamente pelos ilusionistas mais famosos da Europa e que

> os mais qualificados professores da "classe de Herr Frickell e Robert-Houdin" [...] afirmam não apenas que não detectaram quaisquer estratagemas através dos quais ele pudesse levar a cabo as manifestações que testemunharam, mas que era impossível que ele tivesse usado qualquer tática sem que fosse descoberto, e, em vista disso, eles afirmam sua crença na causa sobrenatural dos fenômenos.[72]

Como veremos, os críticos também recorriam à *expertise* de ilusionistas, quando estes começaram a reproduzir fenômenos de sessões espíritas no palco, oferecendo possíveis explicações para o que acontecia em uma sessão. Quando isso acontecia, os espiritualistas desafiavam o conhecimento dos ilusionistas, afirmando que eles próprios tinham muito mais competência

---

72 Sir William a Beckett the judge, op. cit., p.354. Vale anotar que tal declaração não estava nem em sintonia – nem era facilmente compatível – com o que os ilusionistas afirmavam publicamente. Tanto os defensores quanto os detratores apoiavam normalmente suas próprias posições, apelando para o que os ilusionistas, supostamente, haviam dito ou feito. A verdade é que, até onde podemos saber, deverá ficar (na maior parte) confinada a notas de rodapé, porque (na maior parte) estamos interessados em como crenças se manifestavam e se justificavam. Em termos de retórica, a função de tais apelos é óbvia e, embora seu efeito não seja conhecido, a sua exatidão não teria muita importância, já que muito poucos teriam sabido dos detalhes.

(após investigarem apropriadamente os fenômenos) e, assim, tinham mais condições de emitir uma opinião abalizada. Da mesma forma como faziam os defensores do mesmerismo, eles afirmavam que possuíam competência adequada, que recorriam a *experts* cujas visões endossavam as deles próprios e desafiavam a *expertise* daqueles cujas visões eram contrárias às suas.

Era esse o caso de competência especializada em detecção de fraude, e também o caso de competência em observação. Como os relatos de testemunhas excluíam a possibilidade de fraude e autoengano, eles se descreviam como competentes na capacidade de observação, e isso frequentemente incluía a linguagem das ciências. Sessões espíritas eram descritas como "experimentos" que ocorriam em condições de "teste"; referências à *expertise* científica das testemunhas eram feitas com regularidade.[73] É possível que tal competência tenha sido descrita como desnecessária por alguns na observação dos fatos simples, porém era, não obstante, um tema frequente nos relatos. Por um lado, as credenciais científicas das testemunhas eram mencionadas como suporte da realidade dos fenômenos;[74] por outro lado, a *expertise* científica dos detratores era contestada. Assim, por exemplo, uma investigação malsucedida feita por céticos era considerada "muito pouco científica", e Brewster foi descrito como "não o homem mais instruído e científico de sua época".[75]

---

73 Por exemplo, Mr. C. H. Foster, op. cit., p.37; The Davenport brothers, op. cit., p.468; Evenings with Miss Nicholl, *Spiritual Magazine*, 2 (1867), p.255.

74 Por exemplo, Dr. Hooker and Wallace, *Spiritual Magazine*, 3 (1868), p.480; Varley, Letter, *Spiritual Magazine*, 5 (1871), p.465.

75 Letter from the late Prof. Gregory, op. cit., p.452; Home, *Incidents in My Life*, p.237.

Como veremos, quando a investigação científica formal de fenômenos de sessões espíritas começou, as controvérsias sobre o que se considerava *expertise* científica propriamente dita eram parte fundamental da polêmica. Entretanto, nessa época, essa querela sobre *expertise* científica era parte de um contínuo debate sobre a realidade dos fenômenos, com base na construção do que se considerava competência adequada. O que sempre se leva em conta no relato de fatos extraordinários é que haja um observador considerado competente e, como vimos, a *expertise* científica não era a única forma de competência especializada que importava. Crenças a respeito de fenômenos extraordinários relativos ao espiritualismo, como aquelas associadas ao mesmerismo, eram manifestadas e justificadas com o recurso a diferentes versões de *expertise*, não importando quais delas pudessem ser utilizadas mais eficazmente no argumento.

Os fenômenos do mesmerismo também haviam sido enquadrados como reais, recorrendo-se aos benefícios em potencial, e esse foi o caso dos fenômenos do espiritualismo, embora as vantagens fossem bem diferentes. Tendo em vista que as vantagens das leves batidas e das mesas que se moviam, ou dos instrumentos musicais que tocavam sozinhos, não eram evidentes, isso também precisava ser construído sob a forma de argumento. Os médiuns enquadravam tais coisas como obra dos espíritos, e muitas testemunhas se convenciam, mas sua relevância espiritual continuava obscura; daí, a necessidade de discussão. Quando os espiritualistas perguntavam "*Cui buono?*" – para benefício de quem? –, uma pergunta normal em periódicos espiritualistas, suas respostas tendiam a ser que tais fenômenos provavam que almas sobreviviam, que milagres eram possíveis e, assim, forneciam evidência que reforçava a fé cristã.

Havia também referências ocasionais a curas espirituais ou ao recebimento de conselhos úteis oferecidos pelos espíritos, porém eram mais comuns afirmações de que as testemunhas haviam restaurado sua fé cristã e de como o Espiritualismo Moderno era uma refutação do rastejante materialismo da época.[76]

Isso, sem dúvida, está muito alinhado com a teoria de que crenças no espiritualismo podem ser entendidas como uma resposta às crises de fé enfrentadas por muitos vitorianos à luz de descobertas geológicas, teorias da evolução e do crescente ceticismo em relação à verdade literal da Bíblia. Porém, há várias razões por que essa é uma análise insuficiente, e isso será discutido a seguir. Ao mesmo tempo, vimos que testemunhas de fenômenos ocorridos em sessões espíritas descartavam a fraude e o autoengano, com base em observação competente; também afirmavam que os fatos eram reais, por mais extraordinários que pudessem parecer, que isso estava em sintonia tanto com a ciência quanto com a religião e proporcionava a vantagem de promover a crença em vida após a morte. Ao fazê-lo, da mesma forma como ocorrera com os mesmeristas anteriores, eles forneciam argumentos sobre os quais basear a crença em fenômenos extraordinários. Ainda assim, apesar de todos os seus esforços, a maioria dos seus contemporâneos discordava, e a maneira como eles o faziam mostra exatamente de que forma os mesmos eventos que eram objeto de crença podiam ser enquadrados como objeto de descrença.

---

76 Por exemplo, Dr. Gully's facts, op. cit., p.63; Coleman, The question of cui bono answered, *Spiritual Magazine*, 2 (1861), p.142-3; Jones, An evening with Mr. Home, *Spiritual Magazine*, 2 (1861), p.70.

Peter Lamont

Enquadrando fenômenos de sessões espíritas como não reais

Se, na Grã-Bretanha da década de 1860, alguém quisesse afirmar que fenômenos extraordinários não eram reais, não era necessário olhar muito além para encontrar explicações comuns possíveis. Pouco tempo antes houvera amplo debate sobre o mesmerismo, e uma nova teoria da hipnose estava disponível para explicar como as pessoas poderiam vivenciar algo que não estava realmente lá. Houve também enorme interesse público em ilusão de ótica, com uma variedade de dispositivos óticos populares à venda e apresentações profissionais que dependiam de ilusões visuais.[77] Era possível adquirir um zootropo estroboscópio ou caleidoscópio (inventado por David Brewster) ou visitar a Royal Polytechnic Institution [Instituto Politécnico Real] para observar uma gama de ilusões de ótica maiores, inclusive do enormemente popular "Fantasma de Pepper",* que permitia que o público visse a projeção de um ator vestido de fantasma no palco.[78] Só porque alguém via um espírito não significava que o espírito era real.

E, além disso, havia a questão da demência, tópico de eterno interesse por parte dos vitorianos. Como os periódicos da época continuavam a manifestar preocupação com o aparente crescimento das taxas de demência, a preocupação com a insanidade mental ficou evidente na literatura popular do período.

---

77 Horton, Were they having fun yet? In: Christ; Jordan (Orgs.), *Victorian Literature and the Visual Imagination*.

* Recurso similar ao usado no espetáculo "Casa de Monga" no Brasil. (N. T.)

78 Hankins; Silverman, *Instruments and the Imagination*, p.66.

Crenças extraordinárias

A demência era, de acordo com Nenadic, um dos "pesadelos vitorianos".[79] E, para os mais interessados, textos de ciência mental, contemporâneos à época, explicavam como enganos dos sentidos, fantasias e alucinações podiam ser vivenciados por pessoas mentalmente sãs e instruídas.[80] De fato, esse argumento fora levantado junto a não especialistas, que meramente liam as publicações da imprensa periódica.[81] Em suma, teria sido muito fácil na década de 1860 acreditar que as pessoas pudessem ver coisas que não estavam realmente lá.

É nesse contexto que a relativa escassez de tais argumentos torna-se significativa. Apesar da opção de recorrer à hipnose, à ilusão de ótica ou à insanidade, há uma notável falta de críticos oferecendo tais opções como explicação para os fenômenos relatados, a despeito do fato de que muitos críticos proeminentes fossem peritos em tais questões.[82] Nem mesmo testemunhas declaradamente céticas deram a entender que haviam sido mesmerizadas ou vítimas de ilusão de ótica (e mais rara ainda era a admissão de insanidade). A negação de tudo isso por parte das testemunhas sugere crítica em potencial; entretanto, havia muito pouca sugestão nos periódicos da década de 1860 de que isso pudesse estar acontecendo. Era possível estabelecer comparações entre o Fantasma de Pepper e os

---

79 Nenadic, Illegitimacy, insolvency and insanity. In: Marwick (Org.), *The Arts, Literature, and Society*, p.6 7.
80 Pritchard, *A Treatise on Insanity and Other Disorders Affecting the Mind*, p.16; Bucknill; Tuke, *A Manual of Psychological Medicine*, p.123.
81 Modern necromancy, *North British Review*, 34 (1861), p.123; Illusions and hallucinations, *British Quarterly Review*, 36 (1862), p.416.
82 Por exemplo, Brewster e G. H. Lewes eram especialistas em ótica, e Charles Lockhart Robertson era Comissário do Departamento de Demência e crítico do espiritualismo.

espíritos observados na sala de uma sessão espírita; rumores de segunda mão a respeito de alucinações em massa podiam aparecer na imprensa popular; e ligações entre mesmerismo e espiritualismo eram feitas em termos de sua relevância para a ciência mental, mas a visão de que os fenômenos eram uma experiência totalmente subjetiva não parece ter se tornado um tema comum senão mais tarde.

Com efeito, a ligação entre o espiritualismo e a insanidade geralmente se manifestava na direção oposta, pois muitos afirmavam que o espiritualismo era a causa da insanidade. John Henry Anderson, o ilusionista desmoralizador, declarou publicamente que o espiritualismo era "um engano dos sentidos, que levou dez mil pessoas à loucura nos Estados Unidos", e os periódicos falaram de "manicômios lotados de maníacos pelo tema espiritualismo" e comentaram que "é fato que muitas das pessoas que constituem os círculos dos espiritualistas [...] ou são insanas ou estão à beira da insanidade".[83] Por sua vez, é claro, os periódicos espiritualistas contestavam a ideia de que o espiritualismo levava à insanidade, mas quanto à noção de que fenômenos ocorridos em sessões espíritas era produto de insanidade, essa era outra questão.

Quando um crítico sugeriu que aqueles que acreditavam deveriam ser "indicados para o manicômio", poucos teriam lido isso literalmente, como um conselho.[84] Não obstante, a linguagem da ciência mental era suficientemente comum. Os críticos referiam-se à "condição intelectual" de uma testemunha, possí-

---

83 Anderson, *Magic of Spirit-rapping*, p.67-8; The Spirit faith in America, *Chambers Journal*, 9 fev. 1856, p.82; Modern necromancy, op. cit., p.123.

84 Barge, Letter, *Spiritual Magazine*, 4 (1863), p.266.

veis "defeitos mentais", "imaginação exaltada", "nervos fracos", ou até mesmo "à beira da insanidade", sem ultrapassar os limites.[85] Mesmo quando os fenômenos eram atribuídos a enganos, fantasias e alucinações, assinalava-se que isso poderia ser produto de uma mente sã.[86] De fato, a linguagem da demência era bastante comum em outras partes. *Memoirs of Extraordinary Popular Delusions* [Memórias de extraordinários delírios populares] (1841), de Mackay, havia incluído alguns capítulos sobre a "bolha especulativa da South Sea Company" e "admiração popular por grandes larápios", e tais tópicos foram descritos como "males epidêmicos" tanto no periódico *Journal of Mental Science* quanto no *Westminster Review*.[87] Assim, o espiritualismo podia ser descrito como uma "ilusão epidêmica", mas o termo podia significar nada mais do que "equívoco popular".

A ambiguidade com que a linguagem da ciência mental era utilizada é compreensível, sobretudo quanto às implicações envolvidas no ato de acusar indivíduos de insanos. Assim, quando tal linguagem era utilizada, ela raramente fazia referência a um indivíduo específico. Caso semelhante era o de apelos mais gerais ao problema de testemunhos. Como o *Fraser's Magazine* registrou,

---

85 Spiritualism and the age we live in, *Athenaeum*, 11 fev. 1860, p.202; Spiritualism, *Fraser's Magazine*, 65 (1862), p.522, Modern spiritualism, p.190; Report on spiritualism, *Quarterly Review*, 114 (1863), p.557; Powell's spiritualism, *Athenaeum*, 23 abr. 1864, p.576.

86 Modern necromancy, op. cit., p.123; Illusions and hallucinations, *British Quarterly Review*, 36 (1862), p.416.

87 The homoeopathic principle applied to insanity, *Asylum Journal of Mental Science*, 4 (1858), p.396; Spirits and spirit rapping, *Westminster Review*, 13 (1858), p.65.

é um equívoco completo imaginar [...] que a respeitabilidade, a honestidade e a boa-fé de uma testemunha sejam em qualquer circunstância garantia suficiente de sua veracidade no relato de uma questão de fato. É preciso ter grande tolerância pela falta de observação, pela credulidade, e os muitos outros defeitos mentais que mais ou menos desqualificam [a maioria] das pessoas com capacidade e conhecimento medianos.[88]

Havia, então, uma visão crítica de que, a despeito de todo o discurso sobre fatos, um testemunho não era algo plenamente confiável, e que em algum lugar entre os fatos e o relato, o observador, de alguma forma, havia se equivocado. Porém, foi somente após 1870 que essa visão se tornou uma linha central do debate, por razões que iremos considerar dentro em breve. Ao mesmo tempo, o modo esmagador de enquadrar fenômenos de sessões espíritas como comuns era aceitar o fato de que o que era relatado acontecera realmente, mas atribuir os eventos a fraude.

Enquadrando fenômenos de sessões espíritas como trapaça

Como já vimos, em 1855, Brewster havia deixado a sessão com Home admitindo, privadamente, que não conseguia explicar as coisas, embora tenha tentado fazê-lo em público. Nesse processo, ele havia incluído uma afirmação de que a mesa "pareceu" erguer-se do chão. E essa insinuação de que ela podia não ter se erguido, como vimos, provocou uma reação. Na maior parte, entretanto, Brewster tentara explicar os even-

---

[88] Spiritualism, *Fraser's Magazine*, 65 (1862), p.522.

tos como resultado de trapaça, declarando na imprensa que os fenômenos "poderiam todos ser produzidos por mãos e pés humanos".[89] Isso também provocou uma longa controvérsia, com a exigência de que mais detalhes fossem fornecidos, e os críticos passaram a apelar ao conhecimento e autoridade dos ilusionistas. Quando John Henry Anderson decidiu juntar-se ao grupo, ele afirmou que os médiuns dependiam do eletromagnetismo e, outras vezes, "do habilidoso ajuste de alavancas e da crina de cavalo habilmente entrelaçada".[90] Independentemente do que isso pudesse significar, ficou claro que nem todos se convenceram. Um correspondente exigiu, em nome do "público ansioso", uma explicação apropriada.[91] Alguns dias mais tarde, não tendo recebido resposta, ele escreveu: "Peço novamente uma resposta objetiva ou uma explicação para a causa dos fenômenos".[92] É difícil imaginar um pedido mais direto do que esse; no entanto, não houve qualquer explicação. Uma coisa era fato comum em manifestações de opinião de que os fenômenos que ocorriam em sessões espíritas não eram reais: o recurso a embustes como explicação, com insuficiência de detalhes para satisfazer aqueles que demonstravam interesse genuíno no assunto.

Tudo ficou mais óbvio no caso de Home, que desafiou os detratores com mais sucesso do que qualquer outro médium. Em 1860, depois da publicação na revista *Cornhill* de um relato

---

89 As cartas foram publicadas no *London Morning Advertiser*, 3 out. 1855. A maioria delas está reproduzida em Home, *Incidents in My Life*, p.237-61.
90 Anderson, Letter, *Morning Advertiser*, 20 out. 1855, p.3.
91 J., Letter, *Morning Advertiser*, 23 out. 1855.
92 J., Letter, *Morning Advertiser*, 27 out. 1855.

de uma sessão espírita na qual Home havia levitado até o teto, houve grande debate na imprensa sobre como isso poderia ser explicado. Entretanto, havia muito pouco em termos de uma explicação detalhada.[93] Na verdade, no decorrer da década de 1860, os fenômenos de Home eram explicados principalmente de duas maneiras: primeiro, havia o recurso à possibilidade de fraude em tais condições, sobretudo porque tais eventos ocorriam no escuro; segundo, havia o recurso à autoridade, ao conhecimento especializado de ilusionistas, que – presumia-se – saberiam o que, de fato, estava acontecendo.

Da mesma maneira como os observadores enfatizavam a adequação das condições, os críticos enfatizavam a sua inadequação. Assim, a *Fraser's Magazine* afirmou, em contradição direta ao que havia sido declarado no relato da *Cornhill*, que os fenômenos de Home "só eram apresentados em condições especiais. Era sempre na própria casa do sr. Home ou na casa de alguém que, se não um cúmplice, era, de qualquer forma, alguém que acreditava implicitamente em seus poderes sobrenaturais e permitia a ele livre escopo para elaborar sua apresentação".[94] Outros faziam referências à escuridão suspeita e à *expertise* dos ilusionistas de palco, que, sem dúvida, podiam lançar alguma luz sobre aquelas "coisas estranhas realizadas no escuro".[95] Não obstante, o que é evidente é que era difícil encontrar explicações detalhadas de como tudo podia ser feito, e aqueles que adotavam a posição de que fenômenos ocorridos em sessões espíritas não eram reais tinham um número limita-

---

93 Por exemplo, Lewes, Seeing is believing, *Blackwood's Edinburgh Magazine*, 88 (1860); Spirit-rapping, *Literary Gazette*, 8 set. 1860.
94 Spiritualism, *Fraser's Magazine*, 65 (1862), p.521-2.
95 Elegant extracts, *Spiritual Magazine*, 2 (1861), p.438.

do de opções. Se vale levar em consideração o debate público, eles dependiam da ideia de que os ilusionistas sabiam o que realmente estava acontecendo.

O apelo à *expertise* dos ilusionistas tomava várias formas. Os médiuns eram descritos como não sendo melhores do que os ilusionistas, ou não tão bons, já que dependiam da escuridão.[96] Os ilusionistas eram retratados como conhecedores de como os médiuns agiam, afirmando que eles não produziriam, ou não conseguiriam produzir seus fenômenos na presença de os ilusionistas, ou que eles eram apanhados em flagrante quando tentavam fazê-lo.[97] Talvez seja válido considerar, mesmo que apenas para evitar confusão, que tais afirmações (muito à semelhança das afirmações feitas por espiritualistas de que os ilusionistas eram incapazes de explicar os fenômenos) eram frequentemente infundadas. Por exemplo, os espiritualistas afirmavam que Robert-Houdin fora incapaz de explicar o que acontecera em uma sessão de Home, e os críticos afirmaram que Home havia recusado um convite para fazer uma apresentação diante de Robert-Houdin,[98] mas não há um pingo de evidência de nenhuma dessas afirmações. Entretanto, elas foram feitas publicamente e poucos teriam sabido dos detalhes.

Vale também notar que, apesar do argumento habitual em que afirmavam que sabiam como os médiuns atuavam, os ilusionistas raramente explicavam os detalhes. Contudo, nas

---

96 Por exemplo, Spiritualism, *Fraser's Magazine*, 65 (1862), p.521; Spirit conjuring, *Punch*, 25 ago. 1860, p.73.
97 Por exemplo, Modern spiritualism, *Quarterly Review*, 114 (1863); Incidents in my life, *Times*, 9 abr. 1863, p.4-5.
98 Sir William a Beckett the judge, op. cit., p.354; The press, *Spiritual Magazine*, 1 (1860), p.485.

raras ocasiões em que faziam isso, eles nos davam algum *insight* quanto ao que poderia ter passado na cabeça das pessoas naquela época. Por exemplo, em 1860, a revista *Once a Week* publicou um artigo intitulado "Comunicação com os espíritos agora ficou fácil", assinada por "Katerfelto", que explicava como produzir batidas leves (em uma mesa, por exemplo) e fazer com que uma pequena mesa de carteado pareça flutuar no escuro, usando-se a perna de alguém para levantá-la. Subsequentemente, o conhecido escritor e espiritualista William Howitt escreveu ao *Morning Star*, desafiando Katerfelto a explicar os fenômenos de Homer conforme descrito no relato da *Cornhill*. No mesmo mês, "Comunicação com os espíritos agora ficou fácil – n.2" apareceu em resposta ao desafio de Howitt. No início, Katerfelto afirmava que pretendia explicar "como o sr. Home flutuou no teto da sala [...] e todas as outras maravilhas mencionadas no relato da *Cornhill*". Em seguida, ele explicou certos truques mediúnicos simples, mas não lidou com os fenômenos de Home e terminou fazendo referências às "apresentações do sr. Home, que estou prestes a examinar [são mais impressionantes, exceto o segredo], quando eu tiver explicado tudo, ficará claro que são ridiculamente simples em comparação com os efeitos que têm sobre os espectadores desorientados e perplexos (aguardem a sequência)".[99] Foi somente mais tarde, no último fascículo, que Katerfelto finalmente revelou "o segredo" da levitação de Home, e não é nada difícil imaginar mais decepção entre seus leitores.

De acordo com Katerfelto, Home tinha um lampião e um *slide* de si mesmo, os quais ele havia usado para projetar sua

---

99 Lamont, *The First Psychic*, p.118-9.

própria imagem na cortina, dando a ilusão de que estava flutuando no ar. Para fazer isso, entretanto, seria preciso que ele trouxesse clandestinamente o lampião para a sala, acendesse a vela em uma sala escura, sem ser notado, e projetasse a imagem de si mesmo acima da cabeça de todos os que lá estavam, sem que uma única pessoa se virasse para ver de onde provinha o feixe de luz aéreo. Esse era o segredo "ridiculamente simples" de Katerfelto, um segredo que havia "desorientado e deixado perplexos os espectadores". Quando Homes tomou conhecimento disso, ele ficou aturdido com a ridícula simplicidade, e os espíritos (somos informados), marotamente, destruíram uma cópia da revista em uma sessão naquela noite.[100]

Não há dúvida de que houve aqueles que leram o artigo superficialmente, ou tomaram conhecimento dele em segunda mão, formando uma vaga impressão de que tudo estava esclarecido. Porém, qualquer um que tivesse realmente interesse no assunto, ou que conhecesse qualquer um dos indivíduos envolvidos, ou simplesmente o tivesse comparado com o relato original, teria concluído com quase certeza absoluta que essa explicação era insuficiente. Assim, seria possível contestar a realidade dos fenômenos com base na ideia de que os ilusionistas sabiam o que estava ocorrendo, mas deve ter havido muitos – e não apenas espiritualistas – que consideraram insatisfatórias as explicações; e, nesse caso, elas poderiam ter tido o efeito oposto, como evidência de que nem mesmo os ilusionistas conseguiam esclarecer o que estava ocorrendo. Não obstante, o apelo à competência especializada de ilusionistas permanecia um argumento padrão para aqueles que desejassem refutar a

---

100 Ibid., p.120-3.

realidade dos fenômenos, mas sentiam que não tinham, eles próprios, uma explicação adequada.[101]

Havia, no entanto, outra linha de argumentação, baseada na questão da *expertise*, ou seja, aqueles que observavam os fenômenos não eram observadores com competência suficiente. A necessidade de observadores científicos fora ressaltada anteriormente por críticos; por exemplo, o zoólogo e membro da Royal Society, E. R. Lankester. Ele havia concluído que "a evidência do prof. Faraday possuía mais valor com relação às mesas girantes e as batidas do que o testemunho de um grande número de pessoas não muito bem experientes na prática da observação".[102] Isso, não há dúvida, foi contestado por espiritualistas; e a necessidade de *expertise* científica – e o que exatamente se considerava como tal – tornou-se uma importante linha na controvérsia.

Isso ocorreu, em parte, por causa da natureza extraordinária dos fenômenos, algo que fora também ressaltado pelos críticos desde o início. Como havia afirmado o periódico *Chambers' Journal*, em 1856: "[s]e esse é um mundo de leis naturais, como a maioria das pessoas esclarecidas acredita que seja, é impossível que tais coisas possam ser realidade; elas só podem ser algum tipo de engano ou falácia".[103] Outros manifestaram maior ansiedade quanto às implicações de tais fenômenos. A *Saturday*

---

101 Por exemplo: "Embora eu não possa desvendar o mistério, estou convencido de que ele é explicável. Se assisto a um ilusionista tão hábil como Herr Frickell, vejo-o fazendo muitas coisas que não sei explicar, e nunca duvido que ele pode explicá-las" (A memoir of Charles Mayne Young, *Spiritual Magazine*, 4 (1871), p.414).
102 Popular scientific errors, *Yorkshire Spiritual Telegraph*, 1 (1856), p.169.
103 The Spirit faith in America, *Chambers Journal*, 9 fev. 1856, p.83.

Review admitiu que nem todos os fatos relatados haviam sido esclarecidos e apontou o conflito entre eles e as leis da natureza, enfatizando que "[a] menos que tais leis sejam absolutas [...] toda a confiança em causa e efeito desaparece [...]. O caos retornou. O reino do Acaso está instaurado".[104] Alguns anos mais tarde, a revista *Athenaeum* observou que "[a]té esse momento, os esforços dos homens das ciências foram orientados no sentido de explicar um universo bem ordenado; mas [...] [isso] certamente resultará em um manicômio universal. A incoerência e a inconsistência serão a norma".[105]

Assim, da mesma forma como fizeram os críticos do mesmerismo, os críticos do espiritualismo ressaltaram não apenas o elemento extraordinário da afirmação, como também seus perigos potenciais. No processo relativo ao primeiro aspecto, eles enfatizavam a insuficiência da evidência e a necessidade de um ceticismo apropriado diante de tais pretensões tão extraordinárias. Em relação ao segundo aspecto, o espiritualismo constituía uma ameaça não apenas à sanidade dos indivíduos como também ao pensamento racional de maneira mais geral, com comparações usuais com a bruxaria. Recorrer a explicações normais, à necessidade de competência específica, ao elemento extraordinário de tais afirmações e aos danos que elas poderiam causar — tudo isso continuou a ser feito por detratores do espiritualismo, da mesma forma como fora feito pelos detratores do mesmerismo, e, como veremos, isso continua até hoje.

Ao mesmo tempo, basta notar que qualquer um que desejasse argumentar que os fenômenos não eram reais poderia

---

104 Superstition and science, *Saturday Review*, 12 jan. 1856, p.194.
105 On force, its mental and moral correlates, *Athenaeum*, 2 fev. 1867, p.150.

simplesmente apelar para algum tipo de trapaça, mesmo que fosse impossível fornecer um método. Ao fazer isso, sempre seria possível manter a descrença diante de fenômenos não esclarecidos. E, como no caso do mesmerismo, as crenças de que fenômenos de sessões espíritas eram reais podiam também ser sustentadas, mesmo diante da evidência de que eram resultado de fraude. Quando os médiuns fracassavam na produção de qualquer fenômeno, quando os ilusionistas reproduziam o que os médiuns faziam, e mesmo quando os médiuns eram desmascarados, as crenças na realidade dos fenômenos, ainda assim, eram mantidas.

O enquadramento de fracassos, reproduções e desmascaramentos

Muitas vezes os médiuns não conseguiam produzir qualquer fenômeno, mas isso podia ser tratado como resultado de condições que não eram conducentes aos espíritos. Os fenômenos ocorridos em sessões espíritas eram suscetíveis não apenas à luz como também a uma gama de outras variáveis. Havia, conforme William Gregory apontou, "inumeráveis causas para o fracasso", desde a "saúde do sujeito" até as "condições do tempo" e, especialmente, a influência daqueles que estavam presentes, "acima de tudo, se eles eram céticos, preconceituosos ou sentiam-se estimulados pela controvérsia". Assim, quando os médiuns fracassavam na produção de fenômenos diante dos detratores, isso se devia ao fato de que estes últimos insistiam em "condições impróprias e absurdas, de tal forma que ninguém que esteja familiarizado com os fenômenos, ou que tenha qualquer concepção das numerosas fontes de equívoco e de fracasso, possa pensar em aceitar". Em tais casos, o fracasso era "altamente provável".[106]

Então, de forma semelhante aos fracassos de clarividentes nas demonstrações de mesmerismo, os fracassos de médiuns podiam ser atribuídos à ignorância e ao preconceito dos pesquisadores. Com isso, a necessidade de familiaridade adequada em relação à verdadeira natureza dos fenômenos era reforçada. Os fracassos podiam ser enquadrados como evidência não apenas da natureza enganosa dos fenômenos como também de sua realidade, já que (como os fracassos ocorridos no mesmerismo) eles apontavam para a improbabilidade de fraude. Os médiuns não tinham controle dos espíritos e, portanto, não podiam, como no palco, simplesmente demonstrar tais feitos a seu bel-prazer. Nesse sentido, por exemplo, o fato de que Home não tinha controle dos fenômenos e, portanto, sempre decepcionava os presentes, era mostrado como prova de inexistência de embuste.[107]

Os fenômenos ocorridos em sessões espíritas eram também reproduzidos com regularidade por ilusionistas no palco. A partir de 1855, John Henry Anderson apresentou no palco desmascaramentos de comunicações com os espíritos, e John Nevil Maskelyne, que sucedeu Anderson como o mais famoso ilusionista-desenganador da Grã-Bretanha, iniciou sua carreira em 1864, quando começou a imitar o fenômeno do armário dos espíritos dos irmãos Davenport.[108] Esses e vários outros ilusionistas concebiam explicitamente seus shows como evidência de

---

106 Letter from the late Prof. Gregory, op. cit., p.451-3.
107 The Davenport brothers, op. cit., p.503.
108 Dawes, *The Great Illusionists*, p.155.

que os fenômenos de sessões espíritas podiam ser produzidos através de fraude, estratégia utilizada posteriormente por Houdini e, desde então, por muitos outros ilusionistas.

A principal reação dos espiritualistas era alegar que essas não eram imitações exatas. Uma testemunha salientou que as batidas que ouvira nas sessões de Home eram "muito diferentes das batidas do Grande Sábio [Anderson], e ocorriam indiferentemente, como eu disse antes, em todos os lugares e cantos do aposento", acrescentando que o médium operava "sem qualquer parafernália que pudesse caracterizar a arte de um sábio".[109] Dizia-se repetidamente que as condições sob as quais os médiuns trabalhavam eram diferentes, sem os apetrechos de palco e sem a oportunidade de se preparar, e com controles contra fraude permitidos em todo o decorrer do processo, e que os ilusionistas não seriam capazes de imitar os fenômenos nas mesmas condições.[110] "Nenhum ilusionista permite que você segure suas mãos enquanto ele está apresentando seus truques", disse uma testemunha, que desafiara Anderson e Robert-Houdin a realizarem seu repertório normal, enquanto suas mãos eram seguradas por membros da plateia.[111] Comparando a apresentação de Anderson com os eventos da sala de uma sessão espírita, o extremamente popular periódico *Family Herald* registrou: "há tanta semelhança entre as batidas

---

109 Home, *Incidents in My Life*, p.75.
110 Por exemplo, Sir Charles Isham on spiritualism, *Spiritual Herald*, I (1856), p.17; The Davenport brothers, op. cit., p.522; Alexander, op. cit., p.2; Hall, *The Use of Spiritualism*, p.49; Trollope, *What I Remember*, p.390.
111 Guppy, Letter, *The Spiritualist*, I (1871), p.222.

leves de Anderson e as deles quanto há entre o mugido de um touro e o gorjeio de um chapim".[112]

O fato de que tais distinções eram feitas não apenas por espiritualistas, mas também por não espiritualistas e pela imprensa sugere que poderia haver alguma coisa nisso. De fato, quando os periódicos enquadravam os fenômenos como trapaça e citavam apresentações de ilusionismo como suporte, eles mencionavam abertamente efeitos do ilusionismo com mais frequência do que demonstrações pseudoespiritualistas, insinuando que as últimas não eram tão eficientes quanto se pretendia.[113] E, alguns anos mais tarde, quando um ex-médium fraudador revelou os métodos que ele e outros médiuns usavam, ele comentou que "[n]ão há absolutamente qualquer semelhança de qualquer espécie ou descrição, com a sessão espírita do 'médium', nesses alegados desmascaramentos do mágico profissional".[114] Em outras palavras, rejeitar tais imitações como inválidas não era algo tão estranho assim, mas, houvesse ou não justificativa, tratava-se de um meio de manter a posição de que os fenômenos em sessões espíritas não eram resultado de fraude.

Por outro lado, as imitações podiam ser aceitas como semelhantes à coisa real, e, portanto, como evidência da coisa real. Por exemplo, quando Benjamin Coleman viu Maskelyne fazer a demonstração do armário dos espíritos, ele ficou tão impressionado que concluiu que Maskelyne era um médium

---

112 Juggling, wizarding, and similar phenomena, *Family Herald*, 13 (1855), p.349.
113 Lamont, Spiritualism and a mid-Victorian crisis of evidence, *Historical Journal*, 47 (2004), p.907.
114 Price; Dingwall, *Revelations of a Spirit Medium*, p.17.

genuíno.[115] E quando o comediante Edward Sothern realizou imitações dos fenômenos de Daniel Home e dos irmãos Davenport, eles foram considerados tão semelhantes que alguns espiritualistas afirmaram que os fenômenos eram genuínos.[116] Relatos de prestidigitadores indianos capazes de se desvencilhar de cordas, uma proeza tradicional de ilusionistas de rua, foram, da mesma forma, enquadrados como reais (aparentemente, para divertimento dos próprios prestidigitadores).[117] Portanto, as reproduções feitas pelos ilusionistas podiam ser rejeitadas como imitações insuficientes ou reenquadradas como evidência de fenômenos genuínos.

De maneira semelhante, quando se afirmava que médiuns haviam sido desmascarados isso também era negado. Os supostos desmascaramentos das irmãs Fox ou da sra. Hayden foram descartados como inválidos já no início, como foi o caso de muitos outros que surgiram posteriormente.[118] Em certa ocasião, a médium sra. Marshall alegou ter entrado em contato com o missionário explorador desaparecido David Livingstone. Quando indagado sobre o que havia acontecido a ele, o espírito (supostamente, o dr. Livingstone) disse que "selvagens haviam cozinhado seu corpo e o haviam comido". Depois da descoberta subsequente de que Livingstone estava vivo e bem de saúde

---

115 Podmore, *Modern Spiritualism*, II, p.61.
116 Por exemplo, The Miracle Circle, *Spiritual Magazine*, 6 (1865), p.559; Mr. Sothern and the Miracle Circle, *Spiritual Magazine*, 1 (1866).
117 Wonderful manifestations in India, *Spiritual Magazine*, 6 (1865).
118 Por exemplo, no divulgado caso de Henry Slade, argumentou-se que a mensagem do espírito, que deveria servir de evidência de fraude, havia sido, de fato, produzida por um espírito (Podmore, *Modern Spiritualism*, II, p.89).

na Tanzânia, perguntaram a uma testemunha o que achara disso. A testemunha respondeu que, claramente, o espírito havia mentido. Perguntaram-lhe então como era possível diferenciar entre um espírito mentiroso e um médium mentiroso. "Não é possível diferenciar", respondeu a testemunha, "mas, nesse caso, quem estava mentindo era o espírito."[119]

Mesmo quando espiritualistas aceitavam a ideia de que médiuns haviam trapaceado, estes eram, no entanto, enquadrados como médiuns genuínos. Esse foi o caso de Charles Foster, que (será lembrado) fora visto por testemunhas que consideravam trapaça algo "absolutamente impossível" e que não eram "muito facilmente enganadas". Não obstante, posteriormente e em mais de uma ocasião, espiritualistas desmascararam Foster em flagrante. Quando isso aconteceu, o *Spiritual Magazine* declarou: "Acreditamos que o sr. Foster seja um médium [...] com notáveis poderes, mas sabemos também que ele engana e trapaceia; observando que acreditamos ser lamentavelmente comum que médiuns verdadeiros ocasionalmente 'ajudem os espíritos'".[120] Como George Goble, Foster era genuíno, mas trapaceava quando necessário (afinal, ele não tinha controle dos espíritos), e sua genuinidade era garantida por apelos a outras sessões espíritas (das quais o embuste havia sido descartado).

Situação semelhante aconteceu a Colchester, um médium que demonstrava feitos semelhantes aos de Foster e sobre quem uma testemunha havia dito: "[c]éticos queixosos podem se poupar o trabalho de especular se eu posso ter sido enga-

---
119 *Report on Spiritualism of the Committee of the London Dialectical Society*, p.204.
120 Mr. S. C. Hall and Mr. Foster, *Spiritual Magazine*, 3 (1862), p.91.

nado ou não por um truque de prestidigitação. No caso, não houve qualquer truque. Foi em plena luz do dia e sem qualquer possibilidade de engano".[121] Alguns meses mais tarde, quando Colchester foi apanhado trapaceando, o *Spiritual Magazine* afirmou: "[n]ós não concordamos que o sr. Colchester não seja um médium, pois sabemos que ele o é, e já vimos fenômenos notáveis em sua presença".[122] Como Foster, ele foi denunciado por "misturar fato e fraude", mas os fatos continuavam como evidência de fenômenos genuínos. Na verdade, os espiritualistas levaram o crédito por terem detectado a fraude, algo que — registrou o *Spiritual Magazine* — outros deixaram de fazer.[123] Assim, a existência de fenômenos fraudulentos podia ser utilizada para argumentar a favor da existência de fenômenos genuínos, contanto que houvesse alguém competente para distinguir entre os dois. Ninguém duvidava de que alguns fenômenos eram falsos, mas isso não tinha relação com os fenômenos verdadeiros. Os espiritualistas estabeleciam analogias com dinheiro falso, ou apontavam que "perucas não provam que não haja cabelo genuíno, dentaduras não provam que não haja dentes naturais".[124] Na verdade, as analogias sugeriam mais, pois a apresentação de tais falsificações decorria da existência do artigo genuíno. Todavia, o que importava era o fato de que era possível separar o joio do trigo.

---

121 Coleman, Spiritualism in America, *Spiritual Magazine*, 2 (1861), p.294.
122 The press and the mediums, *Spiritual Magazine*, 3 (1860), p.153.
123 Ver, por exemplo: The Saturday review, op. cit., p.177; Mr. Home and the critics, *Spiritual Magazine*, 4 (1863), p.219.
124 Lombroso, *After Death — What?*, p.313. Ver também: Thackeray and Dickens on spiritualism, op. cit., p.388; Home, *D. D. Home*, p.218.

Crenças extraordinárias

Portanto, os desmascaramentos podiam ser enquadrados como evidência a favor da realidade dos fenômenos. Eles mostravam que as testemunhas eram competentes para detectar trapaça, o que tornava as sessões espíritas das quais ela fora excluída muito mais convincentes. A necessidade ocasional de se recorrer a embuste era um resultado infeliz da natureza dos fenômenos, sobre a qual o médium não tinha qualquer controle. E algumas vezes a fraude era enquadrada como obra dos próprios espíritos. Por exemplo, quando uma testemunha relatava ter visto a figura de Ira Davenport caminhando pela sala quando ele devia estar amarrado, isso era explicado como evidência não de que ele havia se livrado da corda, mas sim de que havia um sósia em espírito.[125] Posteriormente, a teoria do "sósia em espírito" foi usada para explicar por que outros médiuns eram vistos movendo-se livremente quando se supunha que estivessem amarrados.[126]

Uma das tentativas de desmascaramento dos irmãos Davenport consistiu em lambuzar com tinta para escrever ou tinta para pintura a "mão de um espírito" que aparecesse durante a sessão. Depois, as mãos dos médiuns podiam ser examinadas em busca de marcas de tinta. Porém, quando se relatou que fora encontrada tinta nas mãos de um dos irmãos Davenport, insinuou-se que a tinta havia, de alguma forma, sido transportada da mão do espírito para a mão do médium.[127] O mesmo argumento foi apresentado quando foram encontradas marcas escuras nas mãos de um garoto médium, depois que uma "mão

---
125 Spiritualism at Brighton, *Spiritual Magazine*, 6 (1865), p.127.
126 Por exemplo, A séance with Miss Cook, *Spiritual Magazine*, 1 (1873), p.555.
127 Lamont, *The First Psychic*, 58.

de espírito" puxou os cabelos escuros de um participante da sessão. "Em vez de provar que o garoto é um impostor, indica a existência de uma lei [magnética]", argumentou a testemunha, e "isso deve ser aceito como evidência da genuinidade das manifestações, mais do que prova de trapaça."[128]

Por outro lado, quando se admitia que os médiuns haviam, de fato, sido apanhados em flagrante cometendo fraude, isso podia também ser enquadrado como evidência dos fenômenos, argumentando-se que o comportamento deles fora provocado pelos fenômenos. Uma médium fraudadora podia estar em estado de transe, e a trapaça podia ser produto de "sonambulismo consciente", ou, alternativamente, ela podia estar sob uma "má influência espiritual".[129] Como afirmou uma testemunha dos irmãos Davenport, "[e]spíritos fizeram os garotos a fazer o que eles próprios não tinham consciência de estar fazendo".[130] E, mesmo quando os médiuns eram considerados responsáveis por falsificarem deliberadamente os fenômenos, o argumento de que, às vezes, médiuns genuínos trapaceavam podia ser pertinente, e, de fato, fora usado em relação aos Davenport e vários outros médiuns.[131]

Dessa maneira, enquanto muitos manifestavam a ideia de que tais desmascaramentos eram exemplos claros de fraude,

---

128 The Allen Boy medium's manifestations, *Spiritual Magazine*, 6 (1865), p.259-63.
129 A painful controversy, *Spiritual Magazine*, 9 (1874), p.280-1; Trickery in spiritualism, *Spiritualist*, 2 (1872), p.41. Ver também Podmore, *Modern Spiritualism*, II, p.109.
130 Cheating mediums, *Spiritual Magazine*, 3 (1862), p.273.
131 Lamont, Making of extraordinary psychological phenomena, *Journal of the History of the Behavioral Sciences*, 48:1 (2012), p.6.

havia sempre uma maneira de enquadrá-los como respaldo de crenças. Como vimos, a mesma coisa podia ser feita em relação a fracassos e imitações. Assim, sustentavam-se crenças diante do que (para a maioria) era evidência óbvia de que os fenômenos podiam ser apresentados através de fraude. Tais argumentos podem parecer tentativas obstinadas de se agarrar a crenças diante dos fatos, como se os espiritualistas estivessem relutantes em abrir mão de sua recém-descoberta convicção. Crenças no extraordinário há muito tempo vêm sendo explicadas como produto de pensamento fantasioso, de uma doce ilusão, e, no caso do espiritualismo vitoriano, fez-se o elo com as "crises de fé da época"; resumindo, as pessoas acreditavam no espiritualismo porque ele proporcionava uma muleta muito desejada de apoio a uma fé cristã cada vez mais contestada. Quando vemos o que, aparentemente, sugere tentativas desesperadas dos espiritualistas de rejeitar evidência de fraude, fica mais fácil atribuí-las a uma necessidade de fé em Deus, ou em vida após a morte, do que a um pensamento racional. Todavia, a insuficiência dessa explicação fica clara quando adotamos uma visão mais detalhada de crença no extraordinário, como agora discutiremos.

Discussão

Crenças espiritualistas eram respostas a demonstrações e relatos dos fenômenos ocorridos nas sessões espíritas. Tais fenômenos pretendiam ser convincentes, mesmo que não convencessem a todos, e proporcionavam uma base para várias crenças acerca dos fenômenos dessas sessões. Os argumentos que se seguiam eram muito semelhantes àqueles que haviam sido utilizados em controvérsias sobre o mesmerismo, inclusive todos os meios em que fracassos, reproduções e desmascaramentos pudessem ser enquadrados como suporte à realidade dos fenômenos. Portanto, independentemente do que se pense desses argumentos, preocupações religiosas não precisavam estar presentes para que eles fossem levantados. Tampouco era a crença religiosa suficiente, é claro, pois quase todos os envolvidos eram cristãos, e a grande maioria não manifestava qualquer crença nos fenômenos do espiritualismo. Isso incluía os opositores mais proeminentes, como Brewster, Faraday e Carpenter; os três manifestavam sua fé cristã da mesma forma como manifestavam descrença nos fenômenos ocorridos em sessões espíritas. De fato, quando Brewster descartou qualquer tipo de milagre como fenômeno natural e, no entanto, criou um lugar especial para os fenômenos registrados na Bíblia, ele estava estabelecendo uma proposição que muitos outros continuariam a estabelecer – e continuam a fazê-lo até hoje.[132] Do mesmo modo como era possível alguém acreditar nos fenômenos do mesmerismo sem ser religioso, era possível alguém rejeitar os fenômenos do espiritualismo enquanto se acreditava nos (igualmente extraordinários) milagres da Bíblia. Isso era possível porque crenças em fenômenos extraordinários baseiam-se em eventos específicos.

Não há dúvida de que alguns cristãos encontraram consolo no espiritualismo e, seguramente, isso é o que alguns deles disseram, mas houve também muitos (talvez a maioria) ministros

---

132 Brewster, *Letters on Natural Magic*, p.6. Ver também: *Magic, Pretended Miracles*; Spiritualism, as related to Religion and Science, *Fraser's Magazine*, 71 (1865), p.22-42; e, mais recentemente, Korem; Meier, *The Fakers*.

cristãos que descreveram fenômenos de sessões espíritas como reais, porém obra do demônio.[133] Ademais, havia espiritualistas não cristãos, e muitos outros que enquadravam os fenômenos como reais, porém não sobrenaturais.[134] A genuinidade dos fatos, seja qual for a teoria, era um tema mais comum do se possa imaginar, pois muitos daqueles que enquadravam os fatos como reais se recusavam a enquadrá-los como obra dos espíritos. Uma testemunha disse: "ainda não encontrei um lugar em meu sistema para os fenômenos, mas que eles foram fenômenos genuínos está consolidado em minha mente".[135] Outro "deixou a explicação a cargo da ciência", ao passo que outro "não express[ou] qualquer opinião quanto à causa", e outros manifestaram repúdio semelhante.[136] Em 1856, William Gregory disse a alguns espiritualistas que se inclinava a favor da hipótese espiritual, mas não estava inteiramente convencido, e repetiu sua posição em 1863.[137] Outra testemunha escreveu a Home, explicando que "embora admita o caráter extraordinário dos fenômenos que ocorrem quando o senhor está presente, nunca me convenci de que eles emanam da volição dos espíritos".[138] Algumas testemunhas afirmaram explicitamente que não aceitavam os fenômenos como espirituais, outros ainda

---

133 Am I a spiritualist?, *Human Nature*, 7 (1873), p.163.
134 Sobre espiritualismo não cristão, ver Barrow, *Independent Spirits*.
135 Pears, Letter, *Spiritual Magazine*, 1 (1860), p.86.
136 Manifestations in England, *Spiritual Herald*, 1 (1856), p.45; Home, *D. D. Home*, p.201. Ver também: Home, *Incidents in My Life*, p.174; Baker, *Fraud, Fancy, Fact*, p.3; Home, *D. D. Home*, p.87.
137 Professor Gregory on spiritualism, *British Spiritual Telegraph*, 1 (1857), p.9; Letter from the late Prof. Gregory, op. cit., p.453.
138 Home, *D. D. Home*, p.137.

não haviam se convencido.[139] De acordo com a viúva de Home, vários outros haviam se convencido de que os fenômenos eram genuínos, sem admitir uma instância espiritual.[140] Na verdade, um estudo sobre Home, o mais convincente dos médiuns vitorianos, sugere que, embora quase todas as suas testemunhas enquadrassem os fenômenos como genuínos, cerca de metade delas não os enquadrava como obra de espíritos.[141]

Todas essas pessoas enquadravam os fenômenos como reais, porém não como sobrenaturais, mas isso não era uma rejeição do sobrenatural em si. Se as crenças dos espiritualistas eram resultado de uma crise de fé, precisamos nos perguntar por que a avassaladora maioria de cristãos se recusava a acreditar no espiritualismo, inclusive muitos daqueles que manifestavam crença na realidade dos fenômenos. Já foi discutido anteriormente que relatos de fenômenos ocorridos em sessões espíritas, em vez de serem compreendidos em termos de crise de fé, são mais claramente vistos em termos de crise de evidência, em que fenômenos não esclarecidos e amplamente relatados provocavam uma controvérsia sobre o que se considerava como evidência confiável.[142] Contudo, como vimos, isso não era novidade para o espiritualismo, tampouco é, como veremos, coisa do passado.

Quanto a compreender crenças, entretanto, a variedade de posições que se podia adotar em relação a fenômenos ocorridos em sessões espíritas ou em relação a milagres bíblicos, ou,

---

139 Lamont, Spiritualism and a mid-Victorian crisis of evidence, *Historical Journal*, 47 (2004), p.917.
140 Home, *D. D. Home*, p.129.
141 Lamont, *Magic and Miracles in Victorian Britain*, p.153.
142 Id., Spiritualism and a mid-Victorian crisis of evidence, *Historical Journal*, 47 (2004).

para dizer a verdade, a milagres católicos mais recentes, mostra uma vez mais que crenças no extraordinário baseavam-se em fenômenos específicos. Mostra também a variedade de crenças que se podia sustentar em relação aos mesmos fenômenos. Era possível participar de uma sessão e acreditar que os fenômenos observados eram reais, mas não sobrenaturais, ou que eles eram sobrenaturais, mas não obra de espíritos. Era possível acreditar que eram fraude, mas que outros fenômenos eram reais, fossem eles naturais ou sobrenaturais, espirituais ou diabólicos. Ou era possível acreditar que todos os fenômenos eram embuste, independentemente do que se pensasse acerca de milagres bíblicos e apesar de não ser possível explicar o que se presenciou. Em resumo, da mesma forma como as crenças a respeito dos fenômenos do mesmerismo, havia várias crenças diferentes que podiam ser sustentadas quanto aos eventos em questão e que não podiam ser apreendidas através de uma dicotomia simplista entre crença e descrença.

E havia, é claro, a questão relativa ao que se acreditava acerca de tais fenômenos no que diz respeito à ciência, pois, no final da década de 1860, alguns cientistas já estavam discutindo que tais fenômenos não eram incompatíveis com o conhecimento científico. Com o surgimento da pesquisa científica formal de fenômenos ocorridos em sessões espíritas, a controvérsia estava prestes a lidar mais com questões científicas. No processo, crenças sobre fenômenos extraordinários continuavam a se manifestar e a se justificar como antes, mas cada vez mais em termos de discurso científico formal, dependendo mais de *expertise* científica e do que os cientistas consideravam extraordinário. Os fenômenos espiritualistas estavam prestes a ser reenquadrados como naturais, em vez de sobrenaturais, quando o mundo tomou conhecimento do primeiro fenômeno psíquico.

5
A construção de fenômenos psíquicos

O nascimento dos fenômenos psíquicos

Em 1871, Daniel Home sentou-se em um aposento com alguns cavalheiros, cientistas muito respeitáveis. William Crookes era Membro da Royal Society, e William Huggins, seu vice-presidente. Diante deles e de outros três observadores, Home fez um acordeão flutuar dentro de uma gaiola e alterou o peso de uma prancha de madeira, sem (aparentemente) tocá-los. Incapaz de fornecer uma explicação comum para o que havia acontecido nesses estranhos experimentos, Crookes anunciou que havia descoberto a força "psíquica".[1]

O significado do termo "psíquico" era ambíguo, pois não havia qualquer teoria vinculada a ele; na verdade, ele fez pouca coisa mais do que enquadrar os fenômenos como naturais, e não sobrenaturais. Não obstante, isso foi suficiente para colocar a investigação dentro do escopo da ciência, o que foi fundamental para o significado dos fenômenos psíquicos e para a pesquisa

---

[1] Crookes, *Researches in the Phenomena of Spiritualism*, p.17.

de fenômenos psíquicos desde então. Não foi, no entanto, nada menos problemático do que a tentativa de enquadrar fenômenos anteriores como compatíveis com a ciência. Crookes pode ter sido Membro da Royal Society, o químico que descobriu o elemento tálio e editor do periódico *Quarterly Journal of Science*, mas tais credenciais científicas não eram suficientes por si mesmas. Então, a partir do momento em que ele veio ao conhecimento público com relação a suas investigações sobre os fenômenos do espiritualismo, ele tratou da questão de forma a ser convincente.

Que fique claro que, desde o início, Crookes (independentemente do que mais ele estivesse fazendo) manifestara crença na realidade de fenômenos de sessões espíritas, com base na exclusão de explicações comuns. Na introdução ao seu anúncio inicial de que estava investigando os fenômenos, ele afirmou:

> É fato que certos fenômenos físicos ocorrem sob circunstâncias nas quais eles não podem ser explicados por nenhuma lei física atualmente conhecida; tenho tanta certeza disso quanto tenho do fato mais elementar da química [...], tenho visto e ouvido de uma maneira que tornaria a descrença impossível, coisas chamadas espirituais, que não podem ser tomadas por um ser racional como passíveis de explicação por fraude, coincidência ou equívoco.[2]

Da mesma forma, seus experimentos eram demonstrações da realidade dos fenômenos, planejadas para excluir explicações comuns. Os fenômenos podiam ter sido apresentados por

---

2 Ibid., p.3-4.

Home, mas eram demonstrados dentro de uma estrutura de experimento científico formal, elaborada por Crookes de modo a descartar qualquer outra possível explicação alternativa. No processo, como ocorreu com tantos outros antes dele, Crookes fornecia argumentos convencionais com relação à singularidade dos fenômenos: também ele fora cético, mas se sentira obrigado a acreditar nos fatos; eram fatos, independentemente do que a teoria tivesse a dizer para explicá-los, e eram compatíveis com o pensamento científico, ao passo que rejeitar os fatos por preconceito não o era. E, sem dúvida, era uma busca da verdade e, portanto, também algo positivo.[3]

Os relatos de Crookes, entretanto, são especialmente interessantes com relação às maneiras como construíram *expertise* científica. Enquadrando fenômenos de sessões espíritas como naturais mais do que como sobrenaturais, sua investigação foi apresentada explicitamente como matéria científica. Crookes descreveu a ciência como um processo baseado em observação acurada e total ausência de preconceitos sobre quais fatos eram possíveis. Isso lhe permitiu apresentar-se como um cientista ideal; isto é, como alguém experiente em observação precisa e

---

[3] Ele escreveu: "No início, eu acreditava que tudo aquilo era superstição ou, pelo menos, um truque não esclarecido". Mas ele havia visto coisas "nas quais seria impossível não acreditar", fatos, independentemente de teoria ("Não posso, no momento, nem mesmo arriscar a mais vaga hipótese quanto à causa dos fenômenos") e bastante compatível com o pensamento científico ("Tudo é maravilhosamente verdadeiro quando consistente com as leis da natureza"). A investigação científica fundamentava-se em não se ter "quaisquer noções preconcebidas de qualquer espécie" e "irá promover a observação exata e maior amor pela verdade entre os pesquisadores" (Crookes, op. cit., p.4-8).

sem noções preconcebidas sobre o que era possível. Ele também usou essa definição de ciência para se empenhar em trabalho de demarcação clara de fronteiras, argumentando que os cientistas (não o público e, com certeza, não os espiritualistas) eram as pessoas mais bem qualificadas para observar acuradamente tais fenômenos. Contudo, a maior parte dos cientistas mostrava preconceito contra esses fenômenos, e a ciência também se baseava em ausência de preconceito. Assim, Crookes se apresentou como mais competente do que os espiritualistas ou mesmo os detratores científicos do espiritualismo.[4]

Os relatos de Crookes, então, foram manifestações de crença e um meio de construir sua própria *expertise*, e a construção de uma *expertise* adequada foi, para ele — como havia sido para os mesmeristas e espiritualistas antes dele —, um meio de justificar sua crença na realidade dos fenômenos. Mesmo assim, isso podia ser visto como um projeto científico mais formal do que qualquer coisa anterior, acompanhado de linguagem científica formal e descrito por um Membro da Royal Society em um periódico reconhecido. Naturalmente, isso provocou uma reação, uma reação alinhada com críticas anteriores a respeito de fenômenos fora do comum, e também uma reação que envolvia diretamente questões específicas de *expertise* científica.

A reação mais importante veio de William Benjamin Carpenter e foi (independentemente do que mais possa ter sido) uma manifestação de crença acerca de fenômenos de sessões espíritas. De acordo com Carpenter, tais fenômenos eram produto de fraude e autoengano, extraordinários em relação às leis naturais

---

4 Lamont, Discourse analysis as method in the history of psychology, *History and Philosophy of Psychology*, 9:2 (2007).

e um perigo contra o qual era necessário se proteger.[5] A considerar o que contava como *expertise* científica, Carpenter acolheu a descrição de Crookes em relação à ciência baseada em observação acurada e à ausência de noções preconcebidas, mas argumentou que era ele, não Crookes, quem melhor exemplificava esses ideais. Ele questionou as credenciais científicas de Crookes e as de seus colegas observadores e, como os primeiros críticos de fenômenos extraordinários, negou a acusação de preconceito. "[F]oi somente depois [de repetidos fracassos na investigação de tais fenômenos] que nós, e nossos colegas cientistas associados a nós, abandonamos a busca, pois ela envolvia perda de tempo que poderia ser empregado com maior proveito em objetos mais merecedores de investigação".[6] E, como os críticos anteriores, Carpenter afirmou que era Crookes quem era preconceituoso.[7]

No processo, conforme apontou Richard Noakes, Carpenter envolveu-se em seu próprio trabalho de demarcação de fronteiras, recorrendo a uma versão especial de competência. Enquanto Crookes salientava a primazia de competência técnica especializada e o uso de aparelhagem como meio confiável de observação em uma pesquisa científica desse tipo, Carpenter salientava a importância de processos psicológicos que podiam induzir os sentidos em erro, e argumentava que o que era necessário era treinamento científico em vez de treinamento técnico especializado, inclusive treinamento mental apropriado.[8]

---

5 Carpenter, Spiritualism and its recent converts, *Quarterly Review*, 131 (1871).
6 Ibid., p.328.
7 Ibid., p.343.
8 Noakes, Spiritualism, science and the supernatural in mid-Victorian Britain. In: Boun; Burdett; Thurschwell (Orgs.), *The Victorian Supernatural*.

Para Carpenter, os espiritualistas haviam sido vítimas de seus próprios preconceitos e expectativas, e um preconceito a favor de tais fenômenos – do qual ele também acusou Crookes – era sinal de falta de *expertise* em tal investigação.

Como havia feito Forbes ao desmistificar a clarividência no mesmerismo, Carpenter rejeitou os fenômenos, utilizando a psicologia do erro, afirmando que crenças errôneas eram resultado de falácias mentais, inclusive a propensão para acreditar. "Há fontes *morais* de erro", explicou ele, "e uma das mais potentes dessas fontes é uma tendência para acreditar na realidade de comunicações espirituais, que coloca aqueles que nem sempre estão vigilantes contra essa influência sob o duplo perigo de fraude – tanto de *dentro* quanto de *fora*."[9] À medida que a *expertise* psicológica de Carpenter tornava suas próprias crenças mais circunstanciadas, sua psicologia do erro equiparava certa propensão para acreditar a insuficiente competência para observação. Assim, crenças em fenômenos de sessões espíritas eram o resultado de observação incompetente devido à falta de ceticismo.

Então, ao utilizar a psicologia do erro, Carpenter pôde justificar suas próprias crenças e construir sua competência especializada de tal forma que uma servia de suporte para outra. Por um lado, ele possuía a competência necessária que outros (como Crookes) não possuíam, e tal competência tornou suas ideias mais confiáveis. Por outro lado, sua visão cética fez dele um observador mais competente do que aqueles que se inclinavam a acreditar e, assim, suas crenças realçaram sua *expertise*.

---

9 Carpenter, Spiritualism and its recent converts, *Quarterly Review*, 131 (1871), p.342.

Um argumento circular semelhante aplicava-se àqueles que acreditavam em fenômenos de sessões espíritas, cujas crenças eram resultado de ceticismo insuficiente, o que fazia deles observadores incompetentes e os levava a equívocos de observação. Com o surgimento da Psicologia Científica, uma psicologia do erro continuou a ser utilizada com o intuito de desmerecer fenômenos extraordinários, explorar o conceito de crença, a fim de garantir uma crença e justificar outra, e construir o valor da *expertise* psicológica no decorrer do processo.

Se desejarmos compreender a controvérsia em torno de fenômenos paranormais atualmente, não seria nada mal começarmos pelo exame da polêmica acerca da suposta descoberta da força "psíquica". Os tipos de argumentos, os quais, por si mesmos, não eram novos, soam muito familiares a qualquer um que, hoje, esteja envolvido com a parapsicologia. Toda explicação comum possível que se possa imaginar foi proposta por detratores, desde insinuações de que Crookes mentira, ou fora hipnotizado por um lobisomem, até a ideia de que Home dependia de um acordeão embusteiro ou de uma prancha especial de madeira.[10] Todas essas teorias foram rejeitadas por Crookes, algumas mais pacientemente do que outras, junto com um convite a colegas cientistas para que observassem, eles próprios, os experimentos. Tendo em vista que tais experimentos, em sua maioria, foram rejeitados por aqueles que suspeitavam que nada havia lá, o grosso da evidência veio daqueles que se consideravam propensos a acreditar. E, como já vimos, aqueles que se inclinavam a acreditar não eram confiáveis para

---

10 Por exemplo: Tylor, Ethnology and spiritualism, *Nature*, 5 (1872), p.343; Crookes, op. cit., p.22, 43.

oferecer um relato de fatos críveis, mesmo que se tratasse de um Membro da Royal Society.

Evidentemente, havia muito mais na questão, mas o resultado específico desse episódio foi que, até agora, ninguém forneceu mais do que uma explicação genérica para o que, de fato, aconteceu, e céticos subsequentes tiveram que apelar para a evidência indireta da falta de competência de Crookes. Assim, notou-se que Crookes também endossou os fenômenos de outros médiuns, como Florence Cook, Mary Showers e Anna Eva Fay – todas elas teriam sido apanhadas em flagrante cometendo fraude.[11] Se alguém considera isso um argumento adequado ou não é, com certeza, uma questão subjetiva, e o fato de que Crookes foi adiante e se tornou presidente da Royal Society sugere, no mínimo, que suas concepções a respeito de tais fenômenos não eram, de maneira geral, consideradas indicativas de incompetência científica. Entretanto, o desmascaramento de Showers e o aval de Crookes a Fay fornecem ligações com outras questões relevantes.

Por exemplo, Showers foi apanhada em flagrante durante uma sessão espírita, enquanto simulava a incorporação de um espírito na casa de Edward Cox, um advogado cujo treinamento em direito fizera dele um observador tão perspicaz quanto todos se consideravam a si próprios. Por coincidência, ele fora também o mesmo advogado que havia defendido o infeliz George Goble e sustentara a tese de que Goble possuía poderes genuínos, mesmo depois de ter admitido que trapaceara.[12]

---

11 Por exemplo, Lamont, How convincing is the evidence for D. D. Home?, *Proceedings of the Parapsychological Association International Conference*.

12 Carpenter, Spiritualism and its recent converts, *Quarterly Review*, 131 (1871), p.343.

Mais recentemente, Cox fora um dos outros observadores dos experimentos de Crookes com Home. Na verdade, fora Cox quem sugerira a Crookes o termo "psíquico" para descrever a nova força em linguagem natural, em vez de sobrenatural. Cox foi em frente e fundou a Sociedade de Psicologia da Grã-Bretanha (Psychological Society of Great Britain), que buscava investigar uma variedade de fenômenos incluindo o que hoje seria considerado tanto psicológico (por exemplo, a memória e a consciência) quanto psíquico (por exemplo, a telepatia e a percepção suprassensível). Seu discurso de posse na Sociedade, quando ele enfatizou, entre outras coisas, a importância do foco nos fatos, por mais extraordinários que pudessem parecer, e a compatibilidade deles com outras áreas da ciência, chamou a atenção para a necessidade de uma ciência da psicologia.[13] Ao mesmo tempo, Cox, advogado, não cientista, sugeriu que a aplicação das regras de evidência diante da lei poderia ser uma maneira mais apropriada de avaliar fatos psicológicos.[14] Com a morte de Cox em 1879, a Sociedade durou apenas quatro anos, mas ela foi a primeira sociedade de psicologia da Grã-Bretanha e também precursora da Sociedade de Pesquisa de Fenômenos Psíquicos (Society for Psychical Research/SPR).[15]

Em certo sentido, o estabelecimento da SPR em 1882 foi, por si só, uma manifestação de crença não apenas na realidade dos (agora considerados) fenômenos psíquicos, como tam-

---

[13] Cox, The province of psychology. In: _____, *Proceedings of the Psychological Society of Great Britain, 1875-1879*.

[14] Richards, Edward Cox, the Psychological Society of Great Britain (1875-1879) and the meanings of an institutional failure. In: Bunn; Lovie; Richards (Orgs.), *Psychology in Britain*, p.44.

[15] Ibid.

bém de que isso podia ser demonstrado ao mundo científico. Quando lemos o discurso de posse de seu primeiro presidente, o filósofo Henry Sidgwick, encontramos os temas usuais (a inadequação de explicações comuns, os fatos independentes de teoria, a competência das testemunhas, a falta de crença por parte dos detratores e assim por diante) e, no entanto, apenas uma manifestação explícita de crença – e ela está na telepatia.[16] Embora o interesse e a atenção da SPR cobrissem uma ampla gama de fenômenos extraordinários, era na telepatia que se concentrava seu interesse maior e, como muitos achavam, era a que se encontrava mais solidamente sustentada por evidências. Era também menos controversa, em consequência de vários desmascaramentos, amplamente divulgados, de mediunidade de efeitos físicos. Na verdade foi o único fenômeno para o qual Sidgwick achou que havia obtido evidência conclusiva.

É para o fenômeno da telepatia que nos voltamos agora e, em especial, para seu expoente mais conhecido. Ele recebeu escassa atenção dos fundadores da SPR; não obstante, trata-se de um estudo de caso útil que nos permite considerar – e, com muita confiança, esclarecer – parte da confusão envolvendo crenças extraordinárias.

Os problemas do enquadramento da telepatia: o caso de Washington Irving Bishop

Em 1877, não pela primeira vez, Charles Foster estava sentado em uma sala com algumas damas e cavalheiros muito

---

16 Sidgwick, President's address, *Proceedings of the Society for Psychical Research*, 1 (1882), p.7-12.

respeitáveis. Dessa vez, entretanto, ele estava em Nova York, aguardando uma *performance* de Washington Irving Bishop. Bishop, um jovem de 21 anos, apresentava um desmascaramento de espiritualismo e havia afirmado que podia imitar as façanhas de vários médiuns. Quando ele anunciou que podia reproduzir a leitura das bolinhas de papel de Charles Foster, Foster levantou-se e o desafiou a fazê-lo. Bishop concordou e a disputa começou, sendo Foster o primeiro.

O presidente da sessão escolheu um indivíduo que Foster não conhecia, o qual escreveu o nome de um parente falecido em um pedaço de papel que foi enrolado e transformado em uma bolinha, misturado com várias outras bolinhas, e, embora Foster não tivesse visto nem tocado o papel (ou assim teria parecido), ele anunciou o nome que havia sido escrito lá. Em seguida, ele desafiou Bishop a fazer a mesma coisa. Bishop retornou ao palco e começou a deambular. Apesar de ter sido lembrado pelo presidente de que ele estava lá para fazer uma apresentação e não para conversar, Bishop continuou a fazer afirmações e a desafiar outros, mas nada fez. Quando o presidente, afinal, disse que o tempo estava esgotado, Bishop correu para fora do palco.[17]

Esse pode não ter sido seu melhor dia, mas Washington Irving Bishop certamente teve seus bons momentos. Afinal de contas, longe de ser um mero escarnecedor, profissionalmente ele se empenhava, sobretudo em fazer demonstrações de fenômenos extraordinários. Já no ano anterior, o filho de um médium espiritualista estivera trabalhando com Anna Eva Fay e havia enquadrado as demonstrações que ela fizera como ge-

---

17 Wiley, *The Indescribable Phenomenon*, p.218-20.

nuínas, recorrendo à *expertise* científica específica. "O sr. Bishop, respeitosamente, toma a liberdade de afirmar que a srta. Fay, a célebre médium físico-espiritual", publicou ele em um anúncio no *New York Herald*, "no que diz respeito à veracidade de suas manifestações, tem o indosso [sic] de William Crookes, F.R.S. (Fellow of the Royal Society) e de outros membros da Royal Society."[18]

Passados três meses, entretanto, Bishop, em vista de um desentendimento com Fay, desmascarou-a, publicando no *Daily Graphic* um texto intitulado "A maior fraude de todos os tempos: como a 'talentosa e maravilhosa' médium do Professor Crook's [sic] realiza seus truques".[19] O artigo foi acompanhado de um fac-símile de uma carta de Crookes, em que este último declarava sua crença na genuinidade dos poderes de Fay. Bishop havia também começado a reproduzir a encenação de Fay, seguida de uma explicação de como ela a fazia, e (pelo menos de acordo com o anúncio) incluiu os feitos de outros médiuns, como os irmãos Davenport, Daniel Home e Charles Foster. Apesar de seu encontro com este último, ele continuou a apresentar desmascaramentos de espiritualismo, mesmo que estas não fossem reproduções precisas do que acontecia em uma sessão espírita.

Após seu encontro com Foster em Nova York, Bishop viu a apresentação de telepatia feita por John Randall Brown. Brown pedia que um objeto fosse escondido em um local que não fosse de seu conhecimento e, em seguida, através de algum contato físico com a pessoa (caracteristicamente, segurando

---

18 Ibid., p.200.
19 Ibid., p.206.

o pulso), ele lhe pedia que pensasse na localização do objeto. Brown, então, o localizava sem que lhe fossem dadas quaisquer pistas aparentes. Sua habilidade foi testada por George Beard, o fisiologista, que deu à apresentação o nome de "leitura sensorial do pensamento por contato" ou adivinhação por contato, porque ela dependia da leitura de sutis movimentos musculares da pessoa com quem o "leitor" estava em contato, e, desde então, tem sido demonstrada por muitas pessoas.[20]

Bishop reconheceu rapidamente o potencial do número apresentado, aprendeu os seus segredos e, em seguida, veio para a Grã-Bretanha, onde era, à época, desconhecido; anunciou-se como o "primeiro telepata do mundo".[21] Quando chegou a Londres, em 1881, ele encontrou-se com William Benjamin Carpenter, lhe fez algumas demonstrações de telepatia, e conseguiu uma carta de apresentação em que Carpenter recomendava as habilidades de Bishop como "de grande valor para o Fisiologista e para o Psicólogo".[22] Isso levou os mais eminentes cientistas da época a realizarem pesquisas, que foram relatadas nos periódicos *Lancet*, *British Medical Journal* e *Nature*;[23] e, por sua vez, provocou outras polêmicas a respeito do que Bishop conseguia fazer e como tudo poderia ser explicado – e a controvérsia, embora tenha sido discutida por outros, merece um olhar mais detalhado.

---

20 Beard, The physiology of mind-reading, *Popular Science Monthly*, 10 (1877).
21 Jay, *Learned Pigs and Fireproof Women*, p.178.
22 Carpenter, Re-W.I. Bishop, *Nature*, 24 (1881), p.188-9.
23 Thought-reading, *Lancet*, 117 (1881), p.795; Thought-reading demonstrations, *British Medical Journal*, 1 (1881), p.814-6; Romanes, Thought-reading, *Nature*, 24 (1881).

Como mostrou Roger Luckhurst, Bishop desempenhou um papel importante no surgimento da noção de telepatia, mas ele é também a figura ideal para examinarmos o nebuloso enquadramento do fenômeno da telepatia. De fato, ainda persiste alguma confusão sobre a maneira como Bishop enquadrava o que fazia: dizem que ele "jamais teve qualquer pretensão a coisa alguma além de habilidade fisiológica"; que ele alegava ter "genuínos poderes paranormais"; e até mesmo que ele não afirmava possuir "poderes excepcionais de volição ou de receptividade", mas apenas uma "capacidade de receber pensamentos e sensações por intermédio de capacidades psicológicas inexploradas [...] que seriam chamadas de 'telepatia'".[24] Se isso parece confuso agora, imaginemos como se sentiam os vitorianos quando tentavam decifrar o que estava ocorrendo. Entretanto, as maneiras como Bishop enquadrava o que fazia eram fundamentais para aquilo em que as pessoas acreditavam.

A confusão originou-se do fato de que Bishop era, como artistas semelhantes antes e depois dele, ambíguo e inconsistente. Isso, na verdade, não deveria ser surpresa, pois, apesar de ter sido criado por pais espiritualistas, ele foi assistente em demonstrações de falsa mediunidade, depois desmistificou publicamente os feitos de médiuns, apesar de não ser capaz de fazer o que afirmava poder fazer. Ademais, quando esteve em Londres, entre apresentações antiespiritualistas, ele candidatou-se (presumivelmente por questões de divulgação) a membro da Associação Nacional Britânica de Espiritualistas [British National Association of Spiritualists], e em várias

---

24 Luckhurst, *The Invention of Telepathy*, p.65; Randi, *The Supernatural A-Z*, p.40; During, *Modern Enchantments*, p.162-3.

cidades organizou eventos beneficentes, recolhendo, em seguida, a maior parte dos lucros (presumivelmente por questões financeiras).[25] Em suma, ele se dedicou a ganhar dinheiro por quaisquer meios que fossem necessários e, diferentemente dos cientistas, seus contemporâneos e historiadores acadêmicos desde então, ele não mostrou interesse nem pela verdade nem pela coerência. A inconsistência continuou a fazer parte de suas demonstrações de telepatia, que eram deliberadamente ambíguas em significado em uma época em que categorias reconhecíveis eram escassas.

Na verdade, mesmo antes de Bishop, o enquadramento de tais apresentações era uma questão complicada. Brown, o homem com quem Bishop havia aprendido a técnica, e que geralmente deixava claro que suas habilidades eram inteiramente fisiológicas, não obstante, ocasionalmente, fazia demonstrações que deixavam de lado essa explicação: por exemplo, em uma apresentação, um homem, a uma distância de vários quarteirões da sala de apresentação, segurou um longo pedaço de arame na cabeça e, simplesmente, pensou em um número; Brown, segurando a outra extremidade do arame, disse o número no qual o outro estava pensando. Isso não foi adivinhação por contato, mas algo mais, talvez envolvendo a utilização de um cúmplice.[26] Entretanto, ao descartar a adivinhação por contato como explicação, Brown enquadrou sua apresentação como algo mais extraordinário (isto é, aquilo que hoje chamaríamos de paranormal).

Entretanto, Bishop foi ainda menos consistente do que Brown, afirmando que podia ler mentes, ou pensamentos,

---

25 Wiley, The thought-reader craze, *Gibeciere*, 4 (2009).
26 Jay, op. cit., p.177.

ou corpos, ou afirmando não saber o que estava fazendo. Proclamando-se "leitor de mentes" e "leitor de pensamentos", ele era deliberadamente ambíguo sobre o que isso significava. Quando Carpenter escreveu uma carta ao *Daily Telegraph*, na qual explicava os feitos comuns de Bishop em termos de leitura de indícios inconscientes, Bishop incluiu a carta no seu material de divulgação, mas deletou essa explicação.[27] Na verdade, algumas vezes, ele explicitamente afirmou que conseguia ler mentes sem contato físico. Quando desafiado por Henry Labouchère, membro do parlamento, a ler o que se passava na mente de alguém (nesse caso, o número de série de uma nota – papel-moeda – dentro de um envelope lacrado), Bishop aceitou, e, na sequência, alardeou sucesso quando, na verdade, isso não havia acontecido.[28]

Quando fez demonstrações de suas habilidades diante de um grupo de eminentes cientistas da psicologia, inclusive de George Romanes, Francis Galton e George Croom Robertson, Bishop afirmou não saber como fazia o que fazia; mesmo assim, sustentou o argumento de que, algumas vezes, conseguia ler os pensamentos das pessoas sem ter contato físico com elas, o que foi testado e bem-sucedido uma vez, mas fracassou em ocasiões posteriores; Romanes ignorou isso, considerando-o "um acidente".[29] Posteriormente, como haviam feito os mesmeristas e espiritualistas, Bishop alegou que tais fracassos não invalidavam seus sucessos.[30] Ao mesmo tempo, vale a pena notar, pois

---

27 Wiley, The thought-reader craze, *Gibeciere*, 4 (2009), p.75.
28 Jay, op. cit., p.181-3.
29 Romanes, op. cit., p.172.
30 Wiley, The thought-reader craze, *Gibeciere*, 4 (2009), p.76.

é tão fácil deixar escapar, que se tratava de um teste de leitura de mente sem contato com a pessoa (isto é, telepatia, como o fenômeno estava prestes a ser chamado), realizado por alguns cientistas da mais alta qualificação e publicado na revista especializada *Nature*; esse foi, por definição, um exemplo de pesquisa de fenômenos psíquicos.

Não é grande surpresa, portanto, que as pessoas não soubessem em que acreditar. Obviamente, Bishop fazia o que muitos consideravam extraordinário, e os cientistas haviam investigado a questão e fornecido uma espécie de explicação, embora seja difícil afirmar quanto disso foi assimilado e compreendido. Não se tratava simplesmente de uma questão relativa à inconsistência de Bishop, pois os cientistas que o observaram não foram nada claros. Em cartas enviadas ao *Standard*, de Londres, Carpenter manifestou a necessidade de esclarecer o que queria dizer, e uma testemunha, colega profissional (seguindo a mesma linha de raciocínio), afirmou que os esclarecimentos de Bishop não eram suficientes.[31] No entanto, a polêmica registrada na revista *Nature* é especialmente interessante pelo que revela acerca da natureza de crenças.

Em seu relato, Romanes criticava Carpenter ("o grande adversário de qualquer embuste") por recomendar Bishop à atenção dos cientistas porque "o resultado é dotar os poderes que foram posteriormente exibidos, de um grau fictício de importância aos olhos do público". Para Romanes, o método era óbvio o suficiente; Bishop era "guiado pelas indicações fornecidas inconscientemente através dos músculos de seus sujeitos – a pressão diferencial exercendo o papel das palavras

---

31 Thought-reading, *Standard*, Londres, 16 maio 1881, p.3.

'quente' e 'frio' no jogo infantil que esses termos significam". Para Romanes, nada havia de extraordinário para se ver em experimentos que ele enquadrava como "um entretenimento normal de uma sala de estar"; tampouco era Bishop dotado de "qualquer nível comum de sensibilidade tátil ou poder de diferenciar entre variações de resistência e pressão".[32]

Acusado de ter feito uma tempestade em copo d'água, Carpenter respondeu, enquadrando Bishop como mais extraordinário do que Romanes julgava, citando outras proezas que mereciam um teste cuidadoso. Uma delas era seu "poder de designar palavras e números previamente escritos e lacrados em um envelope". Isso, Carpenter comentou, Bishop havia "realizado repetidamente na presença de homens da ciência e da medicina nos Estados Unidos [...] e também perante um plenário semelhante em Edimburgo".[33] Essa proeza, porém, que foi enquadrada como genuína por Carpenter, atribuindo-a à leitura de indícios inconscientes, e citando a autoridade de *experts* científicos que a haviam observado, não fora resultado de adivinhação por contato.

O que Bishop havia apresentado em Edimburgo fora algo bem diferente. Ele havia feito uma demonstração privada para alguns dignatários locais e, no dia seguinte, uma apresentação pública numa sala de espetáculos. A apresentação pública fora anunciada como um desmascaramento do espiritualismo, e durante o espetáculo ele realizou uma suposta reprodução da façanha de Foster – as bolinhas de papel (embora ele as tivesse descrito como um "truque de leitura de pensamento"). Ele pe-

---

32 Romanes, op. cit.
33 Carpenter, Re-W.I. Bishop, *Nature*, 24 (1881), p.188.

dira a alguém que escrevesse o nome de uma pessoa falecida em um pedaço de papel, que foi colocado dentro de um envelope; Bishop, então, o revelou. Como se tratava de uma desmistificação, ele, em seguida, explicou à plateia como tudo havia sido feito: ele havia substituído o pedaço de papel original por outro escondido na palma da mão; este último foi colocado dentro do envelope; então, ele leu secretamente o que estava no pedaço de papel original e, na sequência, anunciou o nome. Essa técnica, geralmente conhecida como "troca de carta", foi, de fato, utilizada por Charles Foster, e vem sendo usada por artistas até os dias de hoje. Na ocasião, porém, um dos espectadores, que havia visto a apresentação privada da noite anterior, argumentou que isso não esclarecia o que Bishop havia feito na reunião privada. Bishop explicou que esse era, de fato, o método, "que ele não permitira que os espectadores o vissem realizando o feito, mas ele jamais poderia ter anunciado o nome se não tivesse examinado o papel de antemão".[34] Resumindo, nessa demonstração específica de telepatia, Bishop não estava praticando a adivinhação por contato; estava simplesmente lendo.

Basta de discussão do método; o efeito, entretanto, era leitura da mente sem contato físico. Embora o feito dependesse de prestidigitação, Carpenter atribuiu a demonstração ao fato de que Bishop havia feito "um perspicaz reconhecimento de indícios fornecidos inconscientemente" pela pessoa que sabia o que estava escrito no papel, e esses "indícios" tinham que ser reconhecidos a distância. Carpenter estava se referindo a um efeito que é muito conhecido hoje: a capacidade de saber o que as pessoas estão pensando, apenas olhando para elas.

---

34 The exposure of spiritism, *Scotsman*, 17 jan. 1879, p.4.

Como muitos hoje, Carpenter atribuiu o feito a habilidades psicológicas naturais (que Bishop, como outros desde então, não possuía de fato). Na verdade, em um raro momento de honestidade, Bishop admitiu isso em Edimburgo. Contudo, ele não o admitiu para Carpenter, e o expert em processos do inconsciente enquadrou a façanha como genuína.

Carpenter também mencionou outro feito fora do comum que Bishop lhe havia mostrado. Um sujeito escolhera uma carta de baralho do maço que havia sido embaralhado por Bishop; em seguida, Bishop distribuiu dezesseis cartas viradas para baixo sobre a mesa, em quatro fileiras de quatro cartas cada. Segurando a mão direita do sujeito, ele lhe pediu que colocasse a outra mão sobre qualquer uma das fileiras (vertical ou horizontal) para eliminá-la. Isso se repetiu até que sobrou apenas uma fileira; então, o sujeito pôde escolher as duas cartas de cima ou as duas de baixo das quatro restantes, e depois a de cima ou a debaixo das duas últimas. Dessa forma, paulatinamente, cartas foram sendo eliminadas, até que a última foi virada para cima – e fora a carta selecionada. Isso havia sido feito duas vezes com membros da família de Carpenter, e depois com o próprio Carpenter, que disse não poder explicar como tudo fora feito, mas eliminou o elemento sorte (implicitamente) e o embuste (explicitamente), e concluiu que fora resultado de influência do inconsciente.[35] De alguma maneira, Carpenter insinuou, ele e membros de sua família haviam sido guiados em suas escolhas sem terem consciência disso.

Esse foi, na verdade, um feito extraordinário, presumindo que não foi trapaça, pois, conforme ressaltou uma carta

---

35 Carpenter, Re-W.I. Bishop, *Nature*, 24 (1881), p.189.

publicada no número seguinte de *Nature*, "o Doutor Carpenter confere [a Bishop] o poder de controlar a vontade de seus sujeitos". O correspondente Thomson Whyte havia assistido à *performance* de Bishop em Edimburgo e a atribuíra a um truque da prestidigitação. Ele também forneceu uma explicação detalhada de como esse último feito podia ter sido realizado através de trapaça (empregando uma técnica muito antiga, a do "duplo sentido", bastante utilizada pelos mágicos, e concluiu que fora com a "ligeireza das mãos que ele enganou os sujeitos dos, acredito eu, experimentos acima mencionados". Entretanto, Whyte comentou, se ele estivesse errado e não tivesse sido "um truque bastante conhecido de escolares", então tratava-se de um caso de "imposição da vontade" e o "dr. Carpenter precisa inventar um nome para o novo poder do sr. Bishop".[36] Assim, a peculiaridade da visão de Carpenter foi reconhecida na época.

Bishop enquadrou suas habilidades de tal maneira que Carpenter excluiu explicações normais e óbvias (como acaso e fraude) em favor de algum tipo de processo inconsciente, que ainda não estava esclarecido (daí a necessidade de cuidadoso exame científico), e não simplesmente fisiológico (já que o primeiro tipo de proeza fora sem contato). Na verdade, de acordo com o conhecimento científico atual, isso seria considerado paranormal; entretanto, Carpenter achou que era compatível com "princípios científicos", embora gente mais cética discordasse. Isso, sem dúvida, não era muito diferente do que havia sido afirmado por mesmeristas e espiritualistas, que há muito argumentavam que seus fenômenos ainda não explicados eram compatíveis com a ciência. Fora essa também a posição de Crookes e de Cox, que

---

36 Whyte, Letter.

haviam fornecido o novo quadro de "psíquico" e logo seria a posição adotada por pesquisadores de fenômenos psíquicos. Nesse caso, porém, essa posição estava sendo manifestada pelo cético mais proeminente da época.

Depois da carta de Thomson Whyte, publicada no periódico científico *Nature*, surgiu outra, de William Barrett, que já havia proposto a formação da sociedade que se tornaria a Sociedade de Pesquisa de Fenômenos Psíquicos (Society for Psychical Research/SPR). Sua carta fazia distinção entre a leitura de mente com contato, associada a Bishop, e leitura de mente sem contato, que ele havia observado em outro evento.[37] Ele fazia novamente a mesma diferenciação, no primeiro artigo das *Atas da SPR*, e o foco principal da SPR, em seu início, era nesse fenômeno que logo seria chamado de "telepatia".[38] O significado do termo foi discutido por Luckhurst, e, sem dúvida, a riqueza de associações culturais que ele identificou tornou a noção mais plausível para muitos.[39] Como ele mostrou, crucial para isso foi a noção de comunicação através do espaço; daí o interesse dos pesquisadores da SPR em demonstrações que não envolvessem qualquer contato físico entre "emissor" e "receptor". Suas primeiras investigações sobre a família Creery e sobre Blackburn e Smith seguiram-se naturalmente dessa linha de pesquisa (embora isso, na época, tenha levantado o problema da exclusão de tipos comuns de comunicação sem contato). Ironicamente, o que Carpenter havia descrito no *Nature* também se qualificaria como psíquico, se tivesse sido real, mas Bishop

---

37 Barrett, Mind-reading versus muscle-reading, *Nature*, 24 (1881).
38 Barrett; Gurney; Myers, Report of the committee on thought-reading, *Proceedings of the Society for Psychical Research*, 1 (1), 1882, p.13-34.
39 Luckhurst, *The Invention of Telepathy*.

(enquadrado por Barrett como leitor de mente por contato) já não mais interessava à SPR.

De maneira semelhante a incontáveis artistas desde então, Bishop era ambíguo quanto aos seus métodos, mas dava a impressão de que algo fora do comum estava ocorrendo, porque o que era fora do comum enchia a sala de espetáculo mais do que o que era comum. Porém, o que isso significava nunca ficou claro, nem quanto à maneira como ele enquadrava o que fazia, nem quanto à maneira como tudo era enquadrado por cientistas e pelo público. Se perguntassem a qualquer um que tivesse visto, ouvido ou lido a respeito de Bishop, o que teria sido a maioria do público leitor, se eles acreditavam em leitura de mente, um simples "sim" ou "não" revelaria muito pouco a respeito de suas crenças. Se Carpenter, o mais famoso dos céticos científicos, pudesse excluir o acaso e a fraude em favor de um misterioso processo sem explicação (que ainda não foi explicado pela ciência), os menos informados dificilmente seriam acusados de acreditar que ele conseguia ler mentes e que isso estava em consonância com o pensamento científico.

Por coincidência, Carpenter já havia escrito sobre a "psicologia da crença" e argumentado que crenças extraordinárias podiam ser compreendidas em termos de plausibilidade de determinado fato e da evidência de que tal fato acontecera. Ao fazê-lo, ele assinalara que o que era plausível dependia do que se considerava extraordinário, e o que se considerava evidência adequada dependia de observadores competentes o bastante para excluir explicações alternativas.[40] No entanto, uma ciência

---

40 Carpenter, On the psychology of belief, *Contemporary Review*, 23 (1873).

da psicologia só iria surgir na Grã-Bretanha mais tarde, embora a disciplina Psicologia já estivesse despontando na Alemanha e nos Estados Unidos. O nascimento da nova disciplina foi acompanhado de uma tentativa mais ousada de explicar tais crenças, especialmente nos Estados Unidos, onde as fronteiras entre psicologia e pesquisa de fenômenos psíquicos eram objeto de algum interesse.

A psicologia científica e a psicologia do erro

> Noções esdrúxulas e teorias estranhas encontram abrigo imediato nos cérebros desordenados de fanáticos semimórbidos desse tipo; e uma vez que tenham garantido o controle da imaginação e da crença populares, páginas desumanas da história como essas que registram os horrores da bruxaria [...] a amplamente difundida angústia da epidemia mental ou das bestiais autotorturas de ascéticos ensandecidos, precisam ser escritas.[41]

Não se trata de linguagem científica estereotípica; não obstante, foi assim que Joseph Jastrow apresentou, em 1886, "A psicologia do espiritualismo" aos leitores da *Science*, o periódico da Associação Americana para o Avanço da Ciência (American Association of the Advancement of Science). Para Jastrow, tais crenças eram não apenas prejudiciais, mas também objetos apropriados para investigação psicológica, produto de "gabinetes mal iluminados, os cérebros ruborizados de agitação e o juízo inquieto com intensa expectativa". Jastrow foi o primeiro americano a obter o título de doutor em Psicologia e, menos de

---

41 Jastrow, The psychology of spiritualism, *Science*, 8 (1886), p.567.

dois anos mais tarde, fundou um dos primeiros departamentos de Psicologia nos Estados Unidos. O primeiro departamento havia se estabelecido em 1883, na Johns Hopkins University por G. S. Hall, aluno de Wilhelm Wundt, que estava prestes a fundar o *American Journal of Psychology* (AJP) e, alguns anos mais tarde, a Associação Americana de Psicologia (American Psychological Association). No primeiro número da *AJP*, Hall dedicou dezoito páginas a uma resenha do trabalho da SPR, em que rejeitou a evidência, considerando-a insuficiente, por ter sido fornecida por "amadores e psicólogos especulativos", e considerou tais crenças prejudiciais, produto de observação incompetente, motivada por excesso de fantasia.[42]

O surgimento da psicologia científica nos Estados Unidos, então, foi acompanhado de um intenso menosprezo por fenômenos psíquicos. Essa foi, afinal de contas, uma oportunidade para definir as fronteiras da nova ciência – e defender seus méritos. Ao manifestarem sua visão acerca de fenômenos psíquicos, e a dos que acreditavam neles, os novos psicólogos conseguiram tanto policiar os limites da disciplina emergente quanto demonstrar o valor da *expertise* psicológica. As tentativas de estabelecer limites entre a psicologia americana inicial e a pesquisa de fenômenos psíquicos foram registradas por historiadores durante algum tempo e, como é bastante natural, a controvérsia é vista como um exemplo de trabalho científico de demarcação de fronteiras.[43] Segundo Deborah Coon, os

---

[42] Psychological literature, *American Journal of Psychology*, 1 (1887), p.146.

[43] Mauskopf; McVaugh, *The Elusive Science*, p.48; Coon, Testing the limits of sense and science: American experimental psychologists combat spiritualism, *American Psychologist*, 47 (1992); Hess, *Science in the New Age*, p.27-9.

psicólogos se empenhavam em dois "modos de combate": utilizavam a questão para desbravar uma nova área – a psicologia do engano e da crença; e testavam quem se dizia vidente para mostrar que os fenômenos não eram reais. Evidência disso pode ser notada nas atividades e publicações de vários dos mais eminentes psicólogos americanos daquela época, que começaram a desmistificar o espiritualismo e a pesquisa de fenômenos psíquicos em palavras e atos.[44]

Entretanto, se considerarmos essa controvérsia em termos de crença, podemos perceber que o que esses psicólogos faziam não era tão diferente do que havia sido feito por críticos anteriores de fenômenos extraordinários. Afinal, a "psicologia do engodo e da crença" não era propriamente um campo novo, resultando em pouco mais do que alguns artigos publicados por alguns indivíduos, sobretudo em periódicos populares. Não havia um periódico especializado, nenhuma reunião formal, nem mesmo um simpósio que emergisse desse esforço. Na verdade, houve pouquíssimas tentativas até mesmo para sintetizar os escritos discrepantes de psicólogos individuais. Assim, quando Norman Triplett publicou, em 1900, uma tese de doutorado sobre a psicologia do engodo, ele não tinha nem mesmo consciência de que Joseph Jastrow havia publicado estudos sobre o tópico apenas alguns anos antes.[45]

O que Jastrow e Hall – e outros também – estavam fazendo era utilizar uma psicologia do erro (nessa fase, ainda pouco mais do que uma linha de argumento), com base na construção

---

44 Coon, op. cit.
45 Lamont, Debunking and the psychology of error, *Qualitative Research in Psychology*, 7 (2010), p.42.

de *expertise* psicológica, com o objetivo de desacreditar fenômenos extraordinários. Como outros haviam feito antes deles, eles atribuíam a crença em fenômenos fora do comum a erros que eles próprios, como *experts*, não cometeriam. Com isso, eles estavam justificando suas próprias crenças, construindo sua própria *expertise* como superior àquela dos que acreditavam, e garantindo o valor de sua *expertise*, apresentando tais crenças como perniciosas. E eles estavam fazendo isso principalmente em periódicos não acadêmicos, em vez de científicos.

Assim, em outro artigo publicado por Jastrow, também intitulado "A psicologia do espiritualismo", mas dessa vez publicado na *Popular Science Monthly*, ele afirma: "é provável que as maravilhas do espiritualismo estarão, por aqueles que acreditam nelas, incorreta e insuficientemente relatadas. A primeira razão deve ser encontrada na condição mental do observador; se ele estiver agitado, ou profundamente emocionado, seu relato não deixará de ser afetado, e detalhes essenciais serão distorcidos".[46] Uma vez mais, a psicologia do erro estava sendo utilizada para expressar a visão de que os fenômenos não eram reais, e que a crença era resultado de observação incompetente, baseada, por sua vez, na "condição mental" daquele que manifesta tal crença. Uma vez mais, a incompetência inerente àqueles que creem tornou a observação científica essencial e "o fato de que o exame científico em toda parte revela engodo torna extremamente provável que, quando o desmascaramento não ocorreu, é porque não houve exame científico".[47] Assim,

---

46 Jastrow, The psychology of spiritualism, *Popular Science Monthly*, 34 (1889), p.730.

47 Ibid., p.731.

Jastrow equiparou crença com incompetência, ausência de fraude detectada com incapacidade de encontrá-la, e revelação de fraude com exame científico apropriado. E, uma vez mais, havia um aspecto moral em tudo isso: "Que ele entenda que, sob a proteção do espiritualismo, homens e mulheres em todos os nossos grandes centros urbanos estão diariamente e de hora em hora se aproveitando da credulidade de pessoas ingênuas e ganhando dinheiro através de meios proibidos por lei e punidos com prisão".[48] Como haviam feito Forbes e Carpenter, Jastrow apresentou tais crenças não apenas como equivocadas, mas também como perniciosas, e competência científica não era apenas necessária, mas também desejável.

Os argumentos podem não ter sido novos, e podem não ter refletido um novo campo, mas, sem dúvida, mereceram ser apresentados quando a nova disciplina surgiu; afinal, ela ainda não existia. Como assinalou Coon, a fronteira entre o "psicológico" e o "psíquico" era, na melhor das hipóteses, nebulosa, e a posição de William James só piorou as coisas.[49] James já era, de maneira geral, reconhecido como o pai da psicologia americana, tendo ensinado a disciplina em Harvard desde 1875; seu *Princípios de Psicologia*, publicado em 1890, mas com base em seu pensamento e ensino durante muitos anos, tornou-se livro-texto padrão da disciplina. No entanto, James era também o mais eminente defensor da pesquisa de fenômenos psíquicos nos Estados Unidos, tendo colaborado na formação da Sociedade Americana de Pesquisa de Fenômenos Psíquicos (American Society for Psychical Research /ASPR).

---

48 Ibid., p.732.
49 Coon, op. cit.

No que dizia respeito a James, o caso mais consistente de fenômeno psíquico foi proporcionado pela sra. Piper. Leonora Piper era uma médium de Boston, que não se interessava por fenômenos "psíquicos", mas, de certa forma, especializou-se em transmitir mensagens enquanto estava em estado de transe. Ela havia impressionado vários pesquisadores de fenômenos psíquicos, que haviam excluído explicações convencionais: as informações contidas nas mensagens pareciam precisas demais para serem adivinhação, e não parecia haver qualquer outra maneira de ela tê-las obtido. Essa foi a conclusão de Richard Hodgson, pesquisador com *expertise* inquestionável, pois já havia desacreditado vários médiuns.[50] Depois de excluir o acaso e a fraude, entretanto, os pesquisadores de fenômenos psíquicos dividiram-se quanto à possibilidade de que isso fosse psíquico ou sobrenatural. Hodgson passou a acreditar que as mensagens eram comunicações genuínas de espíritos, enquanto James as atribuiu à telepatia do inconsciente. Entretanto, segundo James, a sra. Piper era seu "corvo branco", já que todos concordavam que havia médiuns fraudadores, mas bastou apenas um médium genuíno para provar que fenômenos psíquicos eram reais.[51]

A competência psicológica de James pode ter sido indiscutível, mas a mesma noção não se aplica à sua competência científica. A "nova psicologia" era declaradamente experimental, ao passo que James tinha preferência pela investigação filosófica. Na verdade, quando ele ressaltou a necessidade de

---

50 Gauld, *The Founders of Psychical Research*, p.246 et seq.
51 James, Address by the president before the Society of Psychical Research, *Proceedings of the Society for Psychical Research*, 12 (1896), p.5.

evidência científica de fenômenos psíquicos, não foi porque ele achava que tal *expertise* fosse superior, mas sim porque ela seria considerada mais fidedigna pelo público.[52] Daí, sem dúvida, sua constante frustração diante da relutância de psicólogos científicos em se ocuparem com o tópico.[53] Os últimos, é claro, negaram tal preconceito.

Assim, o psicólogo e editor da *Science*, James McKean Cattell, quando acusado de ter ignorado as investigações sobre a sra. Piper, negou desconhecimento do assunto e afirmou que simplesmente não se sentira convencido com as evidências. Ao fazê-lo, ele enquadrou os fenômenos envolvendo a sra. Piper como resultado do acaso e de fraude, e garantiu sua posição com excertos de "cinco, e apenas cinco, muito conhecidos homens da ciência" que haviam observado as sessões em que ela se apresentara e que, igualmente, não haviam se impressionado.[54] James respondeu, mas não afirmou que também ele era um homem das ciências. Em vez disso, declarou que se tratava de uma explicação insuficiente e acusou Cattell de selecionar os excertos de forma tendenciosa; então, ele recorreu a exemplos mais impactantes do que os que Cattell havia mencionado, queixou-se novamente de preconceito científico e desafiou a competência filosófica de Cattell (acusando-o de ter cometido erros básicos de lógica).[55] Como em polêmicas anteriores sobre fenômenos extraordinários, cada lado recorreu a diferentes

---

52 Coon, op. cit., p.144.
53 James, Address by the president before the Society of Psychical Research, *Proceedings of the Society for Psychical Research*, 12 (1896).
54 Cattell, Mrs. Piper the medium, *Science*, 7 (1898), p.534-5.
55 James, Mrs. Piper the medium, *Science*, 7 (1898), p.640-1.

versões de *expertise*, e as pessoas tendiam a tirar proveito dos aspectos positivos delas.

Essa controvérsia específica, evidentemente, era também a respeito dos limites da psicologia científica. Contudo, a controvérsia sobre limites girava em torno de uma divergência quanto à realidade dos fenômenos, e não era meramente uma discussão entre os que acreditavam e os que não acreditavam no que deveria ser a psicologia científica. A demarcação de uma fronteira entre a psicologia científica e a pesquisa de fenômenos psíquicos era, por si mesma, uma manifestação de crença acerca dos fenômenos em questão. Afinal de contas, não era o tópico que estava fora dos limites, nem sua investigação experimental, mas, sim, como os fenômenos eram enquadrados pelos pesquisadores. Isso, na realidade, era o que dividia a psicologia científica da pesquisa não científica de fenômenos psíquicos.

Podemos ver isso na controvérsia, apenas poucos meses mais tarde, entre James e E. B. Titchener. Titchener escrevera à *Science* sobre a sensação de "se sentir encarado". Essa, explicou ele, era uma crença equivocada, baseada em "interpretação errônea de fatos", e ele havia levado a cabo experimentos para mostrar isso. Titchener justificou esse investimento de seu tempo recorrendo à necessidade de afastar "uma superstição com raízes profundas e amplas na consciência popular". Ele também enalteceu o trabalho de Lehmann e de Hansen (1895), cuja pesquisa na Alemanha, feita pouco tempo antes, havia sugerido que os resultados de experimentos em telepatia podiam ser explicados com base em sussurros involuntários dos sujeitos. De acordo com Titchener, "[n]enhum psicólogo inclinado para o campo científico acredita em telepatia. Ao mesmo tempo, a refutação da telepatia [...] provavelmente fez mais pela psicologia científica do que se poderia obter com qualquer indiferença".[56]

William James, sem dúvida consciente de que acabara de ser acusado de não se "inclinar para o campo científico", repreendeu Titchener por não ter lido as críticas a respeito do artigo, que mostrava como Lehmann e Hansen "foram totalmente incapazes de provar seu argumento". "Acho que um documento 'detonado'", escreveu ele, "não deveria ficar com a última palavra, até mesmo em respeito à 'psicologia científica'."[57] Titchener reagiu da mesma forma como fizera Cattell: havia, de fato, lido as críticas, mas não concordava que o artigo fora "detonado" (ele havia visto o fusível ser manipulado, "mas ainda não ouvi[u] a explosão").[58] Isso, por sua vez, induziu James ("estupefato diante dessa precariedade auditiva de meu colega") a escrever ao próprio Lehmann, que, na resposta, admitiu que sua teoria ainda não estava estabelecida. Essa, concluiu James, era precisamente sua própria visão, e o trabalho de Lehmann mostrava que o último era um excelente pesquisador de fenômenos psíquicos.[59] Ao mesmo tempo, para Titchener, o artigo permaneceu "um modelo de método científico; [Lehmann] nos mostrou como questões fronteiriças devem ser enfrentadas e provou que os 'canais comuns dos sentidos' têm recursos inexplorados".[60]

---

56 Titchener, The feeling of being stared at, *Science*, 8 (1898).
57 James, Lehmann and Hansen on the telepathic problem, *Science*, 8 (1898).
58 Titchener, Lehmann and Hansen on the telepathic problem. *Science*, 9 (1899), p.36.
59 James, Messrs Lehmann and Hansen on telepathy, *Science*, 9 (1899), p.655.
60 Titchener, Professor James on telepathy, *Science*, 9 (1899), p.687.

Desse modo, o que havia começado (de acordo com Titchener) como evidência contra a telepatia (cuja refutação ele via como parte da psicologia científica) foi reenquadrado por James como possível evidência de telepatia (obtida, na opinião de James, por intermédio da pesquisa de fenômenos psíquicos). A controvérsia sobre como interpretar os resultados pode ter terminado com o apelo ao próprio autor, mas o que os experimentos representaram ainda estavam à disposição de quem quisesse. Para James, eles estavam investigando a possibilidade da telepatia, e isso contava como pesquisa de fenômenos psíquicos. Para Titchener, tratava-se de um estudo científico de "recursos inexplorados" nas fronteiras da psicologia. Em princípio, entre elas, nada havia para escolher, pois a maneira como se explicava a telepatia e onde se traçava as fronteiras da psicologia eram aparentemente os tópicos de investigação. Porém, cada uma delas representava (e apresentava) diferentes crenças a respeito dos fenômenos. O que separava uma da outra não era nem o mérito da investigação, nem seu lugar apropriado dentro da ciência, mas se os fenômenos eram enquadrados como comuns ou fora do comum. Essa não era simplesmente uma controvérsia sobre o que se considerava objeto próprio de investigação, métodos adequados ou *expertise* apropriada – era uma manifestação das diferentes crenças que elas tinham acerca de fenômenos psíquicos.

Podemos ver isso novamente no estudo a respeito da sra. Piper, em 1909, supervisionado por Hall e realizado principalmente por sua assistente, Amy Tanner. O objetivo deles, conforme uma resenha anterior do relato publicado, fora "analisar meticulosamente a evidência de mediunidade e de telepatia".[61] Nesse sentido, alinhava-se inteiramente com os objetivos da pesquisa de fenômenos psíquicos. Entretanto, Tanner posicionou a atitude deles como distinta uma da outra, como se estivessem em algum lugar entre a fantasia daqueles que acreditavam e a intolerância dos cientistas, como "uma avaliação do sujeito submetido à experiência, que irá revelar as falhas da evidência e ainda assim fará justiça ao trabalho pioneiro dos pesquisadores de fenômenos psíquicos e às necessidades não satisfeitas que levam a essa explosão de crença no Espiritismo".[62] O estudo, então, prosseguiu com o intuito de fornecer explicações convencionais para a mediunidade e para a telepatia, além de evidência psicológica de transtorno dissociativo de identidade.

Quando Jastrow fez uma resenha do estudo na *AJP*, ele o descreveu como uma investigação científica sobre a psicologia da sra. Piper, porque suas sessões "representam fases distintas, mesmo que ambíguas, de uma personalidade secundária. É aí que se encontra o interesse nas sessões, e não em suas supostas revelações de evidência".[63] Assim, por um lado, testes com um médium espiritualista em particular eram psicologia científica, contanto que não se relacionassem com a realidade dos fenômenos. Por outro lado, contudo, tais testes também representaram uma tentativa de mostrar que os fenômenos não eram reais. "Levando seriamente em conta a proposição [de telepatia]", Jastrow continuou, "a psicologia aceita o desafio

---

61 Jastrow, Studies in spiritism, *American Journal of Psychology*, 22 (1911), p.122.
62 Tanner, *Studies in Spiritism*, p.1-2.
63 Jastrow, Studies in spiritism, *American Journal of Psychology*, 22 (1911), p.122-4.

e se propõe a mostrar que uma tendenciosidade ubíqua e um *insight* incompleto moldaram os dados de forma a produzir uma significação destorcida ou imaginária". Na medida em que essa era uma investigação sobre as habilidades psíquicas da sra. Piper, isso poderia com a mesma facilidade ter sido descrito como uma pesquisa de fenômenos psíquicos. Exceto para Jastrow, como também para Tanner, Hall e Titchener, fenômenos psíquicos não eram reais, e a psicologia científica estudou tais questões a fim de fornecer explicações comuns. Isso foi o que levou tais investigações a serem entendidas como científicas, o que separou a psicologia científica da pesquisa de fenômenos psíquicos, não o teste das habilidades do médium, mas sim a visão de que explicações convencionais eram suficientes.

Evidentemente, havia necessidade de se recorrer aos fatos, e todos eram céticos, porém tolerantes e flexíveis. Hall havia examinado a questão durante anos, explicou ele, e havia sido alguém que acreditava, e Tanner havia iniciado com a noção de que "provavelmente a telepatia era verdadeira e talvez o fosse a mediunidade".[64] A resenha de Jastrow havia registrado a tolerância que eles manifestavam, que eles haviam começado a "levar a sério" as pretensões da pesquisa de fenômenos psíquicos. Tal reconhecimento de crença anterior ou, pelo menos, da tolerância, fora regularmente utilizado por detratores do mesmerismo e do espiritualismo, da mesma forma como o reconhecimento do ceticismo anterior havia sido regularmente utilizado por defensores. Portanto, quando Tanner salientou: "[não] iniciei meu trabalho com qualquer espírito de antagonismo, mas sim com um espírito de dúvida que se inclinou para a crença", po-

---

64 Tanner, *Studies in Spiritism*, p.XVI, VI.

demos simplesmente ver isso como mais um exemplo de uma conclusão cética prefaciada por uma negação de preconceito.[65] A retórica da neutralidade não era nada nova, embora o enquadramento de investigações de fenômenos psíquicos como psicologia científica fosse, é claro, produto do surgimento da psicologia científica. Para a maioria dos psicólogos, entretanto, apesar de seus argumentos de mente aberta e tolerância anterior, tais investigações só eram científicas quando eles se propunham a fornecer explicações comuns. Resumindo, eram manifestações e justificativas da crença de que tais fenômenos não eram reais.

Essa fora uma tarefa mais simples no caso de outros médiuns tais como Eusapia Palladino, cujos embustes admitidamente fraudulentos fizeram dela alvo fácil. No entanto, o caso de Palladino não foi simples: por um lado, ela foi muitas vezes desmascarada em flagrante, mesmo por aqueles que continuavam a manifestar crença; por outro lado, dizia-se que, às vezes, ela produzia fenômenos genuínos, diante de observadores

---

65 Cf. Petit, The new woman as "tied-up dog", *History of Psychology*, 11 (2008), p.155. Para mostrar mais um exemplo, a Comissão Seybert (1887) foi provavelmente o mais conhecido estudo de ceticismo em relação ao espiritualismo na América; no final do século XIX, foi citada positivamente por Jastrow e outros, e, de fato, é percebida por Tanner como um catalisador do próprio interesse que ela mostrou pelo assunto. Na introdução ao relato, a comissão enfatizou como "cada membro, por sua vez, manifestou total isenção de qualquer preconceito contra o assunto a ser pesquisado e sua disposição de aceitar qualquer conclusão justificada pelos fatos; um de nossos membros, o presidente em exercício, longe de mostrar preconceito, confessou inclinar-se a favor da verdade substancial do Espiritualismo" (Seybert Commission, *Preliminary Report...*, p.5).

experientes e (anteriormente) céticos.[66] Para os defensores ela era outro exemplo da demonstradora genuína, porém fraudulenta, de fenômenos fora do comum. Como George Goble, Charles Foster e vários outros médiuns anteriores, todos concordavam que Palladino trapaceava, mas não necessariamente todo o tempo. Assim, quando ela não era apanhada em flagrante, havia uma escolha a ser feita: era possível acreditar que os fenômenos eram verdadeiros, ou, alternativamente, que ela simplesmente não havia sido apanhada trapaceando nessa ocasião. Como sempre, a questão se resumia à adequação das condições e à *expertise* dos observadores. Os críticos apontavam para a evidência de fraude, os defensores para a melhor evidência (onde, argumentavam eles, fraude era impossível), e os críticos afirmavam que os pesquisadores simplesmente não haviam percebido o embuste. O argumento a respeito de competência especializada incluía os usuais apelos a tipos especiais de *expertise*, inclusive de experiência em pesquisa de fenômenos psíquicos e conhecimento de ilusionismo, bem como dos inevitáveis apelos a uma visão cética, porém flexível.[67]

Todavia, no que diz respeito às fronteiras da psicologia científica, permanecia a questão de que as investigações a respeito de médiuns eram legítimas, desde que fornecessem explicações convencionais. Assim, a *Science* incluiu em sua publicação o relatório de uma investigação sobre Palladino, que enquadrava o fenômeno como trapaça, e alguns dos mais eminentes psicólogos, como Jastrow e Hugo Munsterberg, de Harvard,

---

66 Gauld, *The Founders of Psychical Research*, p.221 et seq.
67 Ver, por exemplo, Wiseman, The Fielding report, e o debate subsequente no *Journal of the Society for Psychical Research*.

assistiram a sessões espíritas e, na sequência, fizeram um relato ao público de como haviam apanhado a médium trapaceando.[68] Entretanto, quando Cesar Lombroso, o psicólogo italiano, estudou o caso de Palladino e declarou que os fenômenos erais reais, Jastrow contestou, afirmando que isso era "uma imitação grotesca de procedimento científico", apesar do "treinamento científico" de Lombroso, impelido por uma fantasia, e interessante apenas em termos da "psicologia daqueles indivíduos respeitados que acreditam em narrativas nada respeitadas".[69]

Na verdade, isso era parte de um tema mais amplo e mais prolongado em controvérsias acerca de fenômenos extraordinários, em que cientistas que descartavam explicações convencionais eram denunciados como desprovidos da competência necessária para descartá-los. O que fora dito a respeito de Crookes foi dito a respeito de Lombroso, e vem sendo dito a respeito de muitos desde então. De acordo com a psicologia do erro, a crença na realidade dos fenômenos era tanto causa quanto resultado de incompetência e, por conseguinte, poderia ser tomada como uma indicação dela. Portanto, Tanner comentou a respeito de Hereward Carrington, que havia escrito um texto cético sobre os fenômenos do espiritualismo, mas, então, se convertera após suas investigações a respeito de Palladino, que sua recente mudança de opinião "deve lançar de volta uma sombra lamentável nesse livro".[70] Por outro lado, estudos a respeito do assunto, realizados por céticos que enquadraram

---

68 Wood, Report of an investigation of the phenomena connected with Eusapia Palladino, *Science*, 31 (1910); Jastrow, The case of Paladino; Munsterberg, 'My friends the spiritualists'.
69 Jastrow, The case of Lombroso, *Dial*, 47 (1909), p.284-6.
70 Tanner, *Studies in Spiritism*, p.2.

os fenômenos de acordo com explicações convencionais, conseguiram fazer parte da psicologia científica, precisamente por causa da visão que manifestavam.

Entretanto, o compreensível foco sobre demonstradores mais proeminentes de fenômenos fora do comum, como Piper e Palladino, pode dar a impressão de que a fronteira entre o fora do comum e o comum estava claramente demarcada: ou tais fenômenos eram reais (fossem eles sobrenaturais ou psíquicos) ou, alternativamente, eram resultado de explicações convencionais (como acaso ou fraude). Esse tem sido o padrão geral do discurso, mas o que é passível de crença quando se diz que algo é real não é, de forma alguma, simples. Como já vimos, Carpenter havia explicado certos feitos de Bishop de acordo com processos que, à época, não estavam esclarecidos, e que até mesmo hoje seriam considerados paranormais. Mesmo os detratores mais vigorosos poderiam enquadrar fenômenos extraordinários de maneiras ambíguas, e Carpenter não foi absolutamente o único nesse sentido. Na esteira do fenômeno Palladino, outro caso fora do comum atraiu a atenção da psicologia científica americana.

O caso de Munsterberg e Beulah Miller

Em 1913, Hugo Munsterberg, professor de Psicologia em Harvard, desviou-se de seu trabalho quando uma garota de 10 anos, de Rhode Island, atraiu a atenção da nação americana. Corria a notícia de que Beulah Miller conseguia dizer o que continham os bolsos de uma pessoa, ou uma caixa fechada, ou uma página de um livro fechado. De acordo com o dr. John Quackenbos, médico e membro da Academia de Medicina, que examinara minuciosamente a garota, Beulah tinha poderes de visão de raio X.[71]

Então, quando Munsterberg viajou de Harvard para Rhode Island, para testá-la, ele começou a traçar alguns limites.[72] Ele pode não ter sido o primeiro a examiná-la, mas deixou bem claro que era ele o profissional mais bem qualificado para fazê-lo. "Todos aqueles experimentos relatados ao público haviam sido feitos sem quaisquer registros efetivos e exatos e, além disso, por pessoas que negligenciaram as fontes mais evidentes de erro", explicou ele. "Na realidade, tomei nota de tudo o que aconteceu e tratei o caso com o mesmo cuidado com que estou habituado a realizar os experimentos no Laboratório de Psicologia de Harvard." Ele contrastou sua própria *expertise* em psicologia com a do "observador não treinado" para justificar seu "direito de desconsiderar os relatos de todos aqueles que confiaram em sua arte amadora de experimentação".

Em seu relatório, Munsterberg primeiro excluiu as explicações comuns e óbvias do acaso e de fraude, considerando-as "igualmente fora de questão" ("as probabilidades são apenas de uma em muitos bilhões", a situação "carece de todo e qualquer motivo imaginável para fraude" e "posso garantir a honestidade das intenções de todos os envolvidos"). Ele também excluiu "telepatia", assinalando que isso era muito mais extraordinário do que outros percebiam. Algumas pessoas respeitáveis e cultas falavam de um "poder incomum de conseguir ler o que se passava na mente de [...] outros", como se, ao fazê-lo, "eles negassem qualquer crença em clarividência misteriosa e pode-

---

71 Beulah no Marvel..., *New York Times*, 23 abr. 1913.
72 Munsterberg, *Psychology and Social Sanity*.

res telepáticos". Parecia que as pessoas achavam que a "simples leitura de mente" era, de alguma forma, menos problemática do que "dons proféticos" ou "maravilhas telepáticas". Porém, a realidade da leitura de mente "significaria total ruptura com tudo o que a ciência encontra no mundo mental [...], carecemos de todos os meios possíveis para conectar tal maravilha com qualquer coisa que o cientista até o momento reconhece". Portanto, tais demonstrações eram tão extraordinárias que exigiam um estudo crítico apropriado.

De acordo com os experimentos de Munsterberg, Beulah só era bem-sucedida quando sua mãe ou sua irmã se encontravam presentes, quando elas conheciam a informação relevante e quando Beulah conseguia ver pelo menos uma delas. Em resumo, ela estava obtendo delas as informações, mas sem o conhecimento delas e sem que ela própria soubesse disso. "Acho que tudo pode ser explicado através de seu subconsciente que percebia sinais não intencionais", explicou ele, e assegurou aos leitores que "nada de misterioso, nada de sobrenatural" estava acontecendo. Contudo, embora sua explicação fosse uma explicação natural, ela não deixava de sugerir algum mistério. Beulah tinha, Munsterberg explicou, "uma sensibilidade incomum, acima do normal, juntamente com esse poder anormal de receber os sinais sem que eles venham imediatamente à consciência [...] em condições sob as quais pessoas comuns não os perceberiam nem os ouviriam".

Não se tratava de adivinhação por contato, ou leitura sensorial do pensamento por contato (que era transmitida através do tato e normalmente recebida conscientemente pelo leitor sensorial), mas uma forma de leitura por não contato de sinais físicos quase imperceptíveis, fornecidos inconscientemente pela mãe e pela irmã de Beulah e recebidos inconscientemente pela própria Beulah. Era bem parecida com a explicação de Carpenter para a proeza de Bishop em Edimburgo, ou as pseudoexplicações de "ilusionistas psicológicos" mais recentes, com exceção do fato de que Beulah não tinha consciência do que estava fazendo. Havia, porém, outra fronteira a ser demarcada, pois havia limites quanto ao que poderia ser lido dessa maneira. Por exemplo, assinalou Munsterberg, se alguém pensa em uma letra e o "telepata", então, percorre o alfabeto, este último poderia captar uma reação não intencional da pessoa quando a letra escolhida fosse mencionada. Essa, afinal de contas, tinha sido a explicação básica de mensagens anteriores de espíritos, em que os participantes haviam indicado letras do alfabeto, uma por vez, e batidas leves do espírito apareciam no momento certo, porque os médiuns captavam indícios não intencionais fornecidos pelo participante (que conhecia a informação relevante e, inadvertidamente, fornecia uma pista quando a letra correta era alcançada). No entanto, embora tal informação básica pudesse ser transmitida, era "impossível" adivinhar uma palavra inteira (a menos que fosse através de letras individuais obtidas, uma de cada vez, por meio desse processo).

A explicação de Munsterberg enquadrou firmemente os fenômenos dentro dos limites da ciência da psicologia (nem sobrenatural, nem misteriosa), mas deixou os detalhes sem esclarecimento. Munsterberg, era, sem dúvida, um homem ocupado, e com certeza achou que havia coberto o essencial, mas apenas para aqueles que compreendiam exatamente o que ele queria dizer. Afinal de contas, ele próprio havia notado que nem mesmo indivíduos cultos sabiam o que significava "leitura de mentes", que eles pareciam acreditar que ela fosse, de alguma forma, mais compatível com a ciência do que a "telepatia". Se fosse necessário fazer uma distinção entre adivinhação por contato e leitura de mentes, então os limites da "leitura de mente" sem contato deviam ter sido bem menos claros. E depois ele descreveu Beulah como uma pessoa com "poderes anormais" e "sensibilidade além do normal", que conseguia fazer coisas que "pessoas comuns" não conseguiam fazer. Não foi surpresa, então, quando o *New York Times* publicou um texto onde se lia que "o dr. Munsterberg rejeita a teoria de que a garota possui o que se chama 'visão de raio X' [...], embora admita que ela possua poderes psíquicos incomuns".[73] E o que eles queriam dizer com o termo "psíquico", cujo significado não teria sido, para os leitores, mais claro do que "paranormal"?

Dessa maneira, o maior psicólogo da América (como o *New York Times* o descreveu), em uma tentativa de desmistificar a mais famosa pretensão ao paranormal da época, enquadrou os fenômenos como reais e fora do comum além de compatíveis com a ciência; sua plateia (o público leitor) foi informada de que ele havia confirmado os poderes "psíquicos" de Beulah. Se tivessem perguntado a um leitor do *New York Times* o que ele achava da leitura de mentes ou de fenômenos psíquicos, ele poderia sensatamente ter respondido que acreditava que eram reais e que isso havia sido confirmado pela psicologia científica. Se tivesse lido criteriosamente o relato, ele poderia ter dito que "leitura de mentes" e "telepatia" não eram reais, mas que a capacidade de saber o que outros estavam pensando por meio de habilidades paranormais era real. E se fosse indagado sobre o que queria dizer com isso, ele certamente teria feito

---

73 Beulah no Marvel..., *New York Times*, 23 abr. 1913.

um grande esforço para responder à questão; isto é, a menos que ele acreditasse no dr. Quackenbos, que insistia tratar-se de um "caso verdadeiro de visão de raio X".[74]

Como os estudos de seus colegas céticos, o estudo de Munsterberg tinha a pretensão a ser psicologia científica, um estudo das fronteiras da mente, mas não além dela, uma manifestação da crença de que os fenômenos relatados eram passíveis de explicações convencionais, com base em *expertise* psicológica apropriada. Tal estudo, fora, é claro, justificado como não apenas verdadeiro, mas também útil, e fora acompanhado de argumentos sobre a excepcionalidade da pretensão. Munsterberg havia traçado limites não apenas entre *expertise* suficiente e insuficiente, mas também entre explicações comuns e fora do comum; entretanto, a fronteira era tão tênue que era difícil distingui-la, e semanticamente tão ambígua que era difícil compreendê-la. A linha entre sensibilidade além do normal a indícios visuais inconscientes e percepção extrassensorial (como seria conhecida posteriormente) pode ter sido válida, mas a diferença entre os sufixos super-, extra- e para- e como eles funcionam como explicações de demonstrações de "telepatia" nunca foram questões simples. Essas nuances de cinza há muito tempo vêm fazendo falta na descrição de crenças e descrenças vistas como preto e branco.

Discussão

As controvérsias a respeito de fenômenos psíquicos eram semelhantes – e de uma forma que hoje deve estar clara – àquelas

---

74 Ibid.

relativas aos fenômenos do mesmerismo e do espiritualismo. Em especial, as discussões sobre os fenômenos psíquicos originais eram manifestações de diferentes crenças quanto a se explicações convencionais haviam sido excluídas ou não, com base no que se considerava *expertise* científica adequada. Para Carpenter, a competência psicológica era essencial, e sua psicologia do erro pôde ser utilizada para expressar e justificar a visão de que os fenômenos não eram reais, enquanto apresentava crença como causa e também efeito de observação incompetente. Dessa maneira, crenças, observações e competência estavam inextricavelmente interligadas.

No entanto, a linha divisória entre o comum e o fora do comum era nebulosa, e nem mesmo Carpenter conseguiu expressar crença em feitos que não eram explicáveis pelo conhecimento científico. Evidentemente, seria possível perceber que o fato de ele ser enganado por um embuste sugere que a *expertise* psicológica não era, afinal, suficiente; e – o que é mais importante, no que diz respeito a crenças –, seria possível argumentar que as próprias crenças que ele sustentava acerca do potencial de processos inconscientes levaram-no a cometer seu próprio equívoco: ele acreditava que certos fenômenos extraordinários eram reais, com base em suas próprias noções sobre o que parecia plausível. Porém, seja o que for que tivesse passado em sua mente, seus argumentos eram semelhantes àqueles dos pesquisadores de fenômenos psíquicos e de proponentes anteriores, que enquadravam eventos especiais como reais, mas não esclarecidos de acordo com o conhecimento científico e, no entanto, compatíveis com ele.

À medida que os psicólogos americanos buscavam manter a pesquisa de fenômenos psíquicos fora da psicologia, a dificuldade em diferenciar entre o comum e o fora do comum era evidente em toda parte. E não foi apenas nos Estados Unidos que os primeiros psicólogos, em defesa de sua recém-nascida ciência, se empenharam em combater a pesquisa de fenômenos psíquicos, pois conflitos semelhantes estavam ocorrendo na Alemanha.[75] Contudo, como já vimos, essa não foi simplesmente uma polêmica entre a psicologia científica e a pesquisa de fenômenos psíquicos, uma vez que o que se considerava psicologia ou pesquisa de fenômenos psíquicos era, por si mesmo, parte do argumento. Na medida em que os "psicólogos" se ocupavam em examinar os que se pretendiam médiuns, longe de contestar a pesquisa de fenômenos psíquicos, eles estavam, por definição, fazendo pesquisa de fenômenos psíquicos. Da mesma forma como Forbes havia testado a clarividência no mesmerismo, e Romanes havia testado as habilidades de leitura de mente sem contato físico, feitas por Bishop, os psicólogos críticos da realidade dos fenômenos estavam envolvidos no exame da mesma hipótese. O que os distinguia daqueles que se autoproclamavam pesquisadores de fenômenos psíquicos era, no fim das contas, sua visão acerca da realidade desses fenômenos. A averiguação de fenômenos que não se acreditava que fossem reais somente fazia sentido como parte de um continuado discurso de desmistificação, um discurso em que os indivíduos empregavam uma psicologia do erro que tanto enquadrava os fenômenos em termos de explicações convencionais quanto validava o mérito de sua própria *expertise*.

---

75 Marshall; Wendt, Wilhelm Wundt, spiritism and the assumptions of science. In: Bringmann; Tweney (Orgs.), *Wundt Studies*; Wolffram, Parapsychology on the couch, *Journal of the History of the Behavioral Sciences*.

Crenças extraordinárias

A questão aqui não é meramente que indivíduos de diferentes grupos sustentavam crenças opostas, ou que suas palavras e atos eram movidos por suas diferentes crenças, mas que suas crenças eram parte intrínseca da controvérsia; a questão não é apenas que eles simplesmente manifestavam suas crenças enquanto afirmavam alguma outra coisa diferente, mas que a fronteira entre a psicologia científica e a pesquisa de fenômenos psíquicos não se fundamentava nem no objeto de investigação nem nos métodos utilizados, mas, sim nas diferentes crenças em relação aos fenômenos. Dizendo de outra maneira, o trabalho de demarcação de fronteiras disciplinares dos primeiros psicólogos americanos em relação à pesquisa de fenômenos psíquicos foi, por si mesmo, uma manifestação de crenças a respeito de fenômenos psíquicos. E ao expressar uma visão cética, mais do que uma expressão de crença, o *status* científico da Psicologia pôde ser mais facilmente construído. Então, pouco surpreende que tal visão tenha acompanhado tal empenho. Esse foi, é claro, um exercício de desmistificação que, como veremos mais adiante, continua a ser uma característica do interesse dos psicólogos por crenças extraordinárias desde então: o estudo científico de crenças acerca de fenômenos psíquicos tem sido, ao mesmo tempo, uma manifestação de crenças sobre tais fenômenos e uma tentativa de mudá-las.

6
A construção de fenômenos paranormais

Em 1974, Uri Geller sentou-se em uma sala com alguns cientistas renomados. A sala fazia parte de um laboratório do Instituto de Pesquisa de Stanford, e as habilidades paranormais de Geller estavam sendo testadas pelos físicos. No decorrer da maior parte dos testes formais, ele ficou isolado em uma sala blindada eletricamente, enquanto alguém do lado de fora desenhava alguma coisa em um pedaço de papel. Apesar de não ter condições de ver o desenho, nem mesmo saber quem o estava desenhando, Geller conseguiu desenhar uma cópia quase exata.

Os experimentos, que incluíam vários testes como esse, foram relatados na revista científica *Nature*, e os autores deixaram bem claro que essa era uma tentativa de "decidir [...] se determinada classe de fenômenos paranormais existe". Naturalmente, isso requeria a exclusão de explicações convencionais; assim "decidimos realizar nossos experimentos com suficiente controle, utilizando blindagem visual, acústica e elétrica, para garantir que todos os caminhos convencionais de *input* sensorial fossem bloqueados". Se tais medidas foram "suficientes", sem dúvida, dependia da competência deles para avaliar o que era suficiente, mas eles explicaram que haviam investigado a habilidade anteriormente, realizado estudos-piloto, e tanto seu conhecimento da literatura pertinente quanto suas observações os levaram a concluir que "tais habilidades podem ser estudadas em condições laboratoriais". Tais habilidades eram compatíveis com a investigação científica, passíveis de "análise e de hipótese sob as formas com as quais estamos familiarizados no estudo científico".[1]

A percepção por parte dos autores de que tais habilidades eram reais baseava-se em fenômenos específicos. Noticiava-se amplamente, por exemplo, que Geller conseguia entortar metais através de meios paranormais, e isso foi, de fato, observado no laboratório, mas esses não haviam sido "experimentos controlados adequadamente"; portanto, não validavam a hipótese de fenômeno paranormal. Ademais, mesmo na tentativa de reproduzir desenhos, houve muitas falhas. Às vezes, Geller dizia que "tinha dificuldade em obter as impressões" e, portanto, deixava de apresentar um desenho. Outras vezes, ele demonstrava insatisfação quanto à amplitude dos possíveis alvos, e seus desenhos não eram mais precisos do que aquilo que seria esperado como acaso. Entretanto, os autores assinalaram em suas conclusões que, "[c]omo acontece com todos os sistemas biológicos, o canal de informação parece ser imperfeito". Portanto, como em tantos outros casos anteriores, era possível ver fracassos como evidência da natureza dos fenômenos.

Quando os pesquisadores justificaram sua posição, a revista também justificou sua decisão de comunicá-la. Em um edito-

---

[1] Targ; Puthoff, Information transmission under conditions of sensory shielding, *Nature*, 251 (1974).

rial pouco convencional ela advertiu seus leitores da singularidade da afirmação, mas ressaltou a prioridade da evidência acima de preconceitos individuais. A revista também assinalou que os testes haviam sido realizados por cientistas qualificados, em um importante centro de pesquisa e, embora os fenômenos fossem altamente implausíveis, o estudo era, no entanto, digno de atenção e de exame minucioso. Porém, o editorial também incluiu comentários feitos por pareceristas quanto às imperfeições do projeto e da apresentação, e quanto ao exame inadequado por parte dos autores em relação à metodologia psicológica e estudos parapsicológicos anteriores. Esses pontos fracos implicavam falta de competência especializada e possibilidade de equívocos não conhecidos.[2] Por conseguinte, explicações convencionais não haviam sido necessariamente excluídas.

Posteriormente, detratores ofereceram possíveis explicações convencionais e afirmaram que as condições haviam sido insuficientes para impedir uma fraude. Eles questionaram a *expertise* dos autores, que podiam ser cientistas qualificados, mas como não possuíam conhecimento especializado de ilusionismo, não tinham competência para excluir a possibilidade de trapaça.[3] Nas querelas subsequentes a esses experimentos, pode-se

---

2 Investigating the paranormal, *Nature*, 251 (1974), p.559-60.
3 Na página 1 de seu livro de desmistificação, *The Magic of Uri Geller* (1975), o mágico e escapologista James Randi citou o outro grande mágico, escapologista e desmistificador do século XX, Harry Houdini, para construir seu argumento: "O fato de que eles são cientistas não lhes confere um dom especial para detectar o tipo especial de fraude utilizado pelos médiuns, nem os impede de serem enganados [...]". Como fizera Houdini, Randi afirmou que era preciso um mágico para apanhar outro mágico. O mesmo ponto foi levantado por Fuller, em *Confessions of a Psychic*, p.7.

encontrar todos os argumentos que haviam sido utilizados em controvérsias anteriores, quando psicólogos e ilusionistas céticos afirmaram que não eram preconceituosos, porém mais apropriadamente céticos diante de pretensões tão extraordinárias, apontaram para os muitos fracassos de Geller, recorreram a imitações de seus fenômenos por mágicos e à *expertise* em ilusionismo (através de meios comuns), e afirmaram que ele havia sido desmascarado como fraude.[4] Ao mesmo tempo, os defensores apelaram para a *expertise* tanto científica quanto de ilusionismo, mencionando cientistas e mágicos que haviam observado Geller e eliminado a possibilidade de embuste como explicação, discutindo a validade dos fracassos, das reproduções e dos desmascaramentos, e até mesmo quando se admitiu que Geller algumas vezes trapaceava, salientou-se que isso não invalidava seus fenômenos genuínos.[5]

Nesse sentido, tal debate, em especial quanto a fenômenos fora do comum, não era novidade alguma, mas configura-se como um local apropriado para começarmos a considerar crenças sobre esses fenômenos no século XX. Primeiro, trata-se de um exemplo de parapsicologia experimental, a controversa ciência que surgiu dos mundos do espiritualismo e da pesquisa de fenômenos psíquicos, e que continuou a ser a base de polêmicas acerca de *status* científico e de *expertise*; segundo, trata-se de uma demonstração feita pelo mais famoso *performer* de feitos extraordinários na segunda metade do século XX, cuja fama foi tamanha que, se alguém pensasse a respeito do paranormal

---

4 Ver, por exemplo: Marks; Kamman, *Psychology of the Psychic*; Randi, *The Magic of Uri Geller*.

5 Ver, por exemplo: Panati (Org.), *The Geller Papers*.

depois de meados da década de 1970, seria muito provável que o nome Uri Geller viesse à tona; terceiro, a reação crítica a Geller era parte de uma manifestação mais ampla da (des)crença que estava prestes a se manifestar no nascimento do moderno movimento de ceticismo. A contínua polêmica sobre a parapsicologia, os feitos extraordinários de *performers* como Geller e a relação entre crenças a respeito do paranormal e o emergente movimento de ceticismo são os principais temas deste capítulo.

A construção da parapsicologia

A fronteira entre a pesquisa de fenômenos psíquicos e a parapsicologia nunca foi uma fronteira clara, ambas sendo, por definição, o estudo científico de fenômenos psíquicos. Não obstante, da mesma forma como os pesquisadores de fenômenos psíquicos, desde Crookes, haviam diferenciado entre espiritualismo e suas próprias investigações científicas, também os parapsicólogos traçaram linhas entre a pesquisa de fenômenos psíquicos e a parapsicologia experimental. Tais fronteiras precisavam ser demarcadas, porque, sem dúvida, elas não eram evidentes. Quando, em 1927, William McDougall deixou Harvard para assumir seu posto na Duke University, onde lançou as bases da nova parapsicologia experimental, nem os experimentos nem o termo "parapsicologia" eram novidade para a pesquisa de fenômenos psíquicos.[6] De fato, no processo de argumentação acerca do mérito de uma nova pesquisa científica de fenômenos psíquicos, McDougall propôs argumentos

---

6 Beloff, *Parapsychology*, p.127.

semelhantes àqueles que Crookes e, posteriormente, a SPR haviam apresentado.[7]

Sem dúvida, havia diferenças. Uma razão era que isso era parte de uma análise mais ampla do predomínio do materialismo e do behaviorismo na psicologia americana da época. Porém, o que é mais importante, em se tratando de crenças, depois que McDougall recrutou J. B. Rhine, o que ficou conhecido como a "revolução Rhine", foi uma tentativa explícita de reenquadrar o estudo científico de fenômenos psíquicos em palavras e atos.[8] Além do uso que fez de uma terminologia específica, incluindo novos termos como "percepção extrassensorial" e "psicocinese", Rhine definiu a parapsicologia como rigorosamente experimental, estabelecida em laboratório e universidades, em oposição à pesquisa de fenômenos psíquicos extra-academia.[9] Ele foi pioneiro na criação de um programa progressivo de pesquisa experimental quantitativa, em uma tentativa de alcançar *status* acadêmico e científico, e mostrar que a habilidade psíquica era comum, não rara.[10] Sua abordagem não era inteiramente nova, é óbvio, pois os pesquisadores de fenômenos psíquicos já estavam realizando estudos quantitativos há algum tempo, grande parte dos quais realizada por psicólogos acadêmicos. Entretanto, essa fora uma

---

7 Ver, por exemplo: McDougall, Psychical research as a university study. In: Murchison (Org.), *The Case For and Against Psychical Belief*.
8 Rhine era frequentemente apontado como figura-chave no surgimento da parapsicologia profissional, mas o papel de McDougall não foi menos importante no processo (Asprem, A nice arrangement of heterodoxies, *Journal of the History of the Behavioral Sciences*, 46 (2010)).
9 Editorial introduction, *Journal of Parapsychology*, 1 (1937), p.7.
10 Beloff, *Parapsychology*, p.127.

abordagem de uma minoria dentro da pesquisa de fenômenos psíquicos, ao passo que constituía a base da nova parapsicologia experimental, que também possuía uma sólida sustentação acadêmica. À medida que Rhine se distanciava da pesquisa de fenômenos psíquicos, ele buscava laços mais estreitos com a psicologia experimental, enquadrando a parapsicologia como parte da psicologia e procurando correlatos psicológicos de habilidade paranormal.[11]

A natureza experimental e quantitativa da investigação foi percebida em experimentos planejados para traçar limites operacionais entre tipos especiais de fenômenos paranormais. Assim, por exemplo, experimentos com clarividência testavam a habilidade de saber quais dos cinco símbolos estavam em um cartão, enquanto em testes de "pura telepatia" removiam-se os cartões do processo, para que as informações só pudessem ser obtidas a partir da mente do emissor. Porém, o que esses diferentes tipos de percepção extrassensorial [PES] tinham em comum era que todos eles, em termos de evidência experimental, equivaliam a anomalias estatísticas. Fosse clarividência, telepatia ou precognição, os fatos relatados dos experimentos com PES eram desvios do acaso no processo de adivinhação de cartas – cartas de Zener.

Assim, qualquer afirmação de que tais experimentos eram demonstrações de PES – e, até então, se pretendiam a hipótese mais convincente da existência de fenômenos paranormais – dependia da exclusão do acaso, com base em um tipo novo e especial de *expertise*: competência em estatística. Era com base nessa competência que o acaso podia ser excluído como expli-

---

11 Ver, por exemplo: Rhine, *Extra-Sensory Perception*, p.174-91.

cação convencional para resultados experimentais. Sem dúvida, era também necessário excluir a possibilidade de fraude, e tanto Rhine quanto McDougall manifestaram a opinião de que estivessem os sujeitos dos experimentos dispostos ou não a trapacear, isso não tinha importância; era tarefa do experimento planejar as coisas de modo a tornar impossível uma fraude.[12] Para eles, como para os espiritualistas e os pesquisadores dos fenômenos psíquicos, a possibilidade de um sujeito simular os fenômenos em outras ocasiões não invalidava os resultados positivos de um experimento adequadamente controlado. O que se considerava experimento adequadamente controlado, entretanto, o que equivalia a um projeto experimental competente e uma análise estatística apropriada, estava, sem dúvida, aberto para debate.

Essas controvérsias foram descritas em grandes detalhes por Seymour Mauskopf e Michael McVaugh no periódico *The Elusive Science*. Os detratores contestaram as estatísticas e a competência estatística de parapsicólogos, criticando supostas falhas na análise de Rhine e questionando a improbabilidade dos seus resultados (e, portanto, a realidade da PES). Como a maioria dos psicólogos se esforçava para acompanhar o debate técnico, os estatísticos profissionais se envolveram e, por sua vez, passaram a criticar a competência dos psicólogos que haviam refutado a análise de Rhine. Quando Burton Camp, presidente do então recém-formado Instituto de Estatística Matemática (Institute of Mathematical Statistics), afirmou que as estatísticas de Rhine eram válidas, ele estava, com toda a certeza, menos interessado em defender Rhine do que em

---

12 Mauskopf; McVaugh, *Elusive Science*, p.181-2.

defender o mérito de sua própria disciplina.[13] Não obstante, isso pôs fim – pelo menos, durante algum tempo – a mais uma controvérsia sobre o que se considerava extraordinário (nesse caso, com relação ao acaso normal) e quem possuía competência para avaliar a questão.

Obviamente, os fatos podiam, ainda assim, ser enquadrados, se não como acaso, então como equívoco ou fraude. Os detratores afirmavam que havia falhas básicas nos cartões de PES e que as condições incluíam indícios sensoriais, ou erros nos dados dos registros; até mesmo a competência pessoal de Rhine foi questionada por ele não ser membro da APA – a Associação Americana de Psicologia (American Psychological Association).[14] Entretanto, como mostram Mauskopf e McVaugh, os primeiros resultados de Rhine, tiveram, no início, uma receptividade relativamente calorosa, apesar da baixa expectativa por parte dele. Resenhas positivas foram publicadas nos principais jornais e em periódicos acadêmicos de psicologia, e vários psicólogos começaram a conduzir experimentos no campo da parapsicologia. Depois do surgimento do *Journal of Parapsychology*, em 1937, a *Psychological Abstracts* concordou em incluir trabalhos da *JP* em suas publicações. Houve críticos, é claro, mas eles ficaram relativamente quietos até Rhine se empenhar na divulgação pública de seus resultados. Seu conhecido relato sobre a parapsicologia, *New Frontiers of the Mind* (1937), visou explicitamente o público e foi acompanhado de uma abordagem comercial que via cartas de PES sendo vendidas em livrarias, e testes de PES sendo realizados em estações

---

13 Ibid., p.258.
14 Ibid., p.259-64.

de rádio. Quando a imprensa popular começou a publicar que a PES era um "fato científico", críticas começaram a surgir em maior número. Não obstante, a despeito do grande empenho de críticos como B. F. Skinner, os psicólogos americanos se dividiram quanto à validade da evidência parapsicológica, embora 90% de uma votação na APA, em 1938, tivessem aceitado a parapsicologia como uma ciência legítima.[15] No ano seguinte, Rhine foi admitido, embora por uma estreita maioria, como membro da APA (portanto, removendo pelo menos sua falta de afiliação como sinal de incompetência como psicólogo). A publicação de *ESP after Sixty Years* (1940), que fazia referência ao trabalho anterior, desde a fundação da SPR, também obteve uma recepção mista, mas foram poucos os psicólogos que rechaçaram o trabalho como não científico.[16]

Fica claro, então, que era possível acreditar que a parapsicologia era uma ciência, e até mesmo que seus resultados eram estatisticamente significantes, sem que se acreditasse na realidade dos "psi", os fenômenos parapsicológicos. Desde os tempos do mesmerismo, crenças a respeito de fenômenos fora do comum sempre proporcionaram posições afins, porém distintas, quanto aos fatos, ao que eles significavam e sua relação com a ciência. Entretanto, o *timing* e a natureza das controvérsias indicavam uma profunda preocupação entre os críticos quanto à percepção do público, de quem não se podia esperar que soubesse distinguir entre as diferentes linhas da discussão. Afinal de contas, se a parapsicologia era uma ciência, e as conclusões dos estudos a respeito dela eram consideradas

---

15 Ibid., p.278.
16 Pratt et al., *Extra-Sensory Perception after Sixty Years*.

Crenças extraordinárias

conhecimento científico, então ninguém poderia ser acusado de acreditar que fenômenos paranormais eram reais. Não é grande surpresa, então, que os debates sobre o *status* científico da parapsicologia e a validade de seus resultados e suas pretensões estivessem intimamente ligados. De fato, aqueles que examinaram os argumentos relativos ao *status* científico da parapsicologia e à validade dos achados parapsicológicos identificaram tipos de temas análogos aos que foram até agora discutidos.[17] Eles podem ter feito listas diferentes, mas as continuidades são claras o bastante, sujeitas a como se "corta o bolo".

Por exemplo, como outros notaram, uma das estratégicas retóricas centrais dos parapsicólogos era a acusação de fraude.[18] Isso, sem dúvida, foi um recurso a uma explicação convencional e uma provocação à *expertise* daqueles que (supostamente) deixaram de excluí-la. Ademais, tais acusações basearam-se em recursos à excepcionalidade dos fenômenos, tanto que os críticos não necessariamente tiveram que depender de evidência de fraude. Assim, com base na implausibilidade da PES, Price pôde afirmar que quaisquer resultados não atribuíveis ao acaso e ao erro poderiam ser considerados fraude.[19] De forma semelhante, o psicólogo C. E. M. Hansel afirmou que, dada a implausibilidade dos fenômenos, era necessário apenas demonstrar que a fraude era possível.[20] Portanto, ao ressaltar a singularidade dos fenômenos, como no famoso argumento de

---

17 Revisões anteriores de discussões entre parapsicólogos e detratores são citadas no capítulo 2, nota 34.
18 Ver também: Pinch, Normal explanations of the paranormal, *Social Studies of Science*, 9 (1979).
19 Price, Science and the supernatural, *Science*, 122 (1955), p.360.
20 Hansel, *ESP: A Scientific Evaluation*.

Hume contestando milagres, qualquer explicação alternativa podia se tornar mais plausível. E, é claro, desnecessário dizer, embora, mesmo assim tivesse sido dito, a fraude era algo ruim.

Em outras palavras, não importa de que maneira se desejasse especificar os principais argumentos a favor ou contra o paranormal, tem sido o caso em todo o decorrer do século XX, e até o presente, de que as afirmações dos parapsicólogos dependem da exclusão de explicações convencionais, baseadas em recurso à *expertise* científica, e à compatibilidade potencial entre fenômenos paranormais e o conhecimento científico predominante. Ao mesmo tempo, os críticos rejeitam os fatos – vendo-os como insuficientes, recorrendo à possibilidade de erro, acaso e fraude –, questionam a competência de parapsicólogos e insistem na singularidade da pretensão. Da mesma maneira como os proponentes recorrem aos benefícios, os críticos sublinham os perigos, e todos são céticos, mas flexíveis, embora acusem seus adversários de preconceituosos. Como veremos logo adiante, não apenas os fatos, mas também os fracassos, as reproduções e os desmascaramentos têm sido debatidos de forma semelhante a controvérsias anteriores.

Contudo, é fácil ter a impressão de que as controvérsias acerca de fenômenos extraordinários encontram-se entre a irresistível força do ceticismo e o inabalável objeto de crença, de que há aqueles que acreditam e aqueles que não acreditam e de que jamais as duas coisas se encontrarão. Porém, as contendas nos primeiros anos da parapsicologia experimental, como antes e sempre desde então, revelam um quadro consideravelmente mais complexo de crença e falta de crença.

Tomemos, por exemplo, os impressionantes resultados obtidos por George Zirkle e Sarah Ownbey. De acordo com

Rhine, "a maior quantidade de trabalho realmente espantoso em telepatia foi realizada pelo sr. Zirkle – e foi feita durante o período em que a srta. Ownbey era tanto emissora quanto pesquisadora".[21] Nesses experimentos em particular, Ownbey, como emissora, tentou enviar símbolos de PES por intermédio de telepatia para Zirkle, que, como receptor, tentou adivinhar quais eram eles. Ownbey, que também agia como pesquisadora, então, registrou essas adivinhações. Durante os experimentos, o par sentou-se em salas adjacentes, sem condições de ver um ao outro, e foi ligado um ventilador elétrico para impedir que Zirkle ouvisse qualquer sussurro inconsciente por parte da emissora. De fato, Ownbey não falou durante os experimentos; em vez disso, ela bateu de leve em um teclado de telégrafo para informar Zirkle quando tentava enviar o símbolo para ele. Depois de alguns segundos, Zirkle gritou sua resposta para Ownbey (a porta que separava as duas salas estava aberta, então sua voz alta pôde ser ouvida), que registrou a escolha e depois começou a se concentrar no símbolo seguinte. Como as condições impediam que o par se comunicasse por meio de indícios sensoriais inconscientes, Rhine considerou-as "condições muito boas em termos de segurança".[22]

Outros apontaram para a possibilidade de erro, já que Ownbey agia tanto como emissora quanto como pesquisadora. Um proeminente crítico da Parapsicologia, Hansel, achou extraordinário que ninguém parecia "considerar a possibilidade de que os alvos gerados pela srta. Ownbey pudessem ser influenciados pelo fato de ela ter ouvido os chamados de Zirkle, ou mesmo

---

21 Rhine, *New Frontiers of the Mind*, p.125.
22 Id., *Extra-Sensory Perception*, p.60.

que ela pudesse ter cometido equívocos em seu registro".[23] No entanto, as mesmas críticas já haviam sido feitas, não por céticos, mas sim por pesquisadores de fenômenos psíquicos que não estavam totalmente convencidos dos resultados.[24] E outros pesquisadores da área fizeram críticas mais gerais sobre os detalhes dos relatos de Rhine, comentando que eles não excluíam adequadamente explicações convencionais.[25] Esses críticos, entre os quais se incluíam eminentes pesquisadores de fenômenos psíquicos como S. G. Soal e R. H. Thouless, acreditavam em PES, mas não necessariamente nesse caso. E, como fizeram outros descrentes anteriores, ao apontar as falhas de outros, eles se apresentavam como detentores de competência superior na questão.

Além da possibilidade de erro, a questão da fraude também estava presente. O conhecido mentalista Ted Annemann propôs um engenhoso método de reprodução de uma demonstração de telepatia exatamente nas mesmas condições. Em um artigo intitulado "O prof. J. B. Rhine foi ludibriado?", que publicou em *The Jinx* (revista de ilusionismo, editada por ele), Annemann afirmou que Zirkle e Ownbey podiam ter usado um velho truque de *vaudeville*, a "contagem mental". Em teoria, quando Zirkle gritou sua primeira adivinhação, isso acionou a contagem, por meio da qual tanto a emissora quando o receptor começaram, silenciosamente, a um ritmo praticado antes, a percorrer os símbolos em sequência. Quando Ownbey então bateu de leve na tecla do telégrafo (supostamente para dizer a

---

23 Hansel, *ESP: A Scientific Evaluation*, p.53.
24 Soal; Bateman, *Modern Experiments in Telepathy*, p.35.
25 Thouless, Dr. Rhine's recent experiments on telepathy and clairvoyance..., *Proceedings of the Society for Psychical Research*, 43 (1935).

Zirkle que ela estava agora pensando em outro símbolo), era grande a chance de que ambos estivessem pensando no mesmo símbolo naquele momento. Assim, ela podia secretamente ter informado o símbolo no qual estava pensando. É óbvio que o sistema não era perfeito, mas, sem dúvida, era suficiente para assegurar resultados significativamente acima do acaso. Annemann não afirmou que isso fora realmente feito, apenas que podia ter sido utilizado, mas ele ressaltou o aspecto de que Rhine não era mágico, e que não "investigaríamos um assunto explicável pela química [...] [sem] a presença de um químico competente".[26] Portanto, sua explicação refletia e, sem dúvida, reforçava para seus leitores a crença de que *expertise* em ilusionismo era necessária em testes científicos de fenômenos paranormais.

O que é interessante a respeito dessa explicação em particular, entretanto, é que ela era prática, ainda que desnecessária. Ela poderia ter sido utilizada e teria sido eficaz se tivesse sido usada por Zirkle e Ownbey, mas não haveria sentido algum. O que Annemann deixou de mencionar, embora Rhine tivesse afirmado explicitamente, foi que não havia mais ninguém presente nesses experimentos. "Fornecer outro observador estava além de nossos meios naquele momento", ele esclareceu, posição que justificou, explicando que tais experimentos visavam mais o processo e não a comprovação (isto é, eles estavam explorando a natureza da PES e não sua realidade).[27] Então, se Zirkle e Ownbey quisessem trapacear, não havia necessidade de recorrer a uma "contagem mental" ou, na verdade, a qualquer outro tipo de técnica engenhosa. Já que ninguém os estava observando,

---

26 Annemann, Was Prof. J. B. Rhine hoodwinked?, *Jinx*, 47 (1938), p.329.
27 Rhine, *New Frontiers of the Mind*, p.126.

eles podiam simplesmente ter se sentado juntos e concordado com quaisquer resultados que desejassem.

Além disso, muito provavelmente Annemann sabia disso, pois está claro, a partir de sua descrição, que ele havia lido o relato original de Rhine e estava se referindo a esses experimentos em particular. De fato, ele explicou que os havia escolhido porque eles tinham sido descritos como (e aqui ele citou Rhine diretamente) "o maior volume de trabalho realmente espantoso no campo da telepatia".[28] Isso é importante, porque mostra que essa não foi essencialmente uma tentativa de desmerecer a PES. Se ele tivesse meramente pretendido desacreditar os resultados, ele poderia simplesmente ter assinalado que ninguém estava observando Zirkle e Ownbey e, portanto, se eles estivessem preparados para trapacear, uma fraude teria sido muitíssimo fácil. Talvez – o que é mais importante – ele pudesse ter dito isso em um meio de comunicação muito mais público do que em uma revista voltada apenas para o ilusionismo. Aliás, mesmo que ele tivesse, de alguma forma, esquecido os detalhes e achado que isso poderia realmente ter acontecido, ele poderia ter feito uma afirmação pública. Afinal, mais tarde, outros revelaram esse método como uma explicação possível para esses mesmos resultados.[29]

Muito pelo contrário, a pseudoexplicação de Annemann sugere um aspecto mais sutil do papel da *expertise* em crenças acerca de fenômenos extraordinários. Ela foi enquadrada como uma maneira de reproduzir os resultados experimentais mais

---

28 Annemann, op. cit., p.333.
29 Rinn, *Searchlight on Psychical Research*, p.386-7; Price, *Fifty Years of Psychical Research*, p.188-9.

surpreendentes obtidos por Rhine, mas fora escrita para um público de ilusionistas, não como método prático para que eles o usassem no palco, e sim como teoria sobre de que forma uma técnica obscura poderia ter sido usada nesse experimento específico de parapsicologia. Ela transmitia não apenas conhecimento especializado, mas conhecimento superior àquele de Rhine, cuja ignorância de tais métodos significava que suas afirmações baseavam-se em *expertise* inadequada. Porém, ela compartilhava esse conhecimento com um grupo exclusivo, leitores do *The Jinx*, que agora tinham conhecimento do assunto e podiam também se ver como detentores de mais conhecimento do que Rhine nessa questão em particular. E, tendo sido enquadrada como os resultados mais impressionantes em telepatia, essa não era, de forma alguma, uma questão menor. Os leitores do *The Jinx* podiam agora se ver como parte de uma pequena minoria de gente que tinha conhecimento de tais coisas, que possuía conhecimento especializado que lhe dava condições de explicar a evidência científica mais consistente de PES. A questão não é que isso fosse verdade, nem mesmo que eles levassem o artigo tão a sério, mas sim que representava alguma coisa muito mais ampla sobre conhecimento especializado em ilusionismo. Compartilhar conhecimento esotérico é parte inerente da comunidade de ilusionistas, e o conhecimento de segredos (que, por definição, outros não sabem) sempre foi um indicativo comum de *status* e *expertise* em ilusionismo. Resumindo, é desejável sentir que estamos a par das coisas. Estar diante de um fenômeno que outros não conseguem explicar, talvez nem mesmo outros ilusionistas, e estar de posse de uma explicação é, sem dúvida, algo estimulante. Quer saibamos ou não o que de fato aconteceu, quer saibamos ou não até mesmo dos detalhes, podemos, não obstante, nos apresentar como alguém com conhecimento superior. Quaisquer outras razões que possam estar subjacentes a crenças acerca do paranormal, a oportunidade de nos apresentarmos como alguém que sabe o que outros não sabem é um motivo compreensível para expressarmos uma visão em vez de outra.

Evidentemente, saber como a PES poderia ser simulada não é a mesma coisa que não acreditar no que é paranormal. Uma das razões por que os mágicos são considerados mais céticos do que a maioria, apesar de evidência contrária, é que muitos mágicos salientam que eles têm consciência de como fenômenos paranormais podem ser resultado de embuste.[30] Entretanto, aqueles que expressam essa visão têm manifestado grande variedade de opiniões sobre fenômenos paranormais e, como veremos, muitos dos detratores dos ilusionistas têm também manifestado crença no paranormal.[31] O que o conhecimento especializado de ilusionismo oferece é a oportunidade que a pessoa tem de se apresentar como mais informada sobre questões específicas, porém relevantes, do que até mesmo o mais eminente parapsicólogo. Uma manifestação de crença em relação a fenômenos extraordinários específicos, quer ela reflita ou não uma visão mais geral a respeito do paranormal, pode ser um meio de mostrar competência individual.[32]

---

[30] Truzzi, Reflections on the sociology and social psychology of conjurors and their relations to psychical research, In: KRIPPNER, S. (Org.). *Advances in Parapsychological Research, VIII*, p.224.

[31] Hansen, Magicians who endorsed psychic phenomena, *Linking Ring*, 70:8 (1990).

[32] Assim, por exemplo, Rinn, mais tarde, afirmou que fora ele quem havia contado a Annemann que a "contagem mental" funcionaria

Entretanto, para além do mundo bastante exclusivo do mágico bem informado, esse episódio menor refletia interesses ainda mais amplos. Uma razão é que, apesar da insistência inicial de Rhine de que experimentos deveriam ser planejados de forma a impossibilitar a fraude, muitos de seus experimentos não foram — ele próprio admitiu — à prova de fraude. Isso ocorreu porque, de acordo com o próprio Rhine, a evidência havia sido estabelecida por um trabalho anterior, e esses experimentos em particular visavam estabelecer não que a PES existia, mas sim como ela funcionava. No entanto, ele havia apresentado esses experimentos como parte da evidência geral de PES, descrevendo os resultados como impressionantes e as condições de maneira a excluir (algumas, se não todas) explicações convencionais, de tal forma que, posteriormente, analistas descreveram-nos como mais rigorosos do que outros experimentos àquela época.[33] Ademais, mesmo para aqueles que compreendiam que tais experimentos estavam mais orientados para o processo do que para a prova, seu valor como evidência do processo dependia dos resultados que se deviam à PES.[34] Portanto, de uma maneira ou de outra, esses experimentos foram apresentados como evidência de que a PES era real.

Na verdade, a própria ideia de experimentos orientados para o processo baseava-se na crença de que a PES era real, e que isso havia sido demonstrado por meio de experimentos

---

    como uma explicação dos experimentos de Zirkle-Ownbey (Rinn, op. cit., p.386).
33 Por exemplo, Soal; Bateman, op. cit., p.35; Mauskopf; McVaugh, *Elusive Science*, 191.
34 Essa questão foi levantada especificamente em relação a esses experimentos (Soal; Bateman, op. cit., p.35).

anteriores. Contudo, pesquisadores de fenômenos psíquicos como R. H. Thouless não se sentiram convencidos com a evidência apresentada por Rhine de que a PES era encontrada tão facilmente, porque ele achava que, em muitos casos, Rhine não havia excluído adequadamente explicações comuns.[35] Portanto, independentemente do que se acreditava em relação à PES em geral, o que se concluía desses casos em particular podia depender de interpretações bem diferentes – e elas eram muito consistentes com os fatos. Para Rhine, podiam ser evidência de que a PES operava tanto em condições rigorosas quanto em condições menos rigorosas, mas, para Thouless, eram evidência insuficiente de PES, porque as condições não eram rigorosas o bastante. A diferença de visões não se baseava nem nos fatos nem em uma crença geral a respeito de PES, mas sim em critérios diferentes para o que se considerava evidência suficiente de PES.

Da mesma forma como o significado de fatos específicos era debatido, até mesmo por renomados proponentes de PES, também o eram os fracassos, as reproduções e os desmascaramentos. Embora o objetivo de Rhine fosse demonstrar que habilidades paranormais eram comuns e não raras, os melhores resultados eram, muitas vezes, obtidos por pesquisadores específicos, ou "sujeitos-estrela" específicos; todos eles atraíam a desconfiança dos opositores. Além das alegações de fraude, que se baseavam na implausibilidade dos fenômenos, surgiu evidência de atividade fraudulenta não apenas entre os sujeitos-estrela como também entre os pesquisadores bem-sucedidos.

---

35 Thouless, Dr. Rhine's recent experiments, *Proceedings of the Society for Psychical Research*, 43 (1935), p.36.

A questão de fraude por sujeitos-estrela foi discutida como sempre fora, em termos de possíveis métodos convencionais, da adequação das condições para impedi-los e a competência dos pesquisadores examinadores para detectá-los. Para os críticos, a fraude continuava uma opção consistente, pois muitos resultados bem-sucedidos podiam ser enquadrados como produto de fraude bem-sucedida do sujeito, já que a natureza da fraude bem-sucedida é que ela não é detectada. Para os defensores, casos especiais de suposta fraude podiam sempre ser discutidos e, até mesmo quando aceitos como fraude genuína, enquadrados como irrelevantes em relação a outros fenômenos (genuínos).[36]

Quanto à questão de fraude por parte do pesquisador, essa era também sempre uma possibilidade lógica, e, para qualquer um que a achasse mais plausível do que fenômenos parapsicológicos, era uma opção constante que servia de base para descrença. Acusações de trapaça por parte do pesquisador eram feitas em relação a estudiosos respeitados, inclusive Rhine e S. G. Soal, e exemplos reais de falsificação de dados foram relatados nos casos de Soal e Walter Levy, diretor de pesquisa de Rhine.[37] No caso dos primeiros, até mesmo quando os críticos concordaram que alegações de fraude eram injustas, isso não

---

36 Por exemplo, quando Ted Serios não conseguiu produzir fotografias paranormais e depois recusou-se a permitir que "gismo" fosse examinado, isso foi enquadrado pelos detratores como desmascaramento, e pelos defensores como nada mais do que um fracasso nessa ocasião. Defensores como Rosa Kuleshova, da mesma forma como defensores de Geller, admitiram que, às vezes, ela se valia de trapaça (Beloff, *Parapsychology*, p.281-92).
37 Beloff, *Parapsychology*, p.145-8.

redundou em qualquer mudança em sua visão geral.[38] No caso dos últimos, mesmo quando os parapsicólogos concordaram que havia ocorrido fraude, eles assinalaram que isso também acontecia em outras ciências, citaram resultados de experimentos em parapsicologia que não envolviam embuste e mencionaram que esses casos de fraude haviam sido desmascarados por parapsicólogos, assim demonstrando que tinham competência para detectar trapaça quando ela, de fato, ocorria.[39] Portanto, os desmascaramentos de fraudes podiam ser enquadrados como consistentes com o *status* científico da parapsicologia e servir de suporte da realidade dos *psi* – ou seja, dos fenômenos parapsicológicos.

Uma preocupação mais constante dos parapsicólogos, contudo, era a inconsistência dos resultados. Embora as conclusões iniciais de Rhine tivessem sugerido sucesso regular, os fracassos (sob a forma de resultados estatisticamente insignificantes) permaneciam um problema contínuo. Para os críticos, isso era considerado evidência de que os *psi* não eram reais, e que a parapsicologia não era uma ciência, pois seu objeto de estudo não podia ser demonstrado por um experimento reproduzível.[40]

---

38 Price, Apology to Rhine and Soal, *Science*, 175 (1972); Wheeler, Parapsychology: a correction, *Science*, 205 (1979).

39 Rhine, A new case of experimenter unreliability, *Journal of Parapsychology*, 38 (1974); Marwick, The Soal-Goldney experiments with Basil Shackleton..., *Proceedings of the Society for Psychical Research*, 56 (1978); Rogo, J. B. Rhine and the Levy scandal. In: Kurtz, *A Skeptic's Handbook of Parapsychology*.

40 A mudança de foco do experimento crítico único para um experimento reproduzível é descrita por Hyman em: A critical historical overview of parapsychology. In: Kurtz, *A Skeptic's Handbook of Parapsychology*, p.71.

Portanto, quaisquer resultados que não eram produto de erro ou de fraude podiam ser rejeitados como anomalias estatísticas ocasionais, que não eram tão extraordinárias. Os parapsicólogos admitiam o problema da inconsistência, mas viam fracassos regulares como prova da natureza dos fenômenos, por exemplo que os fenômenos *psi* eram enganosos e resistiam à verificação empírica.[41] Além disso, os parapsicólogos realizaram experimentos em uma tentativa de identificar os vários fatores que poderiam estar subjacentes a tais resultados inconsistentes, dos quais o mais importante era o possível efeito das crenças daqueles que se encontravam presentes. O chamado "efeito ovelha-cabra", cunhado por Gertrude Schmeidler na década de 1940, baseou-se em experimentos que sugeriam que aqueles que acreditavam que a clarividência era demonstrada no experimento ("ovelha") obtinham mais sucesso do que aqueles que acreditavam que não era ("cabra").[42] Aos poucos, o efeito ovelha-cabra transformou-se em um argumento mais amplo dentro da parapsicologia experimental, no sentido de que crenças sobre os fenômenos *psi* podiam afetar os resultados de um experimento em parapsicologia.

Embora o efeito ovelha-cabra sugerisse uma possível solução ao problema da condição elusiva dos fenômenos *psi* com que se defrontavam os parapsicólogos, ele também refletiu uma

---

41 Dessa forma, afirma-se, os fenômenos *psi* podem ser inibidos por condições experimentais específicas, incluindo as crenças, interesses e temores daqueles que estão presentes. Para uma discussão recente do problema, ver: Kennedy, Why is psi so elusive?, *Journal of Parapsychology*, 65 (2001).

42 Schmeidler; Murphy, The influence of belief and disbelief in ESP, *Journal of Experimental Psychology*, 36 (1946).

história mais antiga de insucesso na produção dos fenômenos sob demanda e de afirmações de que isso poderia ser atribuído aos efeitos das crenças (ou descrenças) dos que se encontravam presentes. Como vimos, esse fora um tema comum nas controvérsias envolvendo os fenômenos do mesmerismo, do espiritualismo e da pesquisa de fenômenos psíquicos. Entretanto, o argumento de que crença era um fator casual na produção de fenômenos extraordinários agora se tornou parte integrante da investigação científica, a ser explorado como uma variável independente dentro de um experimento parapsicológico. Os sujeitos recebiam questionários para avaliar sua crença ou descrença de forma que os resultados do experimento pudessem ser compreendidos em relação às crenças que manifestavam acerca do paranormal. O efeito ovelha-cabra, como um meio de compreender a natureza dos fenômenos *psi*, levou a um novo interesse em crenças dentro da parapsicologia experimental, um interesse ao qual retornaremos adiante.

Ao mesmo tempo, da mesma forma como desmascaramentos e fracassos continuavam a ser debatidos, também o eram reproduções de fenômenos paranormais. Em especial, as apresentações de leitores de mente no palco, no decorrer do século XX, podiam, como reproduções anteriores, ser enquadradas não apenas como evidência de fraude, mas também como evidência de algo que era real, embora algo ambíguo. Essa ambiguidade não era apenas uma questão de recepção, mas sim parte intrínseca da demonstração pública de tais fenômenos. Um breve olhar para alguns desses indivíduos e os feitos fora do comum que realizaram mostra como fenômenos inexplicáveis podiam se enquadrar em uma variedade impressionante de maneiras misteriosas, tanto em termos de apresentação quanto de recepção, não apenas pelo público, mas também por *experts*.

A construção da telepatia, c. 1900-1970

Quando a parapsicologia experimental surgiu e se desenvolveu, fenômenos fora do comum continuaram a ser demonstrados em público, à medida que novas gerações de telepatas se apresentavam em auditórios, depois no rádio e na televisão. Em grande parte, elas têm sido ignoradas pelos acadêmicos, talvez porque poucos deles possuem conhecimento relevante sobre mágica e mentalismo.[43] Porém, *performers* de telepatia são essenciais para a compreensão de crenças extraordinárias. Afinal, essas demonstrações alcançavam um público significativamente maior do que relatos de experimentos de parapsicologia e proporcionavam ao público eventos diretamente observáveis, em vez de relatos controversos. Como Uri Geller, muitos desses artistas tornaram-se nomes familiares e teriam sido objetos relevantes de reflexão para qualquer um a quem fosse solicitada uma opinião a respeito de telepatia. Demonstrando proezas que eram cuidadosamente planejadas para excluir explicações convencionais, porém enquadradas de maneiras ambíguas que tornavam a fronteira entre o fora do comum e o comum mais nebulosa do que nunca, eles atingiram a fama. Tais feitos de leitura de mente bem conhecidos e amplamente debatidos, aparentemente inexplicáveis e de natureza misteriosa, não podem ter deixado de moldar crenças sobre fenômenos extraordinários, não apenas quanto a se eles eram reais, mas também quanto a que situação era real.

---

43 Para algum *insight* genuíno na relação nebulosa entre mágica, mentalismos e o paranormal, ver: Truzzi, op. cit.

Demonstrações públicas de leitura de mente já eram, no século XX, parte de uma longa tradição, uma tradição que remontava a Louis M'Kean e à Dama Misteriosa. Porém, a tradição se desenvolveu – e continua a se desenvolver – com uma quantidade maior de tais artistas hoje do que jamais houve antes. Como resultado, ela tem cada vez mais moldado crenças sobre fenômenos extraordinários. Precisamos apenas considerar alguns exemplos para compreendermos os pontos principais – e esses indivíduos fornecem um elo útil entre os *performers* do século XIX e os de hoje.

Como exemplo, tomemos S. S. Baldwin, ilusionista, desmistificador do espiritualismo e da prestidigitação indiana, e artista que demonstrava feitos de telepatia no final do século XIX e início do século XX. Baldwin viajou pelos países de língua inglesa com um repertório admiravelmente rico e variado, não apenas de truques de ilusionismo normais como também com proezas pseudoespiritualistas, tais como o armário dos espíritos (cf. os irmãos Davenport) e o "teste das bolinhas de papel" (cf. Charles Foster), e também incluiu demonstrações de adivinhação por contato (cf. Washigton Irving Bishop). Sua característica principal, porém, era uma apresentação de "pergunta e resposta", da qual ele foi pioneiro; começava com a plateia escrevendo perguntas em pedaços de papel, dobrando-os e colocando-os nos bolsos. Em seguida, a esposa de Baldwin, que se encontrava no palco, em estado de transe, aparentemente mediúnico, fornecia respostas às perguntas, juntamente com outras informações das quais ela (aparentemente) não podia ter tido conhecimento.

Apesar do óbvio enquadramento do show como entretenimento e da inclusão de revelações bem-humoradas de truques de médiuns, não era óbvio que a apresentação do número "perguntas e respostas" era meramente trapaça. Descrições do show veiculadas pela imprensa frequentemente referiam-se a essa parte como mais séria do que outras partes e excluíam vários tipos de truques como explicações possíveis, algumas vezes aludindo a desconcertados espectadores céticos.[44] *Experts* em ilusionismo e pesquisadores de fenômenos psíquicos forneciam alguns detalhes de como isso era feito em publicações especializadas, mas nem mesmo eles conseguiam revelar a história completa; como alguém explicou, era "praticamente impossível para uma pessoa normal detectar a fraude que era invariavelmente praticada em shows desse tipo".[45] Além de ser aparentemente inexplicável, o número apresentado enquadrava-se de forma ambígua tanto em termos de apresentação como em termos de relato. Por um lado, Baldwin afirmava não possuir quaisquer poderes sobrenaturais; por outro lado, ele também afirmava que não recorria à trapaça. Isso levou a uma articulação ambígua nas imprensas britânica e americana; por exemplo: "não proclamamos saber como os resultados são alcançados, mas podemos afirmar que a manifestação é isenta de embuste"; "se a mentalidade dele pode se impressionar com a de seus visitantes, ou que seja por algum poder latente ainda indefinido, ele não sabe dizer"; "estamos dispostos a admitir que seja possível, por meio do exercício de algum poder natural, porém ainda não conhecido, mas, com certeza,

---

44 Sawyer, *S. S. Baldwin and the Press*, p.45.
45 Carrington, *The Physical Phenomena of Spiritualism*, p.311; uma descrição básica é também fornecida em Hopkins, *Magic*, 196-7. A natureza parcial dessas explicações é mostrada por Sawyer, op. cit., p.95.

não podemos admitir que tenha sido telepatia [...]. Trata-se de uma questão que merece a atenção dos homens das ciências".[46] Com um "poder natural, porém ainda não conhecido", que não é "telepatia" e, no entanto "merece a atenção dos homens das ciências", o jornalista estava, supostamente, pensando em algum tipo de processo "psicológico" mais do que "psíquico". Não obstante, considerando que o "poder natural ainda não conhecido" poderia, com facilidade, ter passado como definição de "psíquico", a fronteira entre o comum e o fora do comum era extraordinariamente nebulosa. Artistas como Baldwin disseminaram mistério e ambiguidade aonde quer que fossem, atraindo números enormes de observadores e ganhando um considerável espaço nas imprensas local e nacional. E ele foi apenas um dentre muitos.

No início do século XX, quando Houdini desacreditava os médiuns, um dos mais famosos apresentadores americanos era Alexander, "o homem que sabe"; ex-médium espiritualista falso, que se tornara mágico e telepata, Alexander fazia shows de *vaudeville* nos quais também misturava mágicas tradicionais com rotinas pseudoespiritualistas e uma demonstração de leitura de mentes. A última proeza, que se tornou seu número artístico por excelência, sua marca registrada, foi uma apresentação de "pergunta e resposta" não diferente daquela de Baldwin, embora até mesmo mais bem-sucedida. Uma das estratégias que a tornaram tão convincente foi a utilização que ele fez de uma variedade de métodos, todos os quais, astuciosamente, ele excluíra, ao listá-los em seu programa:

---

46 Sawyer, op. cit., p.17-8, 71.

O sr. Alexander deseja especialmente chamar a atenção do público para o fato de que nessas apresentações ele não utiliza quaisquer cúmplices, quaisquer códigos, quaisquer blocos de papel encerados para se escrever neles, não troca suas perguntas, permitindo assim que elas sejam transferidas para algum camarim, para um assistente, para serem transmitidas a ele por intermédio de uma linha telefônica [...]. Esses são alguns dos métodos a que recorrem alguns supostos apresentadores, pura e simplesmente aspirantes a charlatões irresponsáveis, que copiam literalmente material de publicidade de Alexander e se esforçam para imitá-lo em casas de entretenimento menores.[47]

Isso levou Houdini a queixar-se, sem qualquer sentido de ironia, de Alexander, que estava revelando os métodos daqueles que usavam fraude para simular feitos extraordinários.[48] Porém, sempre houve uma linha ética muito imprecisa entre o que se deve e não se deve fazer na simulação de fenômenos extraordinários específicos (em relação aos tipos de pretensões que se deve fazer e quão explícito se deve ser), e muitos dos mais famosos artistas são notavelmente inconsistentes. Assim, em 1921, a *Sphinx*, revista para ilusionistas, descreveu Alexander como um "grande inimigo de imitadores e trapaceiros que posam de videntes e profetas"; e ainda assim ele vendia previsões astrológicas e tábuas Ouija, e afirmou na imprensa que podia prever o futuro (inclusive um incêndio em um teatro que, no entanto, destruiu todo o equipamento de seu show).[49] Quando

---

47 Charvet, *Alexander: the Man who Knows*, p.133.
48 Ibid., p.132.
49 Ibid., p.143-8.

fazia previsões astrológicas, ele negava quaisquer habilidades "sobrenaturais"; mesmo assim anunciava suas demonstrações como resultado de "poderes psíquicos" que "desconcertavam a ciência".[50] Pouco depois, ele se apresentou como o "melhor psicólogo do mundo" e vendeu um curso via encomenda postal sobre os segredos ocultos da Psicologia (*The Inner Secrets of Psychology*), que prometia "DESTRAVAR a porta para PODERES ilimitados", inclusive clarividência e telepatia.[51] Seu irmão, que fazia shows semelhantes, apresentava "palestras psíquicas e interpretação de sonhos", anunciava-se como "O Psicólogo-Mor" e incluía em seus anúncios uma citação de Edison que atribuía seus poderes a um "cérebro supersensitivo". Ele também publicou um periódico mensal, o *Master Mind*, dedicado à "psicologia aplicada", que definia a "ciência da Psicologia" como "o estudo da mente humana", e descrevia o senador Warren Harding (então presidente eleito) como "um verdadeiro psicólogo".[52]

Nos anos anteriores ao surgimento da parapsicologia experimental, o público americano tomara conhecimento de Houdini e suas manifestações de descrédito em relação aos médiuns, mas também sabia a respeito de Alexander e das extraordinárias proezas que ele realizava. E, independentemente do que acreditavam a respeito dos espíritos, as pessoas acreditavam que clarividência e telepatia eram reais (e, além do mais, eram parte da Psicologia). A combinação de feitos inexplicáveis, enquadramentos ambíguos e afirmações inconsistentes tornaram tais

---

50 Ibid., p.146.
51 Ibid., p.160.
52 Ibid., p.221-5.

figuras muito mais misteriosas, muito mais dignas de notícia e motivo para conversas.

Aos poucos, o público foi se esquecendo de Alexander, é claro, mas ele foi substituído por outros, como Joseph Dunninger, que se juntou a Houdini no menosprezo aos médiuns, mas também fez afirmações ambíguas a respeito de suas próprias habilidades fora do comum. Tal foi sua fama que, no decorrer de sua carreira, ele fez apresentações para Thomas Edison, para o papa Pio XII e para vários presidentes dos Estados Unidos, além de ter sido pioneiro na apresentação do mentalismo em estações de rádio americanas e, posteriormente, na televisão. Por um lado, ele foi um zombador de fenômenos psíquicos, que desafiou médiuns a demonstrar feitos que ele não conseguia reproduzir por meios normais e escreveu (ou contratou um escritor-fantasma) livros que desmistificavam os fenômenos psíquicos. Por outro lado, ele enquadrou o que fazia como "telepatia" nos títulos de seus shows, em sua publicidade, no palco e algumas vezes em conversas privadas.[53] Em um de seus livros populares, *The Art of Thought Reading* [A arte da leitura do pensamento] (1956), ele afirmou que ensinava o público como

> [...] receber, interpretar e analisar os pensamentos transmitidos por outros [...]. Não há ilusão ou qualquer coisa sobrenatural acerca da leitura de pensamentos. É um estudo, um estudo muito minucioso [...]; se [a pessoa] lhe transmite uma imagem clara, vívida do que está pensando, você receberá suas vibrações

---

53 Rauscher, *The Mind Readers*, p. 5-11.

e as reunirá, formando um padrão que clareia o pensamento que brilha na mente dela.[54]

A combinação de feitos inexplicáveis e afirmações ambíguas não era, de forma alguma, um fenômeno unicamente americano. Na Grã-Bretanha, da mesma forma como Alexander deixava os americanos desconcertados, o notável dr. Walford Bodie deixava perplexos seus colegas britânicos. Outro amigo de Houdini, embora não seja muito lembrado hoje, Bodie era um dos mais bem pagos *entertainers* de sua época, cidadão honorário da *City of London* – o centro financeiro de Londres – e estrela internacional (tanto que o jovem Charles Chaplin iniciou sua carreira fazendo imitações dele).[55] Além de se apresentar fazendo leitura de mentes, Bodie fora pioneiro em apresentações de hipnose no palco, e muitas de suas proezas eram demonstrações de forças naturais obscuras, tais como a modestamente chamada "força bódica". Ele publicou livros para o público sobre grande variedade de tópicos fora do comum, desde sugestão mental, clarividência e telepatia a assuntos bem mais esotéricos. Entre outras coisas, por exemplo, ele afirmou que quase 1% do público britânico era enterrado vivo a cada ano (enquanto estavam em estado de transe), explicou como hipnotizar uma galinha (ou, se alguém preferisse, um copo de água), atribuiu milagres bíblicos à hipnose e citou uma resenha da época que o comparava a Jesus.[56]

Bodie afirmava possuir uma série de qualificações acadêmicas, médicas e científicas, e ser capaz de curar pessoas através de

---

54 Dunninger, *The Art of Thought Reading*, p.4-6.
55 Dawes, op. cit., p.117-9; Jay, *Learned Pigs and Fireproof Women*, p.127-46; Woods; Lead, *Showmen or Charlatans?*
56 Bodie, *The Bodie Book*; Bodie, *Hypnotism*.

um processo "científico natural" que ele chamava de "cirurgia sem [derramamento de] sangue", uma mistura de massagem, eletricidade e hipnose. Como resultado, ele sofreu várias ações judiciais, muitas das quais se voltaram a seu favor. Em 1909, um juiz decretou que "o dr. Bodie não pode ser estigmatizado como charlatão ou impostor [...] [e que havia] evidência de casos em que outros doutores haviam fracassado e que haviam sido curados como resultado de tratamento pelo dr. Bodie".[57] Pouco depois, estudantes de medicina em Glasgow interromperam violentamente seu show, no que ficou conhecido como o "tumulto Bodie". Mesmo no meio de tais demonstrações e pretensões extraordinárias, havia muito espaço para ele ser levado a sério.

Mais tarde, enquanto Joseph Dunninger praticava telepatia em estações de rádio e televisão americanas, outros demonstravam feitos semelhantes na BBC. Al Koran, por exemplo, embora não fosse o primeiro a se proclamar "o maior telapata do mundo", não obstante, se apresentou para a realeza britânica (em 25 ocasiões, de acordo com sua própria publicidade) no London Palladium.[58] Ele também afirmava possuir "instintos extrassensoriais e um sinistro sexto sentido", que havia estudado não apenas ilusionismo como também "astrologia, psicologia e ioga (com um monge tibetano)", e que, quando indagado: "Como leio mentes? [...] Qual é o segredo? Digo a eles que é pura psicologia".[59]

Há muitos outros exemplos que poderiam ser fornecidos, mas a questão é simplesmente esta: esses indivíduos, que foram

---

57 Pratt, Doctor Walford Bodie, *Call Boy*, 27 (1990), p.3.
58 Rauscher, op.cit., p.20-2.
59 Koran, *Bring Out the Magic in your Mind*, p.9-10.

nomes familiares em seus respectivos países (e, na verdade, além deles), demonstraram proezas que o público não conseguia explicar, que, de fato, muitos mágicos contemporâneos deles não teriam conseguido explicar. Eles enquadravam o que faziam de maneira ambígua, às vezes como embuste, porém, outras vezes, como algo mais; negavam certos poderes, mas presumiam ou afirmavam outros, vagamente relacionados com processos "psicológicos", a maioria dos quais seria considerada paranormais, de acordo com o conhecimento científico convencional. Por um lado, é inconcebível que uma grande proporção de seu público não se convencesse diante da realidade de tais demonstrações e, por outro lado, que se sentisse insegura quanto ao que, mais exatamente, estava acontecendo. Afinal de contas, a ambiguidade é um mistério, e tais artistas ganhavam a vida criando, provocando e explorando o mistério.

Tais afirmações há muito tempo faziam parte da encenação, da mesma forma como continuam a fazer parte dela hoje, e o fato de que tais pretensões podem ser levadas a sério tem ocasionalmente provocado reações de ceticismo. Foi esse o caso de Maurice Fogel, mentalista britânico, que também se anunciava como "o maior telepata do mundo". Em 1947, Fogel organizou um "experimento" com J. B. Rhine, que ganhou enorme publicidade. O próprio Rhine descartou o teste como insignificante e Fogel como *showman*, mas no meio de várias afirmações ambíguas feitas à imprensa, Fogel deu a nítida impressão de que era telepata.[60] No ano seguinte, quando 3 milhões de pessoas ouviam Fogel lendo mentes na rádio BBC,

---

60 Maurice Fogel, *Journal of the Society for Psychical Research*, 34 (1947), p.86-7.

o jornalista Arthur Helliwell perguntou a ele se ele conseguia ler mentes. Fogel respondeu: "Não reivindico qualquer poder sobrenatural. Tudo o que posso dizer é que consigo ler a mente das pessoas usando meus próprios métodos".[61] Essa resposta ambígua levou Helliwell a descobrir os métodos que se escondiam atrás da leitura de mentes feita por Fogel; ele dependia de informações de certos membros da plateia antes que o show começasse; e depois Helliwell revelou tudo em um jornal de circulação nacional. Ele também criticou a BBC por ter deturpado a questão, queixando-se de que "a transmissão da apresentação de Fogel foi feita com todos os ornamentos, como uma proeza genuína e brilhante de 'telepatia'".[62] Sem dúvida, parece que alguns se convenceram, mas os pesquisadores de fenômenos psíquicos não se impressionaram tanto. O *Journal of the Society for Psychical Research* (*JSPR*) descreveu Fogel como alguém que afirmava ter poderes telepáticos, mas que dependia de trapaça, e quando Helliwell desmascarou publicamente seus feitos, o *JSPR* passou adiante as explicações normais aos seus leitores.[63]

Alguns meses mais tarde, entretanto, irrompeu uma controvérsia maior sobre o casal Piddington. Sidney e Lesley Piddington eram famosos apresentadores australianos de telepatia, contratados para fazer demonstrações em uma série de rádio na BBC. O produtor afirmou, como havia feito no caso de Fogel, que se tratava de telepatia genuína.[64] Durante

---

61 Woodward; Mark, *Maurice Fogel*, p.94.
62 Ibid., p.94-101.
63 Editor's notes, *Journal of the Society for Psychical Research*, 35 (1949), p.18.
64 E. O., The Piddingtons, *Journal of the Society for Psychical Research*, 35 (1949), p.116.

os shows, Sidney transmitia pensamentos a Lesley, quando ela se encontrava em uma série de locações aparentemente seguras, em circunstâncias que pareciam excluir a possibilidade de que eles estivessem dependendo de códigos. O próprio casal Piddington nunca afirmou explicitamente possuir poderes paranormais (seu conhecido bordão era "O juiz é você"), mas dificilmente eles davam essa impressão: utilizavam cartas de Zener, descreviam seus feitos como "testes" e faziam referência a experimentos de telepatia e parapsicologia. Sidney disse à imprensa que havia estudado telepatia (e que, apesar de ser cético, havia obtido "alguns resultados surpreendentes"), e afirmava: "[minha esposa] conseguia ler em média 70% de meus pensamentos quando os estou transmitindo deliberadamente – e uma percentagem desconcertantemente alta de meus pensamentos, quando não estou tentando transmiti-los".[65] O *JSPR* queixou-se de que tais declarações "dificilmente podem ter dado qualquer outra impressão que não a de que os artistas eram dotados de habilidades paranormais" e citaram amigos de membros da associação (embora, notadamente, membros não verdadeiros) que haviam se convencido da realidade dos fenômenos.[66]

Ao expressar descrença em relação às proezas do casal Piddington, o *JSPR* apelou para explicações convencionais, observando que "[a]s condições em que as transmissões ocorriam se prestavam ao emprego de códigos de vários tipos, cúmplices e diferentes tipos de suporte mecânico, e qualquer um que tenha

---

65 The Piddingtons, *Journal of the Society for Psychical Research*, 35 (1949), p.84.
66 Ibid., p.84-5.

conhecimento dos métodos dos ilusionistas pode reconhecer [...] a maneira como muitos dos efeitos poderiam ter sido alcançados".[67] Em seguida, membros da SPR declararam que "nada mais do que habilidades de ilusionismo são necessárias para a produção dos efeitos alcançados", mencionaram uma carta do Magic Circle, que afirmava que tais técnicas eram "perfeitamente familiares aos ilusionistas e pesquisadores especializados em fenômenos psíquicos, por mais inexplicáveis que possam parecer a observadores inexperientes", e fizeram referência "àqueles que, claramente sem conhecimento de ilusionismo ou de parapsicologia, atribuem seus efeitos a faculdades psíquicas".[68]

Entretanto, ao contrário do caso Fogel, ocorrido poucos meses antes, os detalhes de como isso era feito não foram fornecidos, e não foi apenas o *JSPR* que não conseguiu explicar a questão. Arthur Helliwell também afirmou publicamente que o casal Piddington recorria a truques e fez algumas vagas afirmações sobre o uso de códigos, mas não explicou como eles poderiam ter utilizado códigos nas condições em que trabalhavam.[69] Na verdade, isso desorientou também os ilusionistas, alguns dos quais fizeram alusões veladas a vários métodos, porém, fosse por desconhecimento, fosse por relutância em divulgar segredos, os métodos dos Piddingtons não foram revelados.[70]

---

67 Ibid., p.84.
68 E. O., The Piddingtons; Misdirection and the miraculous, *Journal of the Society for Psychical Research*, 35 (1949), 245.
69 Britland, Psychic or magic: what's paranormal?, *Magic*, 9 (1998).
70 Britland, op. cit. Na verdade, membros do Magic Circle foram encorajados a guardarem suas opiniões para si próprios (Esler, The Piddingtons, *Magic Circular*, 43 (1948), p.253-4).

Assim sendo, pode-se compreender facilmente por que os ilusionistas, mesmo que não soubessem como tudo era feito, teriam presumido que tais proezas eram apenas truques; entretanto, o que dizer dos pesquisadores de fenômenos psíquicos que acreditavam na possibilidade de telepatia? Com que fundamentos eles refutavam os feitos de telepatia não esclarecidos realizados pelo casal? Para expressar sua descrença, eles recorriam a explicações convencionais, mas não a conhecimento real dessas explicações. Ela era justificada com o recurso a competência especializada, com o argumento de que *experts*, como eles próprios, possuíam tal conhecimento. Entretanto, se qualquer pesquisador de fenômenos psíquicos tivesse sabido dos detalhes, com toda a certeza, deixou de fornecê-los. Afinal, o possível uso de "códigos, cúmplices e suporte mecânico" mal chegava a ser uma explicação, já que a mesma coisa poderia ser dita a respeito de qualquer pretensão à mediunidade na história, incluindo cada uma das que esses pesquisadores de fenômenos psíquicos acreditavam ser real. Além disso, a falta de crença em relação a esses fenômenos em particular não se baseava no fato de que os Piddingtons eram *entertainers*, pois a SPR havia averiguado vários artistas como eles, e o uso de trapaça em algumas ocasiões não representava qualquer barreira para a crença de que outros fenômenos eram reais.

O argumento no qual os pesquisadores psíquicos baseavam sua falta de crença era que as condições haviam permitido que tais coisas acontecessem. De fato, isso foi esclarecido em relação aos espectadores não qualificados, quando a *JSPR* aconselhou que eles se perguntassem por que, se o casal Piddington era real, eles simplesmente não disseram isso e se submeteram à investigação científica?[71] Era dessa maneira que truques não esclarecidos deveriam ser diferenciados de fenômenos paranormais genuínos. Afinal de contas, como apontou S. G. Soal, "qualquer pesquisador competente poderia, em meia hora, se satisfazer, concluindo que os resultados obtidos por eles não foram obtidos por intermédio da telepatia".[72] De maneira inversa, notou-se, essa não fora a primeira vez que tais demonstrações haviam sido consideradas verdadeiramente paranormais pelo público.[73]

Membros mais antigos da SPR deixaram isso bem claro em uma carta ao *The Times*, na qual eles diferenciavam "apresentações de transferência de pensamento" do casal Piddington de "poderes telepáticos genuínos", as primeiras sendo semelhantes àquelas que podiam ser reproduzidas por "um ilusionista competente", os últimos tendo sido examinados "sob condições laboratoriais" e aceitos por "vários cientistas renomados". "Mal precisamos salientar a importância de uma exploração profunda e imparcial [de telepatia] [...]. Seria absolutamente lamentável se qualquer confusão fosse criada na mente do público entre pesquisas sérias como essa e as apresentações que a BBC vem transmitindo."[74] Assim, para benefício dos leitores do *The Times*, foram demarcadas as fronteiras entre pseudotelepatia e telepatia genuína, o não esclarecido e o

---

71 E. O., Misdirection and the miraculous, *Journal of the Society for Psychical Research*, 35 (1949), p.245.

72 Soal, Some aspects of extrasensory perception, *Proceedings of the Society for Psychical Research*, 49 (1952), p.140.

73 E. O., The Piddingtons, *Journal of the Society for Psychical Research*, 35 (1949), p.119.

74 Ibid., p.116.

paranormal, a credulidade pública e a competência especializada, o espetáculo banal e o trabalho experimental sério. Da mesma maneira como os psicólogos há muito tempo haviam feito, quando desmistificaram fenômenos psíquicos, os pesquisadores desses fenômenos manifestaram descrença quando estabeleceram a superioridade de sua *expertise* e o mérito de sua disciplina. Em questões sérias acerca do paranormal, o público (apesar do bordão dos Piddingtons) não estava qualificado para ser "o juiz".

Essa era uma posição de descrença em relação a feitos muito especiais não esclarecidos, com base na alegação de que as condições abriam espaço para fraude e que esses feitos podiam ser reproduzidos por meio de trapaça. Tal posição foi manifestada por indivíduos que expressavam a crença de que a telepatia era real, mas não nesse caso, em que a distinção era feita com base no argumento de que não havia sido permitida nenhuma averiguação adequada. Basta falar do como, mas, mesmo assim, impõe-se a pergunta: por que as pessoas que acreditavam em telepatia não acreditavam nessas demonstrações específicas e não esclarecidas de telepatia?

Afirma-se em toda parte que a crença na realidade de fenômenos extraordinários depende da exclusão de explicações convencionais, e isso se baseia (a crença que se tem, ou pelo menos que alguém tem) na competência para excluí-las. Ninguém duvidava que alguns fenômenos eram embuste, e a capacidade de distinguir o joio do trigo era crucial para os pesquisadores de fenômenos psíquicos. A habilidade de demonstrar competência para fazê-lo era essencial, se eles quisessem ser levados a sério por outros, e sua própria crença de que poderiam fazê-lo era essencial para suas crenças na realidade de quaisquer fenômenos. Essa competência foi construída e garantida com o recurso a observações e experimentos, nos quais condições adequadamente controladas excluíam explicações convencionais. Porém, a crença baseada em evidência suficiente requeria a rejeição de evidência insuficiente, e se a primeira significava experimentos controlados por examinadores experientes, então a rejeição de outros tipos de evidência era essencial para que aquela posição fosse mantida. Rejeitar tais apresentações porque elas não eram consideradas evidência suficiente não representava objeção às suas crenças; pelo contrário, era fundamental para elas (em outros fenômenos adequadamente averiguados).

Crenças no extraordinário fundamentam-se em fenômenos específicos, porque se baseiam na construção de "evidência suficiente", e isso requer a rejeição de "evidência insuficiente". Em resumo, os que acreditam são também os que não acreditam, e aqueles que acreditam em (certos) fenômenos invariavelmente rejeitam a evidência de (outros) fenômenos. No processo, eles sempre discordam sobre quais fenômenos são paranormais. Na controvérsia dos fatos e do que eles significam, os argumentos usuais são empregados, mesmo em controvérsias entre colegas que acreditam no paranormal. Esse, é claro, havia sido o caso há muito tempo, pois os mesmeristas e espiritualistas haviam discordado muitas vezes quanto à autenticidade de fenômenos extraordinários específicos. Um breve exame de um caso mais recente mostra que continua a existir uma variedade de opções quanto àquilo que se acredita em relação a fenômenos extraordinários específicos, independentemente do que se possa acreditar acerca de outros fenômenos.

Peter Lamont

A construção de Marion

A rejeição por parte da SPR aos feitos do casal Piddington baseou-se na falta de evidência experimental que excluísse adequadamente explicações comuns. Sem dúvida, há muito tempo, esse vinha sendo um argumento de céticos e fazia parte de uma duradoura controvérsia sobre quem possuía competência para realizar tais experimentos, e, portanto, para excluir tais explicações. No entanto, quando S. G. Soal comentou que "qualquer examinador competente" poderia distinguir entre tais proezas e telepatia genuína, ele, com toda a certeza, tinha a si mesmo em mente. Alguns anos antes, ele havia realizado vários experimentos com Frederick Marion, outro artista que se apresentava no palco, porém um artista que explicitamente afirmava ter poderes paranormais. A pretensão de Marion levou-o a ser testado por outros membros da SPR, e o resultado foi uma polêmica entre pesquisadores de fenômenos psíquicos quanto à realidade de fenômenos muito específicos, com base não apenas em quem era competente, mas também no que era extraordinário.

Um dos efeitos típicos de Marion – sua marca registrada – encontrava-se numa demonstração da habilidade de encontrar objetos escondidos, algo bem semelhante ao que faziam os demonstradores de adivinhação por contato, como Bishop, mas sem contato físico com qualquer pessoa da plateia. Por meio de uma série de experimentos que foram descritos como "notáveis" no periódico *Nature*, Soal comparou a habilidade de Marion de encontrar objetos escondidos em várias condições.[75]

---

[75] Soal, In my mind's eye, *Journal of the Society for Psychical Research*, 35 (1950), p.191.

No processo, ele excluiu tanto o conluio quanto o embuste, e também habilidades paranormais. Na opinião dele, os poderes de Marion eram notáveis e raros ("poderes que provavelmente um em um milhão não possui"), mas eram manifestação de habilidades suprassensíveis, não extrassensoriais. De acordo com Soal, Marion conseguia encontrar objetos escondidos, captando pistas visuais sutis da plateia, que sabia onde o objeto havia sido escondido e que inconscientemente transmitia sua localização por meio de pequenos movimentos de cabeça e olhos.[76]

Marion também demonstrou a habilidade de identificar por adivinhação cartas de baralho, o que Soal atribuiu a "pistas algumas vezes visuais e algumas vezes táteis", tais como identificar marcas e rugas (dobras) sutis em determinados cartões. Isso, explicou Soal, havia sido reproduzido por membros do Magic Circle, que haviam assistido a uma apresentação de Marion.[77] Não era, no entanto, a única explicação convencional possível. Uma insinuação, feita por um fisiologista, fora que Marion podia depender de diferenças sutis de som, de que "cada carta possuía um timbre ou uma nota tônica próprios, que somente Marion percebia", mas Soal havia considerado isso "implausível".[78] Segundo Harry Price, que também se envolvera em testá-lo, as habilidades de Marion eram resultado de hiperestesia, que ele definiu como sensibilidade exacerbada ou hiperacuidade dos sentidos normais.[79] Portanto, suas habilidades eram fora do

---

76 Soal, *Preliminary Studies of a Vaudeville Telepathist*.
77 Id., In my mind's eye, op. cit., p.193.
78 Ibid., p.192.
79 Price, *Fifty Years of Psychical Research*, p.45.

comum; na verdade, precisavam "ser vistas para que se pudesse acreditar nelas", mas não eram paranormais.[80]

Na sequência, Marion foi examinado por R. H. Thouless e B. P. Weisner – este último membro associado da SPR –, que chegaram à conclusão oposta. A posição de ambos foi primeiramente anunciada em um prefácio à autobiografia de Marion, *In My Mind's Eye* [No olho da minha mente] (1949), e os leitores não tiveram dúvida alguma de que explicações convencionais haviam sido excluídas por observadores competentes. Suas credenciais científicas foram mostradas no longo título do livro ("com prefácio de R. H. Thouless, mestre, doutor, professor pleno em Psicologia Educacional, Cambridge, e B. P. Weisner, doutor em Ciências e doutor em Filosofia") e repetidas novamente, apenas duas páginas adiante, acima do próprio prefácio. Lá eles explicavam como suas dúvidas quanto à averiguação de Soal os haviam deixado "ansiosos para fazer nova investigação", a qual havia sido realizada "sob condições experimentais rigorosamente controladas" e que "nos convenceu da realidade das habilidades paranormais de Marion".[81]

No capítulo pertinente à sua autobiografia, Marion também refutou a conclusão de Soal, sustentando que, de fato, possuía

---

80 Ibid., p.187, 222. A ambiguidade dessa explicação foi mostrada antes (por exemplo, Truzzi, op. cit., p.253).
81 Marion, *In My Mind's Eye*, p.7-8. Os experimentos foram descritos muitos anos antes em Thouless, *From Anecdote to Experiment in Psychical Research*, p.172-5. À época, entretanto, Soal declarou: "[é] impossível para mim comentar a respeito dessa afirmação, já que, apesar de um grande lapso de tempo, não surgiu nenhum relato sobre os experimentos que eles haviam feito" (Soal, In my mind's eye, op. cit., p.192-3).

poderes paranormais. Como apoio, recorreu às ideias de Edmond P. Gibson, que ele descreveu como "bem qualificado", sendo "um pesquisador americano de grande saber e renome nesses assuntos". Em seguida, Marion registrou muitas críticas, às vezes sarcásticas, de Gibson a respeito dos procedimentos experimentais de Soal, e expressou sua opinião de que Soal mostrava preconceito contra a hipótese da telepatia.[82] Essas críticas a respeito de sua competência e as acusações de preconceito foram, por sua vez, contestadas por Soal, quando ele resenhou o livro para a *JSPR*; na resenha, ele questionou a reputação de Gibson e afirmou que "[s]omente os crédulos acreditam que os artistas do *vaudeville* de mistério apresentam suas proezas por telepatia".[83]

Todavia, nesse território surpreendentemente populoso, que se encontra entre o preconceito e a credulidade, ao lado das controvérsias usuais quanto a se explicações convencionais haviam sido excluídas e quem era competente para avaliar a questão, havia também divergência quanto ao que se considerava fora do comum. Segundo Thouless e Weisner, depois de terem lido o relato de Soal, "[f]icamos mais céticos em relação à realidade da hiperacuidade sensorial do que da existência de meios paranormais de se obter conhecimento".[84] Gibson também se queixou de que o preconceito de Soal o havia levado a "se precipitar com tanta agilidade de hipótese em hipótese

---

82 Marion, *In My Mind's Eye*, p.219.
83 Soal referia-se a ele como "um certo sr. Edmond P. Gibson que teve algumas ligações com os pesquisadores de parapsicologia da Duke University" (Soal, In my mind's eye, op. cit., p.190).
84 Marion, op. cit., p.7.

para explicar um simples fenômeno e ter que inventar uma 'hiperestesia' da qual há pouca ou nenhuma prova real". Para os defensores de Marion, a hiperestesia era uma explicação mais extraordinária para os fatos do que habilidades paranormais.[85]

Da mesma forma como debatiam os sucessos de Marion, eles também debatiam seus fracassos. Como tantos estudiosos da questão haviam feito anteriormente, Soal relatou sucesso inicial e fracasso subsequente, o que ele atribuiu a controles experimentais cada vez mais rigorosos. Porém, para Weisner, essa era uma "interpretação não garantida", e Soal mostrara, em vez disso, "que em determinadas situações complexas os resultados positivos tendiam a desaparecer".[86] Ao mesmo tempo, Thouless deu a entender que os sucessos iniciais de Marion poderiam, de fato, ser considerados evidência de habilidades paranormais. Ele também refutou a afirmação de Soal de que membros do Magic Circle haviam reproduzido as proezas de Marion com as cartas de baralho: "o grande sucesso que Marion obteve com as cartas foi sob condições que não foram reproduzidas pelo ilusionista". Atribuindo a falta de consistência por parte de Marion a um ambiente de ceticismo, eles haviam "achado que Marion pode fracassar completamente com uma plateia hostil ou desconfiada". Seu sucesso muito maior no palco, por outro lado, foi "impossível de ser estabelecido experimentalmente [...] [mas], mesmo que use trapaça no palco, ele pode ter sido levado à ideia de apresentação telepática no palco, achando que possuía poderes paranormais que, entretanto, não

---

85 Ibid., p.219-28.
86 Wiesner, Experiments on Frederick Marion, *Journal of the Society for Psychical Research*, 35 (1950), p.222.

eram confiáveis o suficiente para depender deles próprios para os efeitos pretendidos".[87]

Portanto, todos os fatos foram reenquadrados de maneira adequada, já que os fracassos não invalidavam os sucessos e representavam meramente mais evidência da natureza dos fenômenos, que muitas vezes falhavam em um ambiente de céticos. As reproduções não eram reproduções adequadas, e simular os fenômenos era compreensível quando um médium se via sob pressão para não fracassar. Esses argumentos, agora familiares, estavam sendo empregados em um contexto muito específico, entre duas figuras respeitadas na pesquisa de fenômenos psíquicos, que concordavam com todos os aspectos básicos: que a telepatia era real; que testar um artista de palco quanto às suas habilidades telepáticas era válido; que alguns de seus feitos não eram telepatia; que se ele tinha ou não habilidades telepáticas era uma questão a ser determinada através de investigação experimental apropriada; e até mesmo que os experimentos haviam excluído o acaso e a fraude. Não obstante, eles enquadraram os fatos de formas diferentes, não apenas os sucessos de Marion como também seus fracassos, e de maneiras muito semelhantes a controvérsias antigas entre os que acreditavam e os que não acreditavam.[88] Nesse caso, porém, as crenças e as descrenças não eram a respeito da existência de telepatia, nem a respeito da veracidade das habilidades de

---

87 Thouless, Experiments on Frederick Marion, *Journal of the Society for Psychical Research*, 35 (1950), p.220-2.
88 Soal não negou que um ambiente de ceticismo poderia levar ao fracasso, mas apenas o rejeitou como explicação nesse caso em particular, afirmando que desejara que Marion tivesse sucesso (Soal, In my mind's eye, op. cit., p.193).

Marion; a questão era se essas habilidades em particular eram vistas como telepatia.

Essas diferentes crenças em relação a fenômenos específicos são um lembrete de que aqueles que acreditam não acreditam simplesmente em qualquer coisa, não apenas em relação a categorias paranormais, mas em relação a um exemplo qualquer. Da mesma maneira como os espiritualistas haviam discordado em relação a médiuns específicos ou a demonstrações específicas feitas por eles, também os pesquisadores de fenômenos psíquicos e os parapsicólogos refutaram certos feitos não esclarecidos e contestaram evidência experimental específica. Aquilo em que eles acreditavam e o que acreditavam acerca dessas coisas (se eram reais, se eram paranormais e o que isso significava em relação à ciência) não pode ser apreendido por uma dicotomia simplista entre crença e não crença, porque os objetos e as formas de crença no extraordinário são sempre mais complicados.

Não obstante, era ainda possível construir uma fronteira entre crença e não crença, e em torno de um tipo de pessoa que acreditava em determinadas coisas em relação a determinadas coisas. Parecia bastante óbvio, pelo menos para alguns, que havia aqueles que acreditavam no paranormal, que havia aqueles que não acreditavam, e que a crença no sobrenatural não era apenas errada como também nociva. Surgiu uma nova psicologia do erro que refletia todos os antigos argumentos, mas, diferentemente da psicologia da crença que surgira antes, era manifestamente uma nova área da Psicologia acadêmica. Começou na década de 1970, quando os fenômenos associados a Uri Geller eram debatidos em todo o mundo e um novo grupo de críticos (que incluía vários psicólogos e mágicos) afirmava não acreditar nos fenômenos de Geller, com base nas explicações convencionais possíveis, na inadequação das condições para excluir tais explicações, na falta de competência especializada para avaliar isso, e assim por diante.[89]

Contudo, os alvos do novo movimento de ceticismo eram consideravelmente mais amplos do que Geller e incluíam todas

---

[89] No que diz respeito aos detratores, Geller foi apenas o mais recente em uma longa linha de indivíduos que recorreram à trapaça para simular fenômenos psíquicos, e eles rejeitaram suas habilidades paranormais da mesma maneira como detratores haviam feito anteriormente. Assim, por exemplo, o mágico e cético Martin Gardner forneceu uma série de explicações comuns a respeito de como se retorce talheres, como se reproduz desenhos e outros feitos relacionados com Geller, com base em competência especializada. De acordo com a introdução, "[a]s únicas pessoas qualificadas para examinar os que se intitulam videntes são os mágicos". Uma abordagem científica – de "pensamento lógico" e "raciocínio dedutivo" – estava "exatamente equivocada" e "métodos de testagem elaborados para detectar habilidade paranormal são totalmente inadequados". Ao mesmo tempo, o público, que não conhecia o tópico e ansioso por acreditar, era "presa fácil". Como ocorreu anteriormente com respostas críticas a fenômenos extraordinários, essa foi cética, porém flexível. "PES pode ou não existir", e não havia "nada errado no fato de cientistas conduzirem experimentos em PES. Entretanto, há alguma coisa muito errada nas ações daqueles que deliberadamente perpetram evidência falsa de PES." Tais fenômenos não eram apenas simulados, mas também prejudiciais ("a magia negra não é inofensiva"), explorando "a fragilidade e a fraqueza humanas [...]; este manuscrito pode tornar mais difícil para eles se ocuparem com seu negócio no futuro" (Fuller, *Confessions of a Psychic*, p.7-8). Nos dois primeiros números do periódico que representou esse novo movimento, os psicólogos também descartaram os poderes paranormais de Geller (Hyman, The Geller papers; Marks; Kamman, The non-psychic powers of Uri Geller, *Zetetic*, 1 (1977)).

as pretensões a poderes paranormais. De fato, suas raízes localizam-se mais diretamente em uma tentativa de desmerecer a astrologia, considerando-a errônea, incompatível com a ciência e a razão (e, portanto, algo nocivo), com base em um apelo explícito à autoridade científica.[90] Esse esforço especial de desmistificação resultou em uma conferência na SUNY-Buffalo [State University of New York at Buffalo], em Nova York, em 1976, sobre "os novos irracionalismos: anticiência e pseudociência", que, por sua vez, levou à criação do Comitê para a Investigação Científica de Alegações do Paranormal [Committee for the Scientific Inquiry of Claims of the Paranormal] (CSICOP).[91] O CSICOP tornou-se o centro do novo movimento de ceticismo, primeiro nos Estados Unidos, depois internacionalmente, e como resultado tem desempenhado um papel significativo na configuração de crenças no extraordinário.

O novo movimento de ceticismo que o CSICOP representou foi a manifestação de um aspecto da discussão que estava em curso a respeito de fenômenos fora do comum e, como buscava desacreditar o paranormal, ele construiu e utilizou conhecimentos de psicologia em relação a crenças. Ao mesmo tempo, os parapsicólogos estavam também interessados em crenças acerca do paranormal, embora por razões bem diferentes. No processo, surgiram duas psicologias claramente distintas de crença no paranormal, cada uma das quais manifestando um aspecto do debate então em curso sobre fenômenos

---

90 Bok; Jerome, *Objections to Astrology*.
91 Hansen, CSICOP and skepticism, *Proceedings of the Parapsychological Association*, 1987; Pinch; Collins, Private science as public knowledge, *Social Studies of Science*, 14 (1984).

paranormais, porque cada uma delas surgiu de dois contextos sociais e discursivos bem diferentes, que resultaram em dois tipos distintos de conhecimento psicológico; e podemos ver não apenas como tal conhecimento foi construído, mas também como foi construtivo de pessoas.

A construção da crença no paranormal

Conforme já explicado em capítulos anteriores, o que pode ser descrito como "psicologia do erro" precedeu o surgimento da Psicologia como disciplina, e a primeira "psicologia da crença" dos psicólogos americanos mal chegou a ser uma área da Psicologia acadêmica. Na verdade, uma psicologia formal da crença, no sentido de um grande número de publicações em periódicos científicos valendo-se de trabalhos anteriores e buscando desenvolver métodos e teoria, só despontou no século XX. Quando ela surgiu, a(s) forma(s) que tomou refletiram diretamente diferentes aspectos do debate em curso sobre a veracidade dos fenômenos paranormais.

No início do século XX, a partir da percepção de que crenças em superstição persistiam até mesmo entre estudantes universitários, surgiu, nos Estados Unidos, uma psicologia da superstição.[92] Dentro desse contexto educacional, tais crenças eram vistas não apenas como irracionais, mas também como um problema a ser erradicado.[93] De acordo com os questionários utilizados nesses estudos iniciais, eram diversos os

---

92 Dresslar, *Superstition and Education*.
93 Id., Suggestions on the psychology of superstition, *American Journal of Insanity*, 67 (1910), p.213.

objetos de superstição, variando de superstições estereotípicas, relativas à sorte ou à previsão do futuro, até frenologia e mesmerismo, espiritualismo e telepatia.[94] Nas décadas seguintes apareceu extensa literatura até que, nos anos 1970, emergiu uma nova psicologia de crença no paranormal.

Essa nova pesquisa foi movida por preocupações acerca do crescente interesse no paranormal; ela mencionava trabalhos anteriores sobre crenças em superstições e descrevia a crença no paranormal como uma nova superstição.[95] Estava também associada com o novo movimento de ceticismo, centralizado na criação do CSICOP e seu periódico, inicialmente denominado *The Zetetic* e, pouco depois, *Skeptical Inquirer*. Os primeiros colaboradores da psicologia da crença no paranormal eram membros da CSICOP, publicavam em seu periódico, mencionavam literatura de ceticismo afim em seus próprios artigos e discutiam tais crenças de maneiras muito semelhantes, isto é, não apenas como equivocadas, mas também como perigosas.[96]

---

94 Por exemplo: Conklin, Superstitious belief and practice among college students, *American Journal of Psychology*, 30 (1919); Nixon, Popular answers to some psychological questions, *American Journal of Psychology*, 36 (1925); Emme, Modification and origin of certain beliefs in superstition among 96 college students, *Journal of Psychology*, 10 (1940).

95 Jones; Russell; Nickel, Belief in the paranormal scale, *Journal Supplement Abstract Service, Catalog of Selected Documents in Psychology*, 7, 100.

96 Por exemplo: Alcock; Otis, Critical thinking and belief in the paranormal, *Psychological Reports*, 46 (1980); Alcock, *Parapsychology*; Otis; Alcock, Factors affecting extraordinary belief, *Journal of Social Psychology*, 118 (1982); Tobacyk, Reduction in paranormal belief among participants in a college course, *Skeptical Inquirer*, 8:1 (1983); Tobacyk; Milford, Belief in paranormal phenomena, *Journal of Personality and Social Psychology*, 44 (1983).

Assim, por exemplo, no mesmo ano em que Tobacyk publicou a Escala de Crença no Paranormal (1983), ele escreveu no *Skeptical Inquirer* que crenças no paranormal podiam levar a ideologias "destrutivas de indivíduos e da sociedade".[97]

Para tais psicólogos céticos, o "paranormal" era definido de maneira tão ampla quanto haviam sido as superstições. Incluía não apenas percepção extrassensorial, mas também uma vasta gama de outros fenômenos estranhos, como bruxas, superstições, OVNIs e o Monstro do Lago Ness. Os questionários utilizados para medir crença no paranormal refletiam essa definição ampla, incluindo afirmações sobre fenômenos que, embora muito diversos, eram considerados (por aqueles que construíram as medidas) igualmente errôneos.[98] Tobacyk e Milford assinalaram que seu questionário, ao contrário de outros, baseava-se em análises de fator, mais do que em suposições *a priori* sobre o que se entendia por crença no paranormal.[99] Entretanto, embora isso pudesse ter justificado as subescalas nas quais eles dividiram a crença no paranormal, não explicava o escopo da definição que eles atribuíam à crença no paranormal. De fato, quando a definição foi, na sequência, criticada como geral demais, a controvérsia repousou em considerações não empíricas.[100] Essa definição ampla do paranormal refletia uma visão

---

97 Tobacyk, Reduction in paranormal belief, *Skeptical Inquirer*, 8:1 (1983), p.57.
98 Por exemplo: Jones; Russell; Nickel, Belief in the paranormal scale, *Journal Supplement Abstract Service, Catalog of Selected Documents in Psychology*, 7, 100; Otis; Alcock, op. cit.; Tobacyk; Milford, op. cit.
99 Tobacyk; Milford, op. cit.
100 Lawrence, How many factors, *Journal of Parapsychology*, 59 (1995); Tobacyk, What is the correct dimensionality of paranormal beliefs?, *Journal of Parapsychology*, 59 (1995); Lawrence, Moving on from the

convencional de detratores da parapsicologia, que há muito procuravam desacreditar tais fenômenos, fazendo associações com bruxaria e ocultismo.[101] Essa ligação tornou-se, então, uma característica intrínseca das escalas que eles utilizavam para mensurar crenças, baseados na suposição de que eram o mesmo tipo de coisa.

A visão cética de que todos os fenômenos desse tipo eram produto de erro e fraude refletiu-se igualmente na hipótese dos "déficits cognitivos" que eles propunham, o que explicava a crença no paranormal em termos de baixa inteligência, educação insuficiente e assim por diante.[102] O propósito ostensivo desse último exemplo da psicologia do erro era, como em versões anteriores, explicar e desencorajar crenças que eram não apenas errôneas como também prejudiciais. Ademais, como veremos, os novos métodos da psicologia permitiam que fossem realizados estudos e meios de reduzir tais crenças.

Ao mesmo tempo, aproximadamente na mesma época, surgiu outra psicologia de crença no paranormal, uma psicologia que teve suas raízes na psicologia experimental. Os experimentos com clarividência, realizados por Gertrude Schmeidler, sugerindo que aqueles que acreditavam tinham mais sucesso do que os que não acreditavam (o chamado "efeito ovelha-cabra") levaram a um crescente interesse parapsicológico na questão de

---

Paranormal Belief Scale, *Journal of Parapsychology*, 59 (1995); Tobacyk, Final thoughts on issues in the measurement of paranormal beliefs?, *Journal of Parapsychology*, 59 (1995).
101 Collins; Pinch, The construction of the paranormal. In: Wallis (Org.), *On the Margins of Science*, p.246-7.
102 Irwin, Belief in the paranormal, *Journal of the American Society for Psychical Research*, p.294.

crenças. No entanto, quando os parapsicólogos realizaram estudos sobre crenças no paranormal, eles o fizeram de maneiras fundamentalmente diferentes daquelas dos céticos, em termos do que estava sendo estudado, como estava sendo mensurado, que hipóteses estavam sendo exploradas e por que a pesquisa estava sendo realizada.

Os parapsicólogos definiam o paranormal mais rigorosamente do que os céticos: fenômenos *"psi"* eram definidos como PES e psicocinese, e algumas vezes incluíam sobrevivência pós-morte.[103] As escalas utilizadas por tais pesquisadores refletiam essa definição menos ampla, que não indagava acerca de bruxas ou superstições, e seus artigos, normalmente publicados em periódicos de parapsicologia, mostravam que eles não se sentiam convencidos por uma hipótese de "déficits cognitivos" que retratava os que acreditavam como "ilógicos, irracionais, crédulos, sem senso crítico e tolos".[104] Na verdade, considerando que, da perspectiva deles, crenças no paranormal não eram necessariamente equivocadas, o propósito não era erradicar a crença, mas, em parte, proporcionar uma melhor

---

103 Por exemplo: Van de Castle; White, A report on a sentence completion form of sheep-goat attitude scale, *Journal of Parapsychology*, 19 (1955); Thalbourne; Haraldsson, Personality characteristics of sheep and goats, *Personality and Individual Differences*, 1 (1980).

104 Irwin, Belief in the paranormal, *Journal of the American Society for Psychical Research*, p.16; Goulding; Parker, Finding psi in the paranormal, *European Journal of Parapsychology*, 16 (2001), p.77. Para um raro exemplo de psicologia do cético, em que a falta de crença é atribuída a razões emocionais, ver: Irwin, On paranormal disbelief. In: Zollschan; Schumaker; Walsh (Orgs.), *Exploring the Paranormal*; Hacking, Making up people. In: Heller; Sosna; Wellbery (Orgs.), *Reconstructing Individualism*.

compreensão de como os fenômenos *psi* operavam, já que fenômenos enganosos poderiam ser mais facilmente encontrados se o efeito ovelha-cabra fosse compreendido. Isso era, por si só, um reflexo das ideias existentes há muito tempo entre os proponentes que indicavam que o fracasso habitual na produção dos fenômenos era resultado da sua natureza e que as crenças daqueles que estavam presentes poderiam ter algum efeito.

Durante vários anos, essas duas versões da psicologia da crença no paranormal continuaram em paralelo, com muito pouca intersecção, com base em diferentes definições, dimensões, hipóteses e objetivos, todos refletindo diretamente visões acerca da realidade do paranormal. Em suma, essas duas psicologias da crença no paranormal podem ser vistas como manifestações de crenças opostas acerca do paranormal; são manifestações das próprias crenças que eles buscam compreender.

Esse, então, é um exemplo da natureza reflexiva do conhecimento psicológico, no sentido de que ele pode ser construído de maneiras que estão inextricavelmente ligadas àquelas que o produzem. Porém, é também um exemplo de como o conhecimento psicológico pode ser construtivo de pessoas, uma vez que ele é não apenas moldado por, mas também molda, crenças sobre o paranormal. Ademais, Ian Hacking afirma que mudanças no conhecimento psicológico podem levar à "invenção de pessoas", que novas categorias psicológicas podem engendrar novos tipos de pessoas e, portanto, novas maneiras de pensar, sentir e agir no mundo.[105] Nesse sentido de construtividade, a categorização de "anormalidade" é um foco especial, em parte

---

105 Hacking, Making up people. In: Heller; Sosna; Wellbery (Orgs.), *Reconstructing Individualism*.

por causa das óbvias consequências da classificação feita dessa maneira no mundo real.[106]

Entretanto, se o conhecimento psicológico é construtivo bem como construído, então devemos encontrar evidência de pessoas "normais" sendo inventadas de todas as formas, de acordo com várias categorias psicológicas, como extrovertidos ou introvertidos, digamos, ou com predomínio do raciocínio no hemisfério esquerdo ou no hemisfério direito. E é claro que ouvimos de pessoas que interagem regularmente com tais categorias, descrevendo-se como sendo uma ou outra, e explicando e justificando seu comportamento no processo. Tais termos dão às pessoas meios de entenderem a si mesmas e de entenderem suas relações com os outros, e não deixam de afetar como elas pensam, sentem e agem. Porém, a mesma coisa poderia ser dita a respeito dos signos do zodíaco ou da identidade nacional, os quais normalmente são associados com traços psicológicos, mas não são parte do conhecimento psicológico no mesmo sentido de extroversão ou dominância de um hemisfério do cérebro. E, de fato, quando alguém se descreve como extrovertido, a ligação com o conhecimento psicológico para além do uso do termo pode ser bastante tênue.

Portanto, precisamos considerar cuidadosamente de que modo o conhecimento psicológico pode ser construtivo de sua matéria em particular, ou das pessoas, de maneira mais geral. Nesse caso, estamos interessados em como a psicologia da crença no paranormal molda sua própria matéria (crenças acerca do paranormal), e como ela, de maneira mais geral,

---

[106] Por exemplo, ver: Hacking, *Rewriting the Soul*; Young, *The Harmony of Illusions*.

molda a maneira como as pessoas pensam e agem, o que (possivelmente) levou à invenção de um novo tipo de pessoa.

A construção do cético moderno

Conforme já observado anteriormente, a versão dominante da psicologia da crença no paranormal foi associada com o novo movimento de ceticismo, em cujo centro estava o CSICOP, criado em uma conferência sobre "anticiência e pseudociência", que havia, ele próprio, surgido de uma tentativa bastante divulgada de convencer o público de que a astrologia era um disparate, com base em um apelo à autoridade científica. Então, desde o início, o CSICOP representou uma preocupação quanto a crenças no paranormal, que não eram apenas erradas, mas também prejudiciais, e que a ciência poderia e deveria fazer alguma coisa em relação a elas. Desde 1977, seu periódico, o *Skeptical Inquirer* (SI) ressaltava com regularidade a importância de que as origens de tais crenças fossem esclarecidas e de que se manifestasse o desejo de reduzi-las. No decorrer dos primeiros anos, artigos sobre crença apareceram com frequência no *SI*, a maioria dos quais escrita por psicólogos. Muitos apresentavam dados de estudos empíricos que haviam realizado, todos aventando a hipótese de que crenças no paranormal podiam ser explicadas em termos de déficits cognitivos, isto é, como resultado de falta de conhecimento, falta de raciocínio crítico, preconceitos cognitivos e outras formas de operação cognitiva estéreis.[107] Leitores do *SI* eram, assim, não apenas informados

---

107 Por exemplo: Morris, Believing in ESP, *Skeptical Inquirer*, 4:3 (1980); Padgett; Singer; Benassi, Belief in ESP among psychologists, *Skeptical*

como também providos de evidência psicológica de que aqueles que acreditavam no paranormal eram cognitivamente inferiores àqueles com tendência para o ceticismo.

Ao mesmo tempo, o valor da *expertise* psicológica foi reforçado. Na verdade, os psicólogos foram retratados como os mais céticos dos cientistas, porque (insinuava-se) eles eram os que tinham mais ciência das evidências e das causas que levavam à crença.[108] Muitos livros, escritos por psicólogos céticos, foram resenhados na *SI* e essas obras (e as resenhas) reforçavam a psicologia do erro. *The Psychology of the Psychic* [A psicologia do psíquico] (1980), de David Marks e Richard Kamman, foi elogiado pela descrição que apresenta de vários preconceitos cognitivos que induzem a crenças falaciosas.[109] *ESP: A Critical Re-evaluation* [PES: Uma reavaliação crítica] (1980), de C. E. M. Hansel, foi descrito como um exposição persuasiva da credulidade dos parapsicólogos.[110] *Parapsychology: Science or Magic?* [Parapsicologia: ciência ou magia?] (1981), de J. E. Alcock, foi descrita como uma obra que fornecia uma excelente discussão das razões pelas quais as pessoas mantêm crenças errôneas.[111] *Anomalistic Psychology* [Psicologia anomalística] (1982), de Leonard Zusne e Warren H. Jones, foi aclamado como o me-

---

Inquirer, 5:1 (1980); Singer; Benassi, Fooling some of the people all of the time, *Skeptical Inquirer*, 5:2 (1980); Marks, Remote viewing revisited, *Skeptical Inquirer*, 6:4 (1982); Falk, On coincidences, *Skeptical Inquirer*, 6:2 (1981); Tobacyk, Reduction in paranormal belief, *Skeptical Inquirer*, 8:1 (1983).

108 Padgett Singer; Benassi, op. cit.
109 Hyman, The psychology of the psychic, *Skeptical Inquirer*, 5:2 (1980).
110 Gardner, Science and parapsychology, *Skeptical Inquirer*, 4:3 (1980).
111 Neher, Parapsychology: science or magic?, *Skeptical Inquirer*, 6:4 (1982).

lhor livro já escrito sobre como princípios psicológicos podem explicar fenômenos aparentemente paranormais (embora o resenhista, outro psicólogo, tenha, educadamente, comentado que o livro não conseguiu descrever de maneira adequada o papel de habilidades de raciocínio precárias).[112]

A maioria dos autores desses textos céticos, como os resenhistas, possuía conexões com o CSICOP, e seus livros, juntamente com *Paranormal Borderlands of Science* (1981), de K. Frazier, que era uma coletânea de artigos do *SI*, tornaram-se livros-texto padrão, com o viés do ceticismo.[113] Compreendia-se a importância de tais livros como parte da batalha contra o pensamento irracional; crenças eram não apenas errôneas como também prejudiciais, e reduzi-las era um objetivo claro da CSICOP, que normalmente ressaltava a necessidade de melhor educação científica e mais raciocínio crítico.

Na verdade, artigos também começaram a aparecer no *SI*, fornecendo evidência psicológica de que era possível reduzir tais crenças através de maior compreensão do pensamento científico.[114] O desejo de mudar crenças foi, sem dúvida, fruto de preocupação. De acordo com Tobacyk, que acabara de publicar em outra parte o que viria a se tornar a maneira de medir crenças no paranormal mais utilizada na época:

---

112 Benassi, Psychology of the extraordinary, *Skeptical Inquirer*, 7:3 (1983).
113 Alcock, Hansel e Kamman eram Membros associados; Marks era à época consultor científico e depois se tornou um Membro.
114 Por exemplo: Morris, Believing in ESP, *Skeptical Inquirer*, 4:3 (1980); Tobacyk, Reduction in paranormal belief, *Skeptical Inquirer*, 8:1 (1983); Gray, University course reduces belief in paranormal, *Skeptical Inquirer*, 8:3 (1984); Woods, Evidence for the effectiveness of a reading program in changing beliefs in the paranormal, *Skeptical Inquirer*, 9:1 (1984).

Essa preocupação justifica-se claramente, pois a história proporciona muitos exemplos de como certas crenças paranormais se cristalizaram em ideologias destrutivas de indivíduos e da sociedade, na verdade, algumas vezes da própria vida humana (por exemplo, bruxaria, nazismo, o caso Jonestown etc).[115]

Contudo, com a utilização prática do conhecimento científico, foi possível reduzir tais crenças nocivas. Livros-texto céticos, a maioria dos quais escrita por psicólogos, induziram a mudanças; e com invenção das escalas de crenças era possível medir o nível do sucesso. Um psicólogo, "angustiado" com os níveis de crença entre seus alunos e "perplexo" com a falta de interesse de seus colegas, "decidiu prosseguir (sua) própria campanha silenciosa";[116] implementou um curso universitário, baseado em livros céticos e, de acordo com a escala de Tobacyk, isso resultou em um declínio altamente significativo de crenças.[117] Outro psicólogo também relatou como o curso superior que ele próprio ministrava, que adotava uma abordagem cética do paranormal e usava livros céticos similares, conseguiu reduzir crenças entre seus estudantes de 85 para 50%. "Embora as mudanças imediatas sejam muito grandes", concluiu ele, "é frustrante perceber que a disposição das pessoas para manifestar crenças é ainda muito alta."[118]

---

115 Tobacyk, Reduction in paranormal belief, *Skeptical Inquirer*, 8:1 (1983), p.57.
116 Woods, Evidence for the effectiveness of a reading program in changing beliefs in the paranormal, *Skeptical Inquirer*, 9:1 (1984), p.67.
117 Tobacyk, Reduction in paranormal belief, *Skeptical Inquirer*, 8:1 (1983).
118 Gray, op. cit., p.250.

A questão de que crenças prejudiciais podiam ser reduzidas através de melhorias na difusão do conhecimento científico sempre foi um tema central do CSICOP. Nessa época, o que os psicólogos especificamente proporcionavam, além de uma significativa contribuição para o conteúdo e a forma desse conhecimento, era evidência de que essa difusão realmente funcionava. O que ela proporcionava aos leitores céticos era evidência não apenas de que eles eram cognitivamente superiores àqueles que acreditavam, mas também de que poderiam melhorar a sociedade através de raciocínio cético (do tipo que eles sustentavam).

O CSICOP nasceu de um fórum, e a interação social era um foco óbvio do emergente movimento do ceticismo. Grupos locais de céticos começaram a aparecer em 1982, inicialmente na Califórnia e, em 1983, o CSICOP realizou seu primeiro seminário internacional na SUNY, em Buffalo, que incluiu um simpósio intitulado "Por que as Pessoas Acreditam: a Psicologia da Fraude", em que psicólogos acadêmicos explicaram a delegados da conferência como crenças podiam resultar de erro sensorial, atribuição errônea, falta de compreensão de probabilidades e fantasia.[119] O tema da segunda conferência, realizada em Stanford em 1984 e copatrocinada pelo Departamento de Psicologia, foi "Crenças no Paranormal: Fatos Científicos e Ficção", na qual seiscentos delegados, além de ouvirem uma palestra sobre por que OVNIs, astrologia e vários fenômenos psíquicos não eram reais, foram informados por um respeitado psicólogo a respeito de várias falácias cognitivas daqueles que

---

[119] Frazier, From psychics and ESP beliefs to UFOs and quacks, *Skeptical Inquirer*, 8 (1984).

sustentavam crenças.[120] A terceira conferência internacional, realizada na University College, em Londres, que teve como tema "Investigação Científica e Crença", incluiu dados que mostravam que aqueles que acreditavam eram mais neuróticos e mais renitentes do que os céticos, um tema ecoado por outros palestrantes que falaram a respeito da obstinação em relação a crenças em OVNIs e medicina alternativa.[121] O *SI* comentou a importância dos aspectos sociais de tais conferências, tanto em relação aos indivíduos que dela participaram quanto em relação à criação de uma comunidade de céticos, procurando formar um público mais bem informado, e ressaltou a importância de se compreender como surgem crenças equivocadas.[122]

No decurso da década seguinte, evidência psicológica continuou a aparecer no *SI*, descartando crenças extraordinárias de todos os tipos – da astrologia à reencarnação –, e livros-texto convencionais de psicologia foram resenhados como exemplos de pensamento crítico.[123] Em meados da década de 1990, o *SI* mostrou o surpreendente crescimento do movimento de

---

120 Frazier, Scientific facts and fictions, *Skeptical Inquirer*, 9 (1985).
121 Jones, CSICOP's international conference in London, *Skeptical Inquirer*, 10:2 (1986).
122 Por exemplo: Frazier, Scientific facts and fictions, *Skeptical Inquirer*, 9 (1985), p.197; Id., CSICOP's London conference, *Skeptical Inquirer*, 10.2 (1986).
123 Por exemplo: Venn, Hypnosis and reincarnation, *Skeptical Inquirer*, 12 (1988); Reed, The psychology of channeling, *Skeptical Inquirer*, 13 (1989); Spanos, Past-life regression, *Skeptical Inquirer*, 12 (1987); French et al., Belief in astrology, *Skeptical Inquirer*, 15 (1991); Loftus, Remembering dangerously, *Skeptical Inquirer*, 19:2 (1995); Cormack, Skepticism in introductory psychology texts, *Skeptical Inquirer*, 15 (1991).

ceticismo. Em 1995, a revista aumentou sua frequência de trimestral para bimestral e imprimiu 67.500 exemplares da primeira das edições da nova publicação em formato normal. O novo e crescente público leitor regalava-se com artigos pagos a Carl Sagan, Richard Dawkins e Francis Crick, e foi também informado da recente conferência cujo tema havia sido "A Psicologia da Crença". Lá, além de contestar a abdução por alienígenas, os psicólogos haviam apresentado uma variedade de explicações de crenças equivocadas, desde erro de percepção e falha de memória até fraude por parte de terceiros – todas elas eram agora repetidas para os iniciantes no ceticismo e para qualquer outro que não tivesse conseguido participar.[124]

Entretanto, haveria muitas outras oportunidades de participar de atividades sociais relativas ao ceticismo, quando grupos locais continuaram a surgir e conferências aumentaram em número e dimensão. Na década de 1980, grupos locais haviam surgido não apenas nos Estados Unidos como também na Austrália, Canadá, França, México e Reino Unido, e na época do vigésimo aniversário do CSICOP, em 1996, eles estavam presentes em mais de vinte países.[125] Esse mesmo ano assistiu também ao primeiro Congresso Mundial de Céticos, em Nova York, onde mais de 1.200 delegados de 24 países se encontraram, discutiram a credulidade dos outros e adquiriram camisetas que mostravam suas credenciais de céticos.[126]

---

[124] Genoni, Exploring mind, memory and the psychology of belief, *Skeptical Inquirer*, 19:1 (1995).
[125] Kurtz, CSICOP at twenty, *Skeptical Inquirer*, 20:4 (1996).
[126] Frazier, Something for everyone at world skeptics conference, 20:5 (1996), p.5.

Tudo isso foi relatado no *SI*, que continuou a ser a publicação central de psicólogos que explicavam como surgiram as crenças errôneas.[127] No processo de apontar as várias maneiras como crenças eram resultado de erros cognitivos, eles reforçaram a visão de que os céticos eram menos propensos ao erro do que os que acreditavam.

Em 2001, ao celebrar seu vigésimo quinto aniversário, o *SI* pôde alardear a existência de aproximadamente cem organizações de ceticismo em 38 países – da Argentina ao Cazaquistão, e da Coreia do Sul à Noruega –, e os grupos dos "Céticos do Pub" já haviam começado sua rápida expansão no Reino Unido. *Sites on-line* e seminários vieram na sequência e surgiram outras revistas de ceticismo, mas o CSICOP e o *SI* continuam no centro do movimento internacional.[128] A expansão do novo movimento de ceticismo tem tido enorme sucesso e, aos poucos, tem ampliado seu alvo, estendendo-se de pretensões ao paranormal e ao "pseudocientífico" até outros reconhecidos inimigos da ciência e da racionalidade, como a religião ortodoxa e o pós-modernismo, embora o paranormal continue sendo o alvo principal.

Os psicólogos, claramente, têm desempenhado um papel significativo no movimento, porém o conhecimento da psicolo-

---

127 Por exemplo: Alcock, The belief engine, *Skeptical Inquirer*, 19:3 (1995); Beyerstein, Why bogus therapies seem to work, *Skeptical Inquirer*, 21 (1997); Gilovich; Savitsky, Like goes with like, *Skeptical Inquirer*, 20:2 (1996); Lester, Why bad beliefs don't die, *Skeptical Inquirer*, 24:6 (2000); Wiseman et al., Eyewitness testimony and the paranormal, *Skeptical Inquirer*, 19:6 (1995); Wiseman et al., Psychic crime detectives, *Skeptical Inquirer*, 20:1 (1996).

128 Kurtz, A quarter century of skeptical inquiry, *Skeptical Inquirer*, 25:4 (2001).

gia teve um impacto especial. Ele reforça a visão de que crenças no paranormal são errôneas não apenas quando desmistificam grande volume de evidência, como também quando explicam como tais crenças se devem a erros cognitivos. Ao contrário de artigos alternativos acerca de crenças, publicados no *SI*, como aqueles que focalizaram fatores sociais mais amplos, tal conhecimento psicológico explica principalmente a noção de crença em termos individualistas, fornecendo evidência de que crença no paranormal é resultado de déficits cognitivos individuais.[129] Ao fazê-lo, o *SI* tem proporcionado aos céticos prova de que eles são mais bem informados, menos crédulos, com maior capacidade de raciocínio crítico do que os que acreditam. Ao explicar a perniciosidade de tais crenças e ao fornecer evidência de que elas podem ser reduzidas através de mais educação em ciência e melhor raciocínio crítico, o conhecimento psicológico garante o valor do pensamento cético na sociedade. Em resumo, ele exerce uma função fundamental no que se refere à construção do ceticismo como um ideal a ser almejado.

Discussão

O surgimento da parapsicologia presenciou a continuação das discussões nas quais se questionava se explicações convencionais haviam sido excluídas ou não, discutia-se o que era considerado fora do comum e quem tinha competência para avaliar a questão, não apenas entre defensores e detratores da parapsicologia, mas também entre parapsicólogos que manifes-

---

[129] Ver, por exemplo a respeito de fatores sociais, Bartholomew, Collective delusions, *Skeptical Inquirer*, 21:3 (1997).

Crenças extraordinárias

tavam tanto crença quando falta de crença acerca de diferentes fenômenos e diferentes explicações. Ao mesmo tempo, o público era suprido de muitas demonstrações de telepatia, planejadas para serem, a um só tempo, convincentemente reais e ambíguas em termos do que estava acontecendo. Diante de eventos não esclarecidos, que se assemelhavam a telepatia, alguns dos que acreditavam em telepatia se recusavam a acreditar, manifestando a opinião de que houvera fraude na apresentação, apesar de não conseguirem explicar os detalhes. No processo, como ocorrera com tantos outros céticos antes deles, eles recorriam à possibilidade de embuste e se apresentavam como aqueles que possuíam competência para avaliar o que estava ocorrendo.

Uma nova psicologia do erro surgiu sob a forma de psicologia da crença no paranormal, que refletia as crenças daqueles que buscavam explicar aquelas das quais discordavam, e que foi utilizada com o propósito de mudar a percepção dos que eles acreditavam estar errada. Isso foi parte integrante do moderno movimento de ceticismo, do qual surgiu o "cético" moderno, embora considerar se esse é um novo "tipo de pessoa" dependa do que se possa entender por "tipo". Em determinado nível, há maneiras muito óbvias em que milhares de indivíduos se identificam como "céticos": lendo e assinando revistas céticas; participando de grupos locais de céticos e seminários nacionais e internacionais; adquirindo e exibindo mercadorias que envolvem a noção de ceticismo (camisetas, canecos, crachás e decalques).[130]

---

130 De acordo com o website do CSICOP, "gente de todas as partes do mundo [do Alaska à Nova Zelândia] está mostrando apoio ao ceticismo, solicitando um decalque grátis de "Duvido", da CSICOP & do periódico *Skeptical Inquirer*, e colocando-o em uma área criativa

Além disso, considerando que o ceticismo moderno foi, desde o início, uma tentativa de persuadir os outros, a construção e a utilização de argumentos a favor do ceticismo têm sido parte fundamental do movimento. Os céticos se empenharam no discurso do ceticismo entre eles próprios e com gente menos cética, embora seja difícil demarcar a linha entre manifestação de crença (sou cético) e identidade (sou um cético).

Entretanto, de acordo com o conhecimento psicológico que tem dominado a literatura do ceticismo, há mais do que simplesmente uma manifestação de identidade. O impulso da hipótese de "déficits cognitivos" tem sido no sentido de que os céticos são cognitivamente diferentes dos que sustentam crenças. Esse, sem dúvida, tem sido um ponto de controvérsia, principalmente por parte de psicólogos ligados à parapsicologia, mas a validade da hipótese não é a questão aqui. Se desejamos argumentar que esse é um exemplo de conhecimento psicológico que leva à criação de um novo tipo de pessoa, então podemos afirmar que a psicologia da crença no paranormal, sob a forma do argumento de "déficits cognitivos", tem desempenhado um papel crucial na construção do cético moderno (que, de acordo com esse mesmo conhecimento, é cognitivamente diferente de um indivíduo que acredita).

Todavia, é irrelevante se isso vale como exemplo de invenção de pessoas, exceto como ponto de partida para a exploração de como o conhecimento psicológico pode moldar a maneira como as pessoas pensam, sentem e se comportam. O que está claro é que, como argumento contra a realidade de fenômenos

---

e visível para que outros possam ver [...] e ponderar" (http://www.csicop.org/resources/free_i_doubt.it.decal).

paranormais, a psicologia "cética" da crença no paranormal é uma manifestação de crença acerca do paranormal, e fornece argumentos que justificam e reforçam crenças específicas a respeito do paranormal. Esses argumentos podem ser – e, de fato, são – utilizados não apenas para manter posições individuais, como também para modificar crenças de terceiros. No processo, isso contribuiu para a criação de um movimento social, intelectual e político que levou a grandes números de pessoas que pensam, sentem e agem de maneiras específicas, as quais, se desejarmos, poderíamos descrever como um novo tipo de pessoa. Afinal de contas, o próprio Hacking mostrou que não é possível que duas histórias de invenção de pessoas sejam iguais.[131] Alternativamente, podemos simplesmente comentar que, de um modo fundamental e significativo, a psicologia da crença no paranormal reflete e afeta as crenças que ela se propôs a explicar.

---

131 Hacking, Making up people. In: Heller; Sosna; Wellbery (Orgs.), *Reconstructing Individualism*, p.232.

7
A construção de crenças extraordinárias

Desde os tempos do mesmerismo, têm havido incontáveis demonstrações de feitos extraordinários, a maioria dos quais, se verdadeiros, seriam agora classificados como paranormais. Eles foram relatados por pesquisadores e enquadrados de diferentes maneiras por aqueles que os viram, ouviram dizer ou leram a seu respeito. As demonstrações eram planejadas para serem convincentes, sendo apresentadas de forma que parecessem excluir explicações convencionais como acaso e fraude. A demonstração e o relato desses eventos foram acompanhados de argumentos comuns sobre competência especializada (sobre quem era competente para avaliar se explicações convencionais haviam sido excluídas), sobre quão extraordinárias eram (em especial, com relação à ciência contemporânea à época) e sobre o mérito das pretensões que eram feitas. Nesse processo as crenças se formaram.

Ao debater tais eventos, todos apelam para os fatos, embora, com frequência, discordem quanto ao que aconteceu, e até mesmo quando concordam com os fatos, eles conseguem enquadrar o que aconteceu como suporte tanto para a crença quanto para a falta de crença. Qualquer proeza não esclarecida podia ser enquadrada como acaso ou fraude, e qualquer fracasso, reprodução ou desmascaramento como evidência em apoio à realidade dos fenômenos. Apesar das mudanças nos termos que têm sido usados para se fazer referência a eventos que, na época, eram parte das discussões sobre mesmerismo, espiritualismo, pesquisa de fenômenos psíquicos e parapsicologia, há continuidades notáveis. Em suma, há muito tempo vimos tendo uma discussão muito semelhante. Algumas das continuidades devem estar claras agora, porém uma discussão mais ampla poderia ser útil, baseada em como crenças sobre tais fenômenos vêm se manifestando desde o início do século XIX.

A particularidade de crenças extraordinárias

Crenças no extraordinário baseiam-se em eventos específicos, aqueles nos quais as pessoas acreditam. Nenhum proponente do mesmerismo, nenhum espiritualista e ninguém que acredite em fenômenos psíquicos acredita em tudo o que viu. Aqueles que acreditam sempre diferenciaram entre eventos que acreditavam ser reais e eventos que não acreditavam ser reais. Alguém que acreditava em analgesia mesmérica não necessariamente acreditava em sonambulismo lúcido; alguém que acreditava em Daniel Home não necessariamente acreditava nos irmãos Davenport; alguém que acreditava nos poderes de Palladino (ou de Geller) poderia acreditar que, às vezes ela (ou ele) trapaceavam. Proeminentes pesquisadores de fenômenos psíquicos discordam quanto à autenticidade de certos indivíduos em particular, e parapsicólogos discordam quanto à validade de experimentos específicos. Resumindo, todos os que acreditam são também os que não acreditam.

O que eles têm em comum é que todos acreditam em alguma coisa. Basta apenas acreditar em um fenômeno paranormal para construir a crença no paranormal. Como observou William James, um único corvo branco é suficiente. Desse ponto em diante, outros fatos podem ser irrelevantes, já que a existência das perucas não serve para demonstrar a não existência de cabelo verdadeiro. Todos os fracassos, reproduções e desmascaramentos subsequentes podem se harmonizar, e, na verdade, podem ser vistos como evidência de que tais fenômenos são reais, mas inconsistentes e enganosos. Não obstante, os que acreditam em uma coisa não necessariamente acreditam em outra, não apenas em termos de categorias abstratas como também em termos de eventos específicos. Duas pessoas que acreditam em PES, por exemplo, podem acreditar em coisas muito diferentes, por razões diferentes.

Ademais, os que não acreditam também acreditam, e acreditam que todos os fenômenos fora do comum podem ser explicados de acordo com processos comuns. Isso também tem acontecido com base em fenômenos específicos, pois ninguém pode examinar todo e qualquer fenômeno, e, portanto, a afirmação de que nenhum deles é real precisa se basear em uma visão mais geral: afirmações sobre o extraordinário requerem evidência sobre o extraordinário, e até que tal evidência seja fornecida, a posição a ser assumida deve ser de falta de crença. Porém, o que conta como extraordinário, e, portanto, como evidência adequada, também tem sido constante motivo para controvérsia. Assim, não podemos compreender tais crenças enquanto não levarmos em consideração não apenas os objetos da crença, como também as formas da crença: o que as pessoas acreditam que está ocorrendo em relação a determinado evento?

A história de controvérsias acerca de fenômenos fora do comum mostra que aqueles que acreditam normalmente manifestam diferentes opiniões, não apenas em relação a diferentes eventos como também em termos do que está acontecendo em relação a qualquer evento em particular. Tem havido pelo menos três posições afins, porém distintas, em relação a isso: se foi real ou não; o processo envolvido; e a relação desse processo com a ciência. Desde os tempos do mesmerismo, tem sido feita uma distinção entre fatos e teorias, e tem havido discordância quanto a se tais teorias são compatíveis com a ciência. No decorrer desse tempo, muitas pessoas têm afirmado que o que viram foi real, sem fornecer qualquer explicação, ou, alternativamente, quando discutem uma explicação em especial, elas o fazem em termos que a enquadram como compatível com a ciência. Seria possível acreditar em leitura de mente, que isso é resultado de PES e que é incompatível com o conhecimento científico atual, mas trata-se, no entanto, de três posições distintas.

Além disso, há uma extraordinária ambiguidade envolvendo os vários termos disponíveis para descrever fenômenos fora do comum. Aqueles que demonstram tais fenômenos enquadram feitos semelhantes de maneiras radicalmente diferentes, ao passo que cientistas, buscando fornecer uma explicação, muitas vezes não são claros. Dificilmente se pode culpar o público se ele apela para a visão de que "alguma coisa" estava acontecendo. Esse, afinal de contas, é o refúgio daquele que não acredita, o qual, incapaz de explicar o que supõe ser um truque, sustenta a opinião de que foi "sem dúvida, alguma coisa".[1] Porém, a

---

1 Lamont; Coelho; McKinlay, Explaining the unexplained, *Discourse Studies*, 11:5 (2009).

menos que saibamos o que as pessoas querem dizer com isso, não podemos compreender suas crenças. Podemos oferecer a elas um questionário, é claro, forçá-las a escolher uma opção e supor que entendam como nós, mas essa é uma ideia um tanto atrevida.

Se precisarmos traçar uma linha entre crença e não crença – em vez de discutir uma variedade de crenças –, ela presumivelmente ficará na diferença entre a crença de que alguns eventos são reais e a crença de que nenhum evento é real. Isso pode estar na decisão de excluir (no caso de eventos específicos) explicações comuns como o acaso e a fraude. Rejeitar essas explicações, poderíamos dizer, é acreditar que determinado evento é real – mas real em que sentido? Como algo diferente de acaso ou fraude, como algo em especial, como algo que não é compatível com a ciência? Até mesmo cientistas céticos estereotípicos, como Braid, Carpenter e Munsterberg, excluíram o acaso e a fraude em relação a certos eventos fora do comum, enquadrando o que eles viram como compatível com o conhecimento científico (embora se cientistas atuais concordam ou não seja outra questão bem diferente; na verdade, eles poderiam classificar esses céticos como pessoas que acreditam). Ao mesmo tempo, no mundo real, em que indivíduos continuam a exibir proezas extraordinárias de hipnose e telepatia, de percepção subliminar e de comunicação não verbal, apelando para *expertise* científica que bem poderia impressionar os que não têm *expertise*, e em que o público pode entender que periódicos científicos revisados por colegas têm publicado evidência de PES, em que se espera que o povo acredite?

A linha divisória entre crença e não crença é irrelevante até que conheçamos o objeto da crença, e continua irrelevante até que saibamos o que se acredita a respeito dela. No interesse de fazer trabalho científico, os psicólogos reduziram crenças de uma forma que se pode contá-las: respostas – com escolha forçada – a afirmações sobre categorias gerais cujos significados são muitas vezes vagos e variáveis. Isso não é irrelevante; é meramente redutivo e proporciona algum sentido de diferenças entre indivíduos. No processo, contudo, perdem-se a enorme variedade e a complexidade de como crenças no extraordinário se manifestam e se justificam no mundo real. Somente uma abordagem com um final mais aberto (*open-ended*) pode captar as formas que tais crenças assumem e mostrar como elas estão inextricavelmente ligadas a razões para sustentá-las.

Crenças extraordinárias e os *experts* no assunto

Crenças em relação a fenômenos extraordinários dependem da construção de *expertise* adequada. Não se pode acreditar que alguém tenha excluído explicações convencionais a menos que se acredite que essa pessoa (ou outra pessoa) seja competente para fazê-lo. Ao enquadrar eventos extraordinários, questões de competência sempre estiveram presentes, mesmo que seja apenas para decidir se é possível ou não confiar nos próprios sentidos. Todos nós acreditamos e não acreditamos: não acreditar em X é acreditar "não em X", e aqueles que acreditaram em X não acreditaram em Y. Ao fazê-lo, eles distinguiram entre as perucas e o cabelo genuíno, com base na suposição de que são competentes para tanto. Porém, ao expressar crenças a respeito de fatos, e ao debater se eles são ou não realmente fatos, tem havido constantes discussões circulares envolvendo a questão de crenças, dos fatos e de *expertise*.

Crenças extraordinárias

Como vimos, aqueles que manifestam crença em fenômenos mesméricos, espiritualistas, psíquicos e paranormais as têm atribuído consistentemente à observação que fazem deles. No entanto, eles também têm atribuído com muita frequência suas observações às crenças. De acordo com defensores, o não acreditar inibe os fenômenos, enquanto o acreditar leva à maior probabilidade de sucesso. Os opositores afirmam, embora por razões diferentes, que há maior probabilidade de fenômenos serem bem-sucedidos diante de uma plateia de céticos do que diante de uma plateia de pessoas que acreditam. E, independentemente do que é observado, isso pode ser enquadrado como evidência a favor da crença (ou não crença). Portanto, como todo mundo atribui suas crenças aos fatos, ambos os lados também apelam para a crença como uma explicação dos fatos, enquanto enquadram os fatos como apoio de suas próprias crenças.

Os opositores normalmente afirmam que crença é tanto uma causa quanto um efeito de competência insuficiente: uma crença leva a erros de interpretação dos fatos e é resultado de erro de interpretação dos fatos. Assim, para os detratores, crença é indicação de falta de conhecimento apropriado. De fato, a falta de crença requer que as pretensões dos defensores sejam rejeitadas, com base na suposição de que eles não são suficientemente competentes para avaliar a questão (mesmo apenas porque não são suficientemente céticos). A posição mais generosa que um detrator pode adotar é a de que todos nós erramos, mas, nesse caso, é você, não eu, quem está errado.

Apelar para diferentes tipos de competência pertinente tem sido uma estratégia comum, porém *expertise* científica e, sobretudo, psicológica têm sido importantes. O tema dominante é uma psicologia do erro, em que crenças são atribuídas a vários tipos de raciocínio errôneo. Entretanto, a psicologia do erro faz mais do que fornecer explicação para crenças no fora do comum. Desde os tempos do mesmerismo, ela tem sido um meio através do qual os cientistas da psicologia vêm conseguindo construir sua própria competência, não apenas como superior à de outros, mas também como algo útil. Pouca surpresa, então, é que ela seja uma opção atraente para os pioneiros de uma nova ciência da psicologia, que propuseram a discussão em periódicos tanto populares quanto acadêmicos.

Ao fazer isso, eles manifestaram suas próprias crenças a respeito de fenômenos espiritualistas e psíquicos. Isso foi feito através do trabalho científico de demarcação de fronteiras no qual se empenharam, que debateu as linhas divisórias entre a psicologia científica e a pesquisa de fenômenos psíquicos, e que foi menos uma controvérsia acerca do que estudar, ou como estudá-lo, do que acerca de que conclusões foram extraídas. Examinar um médium para conhecer suas habilidades psíquicas e propor uma explicação convencional era considerado psicologia científica; porém, uma conclusão que pendesse mais para o extraordinário não era. Fazendo isso, a psicologia do erro foi um meio de mostrar competência e mérito, e de traçar uma fronteira entre ciência e pseudociência, separando, dessa forma, os *experts* dos não *experts*. Crenças sobre fenômenos fora do comum estão inextricavelmente associadas a questões de competência pessoal, confiabilidade e autoridade. Quando manifestam uma visão particular e quando defendem essa visão de maneira particular, as pessoas conseguem se apresentar como bem informadas e úteis. Esse é o caso de qualquer um que tenha sustentado uma visão particular e é o caso de psicólogos, porque psicólogos também são gente.

A questão não é que a psicologia científica não alcança o que realmente está acontecendo; talvez ela o faça, mas isso depende dos detalhes. Não obstante, como Graham Richards diria, estamos lidando com pessoas que estudam pessoas e, por conseguinte, a psicologia é necessariamente reflexiva. Sob a forma de um tipo especial de psicologia de crença no paranormal, a psicologia do erro continua a fornecer uma explicação para crenças extraordinárias, embora expresse uma crença alternativa a respeito dos fenômenos em questão, e embora seja utilizada como parte de uma tentativa de reduzir as crenças em tais fenômenos. Ela é, então, um excelente exemplo da natureza reflexiva do conhecimento psicológico. Ela é construída de acordo com crenças específicas acerca do paranormal, e é construtiva das crenças dos outros através da aplicação e disseminação, contribuindo para definir o cético moderno. De várias maneiras, o conhecimento psicológico sobre tais crenças é inseparável de seu próprio assunto.

Sobre outras crenças extraordinárias

Os capítulos anteriores discutiram os fenômenos que constituíram a base do mesmerismo e do espiritualismo, e o foco dos primeiros passos da pesquisa acerca de fenômenos psíquicos e da parapsicologia. Tais demonstrações continuaram a interessar não apenas os pesquisadores de fenômenos psíquicos e os parapsicólogos, como também o público e, sobretudo, por causa disso, os psicólogos céticos. Sob certos aspectos, tais fenômenos são semelhantes a outros objetos de crença envolvendo superstição, magia e religião.[2] Entretanto, apesar das justaposições conceituais, precisamos ser cautelosos quando fazemos generalizações a respeito de crenças em tais fenômenos. Afinal, os fenômenos discutidos até agora foram concebidos para serem comprovadamente extraordinários, apresentados por outros como evidência de algo e enquadrados em relação à ciência contemporânea à época. Ademais, mesmo em relação aos fenômenos discutidos, vimos que crenças baseiam-se em fenômenos específicos e que aqueles que acreditam enquadram demonstrações muito semelhantes de maneiras significativamente diferentes. Não obstante, outros fenômenos além daqueles discutidos são objetos de crença no paranormal e, portanto, merecem uma breve consideração.

Dizem, com frequência, que a experiência pessoal é o fator mais comum da crença no paranormal, embora uma experiência pessoal possa ser na companhia de um médium ou de um clarividente. De fato, cada relato que foi discutido até agora foi um relato de uma experiência pessoal. Contudo, há inúmeras experiências particulares, no sentido de que as pessoas estão sozinhas, ou pelo menos vivenciaram alguma coisa fora do comum que não foi uma demonstração feita por outra pessoa. Isso poderia incluir fenômenos como experiência fora do corpo, aparições e *poltergeists*. Incluiria também experiências nas quais, embora nada anômalo tenha sido visto ou ouvido, se considerou que alguma coisa extraordinária acontecera – um sonho que se realizou, uma prece que foi atendida, alguém que

---

2 Para discussões recentes a respeito das semelhanças entre vários fenômenos paranormais, mágicos e religiosos, ver: Irwin, *The Psychology of Paranormal Belief*; Subbotsky, *Magic and the Mind*.

pensava em uma tia, quando ela telefonou – em suma, o que muita gente cética consideraria coincidência.

Relatos de experiências perceptivas privadas, embora não discutidas com a mesma frequência daquelas discutidas aqui, foram, no entanto, examinados e guardam certas similaridades. Em uma análise detalhada, Wooffitt mostrou como tais experiências foram descritas de maneiras planejadas para torná-las convincentes: desconsiderando explicações alternativas; abordando a singularidade do evento; e apresentando aquele que fala como um observador competente.[3] Os relatos de tais experiências privadas foram planejados para retratar o que aconteceu como real, mais do que para manifestar uma crença de que o que aconteceu foi extraordinário. Entretanto, expressar a visão de que um evento extraordinário *realmente* aconteceu significa expressar a visão de que o evento foi real (embora o que isso significa possa permanecer confuso). Resumindo, isso poderia ser visto como uma crença na realidade de um evento ostensivamente paranormal, mas não necessariamente em sua natureza paranormal.

Quanto a coincidências significativas, por outro lado, a questão não é a realidade dos eventos; é apenas a interpretação que se faz deles. Ninguém duvidaria de que alguém sonhou, ou fez uma prece, ou pensou em uma tia, e poucos duvidariam da realidade de eventos subsequentes ou da ligação telefônica no momento oportuno. Seria possível enquadrar essa coincidência como incomum, excepcional ou até mesmo "extraordinária" (no sentido de que não se trata de uma ocorrência comum, do dia a dia), mas ela só poderia contar como crença

---

[3] Wooffit, *In Telling Tales of the Unexpected*.

no paranormal se fosse enquadrada como paranormal. Seria possível estabelecer a conexão entre dois eventos e considerar isso relevante em algum sentido (mesmo que fosse apenas ao estabelecer a conexão), porém, a menos que se dê a isso um nome especial e isso se refira a um processo incompatível com a ciência, então (pelas definições atuais) essa não é uma crença no paranormal; e, a menos que aquele que possui experiência considere o processo nomeado incompatível com a ciência, então isso também não é (dependendo de como se interpreta a definição) crença no paranormal. Em outras palavras, por mais fascinantes que sejam coincidências significativas, sua relação com a crença no paranormal depende da definição da última, e essa sempre foi uma questão ambígua. A relevância disso para outras abordagens de crenças no paranormal será considerada adiante.

Nesse ínterim, houve um enorme volume de trabalho experimental dedicado à investigação de fenômenos paranormais. Para os parapsicólogos, esse trabalho representa o argumento mais convincente da realidade dos fenômenos *psi*, e, como tal, poderia ser considerado a justificativa mais forte para crença no paranormal. Por outro lado, os opositores poderiam dizer que isso demonstra meramente a inadequação da evidência. Ambos os lados recorrem regularmente à evidência, discutindo se explicações comuns foram excluídas ou não, a adequação da *expertise* e a singularidade do argumento. Entretanto, a hipótese dos parapsicólogos pode ter sofrido a herança de certos argumentos históricos. As prolongadas discussões a respeito de fracassos, a inconsistência de fenômenos e a influência de crenças sobre eles passaram a tomar a forma de teorias, como o "efeito do declínio", "informação pragmática", "ausência de *psi*" e "efeito no pesquisador". A noção de que os fenômenos *psi* iludem a investigação empírica e de que as crenças daqueles que estavam presentes podem afetar o processo criou um dilema retórico para a parapsicologia, em que seu objeto de investigação científica é definido em termos que parecem desafiar a investigação científica.[4] A longo prazo, se os fenômenos *psi* são reais e passíveis de investigação experimental, então os parapsicólogos, sem dúvida, acabarão convencendo os céticos. Atualmente, entretanto, a atribuição de resultados não significativos à natureza dos fenômenos *psi*, sejam eles verdadeiros ou não, é muitíssimo pouco convincente para aqueles que já não acreditam.

Por outro lado, nunca foi tão fácil ser cético, o que não é necessariamente bom para o ceticismo. Ser cético é uma coisa, mas ser um cético é uma questão de identidade, manifestada pela presença em reuniões, fazendo assinaturas de revistas e, algumas vezes, recorrendo ao uso de material de *merchandising*. Muitos comediantes *stand-up* agora manifestam sua falta de crença em Deus ou no paranormal no palco e em bravatas, e um crescente número de mágicos declaram que os clarividentes são fraude, inclusive alguns que afirmam ter habilidades psicológicas que não têm. Ao mesmo tempo, são os relativistas (os que voam a 30.000 pés) que são acusados de hipocrisia por gente que não compreendeu bem a discussão.[5] Não há dúvida

---

4 Coelho, Constructing parapsychology.
5 O comentário foi feito por Richard Dawkins a respeito de certos "relativistas culturais" (Dawkins, *River Out of Eden*, p.32) e se tornou uma espécie de frase de efeito antirrelativista (por exemplo, Norris, *Against Relativism*, p.314; Brown, *Tricks of the Mind*, p.267). Para uma explicação da posição em relação a este comentários em especial, ver:

de que existem fraudes e muito blá-blá-blá, da mesma maneira como há o joio e o trigo, e não se pode, ao mesmo tempo, ser cético e evangélico.

Alguns veriam como marca do cético a habilidade de mudar de opinião ao se defrontar com os fatos, que é precisamente o que aqueles que acreditam têm feito; pelo menos é o que nos dizem. A retórica da conversão tem sido um tema normal na história de crenças no extraordinário. Aqueles que acreditam já foram céticos um dia, mas os fatos os convenceram, enquanto aqueles que se recusavam a aceitar os fatos, por mais extraordinários que pudessem parecer, eram preconceituosos e não científicos. Enquanto isso, os que não acreditavam continuaram céticos, mas essa foi a resposta científica apropriada a afirmações sobre o extraordinário, e eles não se convenceram porque os fatos não eram convincentes a qualquer um que fosse imparcial. Entretanto, muitas vezes, os céticos afirmavam ter acreditado inicialmente, ou que estavam propensos a acreditar, e que, de fato, acreditariam se, pelo menos, lhes fossem apresentados fatos genuínos. É consenso que o ceticismo é uma coisa boa e que o preconceito é uma coisa ruim – quase no mesmo sentido de que qualquer coisa é boa até certo ponto, mas não se deve tê-la em demasia – daí, todos serem céticos, porém flexíveis e tolerantes.

Ao mesmo tempo, quando todos apelavam para os fatos e para a necessidade de observação imparcial deles, qualquer uma das evidências observáveis poderia ser enquadrada de acordo com qualquer posição. Dificilmente se pode dizer que tal indiferença aparente à evidência é algo singular; é um lembrete do nível

---

Bloor, Relativism at 30,000 feet. In: Mazzotti (Org.), *Knowledge as Social Order*.

em que se constrói o conhecimento científico.[6] Afinal, nunca fica claro de qual observação em particular é a evidência. Porém, a indiferença aparente não é indiferença real, e a construção do conhecimento científico não é independente de seu assunto. Assim, por exemplo, os parapsicólogos podem, na verdade, enquadrar achados negativos para que eles sejam consistentes com a existência de fenômenos *psi*.[7] No entanto, eles distinguem entre achados positivos e negativos, uma distinção presumivelmente induzida por algo no mundo lá fora.[8] De fato, o que essas controvérsias mostram é que, enquanto defensores e opositores podem, de fato, chegar a conclusões opostas entre até mesmos fatos com os quais concordam, isso não é sem algum trabalho discursivo com a finalidade de enquadrar os fatos como evidência de apoio – mais do que desafio – a determinada posição.

Em resumo, a história de polêmicas mostra como temos interagido com as coisas no mundo real, desde coisas como "morte e móveis" até representações dos mortos sob a forma de móveis que se movimentam, com incontáveis outras demonstrações de feitos extraordinários e com as opiniões de outros.[9] No meio de tudo isso, chegamos às nossas próprias conclusões, depois de sérias considerações, ou talvez muito pouca, mas nunca sem algum tipo de interação com o que vemos, lemos ou ouvimos.

---

6 Shapin, The politics of observation. In: Wallis (Org.), *On the Margins of Science*; Collins; Pinch, *Frames of Meaning*; Gilbert; Mulkay, *Opening Pandora's Box*.
7 Collins, *Changing Order*.
8 Barnes et al., *Scientific Knowledge*, p.76.
9 Edwards; Potter; Ashmore, Death and furniture, *History of the Human Sciences*, 8 (1995).

Peter Lamont

Compreendendo crenças extraordinárias

De acordo com o periódico científico *New Scientist*, "acreditar ou não no paranormal pode depender inteiramente da química do cérebro". Essa informação bastante entusiástica foi feita quando a revista relatou o trabalho mais sensato de Peter Brugger, cujos experimentos haviam mostrado que pessoas com altos níveis de dopamina tinham mais probabilidade de encontrar relevância em coincidências e reconhecer significados e padrões onde não havia nem um nem outro.[10] Para Brugger, coincidências significativas exemplificam crenças no paranormal. Em um editorial de uma edição especial da revista *Cortex*, que levantou uma hipótese preliminar para uma neuropsicologia de crença no paranormal, ele comentou que coincidências "servem maravilhosamente bem para separar aquele que tem uma mente científica daquele que acredita; enquanto o primeiro tenta um cálculo aproximado de chances e probabilidade, o último está simplesmente esmagado pela 'significatividade' da coincidência [...]. A significatividade de uma coincidência está no cérebro daquele que observa".[11]

Trata-se da combinação ideal entre objeto e método, já que crenças são criadas inteiramente dentro do cérebro, independentemente de circunstâncias externas. E tais coincidências cobrem uma ampla gama de fenômenos paranormais, já que elas poderiam ser categorizadas como telepatia, precognição ou psicocinese (PC), e ser vistas como evidência de astrologia,

---

10 Philips, Paranormal beliefs linked to brain chemistry, *New Scientist*, 2353 (2002).

11 Brugger; Mohr, The paranormal mind, *Cortex*, 44 (2008), p.1291-2.

comunicação de espíritos ou bruxaria. Nada extraordinário aconteceu; é meramente o cérebro interpretando erroneamente eventos comuns como alguma coisa mais do que eles, de fato, são. É, sem dúvida, uma abordagem louvável e, suspeita-se, há algo nela, porém não o suficiente para justificar que crenças no paranormal fiquem confinadas ao cérebro.

Uma razão é que há muitos objetos de crença no paranormal que são perceptivelmente fora do comum: qualquer coisa, por exemplo, que não possa ser resultado do acaso, desde uma mesa que se move em uma sessão espírita até entortar uma colher, ou qualquer outra demonstração que tenha sido planejada para ser convincente. Tais objetos de crença estão no mundo lá fora, provocando-nos para apresentarmos algum tipo de explicação. Sem dúvida, a tendência para encontrar significado na aleatoriedade pode correlacionar-se com crenças acerca de tais eventos, mas essa é uma questão empírica. E, ao tentar responder a essa questão, são necessárias escalas de crença para que se possa distinguir entre os que acreditam e os que não acreditam. Presume-se que as respostas que eles dão a afirmações gerais acerca de tipos de fenômenos paranormais refletem as crenças que eles sustentam na mente. Sem tais expressões de crença, não podemos nem acessar nem reconhecer crenças dentro do cérebro. Expressões linguísticas, de um tipo ou de outro, são essenciais para compreendermos crenças no paranormal, e essas estão necessariamente lá fora, em um local onde podemos vê-las ou ouvi-las.

No caso das escalas de crença, as pessoas são forçadas a tomar uma posição em relação a determinada afirmação relativa a alguma categoria geral, e presume-se que todas concordem com o que os termos significam. No mundo real, entretanto, as crenças manifestam-se de maneiras muito mais sofisticadas, e geralmente não está claro o que os termos significam, ou que um evento em particular poderia ser considerado exemplo. Não podemos compreender adequadamente tais crenças sem examinarmos manifestações em maiores detalhes e considerar como elas se relacionam com as próprias crenças. Pode haver uma tendência – que independe de cultura – de encontrar padrões no mundo, e diferenças entre eles podem se relacionar com diferentes crenças sobre o paranormal, mas tais tendências não podem, por si mesmas, ser compreendidas como crenças no paranormal. Não se pode começar a considerar crenças no paranormal enquanto elas não se investem de uma forma linguística e, seja qual for a forma que assume, ela dependerá de significados que provêm da língua e da cultura. Não podemos confinar crenças no paranormal ao cérebro, pois não podemos identificar atividade neural com tais crenças sem usarmos termos específicos, fazendo suposições sobre o que esses termos significam, o que significam para os outros, que tipos especiais de expressões representam matéria interna, e assim por diante. Porém, é claro que podemos optar por examinar tais crenças como funções cerebrais, com a finalidade de estudá-las a partir de uma perspectiva neuropsicológica.[12] Entretanto, essa é uma escolha de definição, moldada por uma preferência metodológica, e há outras escolhas disponíveis.

É fácil esquecer isso. O deslocamento que se fez na direção do conhecimento neuropsicológico é tão comum atualmente que parece ser o caminho mais óbvio a tomar. Para além da pesquisa mais sofisticada, há uma visão mais geral que se manifes-

---

12 Newberg, *Why We Believe What We Believe*, p.37.

ta cada vez mais, uma visão diretamente ligada ao movimento de ceticismo. Na opinião de alguns, o cérebro é um motor de crença, que busca padrões e vê a capacidade de agir no mundo, levando a crenças que são verificadas com muita facilidade e obstinadas demais diante de evidência que as refute. De acordo com essa visão, somos resgatados de nosso cérebro crente, pela ciência, que age como um corretivo de nossa subjetividade imperfeita. Crenças no paranormal, da mesma forma como outras crenças falsas, são sustentadas por aqueles que ignoram, ou desconhecem, os efeitos terapêuticos do raciocínio científico.[13]

Tal visão pode muito bem explicar por que mantemos certas crenças falsas, mas não explica quais crenças são falsas. Para isso, precisamos confiar na ciência, mas como saber se alguma coisa é ciência, ou, na verdade, se a ciência está certa? Afinal de contas, há incontáveis controvérsias em que se discute se determinado conhecimento é considerado ciência, e incontáveis casos em que a ciência está errada. Olhando em retrospecto, pode parecer óbvio, mas em algum momento precisamos fazer nossa própria escolha. Enquanto isso, a ciência convencional decidirá quais de nossas crenças estão erradas, e aqueles que as mantêm podem ser menosprezados como vítimas do próprio cérebro crente. Esse argumento é, com efeito, uma definição ampliada de crença no paranormal (do ponto de vista de alguém que não acredita): as pessoas acreditam em coisas que são contrárias ao conhecimento científico (isto é, erradas); as pessoas ignoram o conhecimento científico (e estão erradas).

---

13 Shermer, *The Believing Brain*. O conceito de "motor de crença" foi proposto pela primeira vez por James Alcock no *Skeptical Inquirer* (Alcock, The belief engine, *Skeptical Inquirer*, 19:3 (1995)).

Trata-se de mais uma reencarnação da psicologia do erro, que define crenças no paranormal como errôneas e depois as explica como produto de erro.

A tentativa de explicar crenças que não se harmonizam com o pensamento científico tem sido um tema constante, embora muitos críticos, no processo de rejeição de tais crenças, tenham cometido seus próprios erros.[14] Não obstante, uma psicologia do erro dominou a literatura psicológica. Pode-se perceber isso nos títulos de artigos, publicados em periódicos, que se referem a crenças *no* paranormal, em vez de crenças *sobre* o paranormal, em obras como *How We Know What Isn't So* [Como sabemos o que não é assim?] e *Why People Believe Weird Things* [Por que as pessoas acreditam em coisas estranhas?], e de várias hipóteses que buscam explicar "crença" mais do que "falta de crença" (por exemplo, a "hipótese de atribuição errônea", a "hipótese do déficit cognitivo", ou a "hipótese da marginalidade social".[15] Parece óbvio que tais crenças são errôneas, pois são contrárias ao conhecimento científico convencional, e é parte integrante da definição a noção de que crenças no paranormal envolvem conflito com o conhecimento científico. Entretanto, o que é obviamente não científico para alguns não é tão obviamente não científico para outros, e a história mostra que acreditar na realidade de fenômenos paranormais (ou outros fenômenos extraordinários) não é a mesma coisa que acreditar que tais fe-

---

14 Lamont, Critically thinking about paranormal belief. In: Delta Sala (Org.), *Tall Tales about the Mind and Brain*.
15 Gilovich, *How We Know What Isn't So*; Shermer, *Why People Believe Weird Things*; Wiseman; Watt, Belief in psychic ability and the misattribution hypothesis, *British Journal of Psychology*, 97 (2006); Irwin, Belief in the paranormal, *Journal of the American Society for Psychical Research*.

nômenos são contrários ao conhecimento científico. Na verdade, tanto quanto o conhecimento científico tem feito parte da equação, muitos dos que acreditam têm adotado a visão de que tais fenômenos são potencialmente compatíveis com o conhecimento científico. Trata-se aqui de uma divergência quanto a se o conhecimento científico atual é correto; e a história também mostra que essa não é uma questão óbvia.

Uma vez mais, a questão não é afirmar, como muitos defensores fazem há longo tempo, que tais fenômenos poderiam ser reais porque a ciência está sempre errada. A questão é sobre o que os psicólogos frequentemente tomam por certo ao estudar tais crenças, e, nesse caso, que os significados dos termos relevantes e sua relação com a ciência são evidentes. Eles não são evidentes, e nem o é a decisão de definir crenças como ligadas ao cérebro. Mesmo no caso da memória, confinar o processo ao interior da cabeça é uma opção: armazenamos memórias em diários, cadernos e fotografias; lembramo-nos de usar alarmes e (há não muito tempo) barbantes nos dedos e dar nós em lenços; evocamos a memória na construção de monumentos e na prática de tradições.[16] A maneira como definimos categorias psicológicas depende de questões teóricas e metodológicas mais amplas, e as escolhas que fazemos sobre o que pesquisamos, as perguntas que fazemos e os métodos que usamos inevitavelmente moldam as respostas que obtemos. Portanto, como já fizemos em relação a atitudes, podemos escolher definir crenças de maneira a incluir coisas que podemos ver imediatamente. Na verdade, poderíamos definir crenças como

---

16 Para um estudo detalhado das suposições que têm sido feitas no estudo da memória, ver: Danziger, *Marking the Mind*.

coisas que podem ser vistas nas ações daqueles que buscam demonstrar que fenômenos extraordinários são reais – ou que não são – em uma apresentação ao vivo e um estudo experimental, ou na fundação, afiliação e atividades de associações relevantes. Mais especificamente, contudo, em vez de tratar o discurso sobre fenômenos fora do comum como indicador de estados internos, podemos vê-lo como parte intrínseca da construção e manutenção de crenças no extraordinário.

Ao fazer isso, os métodos que usamos precisam se adequar ao objeto da pesquisa, e podemos ser empíricos sem ter que reduzir nosso assunto a algo que possa ser contado. Por mais tentadora que possa ser a busca da objetividade, ninguém está chegando a fatos neutros acerca de crenças no paranormal: pode-se escolher uma definição em especial, decidir que objetos de crença devem ser considerados, utilizar uma mensuração específica sobre pessoas específicas em um momento específico, supor que elas compreendam os significados das afirmações da maneira pretendida, de forma a pensarem nos tipos de coisas que se supõe que devam pensar, e então responder de modo a refletir diretamente o que se passa dentro de sua mente (naquele momento e lá). Essa é uma maneira de fazer as coisas, mas já que precisamos depender de expressões de crença, poderíamos desejar depender de exemplos do mundo real.

No mundo real, crenças no extraordinário podem ser processadas pelo cérebro, mas isso não acontece isoladamente. Tais crenças, como outras atitudes, são inerentemente argumentativas, adotando uma posição mais do que outra.[17] Como tal, são parte de um contexto social em que eventos específicos

---

17 Billig, *Arguing and Thinking*.

Crenças extraordinárias

ocorrem, são observados e relatados, e diferentes visões são manifestadas e justificadas como parte de um discurso mais amplo. Seja o que for que se pensa ou se diga a respeito dessas crenças, essa é uma resposta ao que se viu ou ouviu, e as maneiras como se faz isso inevitavelmente refletem um entendimento mais amplo (por exemplo, sobre quão extraordinárias são tais coisas, ou em quem se pode confiar para avaliar tais coisas, ou o que os outros podem pensar a respeito da manifestação de uma visão específica). Qualquer crença individual, seja ela silenciosamente sustentada ou exprimida em voz alta, é uma posição adotada em relação a esse discurso mais amplo. Sejam quais forem os fatores individuais que estejam em jogo, tais crenças são necessariamente sociais e interacionais, inseparáveis das palavras e atos dos outros.

Se desejamos compreender tais crenças, podemos dizer que as pessoas enquadram eventos específicos em termos das categorias disponíveis. Elas escolhem uma categoria mais do que outra, porque acham que é mais plausível ou desejável do que as alternativas, com base em seu entendimento das opções. Há discordância, é claro, porque as pessoas diferem no quanto confiam em fontes específicas, e quão plausíveis e desejáveis elas acham posições específicas. Os psicólogos, ao tentarem explicar tais crenças, têm se concentrado em diferenças entre os que acreditam e os que não acreditam. Ao fazê-lo, no entanto, eles minimizam as diferenças nos objetos e formas de tais crenças. Não obstante, se examinarmos em detalhes o que acontece no mundo real – as coisas em que as pessoas acreditam, o que elas acreditam a respeito de tais coisas, e as razões que fornecem para fazê-lo – podemos ver padrões na aparente aleatoriedade. E podemos também ver razões mais gerais para que determinada posição seja adotada, independentemente de se, no fim das contas, ela é ou não a posição correta. No processo de manifestação e justificação de uma posição em particular, é possível se mostrar como um pensador crítico, ou uma pessoa equilibrada, e é possível mostrar conhecimento e compreensão de um tópico que interessa a quase todo mundo. Pode-se compartilhar opiniões com alguns, embora haja divergência em relação a outros e, no processo, construir um ponto de vista e uma identidade. E, para aqueles que saem de seu caminho para explicar por que outras pessoas entendem de forma equivocada, e por que isso é uma coisa negativa, alguém pode se apresentar como um *expert* útil, alguém que está envolvido na busca da verdade. Tudo isso vem ocorrendo desde pelo menos o início do século XIX e assumiu a forma da controvérsia acerca dos fatos, embora não tenha sido determinado pelos fatos, pois qualquer um deles pode ser convocado como evidência em apoio a qualquer posição adotada. Entretanto, independentemente dos fatos, e independentemente de se os fenômenos fora do comum são reais ou não, e o que isso significa, as controvérsias sobre tais fenômenos são bem antigas e relevantes. Elas nos têm proporcionado oportunidades para mostrarmos que somos judiciosos, que somos céticos, porém flexíveis, que sabemos mais, ou melhor, do que outros, que temos opiniões que merecem ser ouvidas, que nos preocupamos com o que é correto e que condenamos o que é errado. Elas são um meio através do qual construímos e sustentamos nossas crenças a respeito do mundo em que vivemos, não apenas em relação ao que é possível no mundo material, mas também em relação ao que importa no mundo social.

Referências bibliográficas

A CASE of clairvoyance. *Hull Packet and East Riding Times*, 26 abr. 1844, p.2.

A MASTER of arts. *Spiritual Magazine*, 4, 1863, p.171.

A MEMOIR of Charles Mayne Young. *Spiritual Magazine*, 4 (1871), p.414.

A PAINFUL controversy. *Spiritual Magazine*, 9 (1874), p.280-1.

A SÉANCE with Baron and Mlle Guldenstubbe by Wm Tebb. *Spiritual Magazine*, 2 (1867), p.324-5.

A SÉANCE with Miss Cook. *Spiritual Magazine*, 1 (1873), p.555.

A SÉANCE with Mr. Foster. *Spiritual Magazine*, 4 (1871), p.66-70.

ALCOCK, J. *Parapsychology*: Science or Magic? Oxford: Pergamon Press, 1981.

_____. The belief engine. *Skeptical Inquirer*, 19:3 (1995), p.14-8.

_____. The psychology of transcendence. *Skeptical Inquirer*, 6:4 (1982), p.57-8.

ALCOCK, J.; OTIS, L. Critical thinking and belief in the paranormal. *Psychological Reports*, 46 (1980), p.479-82.

ALEXANDER, P. P. *Spiritualism*: a Narrative with a Discussion. Edimburgo, 1871.

ALVARADO, C. Historical perspectives in parapsychology: some practical considerations. *Journal of the Society for Psychical Research*, 51, p.265-71.

AM I a spiritualist? *Human Nature*, 7 (1873), p.161-74.

ANDERSON, J. H. Letter. *Morning Advertiser*, 20 out. 1855, p.3.

_____. *The Magic of Spirit-rapping*. Londres, s.d.

ANIMAL magnetism and homeopathy by Edwin Lee, MRCS. *Monthly Review*, 2 (1838), p.471-90.

ANIMAL magnetism, or mesmerism. *Lancet*, 30 (1838), p.805-13.

ANIMAL magnetism. *Athenaeum*, 555 (1838), p.417-21.

ANIMAL magnetism. *Lancet*, 30 (1838), p.282-8.

ANIMAL magnetism. *Times*, 26 jan. 1844, p.5.

ANIMAL magnetism: conclusion of second report of facts and experiments. *Lancet*, 30 (1838), p.401-3.

ANNEMANN, T. Was Prof. J. B. Rhine hoodwinked? *Jinx*, 47 (1938), p.329-33.

ANON. *Table-turning by Animal Magnetism Demonstrated*. Londres: 1853.

ANTI-MESMERISM. *Bristol Mercury*, 25 jan. 1845, p.4.

ANTI-MESMERISM. *Bristol Mercury*, 8 fev. 1845, p.8.

ANÚNCIO em *Times*, 24 mar. 1845. (Purland Papers.)

ASPREM, E. A nice arrangement of heterodoxies: William McDougall and the professionalization of psychical research. *Journal of the History of the Behavioral Sciences*, 46 (2010), p.123-43.

BAKER, Mrs. E. *Fraud, Fancy, Fact*: Which Is It? An Enquiry into the Mystery of Spiritualism, with a Narrative of Personal Experience. Londres: 1862.

BARGE, T. Letter. *Spiritual Magazine*, 4 (1863), p.266.

BARNES, B.; BLOOR, D.; HENRY, J. *Scientific Knowledge*: a Sociological Analysis. Londres: Athlone, 1996.

BARRETT, W. F.; GURNEY, E.; MYERS, F. W. H. Report of the committee on thought-reading. *Proceedings of the Society for Psychical Research*, 1 (1), 1882, p.13-34.

BARRETT, W. Mind-reading versus muscle-reading. *Nature*, 24 (1881), p.212.

BARROW, L. *Independent Spirits*: Spiritualism and English Plebeians, 1850-1910. Londres: Routledge & Kegan Paul, 1986.

BARTHOLOMEW, R. Collective delusions: a skeptic's guide. *Skeptical Inquirer*, 21:3 (1997), p.29-33.

BAUER, E. Criticism and controversy in parapsychology – an overview. *European Journal of Parapsychology*, 5 (1984), p.141-66.

BAUMAN, Z. *Intimations of Postmodernity*. Londres: Routledge, 1992.

BEARD, G. M. The physiology of mind-reading. *Popular Science Monthly*, 10 (1877), p.459-73.

BEATTIE, J. A critique and protest. *Spiritual Magazine*, 5 (1877), p.552-4.

BELL, R. Stranger than fiction. *Spiritual Magazine*, 1 (1860), p.211-24.

BELOFF, J. Lessons of history. *Journal of the American Society for Psychical Research*, 88 (1994), p.7-22.

BELOFF, J. Once a cheat, always a cheat? Eusapia Palladino revisited. *Proceedings of the 34th Annual Convention of the Parapsychological Association*, 1991, p.35-45.

_____. *Parapsychology*: a Concise History. Londres: Athlone, 1993.

BEM, D. Feeling the future: experimental evidence for anomalous retroactive influences on cognition and affect. *Journal of Personality and Social Psychology*, 100 (2011), p.407-25.

BENASSI, V. Psychology of the extraordinary. *Skeptical Inquirer*, 7:3 (1983), p.63-5.

BENNET, J. H. *The Mesmeric Mania of 1851, with a Physiological Explanation of the Phenomena Produced*. Edimburgo: Sutherland and Knox, 1851.

BEULAH no marvel, says Munsterberg. *New York Times*, 23 abr. 1913. Disponível em: http://query.nytimes.com/mem/archive-free/pdf?res=9D05E4DA173FE633A25750C2A9629C9462 96D6CF. Acesso em: 15 set. 2012.

BEYERSTEIN, B. Why bogus therapies seem to work. *Skeptical Inquirer*, 21 (1997), p.29-34.

BILLIG, M. *Arguing and Thinking*. Cambridge University Press, 1987. [Ed. bras.: Argumentando e pensando: uma abordagem retórica à psicologia social. Petrópolis/RJ: Vozes, 2008.]

BLACKMORE, S. Into the unknown. *New Scientist*, 2263 (2000), p.55.

BLOOR, D. Relativism at 30,000 feet. In: MAZZOTTI, M. (Org.). *Knowledge as Social Order*: Rethinking the Sociology of Barry Barnes. Aldershot: Ashgate Publishing Limited, 2008. p.13-34.

BODIE, W. *Hypnotism*. Macduff: 1912.

_____. *The Bodie Book*. Londres: Coxton Press, 1906.

BOK, B. J.; JEROME, L. E. *Objections to Astrology*. Buffalo, NY: Prometheus Books, 1975.

BOOKS received for review. *Lancet*, 46 (1845), p.577.

BORING, E. *A History of Experimental Psychology*. Nova York: Century, 1929.

BORING, E. G. Introduction. In: Hansel, ESP: A Scientific Evaluation. p.XIII-XXI.

BRAID, J. "Letter" to *The Critic*, c. 8 jun. 1845. (Purland Papers.)

_____. *Neurypnology, or the Rationale of Nervous Sleep Considered in Relation to Mesmerism*. Londres: John Churchill, 1843.

BRANCKER, A. Letter. *Spiritual Magazine*, 2 (1861), p.431.

BRAUDE, A. *Radical Spirits*: Spiritualism and Women's Rights in Nineteenth Century America. Boston: Beacon Press, 1989.

BRAUDE, S. *The Limits of Influence*: Psychokinesis and the Philosophy of Science. Lanham, NY: University Press of America, 1997.

BREVIOR, T. What is religion? *Spiritual Magazine*, 2 (1866), p.122-7.

BREWSTER, D. *Letters on Natural Magic*. Londres: John Murray, 1832.

BRITLAND, D. Psychic or magic: what's paranormal? *Magic*, 9 (1998), p.50-5.

BROUGHTON, R. *Parapsychology: the Controversial Science*. Nova York: Ballantine Books, 1991.

BROWN, D. *Trick of the Mind*. Londres: Channel 4 Books, 2006.

BRUGGER, P. Functional hemispheric asymmetry and belief in ESP: towards a "neuropsychology of belief". *Perceptual and Motor Skills*, 77 (1993), p.1299-308.

BRUGGER, P.; MOHR, C. The paranormal mind: how the study of anomalous experiences and beliefs may inform cognitive neuroscience. *Cortex*, 44 (2008), p.1291-396.

BRUGGER, P. et al. "Meaningful" patterns in visual noise: effects of lateral stimulation and the observer's belief in ESP. *Psychopathology*, 26 (1993), p.261-5.

BUCKNILL, J. C.; TUKE, D. H. *A Manual of Psychological Medicine*: Containing the History, Nosology, Description, Statistics, Diagnosis, Pathology and Treatment of Insanity. Londres: John Churchill, 1858.

BUNN, G.; LOVIE, A.; RICHARDS, G. *Psychology in Britain*: Historical Essays and Personal Reflections. Leicester: BPS Books, 2001.

BURNS, R. M. *The Great Debate on Miracles*: from Joseph Glanvill to David Hume. Londres: Associated University Press, 1981.

CANNON, W. The problem of miracles in the 1830's. *Victorian Studies*, 4:1 (1960), p.5-32.

CARPENTER, W. B. Fallacies of testimony in relation to the supernatural. *Contemporary Review*, 27 (1876), p.279-95.

_____. Mesmerism, odylism, table-turning and spiritualism, considered historically and scientifically. *Fraser's Magazine*, 15 (1877), p.382-405.

_____. On the influence of suggestion in modifying and directing muscular movement, independently of volition. *Proceedings of the Royal Institution of Great Britain*, 1 (1852), p.147-53.

_____. On the psychology of belief. *Contemporary Review*, 23 (1873), p.123-45.

_____. Psychological curiosities of spiritualism. *Fraser's Magazine*, 16 (1877), p.541-64.

_____. Re-W.I. Bishop. *Nature*, 24 (1881), p.188-9.

_____. Spiritualism and its recent converts. *Quarterly Review*, 131 (1871), p.301-53.

CARRINGTON, H. *The Physical Phenomena of Spiritualism*: Fraudulent and Genuine. Boston: Herbert T. Turner, 1907.

CARROLL, B. E. *Spiritualism in Antebellum America*. Bloomington: Indiana University Press, 1997.
CARRUTHERS, P. *Language, Thought and Consciousness*: an Essay in Philosophical Psychology. Cambridge: Cambridge University Press, 1998.
CATTELL, J. Mrs. Piper the medium. *Science*, 7 (1898), p.534-5.
CERULLO, J. J. *The Secularization of the Soul*. Philadelphia: Institute for the Study of Human Issues, Inc., 1992.
CHAMBERS, R. *On Testimony*: Its Posture in me Scientific World. Londres, 1859.
CHARVET, D. *Alexander*: the Man Who Knows. Pasadena, CA: Mike Caveney's Magic Words, 2004.
CHEATING mediums. *Spiritual Magazine*, 3 (1862), p.273.
CHRISTOPHER, M. *Panorama of Magic*. Nova York: Dover Publications, 1962.
CLAIRVOYANCE extraordinary. *Manchester Times and Gazette*, 11 maio 1844, p.5.
CLARK, A. *Supersizing the Mind*: Embodiment, Action and Cognitive Extension. Oxford: Oxford University Press, 2008.
COELHO, C. Constructing parapsychology: a discourse analysis of accounts of experimental parapsychologists. Unpublished doctoral thesis. University of Edinburgh, 2005.
COLEMAN, B. Letter. *The Spiritualist*, 2 (1871), p.13.
_____. Passing events. *Spiritual Magazine*, 5 (1864), p.164-70.
_____. Spiritualism in America II. *Spiritual Magazine*, 2 (1861), p.341-3.
_____. Spiritualism in America. *Spiritual Magazine*, 2 (1861), p.294.
_____. The question of cui bono answered. *Spiritual Magazine*, 2 (1861), p.142-3.
COLLINS, H. *Changing Order*: Replication and Induction in Scientific Practice. Londres: Sage, 1992.
COLLINS, H.; PINCH, T. *Frames of Meaning*: the Social Construction of Extraordinary Science. Londres: Routledge and Kegan Paul, 1982.

COLLINS, H.; PINCH, T. The construction of the paranormal: nothing unscientific is happening. In: WALLIS, R. (Org.). *On the Margins of Science*. 1979. p.237-70.

COLQUHOUN, J. C. *Reports of the Experiments on Animal Magnetism*. Edimburgo: Robert Caddell, 1833.

CONKLIN, E. S. Superstitious belief and practice among college students. *American Journal of Psychology*, 30 (1919), p.83-102.

COOK, J. *The Arts of Deception*. Cambridge, MA: Harvard University Press, 2001.

COON, D. Testing the limits of sense and science: American experimental psychologists combat spiritualism. *American Psychologist*, 47 (1992), p.143-51.

COOTER, R. *The Cultural Meaning of Popular Science*: Phrenology and the Organization of Consent in Nineteenth-Century Britain. Cambridge: Cambridge University Press, 1984.

CORMACK, R. H. Skepticism in introductory psychology texts. *Skeptical Inquirer*, 15 (1991), p.302-7.

COTTOM, D. *The Abyss of Reason: Cultural Movements, Revelations and Betrayals*. Oxford: Oxford University Press, 1991.

COUTTIE, B. *Forbidden Knowledge*: the Paranormal Paradox. Cambridge: Lutterworth Press, 1988.

COX, S. The province of psychology. In: _____. *Proceedings of the Psychological Society of Great Britain, 1875-1879*. Londres. impressão particular, 1880. p.1-37.

COX, W. E. Parapsychology and magicians. *Parapsychology Review*, 5:3 (1974), p.12-4.

CRABTREE, A. *From Mesmer to Freud*: Magnetic Sleep and the Roots of Psychological Healing. New Haven: Yale University Press, 1993.

CRAWFORD, W. J. *The Reality of Psychic Phenomena*. Londres: John M. Watkins, 1916.

CROOKES, W. *Researches in the Phenomena of Spiritualism*. Londres: J. Burns, 1874.

CROSLAND, N. *Apparitions*. Londres: Effingham Willson & Bosworth & Harrison, 1856.

CURIOUS case of assault. *Morning Chronicle*, 15 abr. 1833, p.4.

D.E.L.E. Dr. Forbes the real impostor. *Zoist*, 3 (1846), p.537-43.

DANZIGER, K. *Constructing the Subject*: Historical Origins of Psychological Research. Cambridge: Cambridge University Press, 1990.

_____. *Marking the Mind*: A History of Memory. Nova York: Cambridge University Press, 2008.

_____. *Naming the Mind*: How Psychology Found its Language. Londres: Sage Publications, 1997.

_____. Prospects of a historical psychology. *History and Philosophy of Psychology Bulletin*, 15 (2003), p.4-10.

DARNTON, R. *Mesmerism and the End of the Enlightenment in France*. Cambridge, MA: Harvard University Press, 1968.

DASTON, L. Marvelous facts and miraculous evidence in early modern Europe. *Critical Inquiry*, 18 (1991), p.93-124.

DAVIES, O. *The Haunted*: a Social History of Ghosts. Basingstoke: Palgrave Macmillan, 2007.

DAWES, E. *The Great Illusionists*. Secaucus, NJ: Chartwell Books, 1979.

DAWKINS, R. *River Out of Eden*: a Darwinian View of Life. Nova York: Basic Books, 1995.

DEAR, P. Miracles, experiments and the ordinary course of nature. *Isis*, 81 (1990), p.663-83.

DEBATE on modern spiritualism – Bradlaugh v Burns. *Medium and Daybreak*, 3 (1872), p.512-7.

DENNETT, D. Two contrasts: folk craft versus folk science, and belief versus opinion. In: GREENWOOD, J. D. (Org.). *The Future of Folk Psychology*: Intentionality and Cognitive Science, 1991. p.135-48.

DERKSEN, M. Are we not experimenting then? The rhetorical demarcation of psychology and common sense. *Theory and Psychology*, 7 (1997), p.435-56.

DINGWALL, E. J. (Org.) *Abnormal Hypnotic Phenomena*: a Survey of Nineteenth Century Cases. Nova York: Barnes and Noble, 1968.

DIXON, T. *From Passions to Emotions*: the Creation of a Secular Psychological Category. Cambridge: Cambridge University Press, 2003.

DOYLE, A. C. *The Edge of the Unknown*. Londres: John Murray, 1930.

_____. *The History of Spiritualism*. 2v. Londres: Catell and Co. Ltd, 1926.

DR. A. WOOD on electro-biology. *Monthly Journal of Medical Science*, 3 (1851), p.407-35.

DR. GULLY'S facts. *Spiritual Magazine*, 2 (1861), p.63-4.

DR. HOOKER and Wallace. *Spiritual Magazine*, 3 (1868), p.480.

DRESSLAR, F. B. Suggestions on the psychology of superstition. *American Journal of Insanity*, 67 (1910), p.213.

_____. *Superstition and Education*. Berkeley: University of California Press, 1907.

DUNNINGER, J. *The Art of Thought Reading*. Evanston, IL: Clark Publishing Company, 1962.

DURING, S. *Modern Enchantments*: the Cultural Power of Secular Magic. Cambridge, MA: Harvard University Press, 2002.

E. O. Misdirection and the miraculous. *Journal of the Society for Psychical Research*, 35 (1949), p.244-5.

E. O. The Piddingtons. *Journal of the Society for Psychical Research*, 35 (1949), p.116-9.

EDITOR'S notes. *Journal of the Society for Psychical Research*, 35 (1949), p.18.

EDITORIAL introduction. *Journal of Parapsychology*, 1 (1937), p.1-9.

EDWARDS, D. *Discourse and Cognition*. Londres: Sage, 1992.

_____.; POTTER, J. *Discursive Psychology*. Londres: Sage, 1992.

_____.; POTTER, J.; ASHMORE, M. Death and furniture: the rhetoric, polities and theology of bottom line arguments against relativism. *History of the Human Sciences*, 8 (1995), p.25-49.

ELEGANT extracts. *Spiritual Magazine*, 2 (1861), p.433-41.

ELLENBERGER, H. *The Discovery of the Unconscious*: the History and Evolution of Dynamic Psychiatry. Nova York: Basic Books, 1970.

ELLIOTSON, J. Cure of uterine disease with mesmerism, by Mr. Vernon. *Zoist*, 3 (1845), p.82-6.

EMME, E. E. Modification and origin of certain beliefs in superstition among 96 college students. *Journal of Psychology*, 10 (1940), p.279-91.

ERNST, W. Colonial psychiatry, magic and religion: the case of mesmerism in British India. *History of Psychiatry*, 15 (2004), p.57-71.

ESLER, J. A. The Piddingtons. *Magic Circular*, 43 (1948), p.253-4.

EVENINGS with Miss Nicholl. *Spiritual Magazine*, 2 (1867), p.255.

EXETER. *Phrenological Journal*, 14 (1841), p.102-3.

EXPERIMENTAL investigation of table-moving. *Athenaeum*, 2 jul. 1853, p.801-3.

EXPERIMENTS performed on Elizabeth and Jane O'Key at the house of Mr. Wakley, Bedford Square in August 1838. *Lancet*, 36 (1841), p.694-9.

EXTRACTION of teeth in the mesmeric state. *Zoist*, 3 (1845), p.214-6.

EXTRAORDINARY uproar: lecture on mesmerism. *Northern Star and Leeds Advertiser*, 13 jan. 1844, p.2.

FALK, R. On coincidences. *Skeptical Inquirer*, 6:2 (1981), p.18-31.

FARTHER facts by Dr. Blank. *Spiritual Magazine*, 1 (1860), p.342.

FERRIAR, J. *An Essay Towards a Theory of Apparitions*. Londres: Cadell and Davies, 1813.

FLOURENS, P. *Phrenology Examined*. Philadelphia: Hogan and Thompson, 1846.

FONTES DA COSTA, P. The making of extraordinary facts: authentication of singularities of nature at the Royal Society of London in the first half of the eighteenth century. *Studies of History and Philosophy of Science*, 33 (2002), p.265-88.

FORBES, J. *Illustrations of Modern Mesmerism from Personal Investigation*. Londres: John Churchill, 1845.

FORBES, J. Notes of a few more trials with the mesmerists in a second search for clairvoyance. *Medical Gazette*, 35 (1845), p.486-95.

_____. Notes of yet another trial with the mesmerists. *Medical Gazette*, 35 (1845), p.669-75.

FRAZIER, K. CSICOP's London conference: musings, thoughts and themes. *Skeptical Inquirer*, 10:2 (1986), p.100.

_____. From psychics and ESP beliefs to UFOs and quacks: highlights of CSICOP's first international conference. *Skeptical Inquirer*, 8 (1984), p.194-202.

_____. *Paranormal Borderlands of Science*. Buffalo, NY: Prometheus, 1981.

_____. Scientific facts and fictions: on the trail of paranormal beliefs at CSICOP "84". *Skeptical Inquirer*, 9 (1985), p.197-201.

_____. Something for everyone at world skeptics congress. 20:5 (1996), p.5.

FRENCH, C. et al. Belief in astrology: a test of the Barnum effect. *Skeptical Inquirer*, 15 (1991), p.166-72.

FROST, T. *The Lives of the Conjurors*. Londres: Tinsley Brothers, 1876.

FULLER, U. *Confessions of a Psychic*. Teaneck, NJ: Karl Fulves, 1975.

GARDNER, M. Science and parapsychology. *Skeptical Inquirer*, 4:3 (1980), p.60-3.

GAULD, A. *A History of Hypnotism*. Cambridge: Cambridge University Press, 1995.

_____. *The Founders of Psychical Research*. Londres: Routledge and Kegan Paul, 1968.

GENONI, T. Exploring mind, memory and the psychology of belief. *Skeptical Inquirer*, 19:1 (1995), p.10-3.

GERGEN, K. Social psychology as history. *Journal of Personality and Social Psychology*, 26 (1973), p.309-20.

GIERYN, T. Boundary-work and the demarcation of science from non-science: strains and interests in professional ideologies of scientists. *American Sociological Review*, 48 (1983), p.781-95.

GILBERT, N.; MULKAY, M. *Opening Pandora's Box*: a Sociological Analysis of Scientists' Discourse. Cambridge: Cambridge University Press, 1984.

GILLILAND, A. R. A study of the superstitions of college students. *Journal of Abnormal and Social Psychology*, 24 (1930), p.472-9.

GILOVICH, T. *How We Know What Isn't So*: the Fallibility of Human Reason in Everyday Life. Nova York: Free Press, 1991.

_____.; SAVITSKY, K. Like goes with like: the role of representativeness in erroneous and pseudoscientific beliefs. *Skeptical Inquirer*, 20:2 (1996), p.34-40.

GODFREY, N. S. *Table-moving Tested, and Proved to Be the Result of Satanic Agency*. Londres: 1853.

GOFFMAN, E. *Frame Analysis*: an Essay on the Organization of Experience. Nova York: Harper Row, 1974.

GOODALL, J. *Performance and Evolution in the Age of Darwin*: Out of the Natural

GORDON, Mrs. M. M. *The Home Life of Sir David Brewster*. Edimburgo: Edmonston and Douglas, 1870.

GOULDING, A.; PARKER, A. Finding psi in the paranormal: psychometric measures used in research on paranormal beliefs/experiences and in research on psi-ability. *European Journal of Parapsychology*, 16 (2001), p.73-101.

GRAUMANN, C. F.; GERGEN, K. *Historical Dimensions of Psychological Discourse*. Cambridge: Cambridge University Press, 1996.

GRAY, T. University course reduces belief in paranormal. *Skeptical Inquirer*, 8:3 (1984), p.247-51.

GREENWICH lecture hall, recorte de jornal, 2 fev. 1844. (Purland Papers.)

GREGORY, W. *Letters to a Candid Enquire on Animal Magnetism*. Londres: Taylor, Walton and Maberly, 1851.

GUPPY, S. Letter. *The Spiritualist*, 1 (1871), p.222.

HACKING, I. Making up people. In: HELLER, T. C.; SOSNA, M.; WELLBERY, D. E. (Orgs.). *Reconstructing Individualism*: Autonomy, Individuality and the Self in Western Thought. Stanford: Stanford University Press, 1986. p.222-36.

_____. *Rewriting the Soul*: Multiple Personality and the Sciences of Memory. Princeton: Princeton University Press, 1995.

HACKING, I. The looping effects of human kinds. In: SPERBER, D.; PREMACK, D.; PREMACK, A. (Orgs.). *Causal Cognition*: a Multidisciplinary Debate. Oxford: Clarendon Press, 1995. p.351-94.

HALL, S. C. *The Use of Spiritualism*. Londres: E. W. Allen, 1884.

HANKINS, T.; SILVERMAN, R. *Instruments and the Imagination*. Princeton: Princeton University Press, 1995.

HANSEL, C. E. M. *ESP*: A Critical Re-evaluation. Buffalo: Prometheus Books, 1980.

_____. *ESP*: A Scientific Evaluation. Londres: MacGibbon and Kee Ltd, 1966.

HANSEN, G. P. CSICOP and skepticism: an emerging social movement. *Proceedings of the Parapsychological Association*, 1987, p.318-31.

_____. Magicians who endorsed psychic phenomena. *Linking Ring*, 70:8 (1990), p.65, p.109.

_____. *The Trickster and the Paranormal*. Nova York: Xlibris, 2001.

HARRE, R.; GILLETT, G. *The Discursive Mind*. Thousand Oaks, CA: Sage Publications Inc., 1994.

HARRIS, P. *The Art of Astonishment*: Pieces of Strange to Unleash the Moment. Book I. Sacramento, CA: A-1 Multimedia.

HEARNSHAW, L. S. *A Short History of British Psychology, 1840-1940*. Londres: Methuen & Co. Ltd, 1964.

HERGOVICH, A. The effect of pseudo-psychic demonstrations as dependent on belief in paranormal phenomena and suggestibility. *Personality and Individual Differences*, 36 (2004), p.365-80.

HERTFORD winter assizes. *Jackson's Oxford Journal*, 3 dez. 1831.

HESS, D. J. *Science in the New Age*: the Paranormal, its Defenders and Debunkers, and American Culture. Madison: University of Wisconsin Press, 1993.

HIBBERT, S. *Sketches of the Philosophy of Apparitions*. Edimburgo: Oliver & Boyd, 1825.

HILL, A. *Paranormal Media*: Audiences, Spirits and Magic in Popular Culture. Abingdon: Routledge, 2011.

HOLMES, G. Case of cross-mesmerism. *People's Phrenological Journal*, 2 (1844), p.138-40.

HOME, D. D. *Incidents in My Life*. Secaucus, NJ: University Books, 1972. (Originalmente publicado em 1863.)

HOME, Mme. D. D. *Home: His Life and Mission*. Londres: Kegan Paul, Trench, Trubner, 1921.

HONESTAS. Letter. *Spiritual Magazine*, 2 (1868), p.216-9.

HOPKINS, A. *Magic: Stage Illusions and Scientific Diversions, Including Trick Photography*. Nova York: Munn & Co., 1898.

HORTON, S. Were they having fun yet? Victorian optical gadgetry, modernist selves. In: CHRIST, C.; JORDAN, J. (Orgs.). *Victorian Literature and the Visual Imagination*. Berkeley: University of California Press, 1995.

HOUDINI, H. *The Unmasking of Robert-Houdin*. Nova York. Publishers Printing Co., 1908.

HOWITT, W. Correspondence. *Spiritual Magazine*, 3 (1862), p.43.

_____. Darkness as an element of power in the divine economy? *Spiritual Magazine*, 6 (1865), p.340.

HUTCHISON, J. Important testimony to the facts. *Spiritual Magazine*, 1 (1861), p.89-90.

HYMAN, R. A critical historical overview of parapsychology. In: KURTZ, P. *A Skeptic's Handbook of Parapsychology*, p.3-96.

_____. The Geller papers. *Zetetic*, 1 (1976), p.73-80.

_____. The psychology of the psychic. *Skeptical Inquirer*, 5:2 (1980), p.60-3.

HYTCHE, E. The impostors who are exhibited in public by the professors of mesmerism. *Lancet*, 43 (1844), p.576-7.

ILLUSIONS and hallucinations. *British Quarterly Review*, 36 (1862), p.387-418.

ILLUSTRATIONS of modern mesmerism from personal investigations, by John Forbes. *British and Foreign Medical Review*, 20 (1846), p.277-8.

ILLUSTRATIONS of modern mesmerism. *British and Foreign Medical Review*, 19 (1845), p.277-8.

INCIDENTS in my life. *Times*, 9 abr. 1863, p.4-5.

INTELLIGENCE. *Phrenological Journal*, 14 (1841), p.197-8, 287, 290.

_____. *Phrenological Journal*, 17 (1844), p.307.

INVESTIGATING the paranormal. *Nature*, 251 (1974), p.559-60.

IRWIN, H. Belief in the paranormal: a review of the empirical literature. *Journal of the American Society for Psychical Research*, 87 (1993), p.1-39.

_____. On paranormal disbelief: the psychology of the sceptic. In: ZOLLSCHAN, G.; SCHUMAKER, J.; WALSH, G. (Orgs.). *Exploring the Paranormal*: Perspectives on Belief and Experience. Bridport: Prism Press, 1989. p.306-12.

_____. *The Psychology of Paranormal Belief*. Hatfield: University of Hertfordshire, 2009.

IRWIN, H.; WATT. C. *An Introduction to Parapsychology*. Jefferson, NC: McFarland, 2007.

J. J. S. Letter. *Spiritual Magazine*, 1 (1860), p.233.

J. Letter. *Morning Advertiser*, 23 out. 1855, p.3.

J. Letter. *Morning Advertiser*, 27 out. 1855, p.5.

JAMES, W. Address by the president before the Society of Psychical Research. *Proceedings of the Society for Psychical Research*, 12 (1896), p.2-10.

_____. Lehmann and Hansen on the telepathic problem. *Science*, 8 (1898), p.956.

_____. Messrs Lehmann and Hansen on telepathy. *Science*, 9 (1899), p.654-5.

_____. *Principles of Psychology*. 2v. Nova York: Henry Holt, 1890.

_____. Psychical research. *Proceedings of the Psychological Society of Great Britain, 1875-1879*. Londres: impressão particular, 1880. p.650.

_____. Mrs. Piper the medium. *Science*, 7 (1898), p.640-1.

JASTROW, J. Studies in spiritism. *American Journal of Psychology*, 22 (1911), p.122-4.

_____. The case of Lombroso. *Dial*, 47 (1909), p.284-6.

JASTROW, J. The case of Paladino. *American Monthly Review of Reviews*, 42 (1910), p.74-84.

———. The psychology of spiritualism. *Popular Science Monthly*, 34 (1889), p.721-33.

———. The psychology of spiritualism. *Science*, 8 (1886), p.567-8.

JAY, R. *Learned Pigs and Fireproof Women*. Nova York: Villard Books, 1987.

JONES, J. An evening with Mr. Home. *Spiritual Magazine*, 2 (1861), p.68-70.

———. CSICOP's international conference in London: investigation and belief, past lives and prizes. *Skeptical Inquirer*, 10:2 (1986), p.98-104.

JONES, W.; RUSSELL, D.; NICKEL, T. Belief in the paranormal scale: an objective instrument to measure belief in magical phenomena and causes. *Journal Supplement Abstract Service, Catalog of Selected Documents in Psychology*, 7, 100 (MS 1577), 1977.

JUGGLING, wizarding, and similar phenomena. *Family Herald*, 13 (1855), p.349-50.

KAUFMAN, M. H. Phrenology – confrontation between Gordon and Spurzheim – 1816. *Proceedings of the Royal College of Physicians of Edinburgh*, 29 (1999), p.159-70.

KENNEDY, J. E. Why is psi so elusive? A review and proposed model. *Journal of Parapsychology*, 65 (2001), p.219-46.

KORAN, A. *Bring Out the Magic in Your Mind*. Preston: A. Thomas & Co., 1964.

KOREM, D.; MEIER, P. *The Fakers*. Old Tappan, NJ: Fleming H. Revell CO., 1980.

KURTZ, P. (Org.). *A Skeptic's Handbook of Parapsychology*. Buffalo, NY: Prometheus Press, 1985.

———. A quarter century of skeptical inquiry. *Skeptical Inquirer*, 25:4 (2001), p.42-7.

———. CSICOP at twenty. *Skeptical Inquirer*, 20:4 (1996), p.5-8.

KUSCH, M. *Psychological Knowledge*: a Social History and Philosophy. Londres: Routledge, 1999.

LAMONT, P. Critically thinking about paranormal belief. In: DELTA SALA, S. (Org.). *Tall Tales about the Mind and Brain*. Oxford University Press, 2007. p.23-35.

_____. Debunking and the psychology of error: a historical analysis of psychological matters. *Qualitative Research in Psychology*, 7 (2010), p.34-44.

_____. Discourse analysis as method in the history of psychology. *History and Philosophy of Psychology*, 9:2 (2007), p.34-44.

_____. How convincing is the evidence for D. D. Home? *Proceedings of the Parapsychological Association International Conference*, 1999, p.166-79.

_____. *Magic and Miracles in Victorian Britain*. Tese de Ph.D. não publicada, University of Edinburgh.

_____. Magic and the willing suspension of disbelief. In: ALLEN, J.; O'REILLY, S. (Orgs.). *Magic Show*. Londres: Southbank Centre/Hayward Publishing, 2010. p.30-1.

_____. Magician as conjuror: a frame analysis of Victorian mediums. *Early Popular Visual Culture*, 4 (2006), p.131-42.

_____. Paranormal belief and the avowal of prior scepticism. *Theory and Psychology*, 17 (2007), p.681-96.

_____. Reflexivity, the role of history, and the case mesmerism in early Victorian Britain. *History of Psychology*, 13 (2010), p.393-408.

_____. Spiritualism and a mid-Victorian crisis of evidence. *Historical Journal*, 47 (2004), p.897-920.

_____. *The First Psychic*: the Peculiar Mystery of a Notorious Victorian Wizard. Londres: Little Brown, 2005.

_____. The making of extraordinary psychological phenomena. *Journal of the History of the Behavioural Sciences*, 18:1 (2012), p.1-15.

LAMONT, P.; COELHO, C.; MCKINLAY, A. Explaining the unexplained: warranting disbelief in the paranormal. *Discourse Studies*, 11:5 (2009), p.543, 559.

LAMONT, P.; MURPHY, M. The origins of the first psychic and other misrepresentations. *Journal of the Society for Psychical Research*, 70 (2006), p.176-80.

LAMONT, P.; WISEMAN, R. *Magic in Theory*: an Introduction to the Theoretical and Psychological Elements of Conjuring. Hatfield: University of Hertfordshire Press, 1999.

LAWRENCE, T. R. Gathering in the sheep and goats: a meta-analysis of forced-choice sheep-goat ESP studies, 1947-1993. *Proceedings of the Parapsychological Association 36th Annual Convention*, 1993, p.75-86.

_____. How many factors of paranormal belief are there? A critique of the Paranormal belief scale. *Journal of Parapsychology*, 59 (1995), p.3-25.

_____. Moving on from the Paranormal Belief Scale: a final reply to Tobacyk. *Journal of Parapsychology*, 59 (1995), p.131-40.

LEAHEY, T. H.; LEAHEY, G. E. *Psychology's Occult Doubles*: Psychology and the Problem of Pseudo-science. Chicago: Nelson Hall, 1984.

LEARY, D. E. (Org.). *Metaphors in the History of Psychology*. Cambridge: Cambridge University Press, 1994.

LECTURE hall, Greenwich, cartaz de divulgação da palestra de Vernon, 4 jan. 1844. (Purland Papers.)

LECTURE on mesmerism, recorte de jornal, 27 dez. 1842. (Purland Papers.)

LECTURE on mesmerism, recorte de jornal, *Kentish Mercury* (?), c. mar. 1845. (Purland Papers.)

LECTURE on mesmerism. *People's Phrenological Journal*, 2 (1844), p.172.

LECTURE on mesmerism: extraordinary uproar and disgraceful attack on one of the patients. *Morning Herald*, 5 jan. 1844.

LECTURES on mesmerism, recorte de jornal, mar. 1843. (Purland Papers.)

LECTURES on mesmerism, recorte, *Maidstone Journal and Kentish Advertiser*, 3 jan. 1843. (Purland Papers.)

LEE, E. *Animal Magnetism and Magnetic Lucid Somnambulism*. Londres: Longmans, Green and Co., 1866.

LESTER, G. Why bad beliefs don't die. *Skeptical Inquirer*, 24:6 (2000), p.40-3.

LETTER from the late Prof. Gregory. *Spiritual Magazine*, 6 (1865), p.451-3.

LETTER. *Human Nature*, 4 (1870), p.133.

LEWES, G. H. Seeing is believing. *Blackwood's Edinburgh Magazine*, 88 (1860), p.381-95.

LITERARY institution, recorte de jornal, mar. 1845. (Purland Papers.)

LOFTUS, E. Remembering dangerously. *Skeptical Inquirer*, 19:2 (1995), p.20-9.

LOMBROSO, C. *After Death – What?* Boston: Small, Maynard & Company, 1909.

LONDON November 28. *Newcastle Courant*, 3 dez. 1831.

LUCKHURST, R. *The Invention of Telepathy*. Oxford: Oxford University Press, 2001.

LYON v Home. *Spiritual Magazine*, 3 (1868), p.241-81.

MACKAY, C. *Memoirs of Extraordinary Popular Delusions*. Londres: Richard Bendey, 1841.

MACMILLAN, K.; EDWARDS, D. Who killed the princess? Description and blame in the British press. *Discourse Studies*, 1 (1999), p.151-71.

MAGENDIE, F. *An Elementary Treatise on Human Physiology*. Trad. John Revere. Nova York: Harper and Brothers, 1855.

MAGIC, Pretended Miracles. Londres: Religious Tract Society, 1848.

MAGICIAN of the south. *Bristol Mercury*, 22 mar. 1845.

MANGAN, M. *Performing Dark Arts*: a Cultural History of Conjuring. Bristol: Intellect Books, 2007.

MANIFESTATIONS in England. *Spiritual Herald*, 1 (1856), p.43-5.

MARGOLIS, J. *Uri Geller*: Magician or Mystic? Londres: Orion, 1998.

MARION, F. *In My Mind's Eye*. With a Foreword by R. H. Thouless, MA, Ph.D., University Reader in Educational Psychology, Cambridge, and B. P. Weisner, DSc, PhD. Londres: Rider and Co., 1949.

MARKS, D. Remote viewing revisited. *Skeptical Inquirer*, 6:4 (1982), p.18-29.

MARKS, D.; KAMMAN, R. The non-psychic powers of Uri Geller. *Zetetic*, 1 (1977), p.9-17.

_____; _____. *The Psychology of the Psychic*. Buffalo, NY: Prometheus Books, 1980.

MARSHALL, M.; WENDT, R. Wilhelm Wundt, spiritism and the assumptions of science. In: BRINGMANN, W. G.; TWENEY, R. D. (Orgs.). *Wundt Studies*: a Centennial Collection. Toronto: C. J. Hogrefe Inc., 1980. p.158-75.

MARWICK, B. The Soal-Goldney experiments with Basil Shackleton: new evidence of data manipulation. *Proceedings of the Society for Psychical Research*, 56 (1978), p.250-77.

MAURICE Fogel. *Journal of the Society for Psychical Research*, 34 (1947), p.86-7.

MAUSKOPF, S.; MCVAUGH, M. *The Elusive Science*: Origins of Experimental PSYCHICAL Research. Baltimore: John Hopkins University Press, 1980.

MAVEN, M. I'll build a stairway to a paradox. *Magic*, 5:2 (1995), p.23.

MCCORRISTINE, S. *Spectres of the Self*: Thinking about Ghosts and Ghost-seeing in England, 1750-1920. Cambridge: Cambridge University Press, 2010.

MCDOUGALL, W. Psychical research as a university study. In: MURCHISON, C. (Org.). *The Case For and Against Psychical Belief*. Worcester: Clark University, 1927. p.149-62.

MCLENON, J. *Deviant Science*: the Case of Parapsychology. Philadelphia: University of Pennsylvania Press, 1984.

MEDERN spiritualism. *Quarterly Review*, 114 (1863), p.179-210.

MESMERIC case at Deptford. *People's Phrenological Journal*, 2 (1844), p.137-8.

MESMERIC intelligence. *People's Phrenological Journal*, 2 (1844), p.183-5.
MESMERISM – clairvoyance. *Bulletin of Medical Science*, 3 (1845), p.389-90.
MESMERISM and its opponents. *Medico-Chirurgical Review and Journal of Practical Medicine*, 41, 1844, p.142-3.
MESMERISM, anúncio. *Glasgow Herald*, 31 maio 1844.
MESMERISM, recorte de jornal, nov. 1843. (Purland Papers.)
MESMERISM, recorte de jornal, 30 mar. 1843. (Purland Papers.)
MESMERISM, recorte de jornal, maio 1843. (Purland Papers.)
MESMERISM, recorte de jornal. *Kentish Mercury*, 30 jan. 1844. (Purland Papers.)
MESMERISM. *Kentish Independent*, 10 fev. 1844. (Purland Papers.)
MODERN necromancy. *North British Review*, 34 (1861), p.110-41.
MOORE, R. *In Search of White Crows*. Nova York: Oxford University Press, 1977.
MORRIS, R. L. What psi is not: the necessity for experiments. In: EDGE, H. et al. (Orgs.). *Foundations of Parapsychology*. Londres: Routledge and Kegan Paul, 1986. p.70-110.
MORRIS, S. Believing in ESP: effects of dehoaxing. *Skeptical Inquirer*, 4:3 (1980), p.18-31.
MORUS, L. Seeing and believing science. *Isis*, 97 (2006), p.101-10.
MR. BRAID at the Royal Institution. *Manchester Times and Gazette*, 27 abr. 1844, p.6.
MR. C. Foster – the medium from America. *Spiritual Magazine*, 3 (1862), p.45-8.
MR. C. H. Foster. *Spiritual Magazine*, 3 (1862), p.37-45.
MR. HOME and the critics. *Spiritual Magazine*, 4 (1863), p.215-9.
MR. PURLAND'S letter. *Forceps*, 13 jul. 1844. (Purland Papers.)
MR. S. C. Hall and Mr. Foster. *Spiritual Magazine*, 3 (1862), p.89-92.
MR. SOTHERN and the Miracle Circle. *Spiritual Magazine*, 1 (1866), p.44.

MUNSTERBERG, H. My friends the spiritualists: some theories and conclusions concerning Eusapio Palladino. *Metropolitan*, 31 (1910), p.559-72.

_____. *Psychology and Social Sanity*. Nova York: Doubleday, Page and Co., 1914, p.146-80.

MYSTERIOUS Lady. *Era*, 30 mar. 1845, p.3.

_____. *Morning Chronicle*, 12 mar. 1845, p.1.

NARDI, P. Toward a social psychology of entertainment magic. *Symbolic Interaction*, 7 (1984), p.25-42.

NEHER, A. Parapsychology: science or magic? *Skeptical Inquirer*, 6:4 (1982), p.54-6.

NENADIC, S. Illegitimacy, insolvency and insanity: Wilkie Collins and the Victorian nightmares. In: MARWICK, A. (Org.). *The Arts, Literature, and Society*. Londres: Routledge, 1990. p.133-62.

NEWBERG, A.; Waldman, M. R. *Why We Believe What We Believe*. Nova York: Free Press, 2006.

NICHOLS, T. L. *A Biography of the Brothers Davenport*. Londres: Saunders, Otley and Co., 1864.

_____. *Supra-mundane Facts in the Life of Rev. Jesse Babcock Ferguson*. Londres: F. Pitman, 1865.

NIXON, H. K. Popular answers to some psychological questions. *American Journal of Psychology*, 36 (1925), p.418-23.

NOAKES, R. Spiritualism, science and the supernatural in mid--Victorian Britain. In: BOUN, N.; BURDETT, C.; THURSCHWELL, P. (Orgs.). *The Victorian Supernatural*. Cambridge: Cambridge University Press, 2004. p.23-43.

NOAKES, R. Telegraphy is an occult art: Cromwell Varley and the diffusion of electricity to the otherworld. *British Journal for the History of Science*, 32, 1999, p.421-59.

_____. The bridge which is between physical and psychical research: William Fletcher Barrett, sensitive flames and spiritualism. *History of Science*, 42 (2004), p.419-64.

NOAKES, R. The world of the infinitely little: connecting physical and psychical realities in Britain c. 1900. *Studies in the History and Philosophy of Science*, 39 (2008), p.323-33.

NORRIS, C. *Against Relativism*: Philosophy of Science, Deconstruction and Critical Theory. Oxford: Blackwell, 1997.

ON FORCE, its mental and moral correlates. *Athenaeum*, 2 fev. 1867, p.150.

OPPENHEIM, J. *The Other World*: Spiritualism and Psychical Research in England, 1850-1914. Cambridge: Cambridge University Press, 1988.

Order. Londres: Routledge, 2002.

ORTIZ, D. *Strong Magic*: Creative Showmanship for the Close-up Magician. Silver Spring, MD: Kaufman and Greenberg, 1994.

OTIS, L.; ALCOCK, J. Factors affecting extraordinary belief. *Journal of Social Psychology*, 118 (1982), p.77-85.

OWEN, A. *The Darkened Room*: Women, Power and Spiritualism in Late Victorian England. Londres: Virago Press, 1989.

_____. *The Place of Enchantment: British Occultism and the Culture of the Modern*. Chicago: University of Chicago Press, 2004.

PADGETT, V.; SINGER, B.; BENASSI, V. Belief in ESP among psychologists. *Skeptical Inquirer*, 5:1 (1980), p.47-8.

PAID mediums versus ministers, *Medium and Daybreak*, 2 (1871), p.139.

PANATI, C. (Org.). *The Geller Papers*. Boston: Houghton Mifflin, 1976.

PARIS, J. A. *Philosophy in Sport Made Science in Earnest*. Londres: John Murray, 1853.

PARSINNEN, T. Mesmeric performers. *Victorian Studies*, 21 (1977), p.87-104.

PEARS, F. Letter. *Spiritual Magazine*, 1 (1860), p.84-6.

PERSINGER, M. A.; RICHARDS, P. Tobacyk's paranormal belief scale and temporal lobe signs: sex differences in the experience of ego-alien intrusions. *Perceptual and Motor Skills*, 73 (1991), p.1151-6.

PETIT, M. The new woman as "tied-up dog": Amy Tanner's situated knowledges. *History of Psychology*, 11 (2008), p.145-63.

PHILIPS, H. Paranormal beliefs linked to brain chemistry. *New Scientist*, 2353 (2002), p.17.

PINCH, T. Normal explanations of the paranormal: the demarcation problem and fraud in parapsychology. *Social Studies of Science*, 9 (1979), p.329-48.

PINCH, T.; COLLINS, H. Private science and public knowledge: the Committee for the Scientific Investigation of the [sic] Claims of the Paranormal. *Social Studies of Science*, 14 (1984), p.521-46.

PLUG, C. The psychology of superstition: a review. *Psychologia Africana*, 16 (1976), p.93-115.

PODMORE, F. *Mesmerism and Christian Science*: a Short History of Mental Healing. Philadelphia: G. W. Jacobs, 1909.

_____. *Modern Spiritualism*: A History and a Criticism. 2v. Londres: Methuen, 1902.

POPULAR scientific errors. *Yorkshire Spiritual Telegraph*, 1 (1856), p.169.

POTTER, J. *Representing Reality*: Discourse, Rhetoric and Social Construction. Londres: Sage Publications, 1996.

POTTER, J.; WETHERELL, M. *Discourse and Social Psychology*. Londres: Sage Publications, 1987.

POWELL'S spiritualism, its facts and phases. *Athenaeum*, 23 abr. 1864, p.576.

PRATT, J. Doctor Walford Bodie – the most remarkable man on earth. *Call Boy*, 27 (1990), p.3.

PRATT, J. G. et al. *A. Extra-Sensory Perception after Sixty Years*. Nova York: Henry Holt, 1940.

PRICE, G. R. Apology to Rhine and Soal. *Science*, 175 (1972), p.359.

_____. Science and the supernatural. *Science*, 122 (1955), p.359-67.

PRICE, H. *Confessions of a Ghost-Hunter*. Londres: Putnam, 1936.

_____. *Fifty Years of Psychical Research*. Londres: Longman, Green and Co., 1939.

PRICE, H.; DINGWALL, E. *Revelations of a Spirit Medium*. Londres: Kegan Paul, Trench, Trubner & Co. Ltd, 1922.

PRINCE, M. F. *The Enchanted Boundary*: Being a Survey of Negative Reactions to Claims of Psychic Phenomena. Boston: Boston Society for Psychic Research, 1930.

PRITCHARD, J. *A Treatise on Insanity and Other Disorders Affecting the Mind*. Philadelphia: E. L. Carey & A. Hart, 1837.

PROCEEDINGS of the Psychological Society of Great Britain, 1875-1879. Londres: impressão particular, 1880.

PROF. PEPPER on spiritualism. *Spiritualist*, 2 (1872), p.29.

PROFESSOR GREGORY on Spiritualism. *British Spiritual Telegraph*, 1 (1857), p.9.

PSYCHOLOGICAL literature. *American Journal of Psychology*, 1 (1887), p.128-46.

PUBLIC medical challenge, cartaz de divulgação da palestra de Vernon (s.d.). (Purland Papers.)

PUNCH cartoon of the spirit hand. *Spiritual Magazine*, 1 (1860), p.241-5.

PURLAND, T. Mesmerism. *Kentish Mercury*, 30 jan. 1844. (Purland Papers.)

QUINN, S. O. How Southern New England became magnetic north: the acceptance of animal magnetism. *History of Psychology*, 10 (2007), p.231-48.

RANDI, J. *The Magic of Uri Geller*. Nova York: Ballantine Books, 1975.

_____. The role of conjurers in psi research. In: Kurtz, P. *A Skeptic's Handbook of Parapsychology*, p.339-50.

_____. *The Supernatural A-Z*. Londres: Headline Book Publishing, 1995.

RANSOM, C. Recent criticisms of parapsychology. *Journal of the American Society of Psychical Research*, 65 (1971), p.289-307.

RAUSCHER, W. *The Mind Readers*: Masters of Deception. Woodbury, NJ: Mystic Light Press, 2002.

REED, G. The psychology of channeling. *Skeptical Inquirer*, 13 (1989), p.385-90.

REPORT on Spiritualism of the Committee of the London Dialectical Society. Londres: J. Burns, 1873.

REPORT on Spiritualism. *Athenaeum*, 28 out. 1871, p.556-8.

RHINE, J. B. A new case of experimenter unreliability. *Journal of Parapsychology*, 38 (1974), p.215-25.

_____. *Extra-Sensory Perception*. Boston: Bruce Humphries, 1934.

_____. *New Frontiers of the Mind*. Nova York: Farrar and Rhinehart, 1937.

_____. Note on Professor Thouless's review of Extra-sensory Perception. *Proceedings of the Society for Psychical Research*, 43 (1935), p.542-4.

RICHARDS, G. Edward Cox, the Psychological Society of Great Britain (1875-1879) and the meanings of an institutional failure. In: BUNN, G.; LOVIE, A.; RICHARDS, G. (Orgs.). *Psychology in Britain*, p.33-53.

_____. *Mental Machinery*: the Origins and Consequences of Psychological Ideas. Part 1, 1600-1850. Londres: Athlone Press, 1992.

_____. *On Psychological Language and the Basis of Human Nature*. Londres: Routledge, 1989.

_____. *Putting Psychology in its Place*: a Critical Historical Overview. Londres: Routledge, 2002.

RING out the old, ring in the new. *Spiritual Magazine*, 3 (1868), p.1-4.

RINN, J. *Searchlight on Psychical Research*. Londres: Rider and Company, 1954.

ROBERT-HOUDIN, J. E. *Secrets of Conjuring and Magic*. Trad., ed. e notas do Professor Hoffmann. Londres: George Routledge and Sons, 1900.

ROGO, D. S. J. B. Rhine and the Levy scandal. In: KURTZ, P. *A Skeptic's Handbook of Parapsychology*, p.313-26.

ROMANES, G. Thought-reading. *Nature*, 24 (1881), p.171-2.

RYMER, J. S. *Spirit Manifestations*. Londres, 1857.

S. HVPNOTISM, or Mr. Braid's mesmerism. *Medical Times*, 10 (1844), p.95.

SAGAN, C. *Broca's Brain*: Reflections on the Romance of Science. Nova York: Random House, 1979.

SALER, M. Modernity and enchantment: a historiographic review. *American Historical Review*, 111 (2006), p.692-716.

SANDBY, G. *Mesmerism and its Opponents with a Narrative of Cases*. Londres: Longman, Brown, Green and Longman's, 1844.

SAWYER, T. A. *S. S. Baldwin and the Press*. Santa Ana, CA: 1993.

SCHEIDT, R. J. Belief in supernatural phenomena and locus of control. *Psychological Reports*, 32 (1973), p.1159-62.

SCHMEIDLER, G.; MCCONNELI, R. *ESP and Personality Patterns*. New Haven: Yale University Press, 1958.

SCHMEIDLER, G.; MURPHY, G. The influence of belief and disbelief in ESP. *Journal of Experimental Psychology*, 36 (1946), p.271-6.

SCHMIT, D. Re-visioning antebellum American Psychology: the dissemination of mesmerism, 1836-1854. *History of Psychology*, 8 (2005), p.403-4.

SEDGWICK, W. T.; TYLER, H. W. *A Short History of Science*. Londres: Macmillan and Co., 1917.

SERJEANTSON, R. W. Testimony and proof in early modem England. *Studies in History and Philosophy of Science*, 30 (1999), p.195-235.

SEYBERT Commission, *Preliminary Report of the Commission Appointed by the University of Pennsylvania to Investigate Modern Spiritualism in Accordance with the Request of the Late Henry Seybert*. Philadelphia: J. B. Lippincott Company, 1920 (originalmente publicado em 1887).

SHAPIN, S. *A Social History of Truth*: Civility and Science in Seventeenth Century England. Chicago: Chicago University Press, 1994.

_____. The politics of observation: cerebral anatomy and social interests in the Edinburgh phrenology disputes. In: WALLIS (Org.). *On the Margins of Science*, p.139-78.

SHERMER, M. *The Believing Brain*. Nova York: Times Books, 2011.

_____. *Why People Believe Weird Things*: Pseudo-Science, Superstition and Other Confusions of Our Time. Nova York: W. H. Freeman, 1997.

SHORTER, T. Spiritualism and the laws of nature. *British Spiritual Telegraph*, 2 (1858), p.104.

SIDGWICK, H. President's address. *Proceedings of the Society for Psychical Research*, 1 (1882), p.7-12.

SINGER, B.; BENASSI, V. Fooling some of the people all of the time, *Skeptical Inquirer*, 5:2 (1980), p.17-24.

SINGH, S. *Spectacular psychology or silly psycho-babble?* Recuperado em 10 set. 2012 de: http://simonsingh.net/media/articles/maths-and-science/spectacular-psychology-or-silly-psycho-babble/. 2003.

SIR CHARLES Isham on spiritualism. *Spiritual Herald*, 1 (1856), p.15-17.

SIR JOHN Forbes. *Medical Times and Gazette*, 2 (1861), p.506.

SIR WILLIAM a Beckett the judge. *Spiritual Magazine*, 4 (1863), p.352-6.

SMETHURST, T. Mesmerism unmasked. *Medical Times*, 9 (1843), p.145-7.

SMITH, R. *Being Human*: Historical Knowledge and the Creation of Human Nature. Nova York: Columbia University Press, 2007.

_____. *The Fontana History of the Human Sciences*. Londres: Fontana, 1997.

_____. The history of psychological categories. *Studies in the History and Philosophy of Biological and Biomedical Sciences*, 36 (2005), p.55-64.

SOAL, S. G. Experiments on Frederick Marion. *Journal of the Society for Psychical Research*, 35 (1950), p.251-2.

_____. In my mind's eye. By Frederick Marion. *Journal of the Society for Psychical Research*, 35 (1950), p.187-95.

_____. *Preliminary Studies of a Vaudeville Telepathist*. Londres: University of London Council for Psychical Investigation, 1937.

_____. Some aspects of extrasensory perception. *Proceedings of the Society for Psychical Research*, 49 (1952), p.131-54.

SOAL, S. G.; BATEMAN, F. *Modern Experiments in Telepathy*. Londres: Faber and Faber Limited, 1954.

SPANOS, N. Past-life regression: a critical review. *Skeptical Inquirer*, 12 (1987), p.174-80.
SPICER, H. *Facts and Fantasies*: a Sequel to Sights and Sounds. Londres: T. Bosworth, 1853.
SPIRIT conjuring. *Punch*, 25 ago. 1860, p.73.
SPIRIT-rapping. *Literary Gazette*, 8 set. 1860, p.180-1.
SPIRITS and spirit rapping. *Westminster Review*, 13 (1858), p.29-66.
SPIRITUAL manifestations – experiences of Hiram Powers – the sculptor. *Spiritual Magazine*, 5 (1870), p.20-2.
SPIRITUALISM and the age we live in. *Athenaeum*, 11 fev. 1860, p.201-2.
SPIRITUALISM at Brighton – the Davenports' double. *Spiritual Magazine*, 6 (1865), p.127.
SPIRITUALISM in Norwood. *Spiritual Magazine*, 4 (1869), p.336.
SPIRITUALISM, as related to Religion and Science. *Fraser's Magazine*, 71 (1865), p.22-42.
SPIRITUALISM. *Fraser's Magazine*, 65 (1862), p.520-8.
SPURZHEIM, J. *The Physiognomical System of Drs Gall and Spurzheim*. Londres: Bladwin, Cradock and Joy, 1815.
STAGE imitation of spiritual phenomena. *Spiritualist*, 3 (1873), p.137.
SUBBOTSKY, E. *Magic and the Mind*: Mechanisms, Functions and Development of Magical Thinking and Behavior. Oxford: Oxford University Press, 2010.
SUPERSTITION and science. *Saturday Review*, 12 jan. 1856, p.194.
SWISS, J. I. *Shattering Illusions*. Seattle, W A: Hermetic Press, Inc., 2002.
TABLE-turning. *Times*, 30 jun. 1853, p.8.
TAMARIZ, J. *The Magic Way*. Madrid: Frakson Books, 1988.
TANNER, A. *Studies in Spiritism*. Nova York: Appleton, 1910.
TARG, R.; PUTHOFF, H. Information transmission under conditions of sensory shielding. *Nature*, 251 (1974), p.602-7.
TESTIMONY of non-spiritualists. *Spiritualist*, 1 (1869), p.1-2.
THACKERAY and Dickens on spiritualism. *Spiritual Magazine*, 1 (1860), p.386-91.

THALBOURNE, M.; HARALDSSON, E. Personality characteristics of sheep and goats. *Personality and Individual Differences*, 1 (1980), p.180-5.
THE ALLEGED case of clairvoyance. *Manchester Times and Gazette*, 27 abr. 1844, p.5.
THE ALLEN Boy medium's manifestations – the duplication theory. *Spiritual Magazine*, 6 (1865), p.259-63.
THE CLARENCE vase. *New Monthly Magazine*, 36 (1832), p.210.
THE CONVERSION of an MD to spiritualism. *Spiritual Magazine*, 2 (1867), p.412.
THE CORNHILL Magazine, and Professor Challis, of Cambridge on Spiritualism. *Spiritual Magazine*, 4 (1863), p.371-2.
THE DAVENPORT brothers. *Spiritual Magazine*, 5 (1864), p.468-70, p.481-524.
THE DOUBLE-SIGHTED phenomenon. *Caledonian Mercury*, 7 nov. 1831, s.p.
THE DOUBLE-SIGHTED phenomenon. *Derby Mercury*, 7 dez. 1831, p.2.
THE EXPOSURE of spiritism. *Scotsman*, 17 jan. 1879, p.4.
THE EXTRAORDINARY Scotch boy, recorte de jornal, *Sunday Times*, 27 mar. 1833. (Ricky Jay collection.)
THE HOMOEOPATHIC principle applied to insanity; a proposal to treat lunacy by Spiritualism. *Asylum Journal of Mental Science*, 4 (1858), p.360-96.
THE LANCET. London, Saturday, September 15th, 1838. *Lancet*, 30 (1838), p.873-7.
THE MEDIUM Colchester. *Spiritual Magazine*, 6 (1865), p.464-6.
THE MIRACLE Circle. *Spiritual Magazine*, 6 (1865), p.559.
THE PEOPLE. *People's Phrenological Journal*, 2 (1844), p.170-2.
THE PIDDINGTONS. *Journal of the Society for Psychical Research*, 35 (1949), p.83-5.
THE PRESS and the mediums. *Spiritual Magazine*, 3 (1860), p.147-53.
THE PRESS. *Spiritual Magazine*, 1 (1860), p.485.
THE SATURDAY Review. *Spiritual Magazine*, 4 (1863), p.177.

THE SPIRIT faith in America. *Chambers Journal*, 9 fev. 1856, p.81-3.

THE WESTMINSTER Review on spirits and spirit rapping by T.S. *British Spiritual Telegraph*, 2 (1858), p.79.

THEATRICAL chit-chat. *Morning Chronicle*, 23 jan. 1832.

THOUGHT-reading demonstrations. *British Medical Journal*, 1 (1881), p.814-6.

THOUGHT-reading. *Lancet*, 117 (1881), p.795.

THOUGHT-reading. *Standard*, Londres, 16 maio 1881, p.3.

THOULESS, R. H. Dr. Rhine's recent experiments on telepathy and clairvoyance and a reconsideration of J. E. Coover's conclusions on telepathy. *Proceedings of the Society for Psychical Research*, 43 (1935), p.24-37.

_____. Experiments on Frederick Marion. *Journal of the Society for Psychical Research*, 35 (1950), p.220-2.

_____. *From Anecdote to Experiment in Psychical Research*. Londres: Routledge & Kegan Paul, 1972.

THURSCHWELL, P. *Literature, Technology and Magical Thinking, 1880-1920*. Cambridge: Cambridge University Press, 2001.

TITCHENER, E. B. Lehmann and Hansen on the telepathic problem. *Science*, 9 (1899), p.36.

_____. Professor James on telepathy. *Science*, 9 (1899), p.687.

_____. The feeling of being stared at. *Science*, 8 (1898), p.895-7.

TOBACYK, J. J. Final thoughts on issues in the measurement of paranormal beliefs? *Journal of Parapsychology*, 59 (1995), p.141-6.

_____. What is the correct dimensionality of paranormal beliefs? A reply to Lawrence's critique of the Paranormal Belief Scale. *Journal of Parapsychology*, 59 (1995), p.27-46.

_____. Reduction in paranormal belief among participants in a college course. *Skeptical Inquirer*, 8:1 (1983), p.57-61.

TOBACYK, J.; MILFORD, G. Belief in paranormal phenomena: assessment instrument development and implications for personality functioning. *Journal of Personality and Social Psychology*, 44 (1983), p.1029-37.

TRICKERY in spiritualism. *Spiritualist*, 2 (1872), p.41.

TRIPLETT, N. Communication. *American Journal of Psychology*, 12 (1900), p.144.

TROLLOPE, T. A. *What I Remember*. Londres: Richard Bentley & Sons, 1887.

TRUZZI, M. Reflections on the sociology and social psychology of conjurors and their relations to psychical research. In: KRIPPNER, S. (Org.). *Advances in Parapsychological Research, VIII*. Jefferson, NC: McFarland & Company, Inc., 1997. p.221-76.

TURNER, F. *Between Science and Religion*: the Reaction to Scientific Naturalism in Late Victorian Britain. New Haven: Yale University Press, 1974.

TYLOR, E. B. Ethnology and spiritualism. *Nature*, 5 (1872), p.343.

UM AMANTE da verdade. Mesmerism. *Manchester Times and Gazette*, 20 abr. 1844, p.2.

UM CIRURGIÃO, To the editor of the Maidstone Journal. *Maidstone Journal and Kentish Advertiser*, 3 jan. 1843. (Purland Papers.)

UM PESQUISADOR, The Mysterious Lady. *Medical Times*, 12 (1845), p.150.

VAN DE CASTLE, R.; WHITE, R. A. A report on a sentence completion form of sheep-goat attitude scale. *Journal of Parapsychology*, 19 (1955), p.171-9.

VAN WYHE, J. *Phrenology and the Origins of Victorian Naturalism*. Aldershot: Ashgate Publishing Limited, 2004.

VARLEY, C. Letter. *Spiritual Magazine*, 5 (1871), p.465.

VENN, J. Hypnosis and reincarnation: a critique and case study. *Skeptical Inquirer*, 12 (1988), p.386-91.

VERNON, W. J. Letter to Medical Times, reimpresso em *People's Phrenological Journal*, 2 (1844), p.137-8.

_____. Mr. Vernon's experiments and the medical Society. *Medical Times*, 10 (1844), p.94-5.

_____. Mr. Vernon's experiments and the medical Society. *Western Lancet*: a Monthly Journal of Practical Medicine and Surgery, 3 (1844), p.138-9.

VERNON, W. J.; KISTE, A. Phrenological visit to the Exeter Deaf and Dumb Asylum. *Phrenological Journal*, 14 (1841), p.80-1.

WALLIS, R. (Org.) *On the Margins of Science: the Social Construction of Rejected Knowledge*. Sociology Review monograph 27. Keele: University of Keele, 1979.

WASON, J. Letter. *Spiritual Magazine*, 1 (1860), p.525.

WEBER, M. *The Protestant Ethic and the Spirit of Capitalism*. Londres: George Allen and Unwin, 1930.

WEBSTER, Mrs. *Scepticism and Spiritualism*: the Experiences of a Sceptic by the Author of Aurelia. Londres: F. Pitman, 1865.

WEEKES, W. H. Reply to Dr. Smethurst. *Medical Times*, 9 (1843), p.322.

WHEELER, J. A Parapsychology: a correction. *Science*, 205 (1979), p.144.

WHY Galileo was persecuted. *Spiritualist*, 1 (1869), p.2.

WHYTE, T. Re W.I. Bishop. *Nature*, 24 (1881), p.211.

WIESNER, B. P. Experiments on Frederick Marion. *Journal of the Society for Psychical Research*, 35 (1950), p.222.

WIGAN, A. L. The hallucinating fraud – mesmerism. *Lancet*, 46 (1845), p.136-8.

WILBRAHAM, E. B. Letter. *Spiritual Magazine*, 4 (1863), p.266.

WILEY, B. *The Indescribable Phenomenon: the Life and Mysteries of Anna Eva Fay*. SEATTLE, WA: Hermetic Press, 2005.

WILEY, B. The thought-reader craze. *Gibeciere*, 4 (2009), p.11-134.

WILSON, D. B. The thought of late Victorian physicists. *Victorian Studies*, 15 (1971), p.25-45.

WINTER, A. *Mesmerized: Powers of Mind in Victorian Britain*. Chicago: University of Chicago Press, 1997.

WISEMAN, R. The Fielding report: a reconsideration. *Journal of the Society for Psychical Research*, 58 (1992), p.129-52.

WISEMAN, R.; SMITH, M.; WISEMAN, J. Eyewitness testimony and the paranormal. *Skeptical Inquirer*, 19:6 (1995), p.29-35.

WISEMAN, R.; WATT, C. Belief in psychic ability and the misattribution hypothesis: a qualitative review. *British Journal of Psychology*, 97 (2006), p.323-38.

WISEMAN, R.; WEST, D.; STEMMAN, R. Psychic crime detectives: a new test for measuring their successes and failures. *Skeptical Inquirer*, 20:1 (1996), p.38-40, 58.

WOLFFRAM, H. Parapsychology on the couch: the psychology of occult belief in Germany, c. 1870-1939. *Journal of the History of the Behavioral Sciences*, 42 (2006), p.237-60.

WONDERFUL manifestations in India. *Spiritual Magazine*, 6 (1865), p.120.

WOOD, R. Report of an investigation of the phenomena connected with Eusapia Palladino. *Science*, 31 (1910), p.776-80.

WOODS, P. Evidence for the effectiveness of a reading program in changing beliefs in the paranormal. *Skeptical Inquirer*, 9:1 (1984), p.67-70.

WOODS, R.; LEAD, B. *Showmen or Charlatans?* The Stories of "Dr." Walford Bodie and "Sir" Alexander Cannon. Rossendale: 2005.

WOODWARD, C.; MARK, R. *Maurice Fogel*: In Search of the Sensational. Seattle, WA: Hermetic Press, 2007.

WOOFFITT, R. *Telling Tales of the Unexpected*: the Organization of Factual Discourse. Hemel Hempstead: Harvester Wheatsheaf, 1992.

YOUNG, A. *The Harmony of Illusions*: Inventing Post-traumatic Stress Disorder. Princeton, NJ: Princeton University Press, 1995.

YOUNG, R. M. *Mind, Brain and Adaptation in the Nineteenth Century*. Oxford: Clarendon Press, 1970.

ZINGRONE, N. From text to self the interplay of criticism and response in the history of parapsychology. Tese não publicada, University of Edinburgh, 2006.

ZORAB, G. Test sittings with D. D. Home at Amsterdam. *Journal of Parapsychology*, 34 (1978), p.47-63.

ZUSNE, L.; JONES, W. H. *Anomalistic Psychology*. Hillsdale, NJ: Erlbaum, 1982.

Índice remissivo

A
Alexander (Claude Alexander Conlin), 342-6
análise do discurso, 95-8, 180-4
Anderson, John Henry, 122n.21, 169n.97, 208n.7, 242, 245, 253-5
Annemann, Ted, 328-30, 332n.32

B
Baldwin, Samri S., 340-2
Billig, Michael, 96n.27, 98, 101
Bishop, Washington Irving, 276-89, 305, 308, 312, 340, 356
Bodie, Walford, 346-7
Boyle, Robert, 29, 39
Braid, James, 114, 153-7, 185, 188-91, 200, 389
Brewster, David, 212, 228, 237, 240-1n.82, 244, 262
Brown, Derren, 14, 65-6, 91-2

C
Carpenter, William Benjamin, 175, 207, 262, 270-2, 279, 282-9, 294, 305, 308, 311, 389
Cattell, James McKean, 296, 298
ceticismo moderno, 372-82
Chambers, Robert, 207, 231, 233n.63
Charcot, Jean-Martin, 49
Combe, George, 60
Coon, Deborah, 57n.31, 291, 294
crenças
  como atitudes proposicionais, 35-6
  como confinadas no cérebro, 400-3, 405
  como demarcação de fronteiras, 297-304, 313
  em relação ao discurso, 93-103, 406-8
Crookes, William, 39n.16, 42, 267-75, 278, 287, 304, 319-20

CSICOP (Committee for the Scientific Investigation of Claims of the Paranormal), 364, 366, 372, 374, 376, 378-9, 381-2n.130

D

Dama Misteriosa, 169-70, 217, 340
Davenport, irmãos, 211-2, 215-8, 223-6, 236, 253, 256, 259-60, 278, 340, 386
Didier, Adolphe, 172, 180, 217
Didier, Alexis, 172, 180, 217
Dunninger, Joseph, 345, 347
Danziger, Kurt, 45n.23, 48, 56, 405n.16

E

Elliotson, John, 64n.42, 109-10, 112, 114, 117, 127, 189
enquadramento
  análise do (Goffman), 87-90
  feitos psicológicos extraordinários, 91-3
  mágica *versus* fraude psíquica, 90-1
escalas de crença, problemas em, 37-43, 93-4
espiritualismo
  chegada na Grã-Bretanha, 207-9
  desmistificação no início, 206-8
  e crises de fé, 209-11, 240, 261-5
  origens, 204-6

F

Faraday, Michael, 208, 231, 250, 262
Fay, Anna Eva, 216, 274, 277-8
Flourens, Pierre, 58
Fogel, Maurice, 348-9, 351
Forbes, John, 172-80, 184-6, 199, 272, 294, 312
Foster, Charles, 203-4, 212, 214-7, 222-3, 225n.38, 235, 257-8, 256, 277-8, 284-5, 303, 340
frenologia
  cientificidade, 58-62
  como superstição, 62-3
  contexto social, 60-2
  críticas, 58-60
  demarcação de fronteiras, 60-1
freno-mesmerismo, 64, 107, 116, 132, 134

G

Galton, Francis, 48, 282
Geller, Uri, 315-9, 335n.36, 339, 362-3, 386
Goble, George, 172, 174-6, 178, 184-5, 217, 257, 274, 303
Gordon, John, 59, 115
Gregory, William, 190, 231, 252, 263

H

Hacking, Ian, 45n.23, 54, 55n.29, 369n.104, 370, 371n.106, 383
Hall, G. Stanley, 291-2, 299, 301
Hall, Samuel Carter, 215n.17, 222, 235, 254n.110
Home, Daniel Dunglas, 209n.10, 211-3, 215-6, 223-5, 228, 229n.52, 234n.66, 236, 239n.76, 244-8, 253-4, 256, 263-4, 267, 269, 273, 274n.11, 275, 278, 386
Howitt, William, 223, 248

J
James, William, 294-9, 387
Jastrow, Joseph, 290, 292-4, 300-1, 302n.65, 303-4

K
Koran, Al, 347

L
Luckhurst, Roger, 33n.11, 280, 288

M
M'Kean, Louis, 165-70, 217, 296, 340
Magendie, François, 58
Marion, Frederick, 356-62
Martineau, Harriet, 112, 127, 142, 180, 188
McDougall, William, 319-20, 322
mesmerismo
  chegada à Grã-Bretanha, 109-10
  como explicação para o fenômeno da sessão espírita, 226-7, 241-2
  controvérsia médica, 111-4, 126-9
  e hipnose, 153-7, 187-91
  origens, 108-9
milagres bíblicos, 27, 29, 31-2, 224, 232, 262, 264-5, 346
Miller, Beulah, 305
Munsterberg, Hugo, 303, 305-10, 389

N
Newton, Isaac, 29, 39

O
Ownbey, Sarah, 326-30, 332-3n.32

P
Palladino, Eusapia, 302-5, 386
paranormal, significado de, 19, 28-9, 36-8, 40, 94, 365-72, 395-6, 402-5
parapsicologia
  efeito ovelha-cabra, 337-8, 368-70
  experimentos de Zirkle-Ownbey, 326-30
  primeiros anos, 319-25
pesquisa psicológica
  e Psicologia, 290-305
  origens, 276
Piddinton, Sidney and Lesley, 349-54, 356
Piper, Leonora, 295-6, 299-301, 305
Psicologia
  da crença no paranormal, 365-72
  e parapsicologia, 319-25
  e pesquisa psicológica, 290-305, 310-3
  e senso comum, 56-7
  início da, nos Estados Unidos, 290-2
  origens, 46-50

R
Rhine, Joseph Banks, 320-4, 327-31, 333-6, 348
Richards, Graham, 13, 44-6, 57n.31, 101n.33, 191, 194n.131, 393

Robert-Houdin, Jean Eugene, 73-4, 220, 236, 247, 254
Romanes, George, 282-4, 312
Rumball, John Quilter, 144-8, 170, 172

S
Showers, Mary Rosina, 216, 274
Sidgwick, Henry, 276
Soal, S. G., 328, 333, 335-6, 353, 356-61
SPR (Society for Psychical Research), 275-6, 288-9, 291, 320, 324, 351-3, 356, 358
Spurzheim, Johann, 59

T
Tanner, Amy, 299-302n.65, 304
teoria do ilusionismo
    efeitos, 67-9, 77-80
    mágica *versus* fraude psíquica, 218-22
    métodos, 67-70
    relação entre performance e crença, 72-83
    suspensão voluntária da descrença, 79-83
    despiste, 70-2
    pseudoexplicações, 72-8
    mágica, resposta a, 83-7
Thouless, R. H., 328, 334, 358-61
Titchener, Edward Bradford, 297-9, 301

V
Vernon, William John, 107, 114-25, 127-9, 137, 144-5, 147, 151, 161-3, 169, 170-3, 175, 184

W
Wakley, Thomas, 110-1, 113, 154, 189
Watson, J. B., 49, 53, 191
Winter, Alison, 33n.11, 108n.2, 112, 191
Wooffitt, Rob, 14, 96, 395
Wundt, Wilhelm, 47-9, 291

Z
Zirkle, George, 326-30, 332-3n.32

SOBRE O LIVRO

Formato: 14 x 21 cm
Mancha: 23 x 44 paicas
Tipologia: Venetian 301 12,5/16
Papel: Off-white 80 g/m² (miolo)
Cartão Supremo 250 g/m² (capa)

1ª edição Editora Unesp: 2017

EQUIPE DE REALIZAÇÃO

Capa
Tatiana Josefovich

Edição de texto
Maurício Santana (Copidesque)
Tomoe Moroizumi (Revisão)

Editoração eletrônica
Eduardo Seiji Seki

Assistência editorial
Alberto Bononi